A ÓPERA TCHECA

Em setembro de 2003,
a coleção História da Ópera
recebeu o Prêmio Carlos Gomes,
na categoria "O Universo da Ópera"

Supervisão Editorial: J. Guinsburg
Assessoria Editorial: Plinio Martins Filho
Revisão: Francisco Costa
Capa e Diagramação: Adriana Garcia
Produção: Ricardo W. Neves
    Heda Maria Lopes

A ÓPERA TCHECA

Dados Internacionais de Catalogação na Publicação (CIP)
(Câmara Brasileira do Livro, SP, Brasil)

Coelho, Lauro Machado
 A ópera tcheca / Lauro Machado Coelho. --
São Paulo : Perspectiva, 2003.

 Bibliografia.
 ISBN 85-273-0682-4

 1. Ópera - Tchecoslováquia I. Título.

03-6131   CDD-782.109186

 Índices para catálogo sistemático:
 1. Ópera tcheca: Música   782.109186

Direitos reservados à
EDITORA PERSPECTIVA S.A.
Av. Brigadeiro Luís Antônio, 3025
01401-000 – São Paulo – SP – Brasil
Telefax: (11) 3885-8388
www.editoraperspectiva.com.br
2003

*Para o Tales, a Elena, o Victor Hugo,
as três Marias... não é possível
mencioná-los um a um...
para os meus alunos queridos da
Oficina Três Rios, graças aos quais
o projeto desta coleção se iniciou.*

*Para a Vera Lúcia Mello e toda a turma
que nos acompanha no ciclo das
Óperas Comentadas, primeiro na
Ibero-Americana e, agora,
no auditório da Cultura Inglesa.*

*Em memória de
Victor Deodato (1935-2003),
amigo querido.*

Který pak Cech by hudbu nemel rad?
(Conheces um só tcheco que não goste de música?)
Dalibor (ato II, cena 3) de Bedrich Smetana.

Se a melodia da fala é a flor do lírio-d'água,
seus botões e suas sementes bebem nas raízes
que mergulham nas águas mais profundas da mente.

Leoš Janácek
no jornal *Lidové Noviny* de 6.4.1918.

*"A lide budou chodit s hlavami sklopenými
a budou chápat ze slo vukol nich nadpozemské blaho."*
(E as pessoas caminharão com a cabeça inclinada,
percebendo que uma alegria sobre-humana passou por aqui).

O Guarda-florestal na cena final da
Raposinha Esperta de Janáček.

V každém tvoru jiskra Boži
(Em cada indivíduo há uma centelha de Deus)

a epígrafe colocada por Janácek em sua última ópera,
Da Casa dos Mortos.

SUMÁRIO

PREFÁCIO

Por que, nesta coleção de *História da Ópera*, dedicar um volume separado à evolução do gênero na atual República Tcheca, em vez de incluí-la no estudo consagrado à eclosão das demais escolas nacionais européias e americanas? Porque, dentre os países do Leste europeu, duas escolas operísticas – a russa e a tcheca – tiveram desenvolvimento excepcional, pela riqueza numérica de seus representantes, pela continuidade de uma produção extremamente substanciosa, e pela influência que alguns de seus maiores nomes exerceram fora das fronteiras nacionais.

Praga foi, no apogeu do Império Austro-húngaro, e mesmo nos anos posteriores ao esfacelamento da monarquia Habsburgo, um dos maiores centros musicais europeus: não nos esqueçamos de que ali estreou o *Don Giovanni* de Mozart, e que Alexander von Zemlinsky foi o diretor do Deutsches Theater, a casa em torno da qual girava a vida cultural da comunidade alemã residente na capital tcheca.

Além disso, a música sempre exerceu papel fundamental na vida do povo tcheco, porta-voz que foi de seus sentimentos mais íntimos, ícone que foi do próprio desejo de afirmação da identidade nacional. Não é apenas arroubo de libretista colocar na boca do carcereiro da ópera *Dalibor*, de Smetana, a afirmação – citada na epígrafe a este livro – "Conheces um só tcheco que não goste de música?" A própria musicóloga britânica Rosa Newmarch, na abertura do primeiro capítulo de seu *Music in Czechoslovakia*, de 1942, reconhece:

> Há mais do que um grão de verdade no antigo provérbio que diz que todo tcheco nasce, não com uma colher de prata na boca, mas com um violino debaixo do travesseiro. Esse adágio deve certamente ser aceito como um testemunho, confirmado pelo tempo, das propensões musicais inatas dessa nação, que forma a vanguarda ocidental da raça eslava. [...] Neste livro, descrevo uma das forças que salvaram os tchecos de mergulhar na total apatia racial que teria fatalmente resultado numa fusão completa com seus ambiciosos vizinhos. O amor apaixonado e imorredouro dos tchecos pela sua própria língua, e pelas canções em que ela se expressa, sempre foi um alimento místico para a alma tcheca, sustentando-a ao longo dos mais prolongados períodos de desolação.

Que gênero, pergunto, melhor se presta à celebração desse duplo amor pela língua e a música – mais do que isso, pela música da língua – do que a ópera, em que ambas se desposam numa união íntima, profunda? Não é, portanto, de se estranhar que, em país tão pequeno, tenham surgido gênios de dimensão internacional, como Bedřich Smetana, Leoš Janáček ou Bohuslav Martinů. E que, num honradíssimo segundo time, se destaquem os nomes de Fibich, Foerster, Novák ou Pauer, infelizmente menos conhecidos fora de suas fronteiras, mas nem por isso de importância negligenciável.

Na minha vida musical, uma das mais importantes descobertas foi justamente a de

Janáček, feita em 1959, quando eu tinha quinze anos. Foi uma verdadeira iluminação o velho disco da Urania em que Břetislav Bakala, aluno do compositor, regia a *Missa Glagolítica*. Por puro acaso, a minha entrada no universo fascinante da música tcheca, pela qual me apaixonei desde aquela idade, foi pela mais inesperada das portas. Em vez do previsível ingresso através do *Moldávia*, de Smetana, ou da *Sinfonia "do Novo Mundo"*, de Dvořák, foi a beleza rugosa e agressiva da *Glagolítica* que me descerrou esses umbrais.

O espanto com a originalidade dessa música – eu nunca tinha ouvido nada parecido antes – fez-me sair avidamente à caça de outras obras de Janáček. Não hesitei em convencer um de meus professores – um franciscano holandês do Colégio Santo Antônio, em Belo Horizonte, onde estudei – a me dar de presente um disco de sua coleção particular, até hoje guardado como um tesouro em minha discoteca: as *Danças de Lach* que Bakala gravou, em 1953, para a Supraphon, regidas como, até hoje, nunca ouvi iguais. Depois delas, precisei esperar até 1968, data em que o selo Rozenblit lançou no Brasil um registro do *Quarteto n. 1*, com o grupo que leva o nome do compositor.

Só em meados da década de 70 pude começar a formar um acervo amplo e consistente que me permitisse expandir o conhecimento da obra e da personalidade fascinantes de Leoš Janáček. Revelar a meus amigos a sua música sempre foi, a vida toda, um de meus maiores prazeres. E com ele veio, naturalmente, a curiosidade pela ópera tcheca, o percurso pelo trabalho dos pioneiros Smetana e Dvořák, o prazer da descoberta de Fibich, Foerster, Martinů e tantos outros.

Foi, portanto, uma grata surpresa a reação dos alunos, durante o curso de História da Ópera que ministrei, entre 1988-1990, na Oficina Cultural Oswald de Andrade, em São Paulo, e que foi o ponto de partida para esta coleção de livros. O interesse que essa turma demostrou por Janáček, compositor tão pouco conhecido no Brasil, me obrigou, com grande alegria, a dobrar o número de aulas inicialmente previstas para a análise de suas óperas. A eles, portanto, em sinal de gratidão, dedico este livro. De lá para cá, através de minhas atividades como professor e jornalista, e de meus contatos pessoais com a comunidade dos amantes da ópera, venho constatando o aumento da curiosidade por Janáček e, até mesmo, casos de amor à primeira vista por sua obra. Alegra-me pensar que a publicação deste livro coincide com a primeira apresentação brasileira da *Jenůfa,* no Teatro Municipal, em agosto de 2003, sob regência do maestro Ira Levin.

Esta é também uma das razões para que, ao iniciar a empreitada de transformar em livros as anotações de aula preparadas para aquele e outros cursos de História da Ópera, eu tenha decidido dedicar um volume independente ao desenvolvimento do gênero na pátria desse músico. É uma pequena contribuição ao esforço para que a obra de Janáček e seus compatriotas seja mais conhecida em nosso país. Mas é, antes de mais nada, um gesto de carinho para com o menino de 15 anos que, numa longínqua tarde de 1959, ficou de olhos arregalados com um disco descoberto por acaso na coleção de um tio, no Rio de Janeiro. Nesse dia, aquele garoto ficou estatelado, extasiado com a força de uma música como nunca tinha ouvido antes. Exatamente como eu fico, hoje ainda, cada vez que escuto de novo a *Glagolítica* – cuja primeira audição no Brasil é feita, por Ira Levin, no dia em que este livro é lançado.

No que se refere à discovideografia que sempre acompanha os volumes desta coleção, deparamos, no caso tcheco, com um problema específico: com algumas raras exceções, todos os registros pertencem à gravadora estatal Supraphon ou a suas subsidiárias, o que nem sempre torna muito fácil a sua obtenção, exigindo muitas vezes que se faça vir os discos diretamente da República Tcheca. As referências não deixam, porém, de ser mencionadas, para que o leitor disponha de informações sobre o universo gravado disponível.

Faço aqui um agradecimento a Adriana Valašková que, na fase final do trabalho, me ajudou relendo os originais e revisando a acentuação tcheca e os detalhes de ortografia na citação de nomes, títulos ou trechos de libreto.

No decorrer da pesquisa para a redação deste livro, entrei, via Internet, em contato com o Instituto Martinů e o Centro de Informação sobre a Música Tcheca, ambos sediados em Praga. E nessas instituições encontrei pessoas que, entusiasmando-se com meu projeto, prontificaram-se a ajudar-me com a remessa de livros, discos, xerox de ensaios, até mesmo a cópia de material inédito. Preciso, portanto, agradecer a Markéta Lajnerová, ao musicólogo Dr. Pavel Eckstein e, em especial, ao Dr. Aleš Březina, diretor do Instituto Martinů, pela ajuda inestimável que me ofereceram. O contato com Aleš logo ultrapassou os limites da colaboração profissional, transformando-se, via e-mails trocados, numa verdadeira amizade. Ele se dispôs, inclusive, a ler e discutir em detalhe, comigo, o capítulo dedicado ao autor da *Paixão Grega*.

Por meio do Dr. Aleš Březina, endereço a minha saudação a toda a nação tcheca amante da música, nascida com um violino debaixo do travesseiro.

Quero agradecer também àqueles que, na noite de 18 de agosto de 2003, participaram do lançamento de *A Ópera Clássica Italiana*, desta coleção, no auditório da Cultura Inglesa, na rua Lacerda Franco, em Pinheiros: Vânia Pajares, Lidia Schäffer, Dênia Campos, Alessandro Greccho, Luiz Orefice, Carlos Eduardo Marcos, Marizilda Hein, Sérgio Casoy, Laerte Melo, Vera Lúcia Mello, Simone Belda.

Lauro Machado Coelho
São Paulo, outubro de 2003

Sobre a Pronúncia do Tcheco

Por mais que o tcheco, com suas poucas vogais e suas sonoridades abruptas, nos pareça estranho, sua pronúncia não é impossível de dominar, desde que nos familiarizemos com algumas convenções de uma grafia relativamente simples, em que cada letra representa apenas um som.

Todas as vogais têm um som semelhante ao do português e são longas quando acentuadas. Em **káva** (café), a primeira vogal tem duração maior do que a segunda. E é a posição da vogal longa que estabelece a diferença de pronúncia e sentido entre **plakat** (armário) e **plakát** (cartaz).

No caso do **u**, a vogal longa pode ser indicada por um acento – **únor** (fevereiro) – ou por uma bolinha: **dům** (casa), **půl** (meio). É o acento que aparece no nome do compositor Bohuslav Martinů, cujo nome tem a tônica na primeira sílaba, mas com a vogal longa na última.

O ditongo **ou** pronuncia-se como em português e não como o **/u/** do francês.

A tônica recai *sempre* sobre a primeira sílaba, mas a existência de vogais longas na palavra pode criar a sensação de que há uma subtônica: **palác** (palácio) soa como PÁ-láts.

Dentre as consoantes, as que têm pronúncia distinta do português são:

o **c**, pronunciado como **ts**: **cena** (preço) = tsêna; **otec** (pai) = ótets; **úcta** (respeito) = útsta;

o **g**, sempre pronunciado como "guê": **vegetace** (vegetação) = véguetatse; **generál** = guénerál;

o **h**, pronunciado como em inglês: **herec** (ator), **bohatý** (rico), **hlava** (cabeça);

o **ch**, gutural como o **ch** alemão ou o **j** espanhol: **chudý** (pobre), **chléb** (pão), **východ** (entrada);

o **j**, sempre pronunciado como **i**: **jaro** (primavera) = iáro; **jazyk** (língua) = iázik; **moje** (meu) = móie.

Alguns sons são representados por consoantes acentuadas. Esse acento (**znak**) tem a forma de um circunflexo invertido e é usado sobre as seguintes letras:

č (= tch) em **čaj** (chá) = tchái; **čokoláda** (chocolate) = tchókoláda; **tečka** (dote) = tétchka;

ň (=nh) em **ňadra** (peito) = nhádra; **paňáca** (palhaço) = pánhátsa; **voňavka** (perfume) = vônhafka;

š (=sh) em **šest** (seis) = shest; **brašna** (bolsa) = bráshna; **škola** (escola) = shkóla;

ž (=j) em **žaba** (sapo) = jába; **železo** (ferro) = jélezo; **muž** (homem) = muj;

ě (=iê) em **věc** (coisa) = viêts; ou nos nomes próprios **Věra** = viêra e **Alžběta** = áljbiêta;

e no **ř**, um som típico do tcheco, que corresponde a uma combinação de *r + j* pronunciados em uma só emissão: é o acento que existe no nome do compositor Dvořák (= dvôrjak), ou em palavras como **řeka** (rio) = rjéka; **lékař** (médico) = lékarj; **dřevo** (madeira) = drjevo ou **žebřík** (escada) = jébrjik.

Diante de **d** e **t**, o *znak é* trocado por um apóstrofo, pronunciado como se houvesse um i semivogal após a consoante: **d'ábel** (diabo) = diábel; **Mad'ar** (húngaro) = mádiar; **t'apka** (garra) = tiápka; **kot'átko** (gatinho) = kótiatko.

(Fonte: SCHWARZ, J. *Coloquial Czech*. Londres, Routledge & Kegan Paul Ltd., 1951.)

A Ópera Antes de Smetana

AS ORIGENS DA ÓPERA TCHECA

Národ Sobě – "a Nação a si mesma". O lema inscrito acima do arco do proscênio do Teatro Nacional de Praga relembra, a todos os que contribuíram do próprio bolso para a sua construção, o significado profundo daquele prédio. Para os tchecos, era uma afirmação de nacionalidade ouvir a própria língua – por tanto tempo banida do uso oficial –, enobrecida pela música, contando episódios lendários e históricos, ou simplesmente descrevendo os costumes populares. Desde cedo, os intelectuais tinham-se dado conta de que o teatro era a atividade artística que poderia funcionar como experiência realmente comunitária, atingindo até mesmo o público iletrado. E em especial, a ópera, devido a todas as implicações emocionais embutidas na música, tinha condições de ser o veículo de uma forte mensagem nacionalista.

Para os tchecos, o prédio onde eram celebrados seus rituais operísticos não era apenas um local de entretenimento. Zdeněk Nejedlý, o mais influente crítico do início do século XX, chamava-o de *chrám umení*, "santuário da arte", tribuna do alto da qual "a nação podia falar de seus sentimentos e objetivos mais nobres, usando a forma mais elevada de linguagem". Contar a história da ópera tcheca é, portanto, contar a história do despertar da identidade nacional de um povo para o qual o drama lírico sempre foi o principal instrumento de expressão do desejo de independência.

Situação Histórica

A Tchecoslováquia existiu durante 74 anos. Nasceu como uma república independente em 1918, quando o esfacelamento do Império Austro-Húngaro permitiu a formação de um Estado independente, que unia à Eslováquia as duas províncias tchecas da Boêmia e da Morávia. E desfez-se em 31 de dezembro de 1992, quando entrou em vigor o acordo firmado em julho daquele ano, que decidira a cisão da Eslováquia e da República Tcheca. O tema deste livro é o rico desenvolvimento da ópera nas duas províncias tchecas. Os principais compositores eslovacos serão tratados, mais tarde, no volume desta coleção dedicado às demais escolas nacionais leste-européias. Mas nestas observações históricas, havemos de mencionar fatos que podem estar-se referindo a todo o território durante algum tempo conhecido como tchecoslovaco.

Quando a Escola Nacional de ópera tcheca se iniciou, o país estava sob dominação dos Habsburgos. Mas o desejo de independência que animava os intelectuais, artistas e políticos nacionalistas não era um sentimento abstrato: baseava-se nos muitos séculos de soberania vividos pela nação tcheca. Desde o século VIII, ela foi governada pelos Přemyslidas, cujas origens confundem-se com as próprias raízes lendárias do povo. Mas a morte de Václav III em 1306, sem deixar herdeiros, pôs fim ao longo reino dessa dinastia, e obrigou os senhores boêmios a eleger um sucessor. A escolha recaiu sobre João de Luxemburgo, filho de Henrique VII, do Sacro Império Romano. Para legitimar a posse do trono, João casou-se com Eliška, a segunda filha de Václav II.

A dinastia de Luxemburgo transformou a Boêmia em uma região de grande significado no plano europeu. O apogeu dos Luxemburgos veio durante o reinado de Carlos IV (1346-1378), que fez de Praga, uma cidade de 30 mil habitantes, o centro administrativo de seu reino. Dotou-a da primeira universidade ao norte dos Alpes (1348), e fez dela o pólo de atração de arquitetos e pintores, que a converteram numa das mais belas cidades do continente. Sob os Jaguelões, que reinaram de 1471 a 1526, o florescimento foi menor, pois esses senhores, de origem polonesa, não demonstraram o mesmo interesse em preservar as tradições e a integridade da Boêmia, da Morávia e da Eslováquia.

A dinastia dos Jaguelões terminou em 29 de agosto de 1526, quando Luís II se afogou, nos pântanos de Mohács, em luta com o invasor turco, sem deixar descendência. O candidato à sucessão foi o marido de sua irmã Anne, Ferdinando I de Habsburgo, cujas liberais concessões aos magnatas boêmios o fizeram ser eleito rei em outubro. O último soberano Habsburgo a ter a sede de seu reino em Praga foi Rodolfo II (1576-1611), e seu governo também foi marcado pela expansão científica e cultural. Mas os choques entre os protestantes e os católicos que, por volta de 1600, apoiados pela Áustria, assumiram posições-chave na administração boêmia, levaram à deposição de Rodolfo II pelo líder católico radical Matiáš Budovec.

Como Matiáš não tinha filhos, em 1617 ele apresentou seu sobrinho, Ferdinando da Estíria, à Dieta da Boêmia, como sucessor. Esse candidato ao trono chegou a ser coroado com o título de Ferdinando II. Mas a oposição protestante logo começou a se organizar e, em 23 de maio de 1618, houve o episódio conhecido como a Defenestração de Praga. Dois governadores católicos da Boêmia, Vilém Slavata e Jaroslav Martinič, após julgamento sumário, foram atirados pelos rebeldes das janelas do castelo de Hradčany – mas caíram no fosso e escaparam apenas com ferimentos leves. Nos distúrbios que se seguiram, depuseram Ferdinando II, e a coroa foi oferecida a Frederico V, eleitor do Reno-Palatinado, que a aceitou. A luta pelo poder terminou em 8 de novembro de 1620. A vitória dos católicos, na Batalha da Montanha Branca, às portas de Praga, expulsou Frederico V e devolveu o trono a Ferdinando II.

Este tratou os derrotados com extrema severidade, acabando de vez com o direito dos tchecos a escolher os seus governantes e a viver em um reino independente. Nos dois séculos seguintes, as terras tchecas integraram-se cada vez mais ao Império dos Habsburgos, eliminando-se aos poucos as diferenças – a língua e a religião – que os individualizavam. Logo após a vitória dos Habsburgos, iniciou-se a catolização forçada do país, consolidada em 1624 com a entrega da Universidade de Praga aos jesuítas – datam dessa época as primeiras levas de emigrantes tchecos que se espalharão por diversos pontos da Europa ocidental e do Leste europeu.

Desde os tempos de Přesmyl Otakar II, no século XIII, a vinda de trabalhadores alemães e austríacos qualificados tinha sido estimulada, e eles formavam um pequeno Estado informal dentro do Estado. Depois de 1620, essa minoria ganhou acesso a cargos administrativos chave, e foi estimulada pelos Habsburgos a tornar-se proprietária de terras. Em 1780, o imperador austríaco José II aboliu o ensino do tcheco nas escolas; em 1784, o alemão substituiu o latim como a língua administrativa de todo o império. A necessidade de possuir conhecimento fluente do alemão, para ter acesso aos principais cargos administrativos e às profissões liberais, forçou as famílias de alguns recursos a adotar essa língua no uso diário. Dessa forma, no século XIX, a classe média boêmia e morávia estava quase completamente germanizada. A língua e os costumes alemães eram encarados como os de uma sociedade superior e desenvolvida; e tendia-se a ver o tcheco com desprezo, como a língua primitiva dos camponeses e dos servos. Basta lembrar que Smetana, Dvořák, Fibich e, numa certa medida, Janáček formaram-se na Alemanha. Smetana escrevia seu diário em alemão e, até a década de 1860, era essa a língua que usava nas cartas remetidas à mulher e aos filhos. Numa carta escrita na língua de seu país ao amigo Ludevít Procházka, em 11 de março de 1860, Smetana pede-lhe desculpas pelos erros gramaticais que cometia – erros de que não ficou livre até o fim da vida. E no *Diário*, ele escreve, em dezembro de 1861:

> Com o crescimento recente de nossa consciência nacional, estou tentando aperfeiçoar o uso da língua pátria, para que possa falar e escrever em tcheco, pois desde menino fui obrigado a aprender tudo em alemão, devido aos regulamentos escolares da época. Já estaria mais do que na hora de escrever o meu diário em tcheco; mas já que comecei em alemão, vou continuar assim até ser capaz de usar corretamente a minha língua, coisa que estou praticando com toda a seriedade.

O tcheco sobreviveu porque era ensinado nas escolas de aldeia. Nas cidades, o povo lia em segredo a *Bíblia de Kralice* (1579-1594), culminação de dois séculos de estudos humanísticos que codificaram o uso da língua nacional através das traduções do texto sagrado. Mas se cabia ao tcheco expressar as ambições dos nacionalistas, era preciso que antes se devolvesse a credibilidade intelectual a um meio de comunicação que os escritores do século XVIII tinham abandonado. Ironicamente, foi em alemão que Josef Dobrovský publicou a primeira gramática da lingua (1809). E foi em alemão que František Palacký escreveu o primeiro volume de sua *História da Nação Tcheca*. Mas essas duas obras em língua estrangeira foram as pedras fundamentais do *Národní Obrození*, o movimento da Renascença Nacional, que produziu as primeiras grandes obras do Romantismo boêmio:

- o poema narrativo *Máj* (Maio, 1836), de Karel Hynek Mácha, cujo tema é a revolta do indivíduo não só contra a opressão social mas também contra a própria ordem do universo. Para Mácha, a vida consciente não passa de humilhação metafísica e sofrimento espiritual: preso em um círculo vicioso, o ser humano aspira ao amor, a única força que poderia dar sentido à sua vida, mas é em geral condenado à solidão. Estudiosos como K. Brusak demonstram a importância de Macha como um precursor de Kierkegaard e do existencialismo;
- a novela *Babička (*A avó, 1855), em que Božena Němcová, a principal novelista tcheca, evoca a figura de sua própria avó e faz, misturando a visão romântica do mundo com observações que já são de caráter realista, um retrato poético da vida no campo, com suas personagens, costumes e tradições;
- e a notável *Kytice z Povĕstí Národních* (Uma Guirlanda de Narrativas Nacionais), a coletânea de baladas e poemas folclóricos publicada por Karel Jaromír Erben em 1853, e que será fonte inesgotável de inspiração para os compositores.

Unindo-se ao exemplo de explosão nacionalista que vinha de vários países vizinhos, o florescimento de uma literatura autóctone encorajou a formação da consciência nacional, ao oferecer aos leitores as imagens de um passado glorioso em que o país era independente; ou do campo como um local intocado, onde o estilo de vida e as formas de manifestação artística mantinham-se puras, nada devendo à influência estrangeira. Processo que se intensificou após a abolição, em 1848, da *robota* (o trabalho forçado), último vestígio da *nevolnictví* (a servidão), que José I começara a eliminar em 1781. Aliado ao início da industrialização, o fim das condições que mantinham o homem preso ao campo atraiu para as cidades um efetivo humano novo, que não falava alemão e, com isso, alterou o equilíbrio linguístico. Os pioneiros da *Národní Obrození* receberam uma ajuda inesperada da multidão de novos habitantes vindos do campo, que contribuíram para "tchequizar" cidades antes predominantemente germanófonas.

O caminho para a autonomia foi lento e tortuoso. A situação amenizou-se um pouco depois da derrota da Áustria para a França em Magenta e Solferino (junho de 1859). Em outubro do ano seguinte, o imperador Francisco José viu-se obrigado a adotar reformas que puseram fim ao absolutismo e abriram caminho para a fórmula da monarquia dual Austro-Húngara, adotada em 1867. Isso significou liquidar os vestígios do totalitarismo imposto pelo imperador em dezembro de 1851, e afastar o conde Alexander von Bach, o ministro do Interior, em cuja gestão os povos dominados pelo império tinham sido tratados de forma extremamente repressiva. Preocupado com a perda de territórios na Itália e com a possibilidade de

A vida musical numa aldeia tcheca: litografia a cores de Antonín Machek, capa da primeira coletânea de canções folclóricas, publicada em 1825.

que a insatisfação das etnias levasse a novas rebeliões, o imperador assumiu atitudes conciliatórias em relação às atividades culturais.

A década de 1860 assistiu a acontecimentos importantes. Em 1862, foi fundado o *Národní Listy* (Folhas Populares), o primeiro jornal tcheco independente. No mesmo ano, o Dr. Miroslav Tyrs, convencido de que "quanto menor a nação, mais ela tem de cuidar de sua própria saúde", fundava a *Sokol* (o Falcão), sociedade de ginástica inspirada na *Turnverein* alemã. Embora primariamente dedicada ao culto da educação física, a *Sokol* logo se transformou, em todo o país, num ponto de encontro para as comemorações patrióticas, dedicando-se, como escreveu o Dr. J. L. Fisher, um de seus propagadores, à "educação popular, a combater a literatura corrompida, os entretenimentos banais, a opor-se às tendências reacionárias na política, e a lutar pela igualdade de direitos". Foi tão importante que, em 1926, o festival para comemorar seu 64º aniversário haveria de inspirar a Janácek a Sinfo*nietta*, que é uma peça de forte cunho nacionalista. O movimento da Sokol sobreviveu à censura austríaca e nazista e só desapareceu em 1952, ao ser incorporado pelas novas organizações de cultura física da república socialista, de funcionamento ainda mais direcionado para objetivos políticos.

Outro papel importante foi o desempenhado pelas sociedades corais. Num país de fortes tradições musicais como a Tchecoslováquia, elas proliferaram e, rapidamente, transformaram-se em pontos de encontro para os patriotas. A maior delas foi a *Hlahol* (O Som), coro masculino fundado em Praga, que teve como regentes os compositores Bedrich Smetana e Karel Bendl. Contemporaneamente, surgia a Svatopluk, sociedade coral de Brno que, a partir de 1873, foi dirigida por Leoš Janácek. Muitas das peças do início da carreira desse compositor foram escritas para ela. Em Czech O*pera*, John Tyrrell comenta:

> Como as sociedades corais que surgiram durante os levantes políticos em Londres e Paris na decada de 1830, as tchecas também ofereciam um tipo de atividade que podia atrair membros com pouca formação musical. As melhores atingiram um padrão elevado e constituíram um repertório bastante sólido; mas outras eram meros pretextos para que as pessoas se encontrassem e cantassem textos em tcheco, freqüentemente com sentimentos patrióticos muito inflamados.

Esse seria um modelo preservado pelo regime comunista que, sobretudo na fase de imposição do Realismo Socialista, haveria de explorar sistematicamente o potencial de disseminação propagandística dessas sociedades corais. Dentro desse quadro de construção de uma base cultural para o processo de aquisição da autonomia, um lugar de destaque está reservado, como dissemos, para o teatro e, em especial, para o teatro musical.

A Ópera Antes de Smetana

A chegada da ópera ao território onde futuramente surgiria a Tchecoslováquia coincide com o declínio da antiga nação tcheca. Já vimos como, em 8 de novembro de 1620, a vitória das tropas de Maximiliano I da Baviera na Batalha da Montanha Branca colocou a região em poder dos Habsburgos. É um fato que há de retardar a eclosão de formas próprias de música dramática, e a musicóloga inglesa Rosa Newmarch não deixa de lamentá-lo em seu *The Music of Czechoslovakia*:

> No momento exato em que Monteverdi, com sua *Arianna*, mostra como exprimir a intensidade da emoção mediante a música dramática, no momento exato em que o horizonte dessa nova arte é radioso e coberto de novas esperanças e possibilidades nunca antes sonhadas, a Boêmia, tão ricamente dotada de inteligência musical, perde o seu lugar entre as nações e vê-se reduzida a mera província germânica.

Após uma violenta campanha de repressão às lideranças opostas ao poder austríaco, que redundou em perseguições religiosas e na eliminação sistemática das liberdades civis e das aspirações intelectuais, Ferdinando II fez-se coroar, em 1627, rei da Boêmia. Para essa ocasião, veio da Itália a companhia de Giovan Battista Buonamente e Cesare Gonzaga, contratada para apresentar uma festiva *commedia pastorale cantata* – cujo título não foi preservado.

Nos anos seguintes, porém, foram muito raras as excursões de outras companhias estrangeiras, pois a corte transferira-se para Viena e a vida cultural de Praga só se animava nas poucas ocasiões em que um dos imperadores a visitava – como Leopoldo I, que ali se refugiou da peste entre 1679-1680. Entre 1702-1707, esteve na cidade a trupe de Gian Francesco Sartorio. Para agradar à platéia local, esse empresário encomendou a Bartolomeo Bernardi, o compositor da companhia, a primeira ópera sobre assunto tcheco a ser cantada em Praga. *La Libussa* (1703) evocava a figura legendária da rainha Libuše, a quem se atribui a fundação de Praga. Não era um assunto desconhecido para os músicos italianos, pois a lenda já atravessara as fronteiras da Boêmia. Em 1596, fora publicada a tradução alemã da *Kronika Česká* de Václav Hájek z Libočan; e nela baseara-se o *Primislao, Primo Rè di Boemia*, de Tommaso Albinoni, cantada no Teatro San Cassiano de Veneza em 1697.

Sartorio apresentava-se no teatro aberto ao público que, em 1701, o conde František Antonín Špork inaugurara em seu palácio Na Poríčí. Amigo de Bach, com quem se correspondia, Špork foi um dos grandes animadores da vida musical de seu país e o responsável, entre outras coisas, pela introdução da trompa moderna nos conjuntos orquestrais boêmios. Ele também se empenhava em que a temática tcheca fosse levada para o palco. Foi dele a iniciativa de encenar, em 1734, uma *Praga Nascente da Libussa e Primislao*, sobre o mesmo tema da ópera de Albinoni. O musicólogo Vladimír Helfert demonstrou, em 1936, que o libreto de Antonio Denzi para esse *dramma per musica* baseou-se na mais antiga documentação desse mito existente, a da *Chronica Boemorum*, do diácono Cosmas, escrita em 1125. A música é de um certo Bioni, músico residente da companhia.

Uma cidade cujos espetáculos líricos tinham sido, até então, bastante modestos, foi o palco, em 28 de agosto de 1723, de um dos mais suntuosos espetáculos de ópera a que a Europa assistiu durante o século XVIII. Para comemorar a coroação de Carlos VI como rei da Boêmia, foi cantada *Costanza e Fortezza*, especialmente composta por Johann Joseph Fux, o *Kappelmeister* da corte vienense. Para essa ocasião, o cenógrafo Giuseppe Galli-Bibbiena montou, na esplanada de Hradšin, ao lado do Palácio Real, um luxuosíssimo anfiteatro ao ar livre com capacidade para 4 mil pessoas. O espetáculo, regido por Antonio Caldara – pois o autor, afligido pela gota, não conse-

guia levantar-se da liteira em que era carregado –, durou cinco horas, e as gravuras de época atestam a magnificência da montagem. Mas esse foi um evento absolutamente excepcional.

Carlos V, que demorara sete anos antes de criar coragem e ir a Praga para essa cerimônia, nunca mais voltou lá em seus dezessete anos restantes de reinado. Sua filha e sucessora, a imperatriz Maria Theresa, ficou quarenta anos no trono. Mas só foi duas vezes à capital tcheca: em 1743, quando chegou a sua vez de pôr na cabeça a coroa da Boêmia; e em 1754, quando as circunstâncias políticas a obrigaram a fazer uma relutante visita oficial. Em ambas as ocasiões, resolveu a coisa de modo mais simples: numa, trouxe artistas estrangeiros para montar um *singspiel* alemão e um balé francês; na outra, deixou que os empresários locais se arranjassem para montar às pressas duas óperas bufas de Galuppi.

Nesse meio tempo, vinha funcionando o teatro do conde Špork, no qual se apresentava uma companhia veneziana de 23 artistas: treze cantores e dez músicos reforçados por instrumentistas locais. No verão, ela se transferia para a propriedade campestre de Špork em Kuks onde, desde 1724, também havia um teatro. Antonio Denzio, o principal tenor dessa companhia, acabou se instalando em Praga como empresário, e ali promoveu a encenação de diversas óperas italianas – incluindo a estréia de *Argippo, Alvilda* e *Doriclea*, especialmente encomendadas a Vivaldi entre 1730-1732. Apesar dos distúrbios causados pela Guerra da Sucessão Austríaca (1742) e pelo bombardeio de Praga ao se iniciar a Guerra dos Sete Anos (1757), empresários estrangeiros prosseguiram com suas turnês: Santo Lapis em 1737-1740; os irmãos Angelo e Pietro Mingotti, que fizeram os tchecos ouvir as primeiras óperas bufas; Giovanni Battista Locatelli, que regeu as suas *Ezio* (1750) e *Issipile* (1752); Giuseppe Bustelli, que trouxe para a Boêmia óperas em italiano compostas no exterior pelos tchecos Mysliveček e Koželůh.

Nesse meio tempo, a consolidação do gosto do público por esse tipo de espetáculo fizera com que, em 1739, um grupo de empresários investisse 15 mil zlatnіků – o equivalente tcheco do florim austríaco – para construir uma nova sala na praça da Staré Mesto (a Cidade Velha) onde, na Idade Média, funcionava o mercado de tecidos. Il Nuovo Teatro della Communità della Reale Città Vecchia di Praga – logo abreviado para Kotce –, permaneceu como o principal auditório da cidade até 1783. Depois disso, como já estava tecnicamente superado, foi transformado num depósito de cenários e acessórios de contra-regra.

Antes mesmo de sua desativação, em 1781, já surgira, para substituí-lo, o teatro do conde Thun, construído em seu palácio da Malá Strana (o Pequeno Bairro). Para fazê-lo funcionar, o aristocrata trouxe da Itália o empresário Pasquale Bondini e a excelente companhia que este fundara em Dresden em 1777. Durante as manobras conjuntas de setembro de 1783, o imperador José II, inveterado freqüentador de teatros, fugia dos exercícios militares no campo de Hloubetín para assistir às óperas de Bondini. Um ano antes, seguindo o exemplo de Thun, uma outra sala tinha sido erguida na Staré Mesto. O Gräflich-Nostitzsches Nationaltheater pertencia ao conde Franz Anton von Nostic-Rhineck, que investira nele 100 mil zlatníků.

"National", nesse caso, significava germânico, pois o teatro foi inaugurado, em 21 de abril de 1723, com a tragédia *Emilia Galotti*, de Lessing; e seu empresário, Karel Wahr, de origem alemã, fora trazido do Kotce com a missão de montar um repertório básico que ajudasse a consolidar em Praga o gosto pela música e o teatro dos dominadores. Com seus mil lugares e suas luxuosas instalações, o Nostitz era um dos mais belos teatros da Europa central. Mas Wahr não era páreo para Bondini. Em 1784, o próprio José II recomendou a von Nostic que o trocasse pelo italiano. Senhor dos dois teatros, e podendo trocar artistas com as companhias que ainda mantinha em Dresden e Leipzig, Bondini transformou Praga num dos mais respeitados centros europeus de ópera italiana.

Em dezembro de 1786, fez uma apresentação triunfal das *Bodas de Fígaro*, que foi muito mais bem cuidada do que a estréia vienense. Diante desse sucesso, encomendou a Mozart uma nova ópera. Foi assim que, em 29 de outubro 1787, coube a Praga a honra de ouvir pela primeira vez um dos maiores títulos de toda a História da Ópera, o *Don Giovanni*, regido pelo próprio Wolfgang Amadeus. Quando Bondini morreu, em 1789, seu assistente Domenico Guardasoni assumiu o comando; e dele partiu a encomenda de *La Clemenza di Tito*, a última ópera de Mozart, com que foi comemorada mais uma coroação, a de Leopoldo II como rei da Boêmia.

O Kotce faliu em 1783. O Thun foi destruído por um incêndio em 1794. Em 1789, o Nostic tinha-se transformado no Královské Stavovské Divadlo, o Teatro das Propriedades Reais, e permaneceu como o auditório mais importante até 1862, quando foi aberto o Teatro Provisório, passo preliminar para a construção do Teatro Nacional.

Paralelamente, durante o século XVIII, o crescimento do interesse pela ópera de modelo italiano, não só por suas qualidades estéticas, mas também pelo papel que ela desempenhava no quadro dos entretenimentos da vida aristocrática, fizera com que vários castelos tivessem seu próprio teatro, dotado de orquestra e coro, regularmente visitado por companhias italianas ou francesas – nisso imitando o exemplo das grandes famílias austríacas e alemãs.

Na Morávia, o conde Jan Adam Questenberk mantinha um desses teatros em sua propriedade de Jaromerice nad Rokytnou. Havia uma companhia doméstica – cantores e cerca de trinta musicos –, dirigida pelo tenor e compositor Frantíšek Václav Míča (1694-1744), de uma ilustre família de músicos. Discípulo da Escola de Mannheim, Míča representa, dentro do Classicismo boêmio, um papel de primeiro plano. É ele quem, tendo herdado de Caldara – com quem estudou – e de Pergolesi a forma pré-clássica da sonata, a faz evoluir em função dos ensinamentos recebidos da orquestra-laboratório dirigida, na corte do eleitor Karl Theodor, por seu compatriota Jan Václav Stamic (ou Stamitz). Já se sente em Míča, numa composição como a *Sinfonia em Ré Maior*, a tendência a distinguir entre o tema principal e o secundário da sonata, conferindo-lhes um caráter contrastado de que nasce o conflito dramático. Essa amplificação da forma de sonata terá utilização teatral muito eficiente em suas aberturas de ópera e de oratório.

Sobreviveu dele *L'Origine di Jaromeriz in Moravia* (1730), com libreto ainda em italiano; mas foi a primeira ópera de assunto histórico local a ser publicada também com a tradução do texto em tcheco. O selo Supraphon tem dela uma gravação pertencente à série *Monde Classique*. Em seu estudo sobre as atividades de Míča em Jaromerice, o musicólogo Vladimír Helfert defende a tese de que a obra foi cantada alternadamente nas duas línguas. Mas *L'Origine* é um caso isolado, pois Questenberk preferia as óperas de Caldara, Leo ou Hasse – e quando tinha de fazer concessões à população local, concordava em que se encenasse um ou outro singspiel, mas em alemão. O teatro de Jaroměřice funcionou até a morte de seu proprietário em 1752.

Havia teatros de corte também em Kroměříž e Vyškov, pertencentes ao bispo de Olomouc e ao cardeal Schrattenbach; e na propriedade da família Rottal, em Holešov. Brno, a capital da Morávia, foi regularmente visitada pela companhia dos irmãos Mingotti. Trazendo oito cantores – três homens e cinco mulheres –, ela se apresentou provisoriamente na Escola de Equitação, até ser inaugurado um teatro no Mercado dos Legumes – onde hoje está o Teatro Reduta. E em Český Krůmlov, no sul da Boêmia, foi erguido em 1766 um soberbo teatrinho barroco – por coincidência no mesmo ano que o de Drottningholm, na Suécia e, como ele, até hoje com a maquinaria de palco intacta.

O intermezzo italiano influencia uma das formas mais antigas e despretensiosas de teatro musical feito em vérnaculo, o chamado "drama hanático" – do distrito rural de Haná –, de estrutura bastante simples, escrito em dialeto. São cenas curtas para duas personagens, algumas canções e duetos intercalados com diálogo falado, acompanhados por dois violinos e um baixo contínuo. Os modestos efetivos utilizados mostram que essas peças eram concebidas para poder ser apresentadas em qualquer lugar, um celeiro, o salão paroquial de uma igreja, pois destinavam-se a uma audiência rude e sem cultura. Tendo nos títulos os nomes de suas personagens, *Jora a Manda* e *Maréna a Kedrota*, talvez de Josef Pekárek, que era mestre-escola e professor de música

numa das aldeias da região, são os exemplos mais antigos de que se tem notícia.

Em algumas delas, sente-se a marca da elaborada fórmula barroca da *opera seria*. Nesse caso, trata-se de composições mais ambiciosas em termos formais: dois atos, vários números, elenco de cinco a seis cantores, pequena orquestra clássica. E seus autores, de origem erudita, preferem usar o latim em seus poemas. A *Opera de Rebellione Boemica Rusticorum* (A Ópera sobre a Rebelião dos Camponeses da Boêmia), do professor Jan Antoš (1757), que viveu no leste dessa região, fala dos motivos para o levante dos agricultores em 1775, e tem abertura ternária, dezessete números, e um coro final. Curiosa é também a tradição de explorar, como tema dessas comédias populares, as profissões e artesanatos típicos regionais – assunto que não poderia deixar de interessar a quem assistia. O melhor exemplo é a *Opera Bohemica de Camino* (A Ópera Boêmia da Lareira), do amador Karel Loos (c. de 1760), cujas personagens são um limpador de chaminés e um fabricante de tijolos especializado na construção de lareiras.

Visando um público diferente, os dramas hanáticos produziram obras curiosas, que tratam das reações locais a determinados acontecimentos políticos. A mais antiga é a *Pargamotéka* (1747), atribuída ao monge cisterciano Alanus Plumovský. Seu título é a corruptela dialetal de *Pragmatická Sankce* (a Sanção Pragmática), o edito com que Carlos VI contornou o impedimento dinástico para que sua filha, Maria Theresa, subisse ao trono dos Habsburgos. Essa decisão foi contestada pelos Estados vizinhos e provocou a invasão prussiana do território – tema tratado em *Landebork*, outro drama hanático de Plumlovský (e assunto, igualmente, dos *Brandenburgueses na Boêmia*, de Smetana). Essas obras eram escritas em defesa do monarca e foram encenadas no mosteiro de Olomouc, na presença de autoridades austríacas. Tomavam a forma dos antigos dramas escolásticos em latim, de tema edificante, e destinavam-se aos clérigos, mais cultos e em condições de perceber as implicações políticas do texto. Mas não desdenhavam as vulgaridades ocasionais do linguajar regional, nem o tom bem-humorado de paródia que havia nas comédias populares.

De acordo com os anais do mosteiro de Olomouc, Plumovský parece ter recebido a encomenda de outras peças do mesmo tipo, de que não se tem a documentação.

No final do século XVIII, as trupes italianas tinham de enfrentar a concorrência das alemãs, que traziam *singspiele* e vaudevilles, peças faladas a que se intercalavam danças de todo o centro europeu e canções, ora em alemão ora em tcheco. Da mesma forma que em outras partes da Europa, as formas cultas da ópera italiana eram preferidas pelo público aristocrático mais sofisticado, enquanto o popular favorecia a simplicidade do *singspiel*. Alguns teatros que funcionavam em castelos e palácios ainda sobreviveram nos primeiros anos do século XIX mas, a essa altura, em franco processo de extinção. O último a resistir foi o Náměst, do conde Haugwitz, que traduzia para o alemão os libretos italianos das óperas de Naumann, Gluck ou Haendel, encenadas pelo seu elenco doméstico.

Durante o Classicismo, muitos músicos tchecos tinham alcançado notoriedade no plano internacional. Aproveitando a facilidade de trânsito decorrente de a Boêmia, a Morávia e a Eslováquia estarem sob controle do Império Austro-húngaro, esses artistas circulavam livremente para Viena e Salzburgo, para as pequenas cortes alemãs e, dali, para mais longe, na Itália ou na França. Já mencionamos o caso de Jan Stamic: nascido em Německý Brod em 1717, ele entrou em 1741 a serviço do eleitor de Mannheim, germanizando o seu nome para Johann Wenzel Anton Stamitz. Foi o criador da orquestra do eleitorado, para a qual escreveu 74 sinfonias, além de diversos concertos. Junto com ele estava o morávio František Xaver Richter, natural de Holešov que, depois de Mannheim, foi mestre de capela em Estrasburgo.

Toda a família Benda também tomou o rumo da Alemanha. František foi um violinista de renome europeu. E no volume sobre *A Ópera Alemã*, já nos referimos à importância de seu irmão, Jiří Antonín, como o fixador de um gênero de grande popularidade, o melodrama – *Ariana na Naxů*, *Medea*, *Pygmalion*, *Almansor und Nadine* – que haveria de influenciar de Mozart a Beethoven. Na Áustria estavam ainda Pavel Vranický (Paul Wranitzky), Vojtěch Jírovec (Adalbert Gyrowetz), Ferdinand Kauer e Wenzel Müller, fundamentais na história do singspiel germânico. Para a Itália seguiram Florian Gassmann, Josef Mysliveček[1] e Jiří Antonín Koželůh. Na França, trabalhavam Josef Kohaut e Antonín Reicha.

Nem todos, porém, escolhiam o caminho do exterior. Alguns compositores, como Jan Josef Rösler (1771-1813), ficavam em Praga. Mas suas óperas tinham libreto em alemão e um estilo musical que imitava o que estava na moda em Viena. *Elisene, Prinzessin von Bulgarien* (Elisena, a Princesa da Bulgária), de 1807, e *Die Rache oder Der Raubschloss in Sardinien* (A Vingança ou O Castelo dos Ladrões na Sardenha), ópera de resgate escrita em 1808, foram as que mais agradaram às platéias (tem-se inclusive notícias de remontagens dessas duas entre 1827-1832, em tradução tcheca).

Nessa fase de transição entre os séculos XVIII-XIX, em que ainda não se tinha enraizado na consciência do povo a necessidade da criação de uma arte com características nacionais específicas, continuavam a ser produzidas óperas com libretos em italiano e alemão, obedecendo às fórmulas musicais internacionais – de origem basicamente mediterrânea –, que tinham vigorado durante o Barroco e o Classicismo. Até mesmo porque Praga, desde os tempos de Bondini, era um dos grandes centros de ópera de modelo ocidental. Depois da fase de hegemonia dos italianos, havia no Královské Stavovské Divadlo uma companhia alemã que, nos primeiros anos do século XIX, foi dirigida primeiro por Wenzel Müller (1803-1813) e depois por Carl Maria von Weber (1813-1816); e esse compositor contribuiu muito para a expansão do repertório e o aperfeiçoamento dos padrões de interpretação.

Tentativa de fazer ópera em tcheco havia, sim, mas estava nas mãos de músicos amadores, cuja produção parece ter sido razoavelmente intensa entre 1740 e o fim do século XVIII. Não existe documentação muito precisa a respeito desses trabalhos, pois eles não eram publicados e só nas primeiras décadas do século

---

1. De Josef Mysliveček existe, no selo Supraphon, a gravação de *Il Bellerofonte*, uma ópera séria de estilo italianado, regida por Zoltán Peskó.

XX alguns manuscritos dispersos foram localizados. Mas a representação iconográfica de suas personagens – especialmente em pratos de porcelana ou figurinhas de cristal –, e a absorção de algumas de suas canções pelo repertório popular do século passado, não deixam dúvidas de que a experiência intuitiva acumulada por esses pioneiros formou o alicerce sobre o qual foi construída a obra do primeiro autor importante de óperas em tcheco.

Škroup

Esse papel cabe a František Jan Škroup (1801-1862). Só não se considera que seja ele o fundador da escola nacional – honra reservada a Smetana – porque ainda são muito fortes, em sua escrita, os elementos dramáticos e musicais importados do *singspiel* alemão (língua em que, aliás, ainda são escritos alguns de seus libretos). Formado em Direito, Škroup logo abandonou a advocacia para se envolver com grupos de teatro amador interessados em encenar óperas traduzidas para o tcheco. Tendo feito desde cedo estudos de música com seu pai, Dominik Škroup, e sendo bastante habilidoso como tenor, pianista e regente, Škroup tornou-se uma peça fundamental dentro da companhia. A primeira produção do grupo, encenada em 1823 no Královské Stavovské, foi a versão tcheca de *Die Schweizerfamilie* (A Família Suíça), o popularíssimo *singspiel* composto pelo austríaco Joseph Weigl em 1809. A idéia agradou tanto ao público que, já no ano seguinte, o dramaturgo Jan Štepánek passou a fazer funcionar um elenco estável, que se dedicava a montar peças faladas exclusivamente na língua nacional.

Essa iniciativa pioneira sendo bem aceita, Škroup teve condições de passar a uma nova etapa: a apresentação de obras originais. Em companhia do libretista Josef Krasoslav Chmelenský, compôs *Dráteník* (O Vendedor Ambulante), estreada com grande sucesso em 2 de fevereiro de 1826. John Tyrrell escreve, no *Viking Opera Guide*:

Um século antes da criação da Tchecoslováquia, Škroup já apontava para os futuros vínculos políticos da Boêmia ao construir sua obra em torno da figura do vendedor ambulante do título, um eslovaco que fala e canta em dialeto.

Ao ajudar o herói a disfarçar-se de vendedor ambulante para aproximar-se da jovem que ama e poder conquistá-la, ele acena para a solidariedade que deve existir entre boêmios e eslovacos dentro de um território que, um dia, haveria de constituir uma só nação.

A Família Suíça, cujo sentimentalismo nostálgico e melodioso tinha agradado em cheio ao público tcheco – a ponto de às vezes ser confundida com uma obra nativa –, foi o modelo óbvio do *Vendedor Ambulante*. A ópera de Škroup tem uma abertura razoavelmente extensa, com forma de sonata, mas é de proporções modestas, sem coro e com quinze números cantados, a metade dos quais constituída por canções estróficas. A maior parte da ação é conduzida através do diálogo falado e o canto intervém apenas nos momentos de reflexão ou expansão lírica. Só no encerramento do ato II uma série de números de conjunto cumulativos – trio, quinteto, sexteto e septeto final – constrói o desenlace, mas sem estrutura sinfônica que os entrelace; eles são apenas justapostos uns aos outros.

Já se falou da influência rossiniana no caso da ária de Ružena – a mocinha que o herói quer conquistar – no início do ato II. Como a de Rosina no *Barbiere di Siviglia*, ela tem uma introdução lenta com recitativo que conduz a um *andante grazioso* em 6/8; mas à seção final *allegro con fuoco* falta o espírito da verdadeira cabaletta com exibição virtuosística. A marca do estilo bufo italiano está, isso sim, na efervescência do acompanhamento orquestral de alguns dos números em ritmo de conversação, ou nas árias cômicas em que se recorre à agilidade do silabato. Mas as dificuldades técnicas do canto parecem ter sido deliberadamente restringidas, devido às limitações do grupo semi-amador de que Škroup dispunha.

O prestígio granjeado com *Dráteník* valeu a Škroup, em 1827, o convite para trabalhar como maestro assistente da companhia de ópera alemã do Královské. Dez anos depois, ele se tornaria o regente titular, cargo que manteria até 1857, fazendo um importante trabalho de revelação do repertório alemão ao público de Praga (foi ele quem regeu a estréia tcheca de todas as óperas de Wagner até o *Lohengrin*). Essa casa de espetáculos conheceria uma fase de intenso desenvolvimento entre 1846-1851, quando a direção esteve nas mãos do grande dramaturgo Jan Kajetán Tyl. Rebatizado Královské Zemské Divadlo (Real Teatro Provincial) em 1861, ele recebeu em 1949 o nome de Tylovo Divadlo (Teatro Tyl), em homenagem a esse marcante animador cultural.

Além de responder pela direção artística do Královské Stavovské, Škroup continuou a compor, embora demorasse a marcar outro tento como *O Vendedor Ambulante*. O público reagiu friamente a *Der Nachtschatten* (A Sombra Noturna), de 1827, em que o biógrafo Josef Plavec identificou fortes influências da *Euryanthe* de Weber. Foi mais fria ainda a acolhida a *Oldřich a Božena*, do ano seguinte, com libreto de Chmelenský. A recepção na estréia, em 14 de dezembro de 1828, foi tão gélida que Škroup retirou a ópera de cartaz. Em 1833, pediu ao diretor de teatro Ferdinand Ernst que a traduzisse para o alemão e compôs uma partitura totalmente nova. Mas a segunda versão, *Uldarich und Bozena*, não conseguiu conquistar a comunidade germânica. E voltou a fracassar em 1847, quando Tyl a retraduziu para a língua nacional.

Não tiveram melhor sorte *Der Prinz und die Schlange* (O Príncipe e a Serpente), de 1829; *Bratovrah* (O Matador do Irmão), de 1831; e *Die Drachenhöhle bei Rothstein oder Der Hammer um Mitternacht* (A Caverna do Dragão perto de Rothstein ou Leilão à Meia-noite), do ano seguinte. A sorte virou finalmente em 1834, quando Škroup musicou *Fidlovačka aneb Žádný Hněv a Žadná Rvačka* (A Feira de Primavera ou Nem Raiva nem Briga), comédia em quatro atos de J. K. Tyl, a que seu autor dera o subtítulo de "cenas da vida em Praga". Ela é a prova de que Škroup deveria ter ficado no domínio mais despretensioso da ópera popular, pois os temas sérios não eram o seu forte.

Apesar da abertura elaborada e dos 21 números cantados, *Fidlovačka* também é mais um musical do que uma ópera propriamente dita. Desta vez, além das canções estróficas, há um número razoável de intervenções corais para caracterizar a multidão que freqüenta a feira, em torno da qual gira a ação. Há dois extensos duetos, um em tcheco e o outro misturando tcheco e alemão. E como em *Dráteník*, os atos II e IV se encerram com uma seqüência de números de conjunto. A peça é formada por uma série de sketches mais ou menos soltos, cujo objetivo é retratar as personagens populares que passam pela Feira de Primavera. A mais marcante delas é o velho Mareš, o violinista cego. A sua canção "Kde domov můj?" (Onde Está a Minha Terra Natal?), do ato IV, popularizou-se como canção patriótica a ponto de, em 1918, ter sido adotada como a metade tcheca do hino nacional tchecoeslovaco.

O restante da obra de Škroup é decepcionantemente descaracterizado. Ele andava tão descrente da reação do público a seu trabalho que, de *Libušin Sňatek* (As Bodas de Libuše), escrita em 1835, só apresentou alguns trechos. A primeira encenação completa dessa ambiciosa ópera em três atos ocorreu apenas em 11 de abril de 1850. Ela oferece música contínua, com recitativos acompanhados em vez de diálogo falado, e tem participação muito desenvolvida do coro. Não há um papel principal para tenor pois, na época, esse tipo de registro andava em falta no teatro de Škroup. As influências são mistas: no coro das damas caçadoras (ato II), a do mundo romântico alemão; na coloratura do papel principal, a de Bellini, de quem Škroup regera a *Norma* em fevereiro de 1835, exatamente quando estava começando a trabalhar na composição das *Bodas de Libuše* – ópera que foi para o limbo junto com *Die Geisterbraut* (A Noiva do Espectro), de 1836, e *Drahomira*, de 1848.

Depois que, em 1850, as autoridades austríacas proibiram a realização dos espetáculos em tcheco, Škroup saiu do país, instalando-se em Rotterdam, onde ficou até o fim da vida. Mas lá tampouco teve sucesso com *Der Meergeuse* (1851) e *Columbus* (1855). Esta última, aliás, ficou inédita e só foi cantada postumamente na Tchecoslováquia em 1942 (o selo Multisonic tem trechos de uma execução em forma de concerto por ocasião das homenagens, em 1962, no centenário da morte do compositor; regência de F. Dyk, com Blachut e Šubrtová nos papéis principais). Em março de 2003, numa tentativa de estimular o interesse pela ópera pré-Smetana, o Teatro Nacional de Praga programou uma reprise de *Der Meergeuse*.

É interessante constatar que as duas únicas criações de Škroup a se imporem junto ao público foram justamente as mais simples, enquanto *Oldřich e Libuše*, duas óperas com recitativos, de formato muito mais ambicioso, não tiveram sucesso, embora ambas tratassem de veneráveis temas patrióticos boêmios. Oldřich é um rei antigo, famoso por ter-se decidido a casar-se com Božena, uma mulher do povo. E Libuše é a figura mitológica a que se atribui a criação de Praga (ver o capítulo sobre Smetana). A resposta está na música: tributária de vários exemplos estrangeiros, ela ainda carece daquele sabor entranhadamente tcheco que encontraremos na de Smetana – e que o público sabia reconhecer, pois ela lhe falava diretamente a sentimentos muito profundos. Credite-se porém a Škroup uma outra iniciativa meritória: juntamente com Chmelenský ele produziu, entre 1835-1839, uma *Guirlanda de Cânticos Patrióticos*, coleção de canções destinada a substituir os lieder alemães então em voga. Ainda não se trata de música puramente nacionalista, pois muitas das melodias são de corte estrangeirado. Mas, juntamente com *Drátenik* e *Fidlovačka,* elas desempenham papel muito importante no processo de despertar da consciência nacional tcheca.

Kott

Curiosamente, há pouca influência de Weber na música de Škroup, embora eles tivessem se conhecido entre 1813-1816, quando o alemão trabalhou em Praga; e apesar do retumbante sucesso de *Der Freischütz* quando foi apresentado nessa cidade em 1824. É na *Žižkův Dub* (*O Carvalho de Žižka*), de František Kott (1808-1844), que vamos encontrá-la. Nessa ópera, estreada em Brno em 28 de novembro de 1841, estão presentes a maneira weberiana de retratar as relações entre o homem e a natureza, bem como a atração pelos mistérios do sobrenatural e os limites tênues entre a realidade e a fantasia. No libreto de Václav Kliment Klicpera, há uma personagem que, como o Max do *Freischütz*, tem de ir à floresta à meia-noite, para fazer um encantamento que o ajudará a conquistar a mulher que ama. Em tudo a ópera é tributária da germanofilia do autor: por exemplo, os bandidos que, no ato II, cantam um coro em seu esconderijo subterrâneo, parecem ter-se extraviado dos *Räuber* (Os Ladrões), de Schiller.

É forte também a imitação dos italianos. Škroup ainda usava as denominações *zpěv* (solo) e *dvojzpěv* (dueto). Kott prefere "cantabile da solo" e "duetto". O final do ato I é descaradamente rossiniano: um concertato lento para três solistas, que entram sucessivamente, com a mesma melodia e, depois, são acompanhados pelo coro; em seguida, vêm uma elaborada cadência, um *allegro* vigoroso e uma *stretta* homofônica. Mas com essas passagens sofisticadas convivem outras de grande simplicidade: a ária de entrada da heroína, de forma estrófica ternária, com intervenção do coro no meio; ou o dueto de amor, que é um *scherzo allegro* de tom mendelssohniano.

O que distingue *Žižkův Dub* de *Dratenik* é o uso do coro, não só como apoio para os solos e concertatos, como também de forma a criar o elemento pitoresco: ferreiros no ato I, ladrões no II, camponeses em diversos momentos. E o uso muito peculiar do melodrama – a que Klicpera dá o nome tcheco de *řečení* (recitativo). Ao contrário do proposto por Benda – texto falado com acompanhamento contínuo –, trata-se de um tipo de declamação dramática bem graduada, que chega a levar o cantor a um climático fá maior, sobre um fundo de tremolo das cordas. A cena em que a personagem principal vai à floresta procurar o carvalho sagrado lembra muito a do Vale dos Lobos, no *Freischütz* de Weber, em que Max recebe de Samiel, o diabo, as balas enfeitiçadas com que vai participar de um concurso de tiro.

Os Sucessores de Škroup

O exemplo de Weber impregna também a obra do jurista Leopold Eugen Měchura (1804-1870), fecundo músico amador que criou, em *Maria Potocká* (1869), baseada em Aleksandr Púshkin, a primeira ópera tcheca a ser extraída da literatura russa. O projeto do Teatro Nacional de revalorizar a ópera pré-Smetana fez com que, em maio de 2003, *Maria Potocká* fosse encenada ao lado de melodramas de Kittl e Škroup.

Diletantes como Mechura eram o cavaleiro Ludvík z Rittersberku (1809-1858) e um certo Josef August Heller (1800-1855), de quem não se tem muita informação, autores de óperas que obtiveram representações privadas em círculos aristocráticos. Impregnada da influência alemã estava também *Švédové v Praze* (Os Suecos em Praga), escrita pelo irmão de Škroup, Jan Nepomuk, que chegou a ser maestro auxiliar no Teatro Provisório (ela só foi representada em 1867).

Fora de Praga, *Sládcí* (Os Cervejeiros), montada em Žebrák em 1837, merece menção menos pela modesta música do padre Josef Vorel (1801-1874), do que pelo fato de seu libreto ter sido escrito pelo eminente folclorista K. J. Erben – e por antecipar algumas características da narrativa de *A Noiva Vendida*, de Smetana. Mas é limitado o número de óperas em tcheco escritas e representadas entre 1826-1866, imitando o exemplo de *Dratník*. Trata-se de partituras de pequeno porte, que olham para o passado e continuam a buscar inspiração nos antigos *singspiele* alemães.

Kittl

Em compensação, é muito mais moderno o modelo em que se inspiram as peças do mais bem-sucedido dos compositores boêmios de óperas em alemão. Muito influenciado por Berlioz, Liszt e Wagner, Jan Bedřich Kittl (1806-1868) foi um dos primeiros românticos tchecos. A ligação com a música ocidental, em especial a germânica, vinha-lhe de resto através dos estudos com Václav Jan Tomášek (1774-1850), um dos professores mais respeitados em Praga durante a primeira metade do século XIX (autor de inspirada música para piano de feitura mozartiana – as *Églogas*, os *Ditirambos*, as *Rapsódias* –, Tomášek compôs também uma ópera, *Seraphine*, com libreto em alemão, estreada em 1811).

Artista de idéias muito progressistas, partidário fervoroso da *Zukunft Musik* (a música do futuro) wagneriana, Kittl desempenhou papel fundamental durante os anos de 1843-1865, em que foi diretor do Conservatório de Praga, encorajando toda uma geração de novos compositores. Professor de Karel Šebor, era também um dos membros da comissão que concedeu a Smetana um prêmio por sua primeira ópera, *Os Brandenburgueses na Boêmia*. As quatro óperas que compôs tinham libreto em alemão. A partitura de *Daphnis' Grab* (O Túmulo de Dafne), de 1825, se perdeu. Mais importante do que *Die Waldblume* (A Flor do Bosque, 1852) ou *Die Bildersturmer* (O Iconoclasta, 1854), é *Bianca e Giuseppe* – principalmente devido à origem de seu texto.

O poema de *Bianca und Giuseppe oder Die Franzosen vor Nizza* (Os franceses diante de Nice) foi escrito por Richard Wagner, que pensava em musicá-lo pessoalmente. Tendo desistido da idéia, em 1824 fez nele uma revisão, e ofereceu-o a seu amigo Carl Gotlieb Reissiger, que não se interessou. A versão de Kittl, composta cinco anos depois, estreou no Královské Stavovské Divadlo em 19 de fevereiro de 1848. A ópera conta uma história de amor tendo como pano de fundo as repercussões da Revolução Francesa em Nice, na época dominada pela dinastia da Savóia. A marcha do ato II, em que Kittl cita o tema da canção revolucionária "Ça ira", foi adotada como o hino da Guarda Nacional de Praga, no ano seguinte, durante o frustrado levante contra a dominação austríaca. A origem ilustre do poema, unindo-se ao interesse recente dos estudiosos pela fase pré-Smetana do melodrama tcheco, fez com que *Die Franzosen vor Nizza* fosse remontada pelo Teatro Nacional de Praga em março de 2003.

Skuherský

Quando Kittl aposentou-se da direção do Conservatório de Praga, que ocupara desde 1843, foi substituído por František Zdeněk Skuherský (1830-1892). Como muitos outros músicos tchecos do século XIX, Skuherský fez carreira no exterior: trabalhou em Innsbruck como regente da Ópera e organista na capela de sua universidade (1854-1866). Ao voltar para Praga, assumiu a direção da Escola de Órgão, onde estudara, e foi o último diretor dessa instituição antes que ela fosse assimilada pelo Conservatório de Praga. Entre seus alunos, teve J. B. Foerster, Janáček e Stanislav Weis.

Desde os tempos de Innsbruck, Skuherský ambicionava fazer sucesso no palco; mas é evidente a sua limitada propensão para o gênero dramático. Para a execução em Praga, adaptou três óperas escritas no exterior. *Der Apostat*, de 1860, baseada em um episódio da história búlgara do século IX, transformou-se em Vladimír, *Bohuv Zvolenec* (Vladimír, o Escolhido de Deus), um *grand-opéra* com todos os clichês do gênero. A romântica *Der Liebensring* (O Anel do Amor), de 1861, recebeu em 1868 o novo nome de *Lóra*; e a comédia *Der Rekrut* (1866) foi rebatizada, em 1873, como *Rektor a Generál* (O Reitor e o General).

Ao fazer, em 1865, a resenha de *Vladimír* para o jornal *Národní Listy*, Smetana, que tinha grande respeito pela figura do professor, procurou ser muito cauteloso. Elogiou os coros e o balé, mas não deixou de apontar a mistura desajeitada de princípios wagnerianos com recitativos antiquados e árias de formato tradicional. Embora tivesse a boa vontade de defender o ponto de vista de que, em sua forma revista, *Vladimír* era uma "obra tcheca", Smetana considerou "desagradável e sem atrativos vocais" a escrita dos papéis femininos, sóbria e sem qualquer ornamentação. *Lóra* já encontrou críticos que a considerassem "muito melodiosa". E *Rektor* chegou a ser chamada de "um enriquecimento para o repertório". Nenhuma delas, porém, conseguiu mais do que meia dúzia de récitas; e em breve foram obscurecidas pelas produções de Smetana, Šebor e Bendl.

Isso desencorajou Skuherský de perseverar na carreira de palco. Quando morreu, dois novos dramas históricos, *Smrt Krále Václava* (A Morte do Rei Venceslau) e *Jaroslav ze Šternberka* tinham ficado inacabados. Na verdade, é mais importante o trabalho que ele fez como reformador da música sacra tcheca, após estudos especializados em Roma e Regensburg.

O Teatro Provisório

Estava preparado o terreno para que eclodisse a Escola Nacional de ópera tcheca.

Faltava apenas um músico capaz de reconhecer que era necessário desligar-se radicalmente da imitação dos modelos estrangeiros e, além disso, dispor de um método mais maduro do que simplesmente entremear canções de sabor popular numa peça falada. Esse músico seria Bedřich Smetana. Sua aparição no cenário musical tcheco coincide, por outro lado, com a criação de uma instituição da maior importância para o processo de formação da identidade nacional.

Conscientes de que os teatros existentes tinham ficado pequenos, ou estavam comprometidos com uma política cultural ainda tributária da influência estrangeira, os intelectuais boêmios deram-se conta da necessidade de possuir uma sala que fosse, como diria Novák mais tarde, "um santuário exclusivo da arte tcheca". Foi assim que, em 1862, surgiu o Prozatímní Divadlo (Teatro Provisório), com a capacidade para 900 espectadores. A princípio, seus métodos e recursos eram muito primitivos, a maioria dos cantores, amadora, e a orquestra – cujo primeiro titular foi Jan Maýr –, pequena e de qualidade desigual. Ainda assim, foi nesse teatro – dirigido por Smetana entre 1866-1874 – que se assistiu ao nascimento de algumas das maiores criações dos primeiros anos da Escola Tcheca, à espera de que a arrecadação de fundos permitisse a construção de um prédio melhor aparelhado. Disputas políticas e dificuldades práticas atrasaram até 1868 a colocação da pedra fundamental. A inauguração do Národní Divadlo (Teatro Nacional) em 1881 foi um acontecimento da maior importância para a vida nacional.

Infelizmente, um incêndio destruiu completamente o prédio original pouco depois. Dessa vez, um esforço enorme foi feito para levantar os recursos necessários à reconstrução e, em 1883, reabriram-se as portas do atual Národní, que tinha capacidade para 1.598 espectadores. Reformado entre 1977-1983 e dividido numa grande sala de 986 lugares e num Teatro de Câmara de 500, ele se tornou o centro da vida operística de Praga. Alguns dos maiores nomes da regência tcheca foram seus titulares: Adolf Čech (1883-1900), Karel Kovařovic (1900-1920), Otakar Ostřčil (1920-1935), Václav Talich (1935-1944 e 1947-1948), Zdeněk Chalabala (1953-1962),

Inaugurado em 1862, o Teatro Provisório assistiu à estréia da maioria das óperas de Smetana e seus contemporâneos (foto tirada em 1864 por Wilhelm Rupp).

Símbolo da busca tcheca de uma identidade cultural própria, o Teatro Nacional foi inaugurado em 1881, destruído logo depois por um incêndio, e reinaugurado em 1883 (a parte assinalada nesta gravura de F. Würbs, baseada nos planos do arquiteto Zítek, mostra a parte do Teatro Provisório incorporada ao novo prédio).

Gravura de Bohuslav Roubalík mostrando a cerimônia de colocação da pedra fundamental do Teatro Nacional, em 1888. Quem discursa é o historiador František Palacký. O homem de óculos e barba, que se destaca no grupo à sua esquerda, é Bedřich Smetana.

Jaroslav Krombholc (1963-1975) e Zdeněk Košler desde 1980.

A obra de Smetana, de envergadura superior à de todos os seus contemporâneos, será tratada a seguir, num capítulo separado. Consideremos aqui, entretanto, o trabalho de outros músicos que foram seus contemporâneosa e participaram ativamente do processo de colocação dos fundamentos da Escola Nacional.

Rozkošný

A condição de músico amador, que nunca abandonou a profissão de bancário, com a qual ganhava seu sustento, não impediu Josef Richard Rozkošný (1833-1913) de ser um operista prolífico. Sua obra é vasta e se estende por um período muito longo: *Ave Maria* recebeu encenação privada em 1855; *Černé Jezero* (O Lago Negro) foi cantada no Teatro Nacional em 1906. Foi tambem, depois de Smetana, um dos compositores mais executados. *Svatojánské Proudy* (As Corredeiras de São João) foi encenada 35 vezes em Praga durante a sua vida; *Popělka* (Cinderela), 68 vezes – o que é uma proeza para a média dos operistas europeus do século XIX. Mesmo sem a personalidade individual de Smetana ou Dvořák, não lhe faltavam técnica sólida, instinto dramático e variedade de interesses: praticou a comédia camponesa, o drama histórico, o conto de fadas.

O desejo de estar em dia com a última moda fez de Rozkošný o primeiro verista tcheco. O libreto de *Stoja*, uma história crua de adultério, assassinato e suicídio, tendo como pano de fundo a guerra civil na Bósnia, foi escrito por Otakar Kučera, tradutor da *Mara*, de Ferdinand Hummel, um dos grandes cartazes do Deutsches Theater. Rozkošný malhou o ferro enquanto estava quente: *Mara* foi encenada em janeiro; no fim de junho, *Stoja* estava em cena. A novidade a fez atrair o público durante algum tempo; mas a imitação de um modelo estrangeiro, que parecia nada ter a ver com a índole nacional, foi indignadamente denunciada por críticos como Zdeněk Nejedlý e compositores como Foerster.

Depois do sucesso de *Mikuláš* (1870), comédia de aldeia com texto de Karel Sabina,

que lembra muito o clima da *Noiva Vendida*, Eduard Ruffer escreveu para ele, em alemão, o libreto das *Corredeiras*. František Adolf Šubert, intendente do Teatro Provisório, traduziu-o para o tcheco. Baseada na lenda da Ondina, contando a história da ninfa do rio Vltava que se apaixona por um mortal mas, ao ser rejeitada, vinga-se dele cruelmente, *As Corredeiras* antecipa a *Russalka* de Dvořák. A abertura dessa ópera, popularíssima na década de 1870 – estreada no Teatro Provisório em 3 de outubro de 1871 –, descreve o curso turbulento do Vltava. Por isso, é também importante como o modelo em que Smetana vai se basear para o *Moldávia*, segundo poema sinfônico do ciclo *Má Vlast* (A Minha Pátria).

Janáček admirava muito *As Corredeiras* e publicou, a seu respeito, uma análise brilhante, quando a ópera foi apresentada em Brno, em 1887. O crítico Emanuel Chvála acreditou ver nela ecos do melodismo de Gounod. É mais evidente, porém, a propensão para o romantismo weberiano, nos coros de caçadores, na maneira de retratar os costumes rurais e de frisar a importância da natureza na vida dos camponeses, no destaque dado ao elemento sobrenatural. Durante a década de 1890, *Svatojánské Proudy* ainda estava sendo encenada no Národní.

Rozkošný compôs também, entre outras, um drama sobre a personagem histórica *Záviš z Falkenštejna* (1877); a comédia *Satanela* (1898); e a já mencionada *Černé Jezero*, originalmente intitulada *Šumavská Víla* (A Fada de Šumava). Entre elas, merece atenção especial *Cinderela*, cujo libreto é de Otakar Hostinský. De escrita contínua, tem poucos números fechados estrategicamente colocados – dois duetos, dois quartetos e algumas árias –, e um grande balé no ato II. Só a ária da personagem-título, no ato I, tem sabor folclórico; o resto obedece ao estilo convencional da *Märchenoper*, a ópera alemã baseada em contos de fadas. Mas as encenações opulentas que permite explicam a popularidade de que desfrutou durante tanto tempo

Blodek

Virtuose da flauta internacionalmente conhecido e reputado professor do Conservatório de Praga, Vilém Blodek (1834-1874) é o autor de um concerto para seu instrumento ainda hoje bastante executado. Sofreu um esgotamento nervoso em 1870, devido à sobrecarga de trabalho, e morreu precocemente num asilo para alienados mentais. Sua obra de operista é muito pequena, embora ele tenha escrito a música incidental para cerca de 60 peças de teatro, adquirindo assim bastante familiaridade com os mecanismos dramáticos. *Clarissa* (1861), com libreto em alemão, foi abandonada pela metade e é possível que a partitura tenha sido destruída. Os fragmentos de *Zítek*, que ficou inacabada, demonstram que seria mais ambiciosa do que a única ópera que ele chegou a estrear.

V Studni (No Poço), de tema camponês, tem texto de Karel Sabina, libretista de vários compositores: *A Noiva Vendida* de Smetana, *Mikuláš* de Rozkošný, *O Velho Pretendente* de Bendl. Estreou no Teatro Provisório em 17 de novembro de 1867. Sabina parte da velha crendice de que se, numa noite de pleno verão, a mocinha casadoura olhar para dentro do poço, verá refletida na água o rosto de seu futuro marido. E conta a história de Janek, rico, velho e feio, que quer casar-se com Lidunka, a menina mais bonita da aldeia – contando para isso com o apoio da mãe da moça, que está de olho em sua fortuna. Desesperada, Lidunka vai consultar Veruna, a feiticeira da aldeia, e esta lhe diz que se mire à noite na água do poço.

Ao velho Janek, Veruna recomenda, em seguida, que trepe numa árvore ao lado do poço, para que seu rosto se reflita na água. Janek o faz mas, como é muito gordo, o galho em que está encarapitado se parte, ele cai dentro do poço e faz um tremendo papel de bobo diante de todos os aldeões, devidamente convidados para presenciar a cena. Janek fica tão envergonhado que desiste do casório. E Lidunka vê-se livre para desposar o jovem Vojtěch, a quem ama. Reminiscente do *Adivinho de Aldeia* – e do *Bastien und Bastienne* de Mozart, que se inspirou nessa operazinha de Jean-Jacques Rousseau –, *No Poço* tem estrutura simplíssima, com quatro canções estróficas, dois duetos, um quarteto e alguns coros. Há ainda a abertura e um intermezzo instrumental. As melodias são muito simples e atraentes; mas, curiosamente, ao contrário do que era costu-

meiro, a ópera tem recitativos, e não diálogos falados, interligando os números cantados.

A simplicidade da música e os recursos modestos que requer fizeram com que se tornasse uma favorita dos teatros de província. Ao lado das óperas de Smetana, é um dos poucos títulos da década de 1860 que continuam a ser regularmente cantados na República Tcheca. A Supraphon tem dela uma gravação feita em 1981 por Jan Štych. O mesmo álbum inclui um registro de importância histórica, feito por V. Škvor em 1956, dos fragmentos de *Zitek*, que Blodek deixou inacabada. O libreto também era de Sabina mas, desta vez, tratava-se de uma comédia histórica ambientada no século XIV, em três atos, com um número grande de personagens e a tentativa de romper a divisão entre os números fechados das obras que a precederam. Mas Blodek só chegou a completar os dois primeiros atos, o que é pena, pois a música tem uma vitalidade que às vezes rivaliza com a de Smetana.

Bendl

Após formar-se na Escola de Órgão de Praga em 1858, Karel Bendl (1838-1897) trabalhou em várias cidades da Boêmia e do exterior, antes de se firmar como regente da Sociedade Coral Hlalol, com a qual trabalhou de 1865 a 1877. Autor de onze óperas, tinha técnica fluente, mas também uma versatilidade que o impediu de desenvolver personalidade musical definida. Dos clichês altissonantes do *grand-opéra* aos maneirismos mascagnanos da ópera em um ato de um naturalismo cru, Bendl tentou de tudo, passando inclusive por óperas de lirismo acentuado, em que se sente forte influência de Gounod.

Em resposta a *L'Africaine*, de Meyerbeer, que tinha causado furor ao ser encenada pelo Deutsches Theater, Bendl compôs *Lejla*, o primeiro *grand-opéra* tcheco, adaptado do romance *Leila or The Siege of Granada*, de Edward Bulwer-Lytton. Extremamente sobrecarregado, fiel à moda francesa do orientalismo, o libreto é a primeira experiência no gênero feita por Eliška Krásnohorská, que haveria de se tornar a colaboradora de Smetana. A ambientação exótica e o elenco enorme exigido por uma história arrevezadíssima – em que o rei Fernando da Espanha e Boabdil, o último soberano mouro de Granada, apaixonam-se pela mesma escrava moura –, agradaram muito ao público quando ela estreou no Teatro Provisório em 4 de janeiro de 1868. Há inúmeras cenas corais: dos soldados espanhóis e mouros, de monges e freiras, de escravos e da guarda etíope de Boabdil. E *coups de théâtre* como o incêndio ateado pelo vilão da história, o conselheiro judeu Almamen, no fim do ato IV.

O problema é que os poderes de caracterização de Bendl são muito limitados, o que é um sério revés no caso de uma ópera com número tão grande de personagens. São idênticos os procedimentos utilizados para sugerir a alma negra de Almamen e do grande inquisidor Tomás de Torquemada quando, na realidade, suas personalidades são basicamente diferentes. A criação de cor local é errática. A canção do muezin é convincente, assim como o pastiche de escala pentatônica oriental para a "Canção Árabe" da escrava Zorajda. Mas Bendl é absolutamente incapaz de diferenciar musicalmente os militares espanhóis dos mouros. Sai-se muito melhor nos números intimistas, de natureza lírica – por exemplo o encantador dueto de Boabdil com Zorajda no ato III –, do que nas páginas com grandes pretensões épicas.

De um modo geral, revisões são feitas para condensar e simplificar obras no original muito difusas. A *Lejla* de Bendl é um caso diferente: em 24 de setembro de 1874, ele a apresentou em versão ampliada, passando-a de quatro para cinco atos. Apesar dos muitos momentos espetaculares, apenas os números mais líricos – em especial a romança de Zorajda, do ato III – sobreviveram em recitais de canto.

Břetislav a Jitka (1869), de tema histórico, foi um redondo fracasso. *Die Wunderblume* (A Flor Maravilhosa, 1876), *singspiel* em estilo de conto de fadas, tinha libreto em alemão e, por esse motivo, ficou restrita aos membros dessa comunidade. É curioso assinalar que Bendl assinou essa ópera com o pseudônimo brincalhão de "Bendlssohn". *Indická Princezna* (A Princesa Indiana, 1877), também de tema exótico, tem importância histórica: é a primeira opereta tcheca. Já *Černohorci* (Os Montenegrinos), composta em 1877, só teve condições de ir ao palco em 1881. Como a censura austríaca proibia a descrição do conflito racial – precaução compreensível num Estado multinacional que as reivindicações separatistas transformavam num permanente barril de pólvora –, a direção do Provisório não ousou montar uma ópera em que o povo eslavo do Montenegro era oprimido pelo invasor otomano. O fato de ela ter obtido sucesso na estréia, e continuar sendo remontada até 1894, deve-se menos ao interesse pela música do que aos paralelos que a platéia estabelecia entre a trama e a sua própria situação.

Já não surtiu o mesmo efeito a ópera seguinte, embora sua personagem seja uma das grandes celebridades internacionais tchecas: o pintor Karel Sotnovski que, com o pseudônimo de Skreta, foi o fundador da Escola Barroca boêmia. Parte de *Karel Skreta* (1883) passa-se na Itália, onde o artista estudou, entre 1630-1635, com Veronese, em Veneza, e com Carraccio, em Roma. Por isso, a partitura inclui diversos pastiches de música no estilo mediterrâneo e uma canção com texto em italiano. O modelo é o do *grand opéra* e, como não podia deixar de ser, é grande a influência do *Benvenuto Cellini*, que também é a versão romantizada da biografia de um artista plástico. Bendl decalca em especial a grande cena do Carnaval, um dos momentos mais marcantes da ópera de Berlioz.

Gina (1884) nem chegou a ser encenada. *Ditě Tábora* (O Filho do Monte Tábor), de 1892, com libreto de Krásnohorská, ficou no repertório do Národní até 1927, apenas por causa de seu tema patriótico. Quando o estouro da *Cavalleria* pôs o Verismo na moda, Bendl cedeu a ele escrevendo *Máti Míla* (Mãe Míla), que obedece respeitosamente ao receituário realista: um ato, personagens camponesas, história violenta de paixão e crime. Quando o amante de sua filha volta, após prolongada ausência, Míla intervém nas desavenças entre ela e o marido. E acaba preferindo sacrificar a própria vida ao assassinar o genro, como a forma de garantir a felicidade da filha com o homem que ela realmente ama. O texto fora encomendado ao alemão Axel Delmar, autor do libreto da *Mara*, de Hummel, e em seguida traduzido para o tcheco. A falta até mesmo de ambientação eslava – a ação passa-se em Chipre – não agradou à platéia, intransigentemente habituada a temas nacionais.

Em 1896, finalmente, Bendl transformou em ópera-balé a cantata *Švanda Dudák* (Shvanda, o Gaiteiro) de seis anos antes – baseada na mesma história folclórica de que, em 1927, Jaromír Weinberger extrairia um dos raros títulos do repertório tcheco a fazer sucesso no Ocidente. Dentro de sua produção extensa e variada, vale a pena, além disso, destacar mais uma das típicas comédias camponesas à maneira da *Noiva Vendida* (com texto de Sabina revisto por Gustav Eim e V. J. Novotný): *Starý Ženich*, estreada em 4 de fevereiro de 1882, pela Ópera de Chrudim, pequena cidade da Boêmia. A intriga de *O Velho Pretendente* segue o habitual padrão Sabina: os pais da menina mais bonita da aldeia são sensíveis às pretensões matrimoniais de um homem mais velho e muito rico. E é a garota quem tem de imaginar um estratagema para evitar essa união indesejada, e poder casar-se com seu namoradinho – entrecho antiqüíssimo de comédia, cuja estrutura remonta a modelos clássicos como o *Monsieur de Pourceaugnac*, de Molière. Ao ser estreada, quase vinte anos depois de *A Noiva Vendida*, a ópera já era de estilo totalmente superado; e Janáček – nessa época ainda no início da carreira – censurou-a severamente por desejar retratar a vida rural sem enraizar-se em esquemas etnográficos precisos. Ainda assim, *Starý Ženich* – também chamada de *Pan Franc* (O senhor Franz) – agradou muito por sua facilidade melódica e, até hoje, ainda é encenada com freqüência nos teatros de província.

Hřimalý

Depois de se formar em violino no Conservatório de Praga, Vojtěch Hřimalý (1842-1908) trabalhou em Rotterdam e Göteborg até 1862. E de 1874 até a aposentadoria, em 1902, dirigiu o conservatório da cidade então polonesa de Czernowitz (a atual Tchérnovtsy, na Ucrânia). Sua carreira como compositor de óperas tchecas refere-se, portanto, a um período muito curto em que foi spalla da orquestra

do Teatro Provisório, trabalhando também ocasionalmente como regente auxiliar. Mas desagradou muito a seus companheiros nacionalistas quando aceitou, em 1873, o convite para ser maestro assistente no Deutsches Theater. Criticado por sua atitude, considerada pouco patriótica, Hřimalý se irritou e saiu de Praga.

Seu gênero predileto era a ópera baseada em contos de fadas ou lendas folclóricas. A mais bem-sucedida é *Zakletý Princ* (O Príncipe Encantado), de 1872, que ficou no repertório do Provisório durante dez anos e, nas décadas de 20/30, ainda foi remontada com freqüência. É a bem-humorada história da semelhança física entre um príncipe e um alfaiate, que trocam de papel, o que dá lugar a uma série de complicações. Tanto esta quanto *Švanda Dudák* (1885) – a mesma história de *Shvanda, o Gaiteiro*, explorada por Bendl e Weinberger, e apresentada apenas em Pilsen (a atual Plzen), cidade natal do compositor – têm música viva, alegre e colorida, com muito uso de ritmos de dança, em tudo fiel ao modelo smetaniano. *Strakonický Dudák* (O Gaiteiro de Strakonice) tentava repetir a fórmula de *Švanda*; mas não chegou a ser encenada.

Šebor

Quando *Templaři na Moravě* (Os Templários na Morávia) estreou no Teatro Provisório, em 19 de outubro de 1865, seu autor, Karel Richard Šebor (1843-1903), tinha apenas 22 anos. O sucesso foi tão grande que Šebor, aluno de Kittl no Conservatório, recebeu o convite para trabalhar como maestro assistente naquela casa de espetáculos. Com libreto de Karel Sabina, baseado num episódio da resistência tcheca à ocupação estrangeira – aparentado ao dos *Brandenburgueses na Boêmia*, de Smetana, de que é contemporânea –, esta é uma ópera de grande importância histórica, pois foi o primeiro drama lírico tcheco novo a ser encenado no recém-inaugurado teatro.

Ópera de estilo italianado no recorte melódico e no tratamento das vozes, *Os Templários* tem enorme débito para com o Verdi patriótico da primeira fase. Mas sente-se que era no modelo meyerbeeriano de ópera em grande escala que Sabina estava pensando, ao construir seu libreto em cenas que ensejam a imitação dos espetaculosos dramas históricos parisienses. Por exemplo, o duplo coro masculino com que o drama se inicia, opondo os cavaleiros tchecos e os invasores templários, reproduz situação semelhante de *Robert le Diable* e dos *Huguenotes*. É uma cena curta, de que participa a maioria das personagens que vão intervir na história, mas Šebor demonstra, de saída, ser capaz de descrevê-las de forma econômica e definida.

Ao contrário de Bendl, o poder de caracterização é um dos aspectos mais positivos do talento dramático de Šebor. Logo depois dessa introdução, vem a cena em que a heroína defronta-se pela primeira vez com sua rival. Após uma ária com cabaletta de cantabile bem italianado, segue-se um eficiente dueto soprano-mezzo – dentro da melhor tradição do gênero nos melodramas peninsulares – e uma stretta com coro que encerra a seqüência com grande efeito. Existe a aplicação deliberada de fórmulas mediterrâneas de sucesso garantido; mas Šebor tem genuíno senso de atmosfera, ouvido atento às sutilezas do colorido orquestral e, mais do que isso, o talento que define os verdadeiros operistas: a capacidade de escrever melodias atraentes e fáceis de memorizar.

Já se demonstrou que a grande cena do cortejo dos Templários, no ato II, deve muito à invocação de Bertram em *Robert le Diable* e à célebre marcha da coroação de *Le Prophète*. Mas isso não a impede de obter rendimento cênico impecável. E não resta dúvida de que a invenção melódica de Šebor é de mais pura água do que a de Meyerbeer. Apesar da mistura de elementos franceses e italianos, o instinto teatral do compositor e seu senso de ritmo são inegáveis. Só é pena que, ao contrário de Smetana – que teve um ponto de partida muito parecido e, depois, seguiu em busca de soluções diferentes e de um estilo mais individual – Šebor tenha-se contentado em explorar sempre o mesmo filão.

A explicação pode ser que o contrato a ele oferecido obrigava-o a apresentar uma ópera por ano, forçando-o a trabalhar depressa e de maneira superficial, em vez de elaborar mais profundamente um início de carreira promissor. Conseguiu cumprir essa cláusula contratual durante algum tempo. *Drahomíra* (1867)

refere-se a um conhecido episódio da primitiva história tcheca. O libretista František Šír evoca a figura sinistra da rainha Drahomíra, mulher de Vratislav I. Famosa por sua crueldade, ela mandou estrangular a sogra, Santa Ludmila (921), e encorajou o filho predileto e aliado, Boleslav I, a matar o irmão, Václav I (935), para ocupar o trono. Václav passou a ser venerado como o primeiro santo tcheco, padroeiro da nação. Em homenagem a ele, foi construída, no centro de Praga, a bela Václavské Námestí – a Praça Venceslau. Drahomíra é descrita como uma espécie de feiticeira que, no final da ópera, é engolida pelas chamas e a fumaça que saem de uma rachadura no chão.

Nevěsta Husitská (A Noiva Hussita, 1868) pertence ao conjunto das óperas inspiradas pela figura de Jan Hus, o religioso que no século XV criou uma seita reformista baseada nas idéias de Wycliffe. Em 1415, Hus foi ao Concílio de Constança, a convite do papa Clemente V, para discutir as suas idéias. Ali, apesar das garantias de segurança que lhe tinham sido dadas pelo imperador Sigismundo, do Sacro Império Romano, foi atraiçoado, preso e condenado à fogueira. O resultado foi uma rebelião popular que derrotou fragorosamente os exércitos imperiais em 1420 e permaneceu invencível até 1434. A ópera de Šebor conta a história de amor entre um oficial hussita e uma jovem cristã, tendo como pano de fundo a Batalha de Lipany, em que os hussitas radicais foram finalmente derrotados pelas tropas imperiais.

A Noiva Hussita é a primeira ópera a utilizar um tema que haveria de assumir grande importância para a música tcheca: o hino de combate "Ktož jsú bozí bojovníci" (Vós sois guerreiros de Deus), que fora publicado em transcrição moderna em 1861. Ele vai reaparece em páginas fundamentais da literatura instrumental tcheca: nos poemas-sinfônicos "Tábor" e "Blaník", do *Minha Pátria*, de Smetana; na *Abertura Hussita*, de Dvořák; na cena final da *Libuše*, de Smetana; na segunda parte das *Excursões do Sr. Brouček*, de Janáček, e em diversas outras obras.

Inicialmente, o público recebia com muito entusiasmo os temas patrióticos das óperas de Šebor, apesar de seu estilo italianado. Mas à medida que a linguagem de Smetana, mais fundamente enraizada no solo pátrio, começou a se impor, o seu favor diminuiu. *Blanka* (1869), ópera fantástica no estilo romântico alemão, muito influenciada por Marschner, foi um quase fracasso. Desgostoso, o músico deixou Praga, aceitando o emprego de regente de banda no exército austro-húngaro. Na Eslováquia, para onde seu regimento foi mandado, tentou mudar de gênero. Mas *Zmarená Svatba* (O Casamento Frustrado), de 1879, com texto de Marie Červinková-Riegrová, não foi bemsucedida, porque a comédia campestre de tom leve nada tinha a ver com seu temperamento. Šebor entrou subitamente em eclipse total. Nem chegou a começar a trabalhar no libreto de *Dimitrij* – que acabaria sendo musicado por Dvořák. Ficou tão esquecido que, no final da década de 70, ao ser publicado o *The New Grove* – a mais respeitada enciclopédia de música da atualidade –, seu nome não foi incluído, apesar da importância histórica que ele tem.

Uma reapresentação dos *Templários* no Teatro Nacional, em 1980, em forma de concerto – registrada num álbum do selo Supraphon –, demonstrou que a estrutura com que Šebor sabia trabalhar era a da ópera romântica de tema histórico e empostação heróica. De inspiração melódica fácil, capaz de sustentar longos arcos temáticos e dar a seus atos construção bem arquitetada, ele era também um orquestrador inventivo. Prejudicado pela má qualidade de seus libretos, obscurecido pela fama de Smetana, esse é um pequeno mestre dos primórdios da ópera nacional tcheca que deveria ser revalorizado com suas demais óperas, cujas qualidades não se restringem apenas ao significado histórico.

Os Outros Teatros

Na segunda metade do século XIX, como o Královské Zemské Divadlo foi sendo progressivamente ocupado pelas produções de teatro falado e ópera em língua nacional, os espetáculos da comunidade alemã, desalojados, tiveram de se transferir para o Novoměstské Divadlo (Teatro da Cidade Nova) que, a partir de 1858, passara a funcionar como teatro de verão. No lugar onde ele se erguia foi inaugurado, em 1887, o Neues Deutsches Theater, com 1.554 lugares, que também teve história ilustre. Seu primeiro diretor foi o barítono austríaco Angelo Neumann que, devido a uma enfermidade cardíaca, tivera de abandonar o canto e tornar-se empresário. No Neues Deutsches trabalharam grandes músicos: Gustav Mahler (1885), Otto Klemperer (1907-1910), Alexander von Zemlinsky (1911-1927), Georg Szell (1929-1937).

Ao terminar a II Guerra Mundial, o Novo Teatro Alemão foi nacionalizado. Transformou-se primeiro na Velká Opera 5 Května (Grande Ópera 5 de Maio) e, em 1948, após uma reforma que o reduziu para 1.048 lugares, mas melhorou as instalações técnicas, tornou-se uma filial do Národní com o nome – mais do que merecido – de Smetanovo Divadlo. Enquanto o Nacional permaneceu o templo da tradição, o Teatro Smetana abriu suas portas a encenadores mais arrojados e ficaram famosas, por exemplo, as montagens experimentais de Josef Svoboda, cuja influência não se restringiu à ópera – ela se sente à vontade também no domínio mais amplo do teatro falado.

Hoje, além do Nacional e do Smetana, faz-se ópera em Praga também

- no Vinohradské Divadlo, inaugurado em 1907, centro pioneiro de ópera moderna entre 1913-1919, quando esteve sob a direção do compositor Otakar Ostrčil;
- na Velká Operetta e na Variété in Karlín, construída em 1881 também para abrigar espetáculos de música ligeira e, a partir de 1962, chamada de Hudební Divadlo v Karlíne;
- no D 46 (Divadlo 1946), reaberto pelo compositor Emil František Burian no mesmo lugar onde, antes da guerra, tinha funcionado o D 34, teatro de vanguarda que ele fundara, local de estréia de algumas das mais inovadoras óperas de câmara e peças acompanhadas de música;
- e na Nova Scéna (Novo Palco), teatro experimental inaugurado em 1983 como um anexo do Národní Divadlo.

A vida operística tcheca não se restringe, naturalmente, àquilo que é feito em Praga. Existem importantes teatros regionais, nas maiores cidades do país, onde estrearam algumas das óperas mais significativas a que teremos oportunidade de nos referir no decorrer deste estudo. Ao lado de Plzeň, Ostrava, Liberec, Olomouc, Opava ou Ustí nad Labem, papel particularmente importante é o desempenhado por Brno, capital da Morávia, segunda cidade do país e berço de Leoš Janáček. O simples fato de a antiga Brünn ter sido o local de estréia das obras de um dos maiores gênios da História da Ópera justifica que se incluam aqui algumas informações mais detalhadas sobre ela.

Os irmãos Angelo e Pietro Mingotti foram os primeiros a levar a ópera italiana para o Theater in der Taffern, inaugurado em 1733 no local onde, hoje, ergue-se o Reduta Divadlo. Entre os espetáculos apresentados, havia *Vincislao* (1739), com libreto em italiano de um certo Lucchini, sobre a vida do rei Václav II. Em 1767, o teatro encenou *Zamilovaný Ponocný* (O Guarda-noturno Apaixonado), peça com canções intercaladas, de Jan Tuček. A primeira ópera estrangeira traduzida para o tcheco foi o *Joseph*, de Étienne Méhul, em 1839. Depois dela, vieram *Dráteník*, de Škroup, e *Žižkův Dub*, de Kott – que era natural de Brno.

O Taffern pegou fogo em 1785 e, no ano seguinte, foi substituído pelo Nationaltheater, ou Redoutensaale, com 1.200 lugares que – essa parece ser a maldição dos teatros de ópera – também foi destruído por um incêndio em 1870 (mais tarde restaurado com o nome de Reduta, serve hoje para espetáculos de opere-

ta). O Teatro Provisório de Brno, com 771 lugares, foi inaugurado em 1884 e, seguindo o exemplo do de Praga, transformou-se em 1874 no Teatro Nacional, ampliado para mil lugares. Mas a política cultural do teatro por muito tempo permaneceu errática: embora se destinasse a estimular a arte tcheca, às vezes tinha de ceder a diretrizes emanadas de Viena. Durante a fase de grande influência político-econômica da comunidade alemã, ali funcionou o Stadttheater (Teatro Municipal), com 1.185 lugares, primeira sala da Europa Central a ter luz elétrica. Reformado posteriormente, com apenas 621 lugares, mas recursos técnicos muito mais modernos, transformou-se no Mahenovo Divadlo.

O Národní Divadlo de Brno teve padrões artísticos especialmente altos no entre-guerras, sob a direção de František Neumann e, depois da guerra, com František Jílek. Ali foram estreadas, como dissemos, todas as óperas de Janáček, à exceção das *Excursões do sr. Brouček*; e também muitas das óperas de Bohuslav Martinů. O repertório desenvolvido pela casa notabilizou-se pela sua ousadia e amplitude de interesses. Hoje, os espetáculos líricos são encenados no Teatro de Ópera Janáček, inaugurado em 1965, o maior da República Tcheca (1.317 lugares). Ao lado dele, situa-se o estúdio experimental Ópera de Câmara Miloš Wasserbauer, que a Academia Janáček tinha feito edificar em 1957.

A Primeira Geração Nacionalista

SMETANA

A carreira dramática do criador da ópera nacional tcheca começa tarde. Bedřich Smetana (1824-1884) já tinha 39 anos ao ganhar, em 1863, com *Braniboři v Čechách* (Os Brandenburgueses na Boêmia), o prêmio do Teatro Provisório de Praga para a melhor ópera de assunto tcheco. A essa altura, já era um compositor reconhecido, autor de poemas-sinfônicos de molde lisztiano – *Ricardo III*, *O Campo de Wallenstein*, *Hakon Yarl*, escritos durante o período em que trabalhou em Göteborg, na Suécia –, e de peças de inspiração nacionalista, como a *Fantasia sobre Canções Tchecas*, para piano e orquestra.

A vocação musical, porém, revelara-se cedo. Seu pai, František Smetana, era bom músico amador. Com freqüência, reunia os amigos na cervejaria que mantinha, diante do castelo dos Wallenstein, em Lytomyšl, a leste da Boêmia, para tocar quartetos de corda. A composição mais antiga de Bedřich de que se possui a partitura é um *Galope* para piano, escrito quando tinha apenas oito anos. Impressionado com o gênio de Liszt, a quem viu tocar em Praga em 1840, dedicou-se seriamente ao piano, numa primeira etapa de sua carreira, tornando-se um virtuose de primeira ordem. Já em suas primeiras peças estão presentes os ritmos vivos das polcas, dos furiants que se converterão em um dos traços dominantes de seu estilo.

A vida intelectual da capital tcheca fervilhava com os reflexos do fervor revolucionário que percorria toda a Europa quando Smetana iniciou, em 1843, os estudos no instituto de Josef Proksch. A escritora Božena Němcová, o dramaturgo Josef Kajetán Tyl, o pintor Josef Mánes empenhavam-se a fundo no programa de criação de uma arte moderna e nacional, em que se espelhasse intimamente a índole do povo tcheco. Além disso, Proksch o colocou em contato com a "música do futuro", de Liszt e Wagner, o que se sente na liberdade harmônica dos primeiros poemas-sinfônicos e no uso flexível que faz da transformação temática.

O movimento revolucionário de 1848 – detonado pelo levante que, na França, derrubara o totalitarismo de Carlos X – encontrou Smetana na primeira fileira dos democratas que lutavam pelas liberdades políticas, a abolição dos impostos extorsivos cobrados pelos monarcas Habsburgos e, como fim último, a independência da Boêmia. Esses acontecimentos inspiraram-lhe a *Abertura Solene em ré maior* e o *Cântico à Liberdade*, que se converteu num verdadeiro hino do fracassado movimento revolucionário. O convite, surgido em 1856, para dirigir a Sociedade Filarmônica de Göteborg representou a possibilidade momentânea de escapar da atmosfera de Praga, que o absolutismo austríaco tornara irrespirável após a derrocada do levante, e de espairecer da depressão em que o deixara a perda de sua filha de cinco anos.

Os seis anos passados na Suécia – interrompidos apenas para ir a Weimar visitar Liszt, com quem manteria, até o fim da vida, estreita amizade – trouxeram-lhe progressivo domínio da orquestra e o amadurecimento de seus planos ideológicos e artísticos. Ao voltar a Praga, em 1862, Smetana estava convencido de que a melhor contribuição que poderia dar ao combate pela liberdade nacional seria evocar, em óperas e páginas sinfônicas, o passado glorioso da nação, de modo a encher o público de confiança na defesa do futuro da pátria. Smetana retornou a seu país num momento crucial. Após a derrota da Áustria na guerra contra o Piemonte (1859), o absolutismo dos Habsburgos passava por uma fase de desmoralização, e os movimentos nacionalistas se fortaleciam, principalmente na área da cultura. Formavam-se sociedades corais que arregimentavam amadores, usando a prática do canto folclórico e litúrgico como um instrumento para o despertar da consciência nacional. Em 1863, um ano após a abertura do Teatro Provisório, foi fundada a *Umělecká Beseda* (União dos Artistas), cujo objetivo era promover a arte tipicamente nacional. Além de dirigir o Departamento de Música dessa união, Smetana criou a associação coral *Hlalol* (O Som), dedicada à valorização da música folclórica, e defendeu seus pontos de vista em brilhantes artigos escritos para o jornal *Národní Listy* (Folhas Nacionais). Nesse contexto vibrante, foi composta a sua primeira obra para o palco.

O libreto que Smetana encomendou ao jornalista e escritor Karel Sabina, democrata ativamente envolvido no movimento de 1848, destinava-se ao concurso patrocinado pelo patriota tcheco conde Jan Harrach. *Os Brandenburgueses na Boêmia* foi composta entre fevereiro de 1862 e abril do ano seguinte, e entregue em setembro à direção do teatro. Mas o júri estendeu as suas deliberações por dois anos e meio e, em março de 1866, quando finalmente decidiu conferir o primeiro prêmio a Smetana, a ópera já tinha estreado triunfalmente no próprio Teatro Provisório, em 5 de janeiro. Não tinha, porém, sido a primeira ópera tcheca nova a ser encenada ali: *Os Templários na Morávia*, de Karel Šebor, a que nos

referimos no capítulo anterior, já a tinha precedido de alguns meses.

Nos termos do que o regulamento do concurso exigia, o libreto de Sabina baseia-se em um episódio da história tcheca. Em 1279, quando o rei Premyšl Otakar II morreu, Otto de Brandenburgo ficou como tutor de seu herdeiro, na época com apenas sete anos de idade. Mantendo o principezinho como refém, o nobre alemão fez suas tropas saquearem a Boêmia. Essas personagens históricas não aparecem em cena. O que a ópera mostra é como esse turbulento período de interregno se reflete na vida de determinados setores da sociedade boêmia. No início do ato I, assistimos à conversa de dois burgueses sobre as conseqüências da situação política para os seus negócios; depois, à reação da multidão enfurecida aos excessos cometidos pelas tropas brandenburguesas. No ato II, visitamos uma aldeia devastada, onde um ancião lidera uma imponente *preghiera* coral de evidentes filiações com o modelo francês do *grand-opéra*.

Contra esse pano de fundo histórico, desenvolve-se a história da bela Liduše, desejada pelo burguês alemão Tausendmark, que a seqüestra, juntamente com suas duas irmãs, Vícenka e Děčena, aproveitando a situação criada pelos distúrbios políticos. Quando Jíra, o líder da multidão em Praga, tenta defender a moça, Tausendmark o acusa do crime que ele mesmo cometera, e consegue que seja preso. O sucesso do levante popular, que obtém a expulsão dos brandenburgueses, significa também a libertação de Jíra e o castigo de Tausendmark – cujo nome, ironicamente, significa "mil marcos".

Não se pode esperar grande originalidade numa primeira experiência dramática vinda de um compositor que, mesmo à beira dos 40 anos, está dando seus primeiros passos em um gênero novo. É normal que os *Braniboři* sejam uma habilidosa mistura de convenções italianas e francesas e de fortes influências wagnerianas. A *cabaletta*, no dueto do ato I entre Liduše e o vilão, é de feitura nitidamente mediterrânea; e o imponente *morceau d'ensemble* com que esse ato se encerra molda-se nos exemplos parisienses. Outro modelo visível é o *Nabucco* verdiano: nele se inspiram os co-

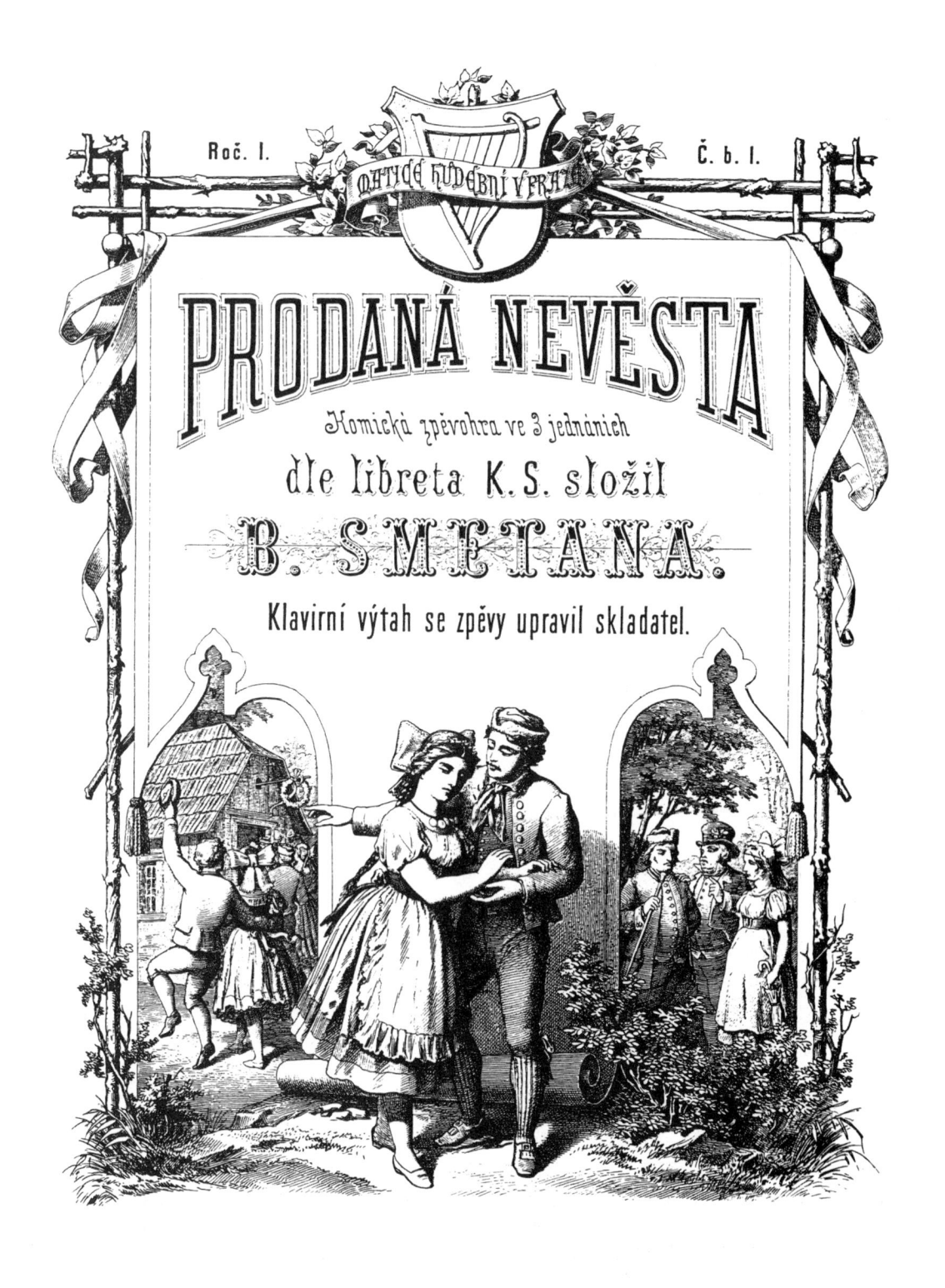

Frontispício da partitura vocal da *Noiva Vendida*, de Smetana, publicada em 1872 pela recém-fundada editora Hudební Matice; na época, o libretista, Karel Sabina, tinha caído em desgraça, e só suas iniciais aparecem. No centro, Mařenka e Jeník; à direita, o casamenteiro Kecal negociando com os pais da moça.

Cartaz anunciando a estréia da *Prodaná Nevěsta* (A Noiva Vendida), de Smetana, pedra fundamental da Escola nacional tcheca (1866).

O soprano Terese Rückaufová, intérprete da Mařenka da *Noiva Vendida* de Smetana, numa montagem em Praga (1866).

rais de teor patriótico mais inflamado, ou a dolorida oração do ato II, com uma melancolia obviamente reminiscente do "Va pensiero".

As limitações impostas por uma censura muito rigorosa impediram a confrontação coral, que era de se esperar, entre o povo tcheco e seus dominadores estrangeiros. O único brandenburguês cuja voz se ouve, na ópera, é o capitão Varneman; assim mesmo, trata-se apenas de um soldado consciencioso, que está cumprindo a sua função como militar de carreira. Toda a carga de vilania repousa nos ombros de Tausendmark, esse sim encarregado de simbolizar a carga de opressão exercida pelos estrangeiros – a começar pelo fato de que ele pertence à próspera classe dos mercadores de origem germânica, detentora de enormes privilégios. Este é um dos raros verdadeiros vilões do teatro de Smetana – embora até mesmo o seu perfil negro seja atenuado pela lírica ária "Tvůj obraz", do início do ato III, em que demonstra possuir sentimentos humanos. Apesar do tema histórico, em termos musicais a vertente nacionalista dos Brandenburgueses ainda não é muito acentuada; a não ser no tom quase folclórico da ária "Byl to krásný sen", que Liduše canta no ato II, e nos ágeis cânticos e danças da multidão de Praga durante o ato I. Neles já se pode perceber o embrião do que Smetana fará em sua segunda ópera – onde o idioma nacional aparece perfeitamente maduro. Dos *Brandenburgueses na Boêmia* existe, no selo Supraphon, uma única gravação: a de Jan Hus Tichý, feita em 1963. Nela, Milada Šubrtová é uma excelente intérprete de Liduše.

O marco fundador da ópera nacional tcheca foi acolhido com muito menos entusiasmo, no Teatro Provisório, em 30 de maio de 1866, do que a ópera precedente. E, no entanto, depois de 1870, *Os Brandenburgueses na Boêmia* praticamente desapareceram do repertório, enquanto a *Prodaná Nevěsta* ganhava cada vez mais a estima do público. Em 1927, ao comemorar-se a sua milésima encenação em Praga, *A Noiva Vendida* já era considerada a ópera tcheca por excelência, e estabelecera um padrão a partir do qual as demais óperas – inclusive as do próprio Smetana – eram julgadas. É que – da mesma forma que o *Freischütz* na Alemanha – *A Noiva Vendida* conquistou o coração de seus ouvintes por falar de personagens populares, sem nada em comum com as figuras estilizadas da ópera romântica de inspiração italiana ou francesa. Tem ação simples, direta, permeada de bom-humor. E celebra o amor fiel, capaz de resistir a todos os preconceitos e de vencer até o poder do dinheiro. Ou seja, *Prodaná Nevěsta* oferecia ao tcheco a imagem mais simpática e lisonjeira que ele tinha de si mesmo.

De início, Smetana e seu libretista Sabina trabalharam com uma equipe modesta de cantores, mais afeita à opereta do que à grande ópera. A versão de 1866, portanto, era um *singspiel* com vinte números cantados, interligados por diálogos falados (esse tipo de comédia, de origem alemã, tinha sido muito popular nos teatrinhos de feira, durante a primeira metade do século XIX); e ainda não existiam as contagiosas danças que dão à partitura feição particularmente atraente. Ao contrário de *Braniboři,* que exige três tenores de coloridos bem diversificados, os primeiros intérpretes eram atores que "quebravam o galho" com os poucos recursos de que dispunham. Jindřich Mošna, que criou o Diretor do Circo, mal sabia cantar, e se virava num *quasi parlando* muito aproximativo; o que não o impediu de tornar-se o dono do papel, que fez 446 vezes durante os trinta anos seguintes.

A partir da quarta récita, Smetana começou a fazer revisões. Omitiu um dueto muito irônico entre o Diretor do Circo e a cigana Esmeralda, pois sabia que ele poderia ser considerado ofensivo ao imperador Francisco José, que estaria presente à próxima apresentação. Substituiu-o pelo balé do ato I dos *Brandenburgueses* – inútil precaução, pois o soberano, aborrecido com um espetáculo de que não entendia uma só palavra, deixou o teatro no fim do ato I. Depois, pensando na possibilidade de uma apresentação no Opéra-Comique de Paris, que não se concretizou, dividiu o ato I em duas cenas, a primeira terminando com o dueto Mařenka-Vašek, a segunda começando com a canção de taverna, composta para a ocasião. Iniciou o ato II com uma polca; dotou Mařenka de uma nova ária, a delicada "Ten lásky sen, jak krásny byl" (Como era belo este sonho de amor); e cortou de vez o dueto de Esmeralda com o Diretor do Circo. Dessa forma, a ópera foi ouvida em 29 de janeiro de 1869. Em 1º de junho desse mesmo ano, para uma encenação no Novometské Teatr (o Teatro da Cidade Nova), Smetana dividiu a ópera em três atos, compondo um endiabrado *furiant* para terminar o ato I. Expandiu a cena do circo, no III, com uma marcha e uma *skočná,* dança rápida, binária, de caráter cômico. Mas só quando estava preparando a versão que seria apresentada em São Petersburgo trocou o diálogo falado por recitativos e colocou o *furiant* no lugar onde está hoje, no ato II, depois da canção de taverna. A reestréia da versão definitiva foi em Praga, no Provisório, em 25 de setembro de 1870.

Os fazendeiros Krušina e Ludmila querem que sua filha Mařenka case-se com Vašek, filho do segundo casamento do rico proprietário de terras Tobiáš Mícha. Mas a menina está apaixonada por Jeník, cuja origem ninguém conhece; e o próprio Vašek, que é gago e tímido, não está entusiasmado com esse casamento arranjado. A pedido de Krušina, o casamenteiro Kecal propõe-se a pagar Jeník para que ele desista da mão de Mařenka. O rapaz aceita, mas com uma condição: a de que ela só se case com o filho de Tobiáš Mícha. Ao saber da transação, a moça fica desesperada. Mas a situação se esclarece quando Mícha reconhece em Jeník o filho do primeiro casamento, de que há tempos não tinha notícias – e Kecal percebe ter sido ludibriado. Porém, as coisas se arranjam da melhor maneira para todo mundo pois, nesse meio tempo, Vašek tinha-se apaixonado pela cigana Esmeralda, dançarina de corda bamba do circo.

É tão espontâneo o encanto da *Noiva Vendida qu*e parece difícil ela ter demorado tanto para encontrar sua forma definitiva e conquistar seu lugar no repertório. Em compensação, foi a única ópera tcheca – antes das de Leoš Janáček – a ficar famosa no Ocidente. E isso se deve à triunfal apresentação do elenco do Národní Divadlo em Viena, durante a Exposição Internacional de Música e Teatro, em junho de 1892. A tradução alemã efetuada para essa ocasião, e intitulada *Die verkaufte Braut,* ainda é freqüentemente encenada nos países germânicos (na lista de gravações abaixo estão marcadas com * as que são nessa língua):

Supraphon, 1933 – Nordenová, Toms/ Otakar Ostrčil.

*Standing Room Only, 1939 – Konetzni, Tauber/ Thomas Beecham (pirata).

Multisonic, 1947 – solistas não registrados/ Karel Ancerl (pirata).

Supraphon, 1952 – Musilová, Zídek/ Jaroslav Vogel.

*Pantheon, 1958 – Siebert, Hermann/ Joseph Keilberth (pirata).

Supraphon, 1959 – Tikalová, Zídek/ Zdenek Chalabala.

*EMI Classics, 1963 – Lorengar, Wunderlich/ Rudolf Kempe.

*Eurodisc, década de 70 – Stratas, Kollo/ Jaroslav Krombholc.

Suprahon, 1981 – Benačková-Čapová, Dvorský/ Zdenek Košler.

O registro de Chalabala e o de Košler (este último a trilha sonora de um filme para televisão, existente também em vídeodisco) são as duas versões de referência. Com elas emparelha-se a de Kempe, admiravelmente cantada e regida, cuja única desvantagem é ser cantada em alemão. Existe também o vídeo pirata de uma encenação do início da década de 80 no Metropolitan de Nova Iorque, cantada em inglês – *The Bartered Bride* –, regida por James Levine, com Stratas, Gedda, Talvela e a insólita presença do *Heldentenor* Jon Vickers, revelando insuspeitado talento para a comédia no papel de Vašek, o gaguinho.

O próprio Smetana não esperava que sua ópera ocupasse papel tão ilustre como pedra fundamental do teatro lírico tcheco. "Escolhi escrever uma comédia por brincadeira, de modo impulsivo e sem ambições", declarou em 5 de maio de 1882, no programa da 100ª encenação da *Noiva,* "apenas porque, depois dos *Brandenburgueses,* diziam que eu era wagneriano e não sabia fazer nada leve e no estilo nacional." Na verdade, não é estranho que, ao contrário da *Vida pelo Tsar,* do russo Mikhaíl Glinka; de *Hunyady László,* do húngaro Ferenc Erkel, ou de *Nikolai Śubić Zrijński,* do croata Ivan Zajc, a primeira ópera nacional tcheca não seja de tema épico e patriótico. Isso está muito de acordo com a própria essência da arte popular tcheca, que não é de caráter épico – como as bylinas, as sagas anônimas da Idade Média russa –, mas de natureza intimista e descontraída. O que a

Os comediantes Liesl Karlstadt e Karl Valentin como o casal Brunner, os donos do circo, na filmagem da *Noiva Vendida* feita em 1932 por Max Ophüls.

Em 1932, Max Ophüls filmou na Alemanha *Die Verkaufte Braut* (A Noiva Vendida), a ópera de Smetana. Jarmila Novotná e Willi Domgraf-Fassbänder faziam o casal Marie/Hans (equivalentes alemães de Mařenka e Jeník). O popularíssimo ator cômico Karl Valentin fez enorme sucesso como o diretor do circo.

Sabine Passow e Michael Rabsilber numa cena da *Noiva Vendida*: montagem de Harry Kupfer com figurinos de Eleonore Kleiber, na Komische Oper de Berlim, em 1985; regência de Rolf Reuter.

Cena de uma montagem da *Noiva Vendida* na Wiener Volksoper em 1994; Herwig Pecoraro interpreta o gaguinho Wenzel; montagem de Edgar Kelly; cenários e figurinos de Hans Bauer-Eczy.

caracteriza são as cantigas de roda, as canções de trabalho ou ligadas às diversas festas, núpcias, batizado, luto, ou às estações do ano. No artigo que acompanha a edição francesa da gravação Chalabala, do selo Valois, Michel Hoffmann comenta:

E é nisso que reside a imensa e instintiva proeza de Smetana: conseguir ir ao encontro da alma mais profunda e ancestral de seu povo. "O pássaro só canta bem em sua própria árvore genealógica", observavam Jean Cocteau e Arthur Honegger. Smetana reconstituiu a sua árvore genealógica (de tal forma era poderosa a sua "intuição nacional") para nela se instalar e cantar.

Parece estranho que as danças tenham sido acrescentadas num estágio posterior de revisão, pois seus ritmos estão presentes todo o tempo. Muito dos números cantados têm a estrutura rápida e binária da polca, ou lenta e ternária da *sousedská*. Poucos têm formato mais complexo, com introdução ou oscilações de andamento ou métrica; e isolados pelo diálogo falado, na versão original, deviam parecer ainda mais dançantes. O tom folclórico está sempre presente, embora nenhuma das melodias seja autêntica. Todas elas são criação de Smetana, e esse folclore reinventado pelo seu instinto e inteligência musicais vai formar a base e o modelo para a maioria das óperas nacionalistas que se seguirão. O público identificou-se também espontaneamente com a alegria, o bom-humor, a extroversão da ópera:

- a forma astuciosa como Jeník faz o pomposo Kecal cair numa armadilha e lhe extorque uma espécie de "dote" antecipado (o virtuosístico dueto "Každy jen tu svou", em que a "compra" é celebrada, é um delicioso joguinho de "engana-trouxa");
- o traço irônico que consiste em fazer de Vašek um gago, explorando isso em termos musicais (é imensamente habilidoso o dueto "Známt' já jednu dívcinu", em que Marenka canta e ele gagueja);
- a alegria contagiante das danças, da cena do circo no ato II, ou do hino à cerveja "To pivečko, veru je nebeský dar" (A cerveja é um verdadeiro dom do céu);
- a afirmação constante do prazer de viver e da vitória dos sentimentos sobre os interesses materiais.

Surpreendentemente, numa "ópera popular", o coro tem papel relativamente pequeno (principalmente se pensarmos que a canção de taverna foi um acréscimo posterior). Em vez disso, a forma básica da ópera é o dueto, ou seja, a interação indivíduo a indivíduo, a confrontação direta de duas personagens. Além dos já mencionados, para Mařenka-Vašek e Kecal-Jeník, ocupam posição simétrica e antagônica os dois duetos cantados pelo par de namorados: o apaixonado "Jako matka požehnáním... Vemé milování", no ato I; e o irritado "Mařenko má... Tak tvrdošijná dívko jsi", do III, em que a menina externa toda a indignação por ter sido "vendida".

Todas as personagens são traçadas com linhas vivas e econômicas, desde o par central até a figura acessória do Diretor do Circo que, nas mãos de um bom ator como Jindrich Mošna, pode abafar a banca. Kecal, o convencido casamenteiro, é uma criação especialmente bem-sucedida, inserindo-se numa linhagem que remonta a Mozart, Rossini e Donizetti, e estabelecendo um modelo seguido por todos os conterrâneos de Smetana que se dedicaram à comédia.

No entanto, os próprios contemporâneos de Smetana, em especial os "velhos tchecos" da crítica conservadora, criticaram o compositor por seu "wagnerismo" (observação que seria mais justa a respeito dos *Brandenburgueses*), devido à sua maneira compacta de orquestrar e por seu uso da técnica de *leitmotive*. O compositor faz uso desse recurso, mas de forma extremamente pessoal. A abertura, com seu ritmo endiabrado, de andamento vivacíssimo, é o melhor exemplo disso. À primeira vista, parece ser apenas uma brilhante peça atmosférica, visando a preparar o espírito do espectador para o clima multicolorido de festa camponesa. Estudada detidamente, porém, revela ser construída sobre uma densa trama de motivos que vão reaparecer durante a ópera e estão habilmente entrelaçados:

- o da vontade de Krušina de fazer o casamento de Mařenka com Vašek;
- o do contrato pelo qual Jeník "vende" a noiva, que reaparece quando os aldeões zombam dele por isso;
- o da tristeza de Mařenka, decepcionada com o namorado;

- e a transformação triunfal do tema do contrato: o documento que deveria separar os namorados servirá, na realidade, para ajudá-los a se unirem.

Essa síntese natural entre o simples e o sofisticado, que há na abertura, repete-se em toda a partitura. Esse equilíbrio entre instinto e reflexão forma a base da arte de Smetana.

O dia de São João Nepomuceno, 16 de maio de 1868, foi o escolhido para a solenidade de colocação da pedra fundamental do Národní Divadlo, o Teatro Nacional que, para os partidários da independência da Tchecoslováquia, era o símbolo da cultura como uma forma suprema de afirmação da nacionalidade. À noite, no Novoměstské Divadlo, a festa continuou com a estréia de *Dalibor*, a ópera que Smetana compusera especialmente para essa ocasião. Seu libreto, escrito em alemão por Josef Wenzig e traduzido para o tcheco por Ervin Špindler, baseava-se em fatos narrados por vários cronistas antigos e modernos: Hindrák de Habrov nas *Tábuas do País*; Viktořin Kornel de Všehrdy em suas *Crônicas*; e František Palacký na *História da Nação Tcheca*.

Embora de formação intelectual germânica, Wenzig foi um dos adeptos mais entusiastas do ideal de autonomia e igualdade política para os tchecos. Durante o governo absolutista do ministro austríaco Alexander Bach, foi perseguido e viu-se forçado a aposentar-se, em virtude da campanha que fazia pelo ensino da língua tcheca nas escolas. Foi cinco vezes deputado e o primeiro presidente da *Umělecká Beseda* (União dos Artistas). É muito significativa a escolha da personagem em torno da qual gira seu libreto. Dalibor de Kozojedy viveu durante o reinado de Vladislav II Jaguelão, e foi decapitado em 13 de março de 1498 por ter invadido a fortaleza de Ploškovice para libertar os servos do jugo totalitário do burgrave Adam de Drahovice. A torre do castelo real de Hradčany, onde ele esteve preso, hoje chama-se Daliborka.

Segundo a lenda, ele pediu ao carcereiro que lhe trouxesse a sua *husla* (rabeca), e tocou com tal emoção que o povo reuniu-se na praça diante do castelo pedindo que ele fosse perdoado. O rei mandou que a *husla* fosse destruída;

mas a música continuou soando. Dalibor foi então decapitado, e sua cabeça espetada numa lança, no alto da muralha. Nem assim a música se calou, e o povo dizia que só o fim dos privilégios feudais poderia silenciá-la. Há inclusive um provérbio em tcheco: "Foi a Mãe Miséria quem ensinou Dalibor a tocar violino", usado quando se quer falar da força interior que nos faz resistir às vicissitudes. Na década de 1830, Dalibor tornou-se símbolo da luta pelos direitos do povo contra a autoridade abusiva do rei e dos senhores feudais.

O modelo seguido por Wenzig é o da ópera de resgate. É visível a semelhança entre o enredo de *Dalibor* – cuja personagem-título é capturada por ter matado o burgrave de Ploškovice, para vingar a morte de seu amigo, o músico Zdeněk – e a do *Fidelio*. Como na única ópera de Beethoven, a irmã do burgrave, Milada, que se apaixonou pelo rebelde, disfarça-se de rapaz e emprega-se como aprendiz do carcereiro Beneš. Quer com isso encontrar o meio de fazer chegar às mãos de Dalibor, em sua cela, o bem-amado violino – símbolo de sua liberdade interior e capacidade de resistência. Com a ajuda de amigos fiéis, Milada consegue fazer Dalibor fugir. Mas, na tentativa, é ferida e morre nos braços do homem que ama. Este, tendo perdido a razão para viver, deixa-se matar em um duelo com Budivoj, o comandante da guarda do castelo.

No libreto de Wenzig, o conteúdo político fica muito atenuado, pois as motivações da ação são todas de caráter pessoal. É o vigor da música de Smetana que consegue superar esses limites, sugerindo a dimensão de Dalibor como porta-voz da luta nacional contra o totalitarismo. O público reagiu muito bem à estréia, contagiado até mesmo pela euforia do clima festivo. Mas, no dia seguinte, a crítica tradicionalista abriu fogo cerrado contra o compositor, acusando-o de "wagnerismos", em que viam "o perigo da intromissão estrangeira na evolução da arte tcheca". Até o fim de 1868, *Dalibor* foi encenada mais seis vezes; mas, como a imprensa sempre a boicotava impiedosamente, sumiu aos poucos do cartaz. Os críticos não perdoavam "os pontos fracos do libreto" de uma ópera que "carecia de melodias". E o crítico Pivoda, que detestava Smetana, chamou a estrutura sinfônica contínua de "produto estrangeiro e indigesto".

Além disso, as apresentações sofriam com o fato de ainda não existirem, na Tchecoslováquia da época, cantores em condições de enfrentar a tessitura pesada, de matriz wagneriana, dos dois protagonistas, para os quais são necessários um *Heldentenor* e uma *Hohesopran*. Só em 1886 – dois anos depois da morte de Smetana –, por iniciativa do jovem crítico progressista Václav Želený, ela foi remontada no Teatro Nacional. Aí, sim, superadas as objeções de dezoito anos antes, foi possível apreciar as suas reais qualidades. E o sucesso se confirmou em 1892 quando, ao lado da *Noiva Vendida*, ela representou a Tchecoslováquia na Exposição Internacional de Viena.

Durante a sua gestão como diretor do Teatro Nacional (1900-1920), o compositor Karel Kovařovic inscreveu-a no repertório regular. Mas, como era seu hábito, fez cortes arbitrários, suprimiu ou juntou cenas, operou mudanças no libreto e até mesmo no nome das personagens. Foi preciso que, na década de 30, o Národní Divadlo ficasse sob direção do compositor Otakar Ostrčil para que a forma original da ópera fosse restabelecida. Desde então, embora seja muito raramente representada no Ocidente, *Dalibor* tem seu lugar assegurado no repertório tcheco. E é sob a forma original que foi gravada por:

Supraphon, 1950 – Podvalová, Blachut/ Jaroslav Krombholc.
RCA, 1958 – Spiess, Wächter/ Joseph Krips (em alemão).
Supraphon, 1967 – Kniplová, Pribyl/Krombholc.
Serenissima, 1969 – pirata em alemão, regida por Rafael Kubelík.
Praga, 1977 – Abrahamová, Přibyl/ Krombholc.
Supraphon, 1979 – Depoltová, Přibyl/ Václav Smetácek.
Supraphon, 1995 – Urbanová, Vodicka/ Zdenek Košler.

Embora não se possa acusar de carência de melodias uma ópera que, desde os primeiros compassos da introdução, oferece motivos de efeito mágico – muito aparentados aos do grande ciclo de poemas-sinfônicos *Má Vlast* (Minha Pátria) –, não deixavam de ter razão os críticos que acusavam Smetana de ter abandonado o caminho da música exclusivamente inspirada em fontes folclóricas. À exceção do coro de soldados, no início do ato II, estão inteiramente ausentes – até mesmo em função do argumento sombrio – aqueles números de tom mais leve e popular que faziam o encanto da *Noiva*. As longas seções declamatórias, baseadas na elaboração sinfônica de um material melódico relativamente econômico, já fez a ópera ser chamada de monotemática. Além disso, desagradaram aos nacionalistas mais ferrenhos as patentes semelhanças do libreto de Wenzig com o do *Fidelio*.

Outro sério problema do texto é a tentativa que Špindler fez, em sua tradução, de acompanhar os esquemas métricos da versificação alemã, o que dá resultados freqüentemente desajeitados. Para um ouvinte ocidental, essa deficiência não é perceptível. Mas para um tcheco, não é raro as tônicas parecerem cair no lugar errado – o que é desastroso numa língua em que a oscilação das vogais longas e breves cria uma entonação muito especial, que os compositores sempre se empenharam em captar na sua declamação lírica. Isso não diminui, porém, a força de persuasão de uma obra que fala dos mais altos valores românticos: a força da amizade que nada pode derrotar; o papel de libertadora da mulher; o apelo à união contra a opressão e, *last but not least*, a homenagem à música como a sublime intérprete das aspirações do povo. "Který pak Čech by hudbu neměl rad?", pergunta Beneš a Milada, na cena 3 do ato II. "Conheces um só tcheco que não goste de música?" Por trás dessa defesa inflamada da música nacional, perfila-se a defesa do desejo de falar a própria língua, de preservar os próprios costumes, de decidir o próprio destino.

Desde 1866, após a estréia dos *Brandenburgueses na Boêmia*, Smetana substituíra Jan Nepomuk Maýr como regente titular do Teatro Provisório. No ano seguinte, foi nomeado diretor, cargo que exerceu até 1874 com dificuldades crescentes, pois esbarrava na oposição dos conservadores, descontentes com o caráter progressista de suas diretrizes. Sua preocupação fundamental era constituir um repertório representativo de música tcheca: das 82 óperas que fez representar em cinco anos, 33 eram produções novas, de autores nacionais. Apesar disso, a sua capacidade como regente e competência como diretor eram constantemente questionadas.

Em 1868, além de *Dalibor*, ele tinha escrito, para a festa da pedra fundamental do Národní Divadlo, uma abertura solene e um "quadro histórico" intitulado *O Julgamento de Libuše*. Foi esse o ponto de partida para a nova ópera, também inspirada em figuras míticas da história tcheca. Escrita entre 1869 e 1872 em colaboração com Wenzig e Špindler, *Libuše* destinava-se originalmente a comemorar a coroação do imperador Francisco José como rei da Boêmia. Mas a situação política fez o soberano austríaco mudar de planos, renunciando a uma cerimônia que só teria agravado a tensão dentro do império. Smetana decidiu, então, reservar a nova ópera para a inauguração do Teatro Nacional. Com isso, *Libuše* só estreou em 11 de junho de 1881. E, depois do incêndio, foi a ópera escolhida para a reinauguração do prédio, em 11 de junho de 1883. Em *Smetana*, Brian Large escreve:

> Enquanto *Os Brandenburgueses na Boêmia* se desenvolvem como um romance histórico, *A Noiva Vendida* como um idílio pastoral e *Dalibor* como um drama épico, *Libuše* é a única a atingir a grandeza de uma ode patriótica. Não é uma ópera no sentido tradicional do termo e, sim, um magnífico e espetacular hino à pátria em seis quadros – comparável a duas outras obras-primas que Smetana devia ter em mente ao escrevê-la: os *Mestres Cantores de Nüremberg* e *Os Troianos*.

De fato, a obra reúne influências tanto do drama lírico wagneriano quanto do *grand-opéra*, de que retém o aspecto solene e cerimonial – de forma grandiosa, mas contida.

Libuše, diz a lenda, era a neta de Čech, o mítico fundador do povo tcheco, que o trouxe para a sombra aprazível da colina sagrada de Říp, ao norte de Praga. Quando Krok, o seu pai, morre, Libuše é coroada rainha da Boêmia por ser a mais sábia das três filhas, dotada do dom da profecia. A princípio sua autoridade é respeitada mas, um dia, num litígio pela posse de terras, seu julgamento é questionado. A tensão entre dois irmãos em disputa, Stáhlav e Chrudos, é agravada pela rivalidade de ambos no amor da princesa Krasava. A moça só piora as coisas, pois finge favorecer as pretensões de Stáhlav para despertar os ciú-

mes de Chrudos, a quem realmente ama. Quando a rainha chama os dois rapazes à sua presença, é ofendida por Chrudos, que a acusa de ter os cabelos longos e as idéias curtas, e declara ser uma vergonha os tchecos deixarem-se governar por uma mulher. Ofendida e irritada, Libuše decide então abdicar e dar a seu povo um soberano. Com os dons de visionária, diz a seus emissários que procurem, do outro lado das montanhas, à beira do riacho Bílina, uma aldeia chamada Stadice. Ali encontrarão um lavrador cujo nome é Přemysl: a ele entregarão o seu manto. Este será seu marido e o novo rei. Přemysl aceita; impõe a reconciliação aos dois irmãos; faz Chrudos ter, finalmente, a certeza de que Krasava o ama; em seguida, une-se a Libuše, fundando a primeira dinastia tcheca, dos Přemyslidas. A ópera de Smetana termina com a visão profética que Libuše tem do futuro da Tchecoslováquia.

Além da *Chronica Boemorum* de Cosmas, Wenzig também utilizou como fonte o chamado *Želenohorský Rukopis* (Manuscrito da Montanha Verde), do século XIX, que teria sido descoberto em 1818. Hoje, sabe-se que esse documento era uma falsificação, fabricada por intelectuais nacionalistas desejosos de conferir à nação uma antiga e venerável tradição de literatura escrita. Mais confiáveis são as informações que o libretista buscou na *História do Povo Tcheco*, de František Palacký, principalmente para a seqüências de visões com que a ópera se encerra.

Dessa vez, embora trabalhasse com os mesmos colaboradores, Smetana preocupou-se em evitar os problemas de metrificação e tratamento do texto que tinham tornado artificiais certos aspectos do canto em *Dalibor*. O cuidado que teve com a prosódia estabeleceu um padrão que, no futuro, outros compositores haveriam de seguir. *Libuše* tem o que John Tyrrell chama de "um tom de pompa e circunstância", acrescentando: "Só muito raramente a emoção verdadeira rompe a superfície solene da ópera – por exemplo na cena em que Krasava confessa o seu amor." O que não impede que ela ofereça, com toda a sua imponência, momentos muito satisfatórios:

• a abertura, festiva e de tom muito nobre: após a fanfarra inicial, desenvolvem-se pa-

A história de *Libuše e o Combate das Mulheres Guerreiras*, contada em gravuras de artistas anônimos, que ilustram a *Crônica Tcheca*, de Václav Hájek z Libočan, publicada em 1541. Na primeira, Libuše julga os irmãos Chrudoš e Šťahlav (a figura da rainha inspira-se em *Melencholia*, a famosa gravura de Albrecht Dürer).

Uma delegação vai à aldeia de Stadice, em busca de Přemysl – que está arando a terra – para lhe oferecer a mão de Libuše e o trono da Boêmia.

Přesmyl, transformando seu arado na mesa em que recepciona os delegados, aceita a mão de Libuše; no céu, seus animais transformam-se no signo zodiacal do Touro.

As mulheres guerreiras constroem uma fortaleza em Děvin.

Primeira fase do combate: as mulheres guerreiras parecem invencíveis.

Segunda fase do combate: as mulheres guerreiras são derrotadas.

Gravura de Emil Zillich representando cenas da *Libuše* de Smetana: no painel do centro, a rainha julga os irmãos inimigos; no painel de cima, a delegação procura Přemysl, para lhe oferecer o trono; no de baixo, os irmãos se reconciliam (publicado em 1883 na revista *Světozor*).

ralelamente os temas de Libuše, no oboé, e o de Přemysl, nas trompas;

- a oração de Libuše no ato I, pedindo aos deuses que a ajudem em seu julgamento;
- a cena a que se refere Tyrrell (II, 1), em que Krasava confessa a Lutobor, o seu pai, ter agido levianamente para despertar os ciúmes de Chrudos e, no dueto que se segue, celebra seu amor por ele;
- a grande ária de Přemysl, "Již plane slunce" (Já brilha o sol), de II, 2, uma das mais belas páginas da ópera tcheca: num tom de meditação lírica, ele expressa o amor por Libuše, o ardor patriótico e a certeza de que a ordem natural resolverá todos os conflitos;
- a cena final, construída sobre o tema do já mencionado coral hussita "Ktož jsú boží bojovníci" (Vós sois os guerreiros de Deus), em que Libuše tem a visão de vários episódios da história nacional:
- a derrota dos alemães pelo príncipe Břetislav, que conseguiu a união da Boêmia com a Morávia; a luta de Jaroslav de Šternbek para defender o país contra os tártaros;
- a expansão da Boêmia durante os reinos de Otakar II, de sua filha Elisabete, e de seu filho Carlos IV, o fundador da Universidade de Praga;
- a revolução religiosa e nacionalista dos hussitas, iniciada por Žižka e Procópio, o Grande, consolidada pelo rei Jorge de Podiebrad;
- e a cena culmina na apoteose do castelo de Vyšehrad, sede dos reis tchecos e símbolo da autonomia nacional (por sinal tema também do primeiro poema-sinfônico do ciclo *Minha Pátria*).

O selo Supraphon tem três gravações de *Libuše*: a de Jaroslav Krombholc (1965), com Naděžda Kniplová; a de Zdeněk Košler (1983), com Gabriela Beňačková-Čapová; e a de Oliver Dohnányi (1995), com Eva Urbanová. A de Košler, ao vivo, é a do espetáculo que reabriu o Teatro Nacional, em 17 de novembro de 1983, após longo período de reformas, e surpreende pela beleza de timbre, aliada à extensão da tessitura, que Benacková obtém na cena final, uma das mais árduas de toda a ópera tcheca.

"Da próxima vez, quero compor uma elegante comédia de salão", disse Smetana ao terminar *Libuše*. Após as tensões de uma ópera longa e complexa, ele desejava algo mais simples, que o reaproximasse do mundo real. No Teatro Provisório, ele assistira, em agosto de 1868, à peça em um ato *Les Deux Veuves* (1860), de Jean-Pierre Malefille, que o impressionara bem. Pois foi dessa comédia de *boulevard* que encomendou a adaptação a Emmanuel Züngel, tradutor de Malefille para o tcheco. Züngel transpôs a ação da França para a Boêmia e preocupou-se em manter o virtuosismo verbal de Malefille, cujo texto está cheio de exuberantes brincadeiras com as palavras.

Karolina Zaleská é uma mulher enérgica e decidida: administra sozinha a propriedade que herdou do falecido marido, um rico coronel. Vive ali em companhia da prima Anežka Miletinská, também viúva. Um dia, o guarda-caça Mumlal prende no parque um caçador furtivo. Trata-se de Ladislav Podhajský, o proprietário vizinho. Na verdade, ele está querendo aproximar-se de Anežka, a quem já amava antes de ela enviuvar. Mas a jovem – que não gostava do marido, com quem foi infeliz num casamento de conveniência – reluta em admitir que se interessa por ele, temendo que uma segunda união seja igualmente decepcionante. Karolina intervém e, para fazê-la vencer seus temores, finge querer namorar o rapaz. Diante disso, a resistência de Anežka desaparece, e ela reconhece que também está apaixonada por Ladislav.

Dvě Vdovy teve uma história acidentada. Foi apenas polida a recepção do público à primeira versão – um *opéra-comique* com diálogos falados ligando os números cantados –, estreada no Teatro Provisório em 27 de março de 1874. A platéia só começou a se interessar realmente pelas *Duas Viúvas* depois da versão definitiva, com recitativos e números adicionais, reestreada na mesma sala em 15 de março de 1878. Nessa revisão, foi acrescentada uma história de amor subsidiária entre Lidka, a filha de Mumlal, e seu assistente Toník. A princípio o guarda-caça se opõe ao namoro mas, depois, é forçado a concordar. Foi nela também que surgiu "Když zavítá máj, lásky cas" (Quando chega o mês de maio, a hora do amor), cantada pelo tenor no início do ato II, hoje a ária mais popular da ópera. No entanto, a comédia nunca recebeu dos teatros tchecos a atenção que merecia, e só foi encenada quinze vezes em vida de Smetana. A montagem de Hamburgo, em 1881, apresentou modificações arbitrárias feitas por arranjadores alemães; mas Smetana concordou em escrever, para ela, um trio no ato I e um final alternativo para o II. Nova adaptação foi feita em Praga por J. Novotný, que dividiu a Ópera em três atos, alterou a ordem dos números e restabeleceu os diálogos falados. Só em 1914, Otakar Sourek, patrocinado pelo Círculo das Artes, restabeleceu a versão de 1878; seu trabalho serviu de base para a *Studijní Vydání Del Bedřicha Smetany* (Edição Crítica das Obras de B. Smetana), publicada em 1950. Nela baseiam-se as gravações existentes: a de Jaroslav Krombholc (1965), a de Jíří Jílek (1975), e a de František Jílek (1984).

Ao visitar Praga, no início do século XX, foi *As Duas Viúvas* que Richard Strauss pediu para assistir. "Isso é compreensível", escreve John Tyrrell, "pois o apelo da obra, tanto na origem do texto quanto no encanto sofisticado da música, é superficialmente cosmopolita e muito acessível." Além disso, trata-se de uma das óperas onde é mais seguro o talento de Smetana para desenhar personagens de intensa veracidade. Uma figura de origem parisiense, jovem, encantadora e emancipada, como Karolina, ganha traços tipicamente tchecos não só no comportamento, mas também na música alegre e graciosa com que se expressa. Ao lado dela, é igualmente fascinante o perfil de Anežka, suas hesitações, suas tentativas malsucedidas de sufocar o sentimento. Grande momento é o monólogo "Odcházejí spolu k radosti!... Aj, jak to krásný den", do ato II, em que ela se sente abandonada pela prima que, aparentemente, a traiu seduzindo Ladislav. São igualmente econômicos e precisos os traços para retratar o vizinho enamorado, o guarda-florestal ranzinza, o casalzinho Toník e Lidunka. Smetana opõe recortes melódicos e inflexões rítmicas para contrapor o refinamento aristocrático das duas viúvas e de Ladislav ao caráter rústico de Mumlal. Bronco e convencido, Mumlal tem alguma semelhança com Kecal, o casamenteiro; mas há nele um traço

de mau-humor truculento que já o fez ser chamado de "o Osmin tcheco", em referência à personagem do guarda do serralho, na ópera de Mozart. Esta é, de resto, no dizer de Bohumil Karásek, "a mais mozartiana das óperas de Smetana".

Esta é também uma de suas óperas mais permeadas pelos ritmos das danças folclóricas – o da polca, em particular –, tão associados aos próprios padrões da fala tcheca. Libretista e tradutor experiente, Züngel ofereceu a Smetana uma peça em flexíveis versos trocaicos, que ele musicou com extremo virtuosismo, extraindo do texto os mais variados efeitos rítmicos. A abertura trepidante, com o mesmo ímpeto da *Noiva Vendida*, tornou-se uma apreciada peça de concerto. O compositor extrai efeitos cintilantes dos grandes momentos cômicos ou sentimentais:

- O trio "V pořádku vše, milostpaní!" (Está tudo em ordem, minha senhora querida), em que Mumlal fala às duas primas do caçador furtivo. Com a aparição de Ladislav, ele se transforma em um esfuziante quarteto, "Vezen prede dvermi tam!" (O réu está diante de sua porta), como se fosse a *stretta* do ato. Mais do que as palavras, o que conta para expressar os sentimentos contrastantes das personagens, neste trecho, é o entrelaçamento melódico-rítmico da partitura, marcada *allegro vivo*. Karásek comenta:

Em nenhuma outra de suas obras, Smetana haveria de mergulhar tão fundo na corrente de uma invenção puramente musical, deixando-se dominar pelo desejo instintivo de apoiar-se unicamente nas regras musicais para dar vida à ação, especialmente nas cenas de conjunto.

- O dueto "Dlouho-li pak chcete prchati přede mnou" (Por quanto tempo tencionas evitar minha minha presença?), do ato II, em que Ladislav confessa os seus sentimentos a Anežka.
- O longo melodrama "Milostivá paní! Milují vás od toho dne, v kteříž jasem vás poprvé spatřil" (Graciosa senhora! Amo-a desde os dia em que meus olhos pousaram sobre você), em que o rapaz lhe conta como sempre a amou.
- A cena capital de Anežka, logo a seguir, a que já nos referimos. Nesta última, na melodia apresentada pela clarineta e apoiada num

ostinato das trompas, temos um dos melhores exemplos da veia lírica de Smetana, de delicadeza belliniana.

• Finalmente, na revisão de 1877, o trio cômico "Co to, holka, co to?" (Que deu em você, garota?), construído sobre um ritmo de polca, em que Mumlal repreende a filha e Toník por seu caloroso namoro.

As Duas Viúvas é muito feliz no retrato que faz da vida interiorana tcheca, e da pequena nobreza que se esforça para imitar os costumes da grande aristocracia cosmopolita. O músico tratava de um ambiente com o qual tivera estreito contato durante a juventude. A falta de barreiras existente, nesta ópera, entre as formas populares e mais elevadas da vida social reflete uma realidade típica da província boêmia, onde era bastante democrático o tratamento que a nobreza rural dispensava aos aldeões – e o contato dos Smetana com os Wallenstein, senhores de Litomysl, tinha sido prova disso.

O tema central das *Duas Viúvas* – a superação dos obstáculos internos que prejudicam a felicidade no casamento – já faz prever as preocupações das últimas óperas de Smetana. Seus libretos foram escritos por Eliška Krásnohorská, que ele ficara conhecendo em 1869. Ela lhe propôs, para começar, uma peça intitulada *Lumír*, que não foi adiante. Em seguida, escreveu para ele *Viola*, baseada na *Twelfth Night* de Shakespeare. Essa partitura ficou incompleta. Existe dela um total de 365 compassos (276 dos quais orquestrados), e isso inclui uma cena de tempestade, o resgate de Sebastian e Viola, e o início de uma cena que se passa na corte. Esses fragmentos foram ouvidos pela primeira vez num concerto realizado em Praga em 15 de março de 1900. E em 11 de maio de 1924, o Teatro Nacional fez deles uma encenação. A prova do apreço que os tchecos têm pelo criador de sua escola nacional é que, desse torso, existem duas gravações, ambas no selo Supraphon: a de J. Krombholc (1953) e a de Z. Košler (1993).

"Encontro música em seus libretos", disse Smetana para justificar o agrado com que iniciou, em novembro de 1975, o trabalho de composição de *Hubička* (O Beijo), que Krásnohorská extraíra de um conto de Karolina Svetlá (pseudônimo de Joanna Muzaková). De fato, os versos de Krásnohorská, jogando com metros diferentes, de acordo com as personalidades e as situações, e suas árias elaboradas em diversas seções, são de grande apuro artesanal. Mas há talvez outros motivos para que o compositor estivesse tão motivado. Sentindo-se envelhecer, afligido pela crescente surdez, que o fizera abandonar a direção do Teatro Nacional; obrigado a fechar o dispendioso apartamento de Praga, que já não tinha mais condições de manter, e a mudar-se para a casa de seu genro, Joseph Schwarz, na pequena Jakebnice; preso num casamento desgastado e sem amor, é compreensível que Smetana se identificasse com as melancólicas histórias de Krásnohorská. Ela escreve sempre sobre personagens de meia-idade, para quem é difícil encontrar um companheiro adequado. E se o fazem, é ao cabo de um penoso processo de construção pessoal.

A ação do *Beijo* se passa numa aldeia de fronteira. Lukáš ficou viúvo e gostaria de se casar de novo com Vendulka, até hoje solteirona. Ele a amava quando jovem, mas não pôde casar-se com ela, pois seus pais impuseram-lhe outra noiva. Vendulka aceita o pedido de casamento mas, como é muito supersticiosa, recusa-se a beijar o noivo antes da cerimônia, pois não deseja irritar o fantasma de sua primeira mulher. Ofendido, Lukáš dança com todas as moças da aldeia e as beija diante da janela de Vendulka que, humilhada, rompe com ele. No final, os dois se reconciliam e ela faz menção de beijá-lo. Mas agora é Lukáš quem recusa, até que a noiva o tenha perdoado pela forma grosseira como a tratou.

O Beijo estreou no Teatro Provisório em 7 de novembro de 1876, e seu tom de comédia popular a transformou na ópera de Smetana mais apreciada pelo público depois da *Prodaná Nevěsta*. Um libreto mais episódico, com situações dispersivas – inclusive uma aparição de contrabandistas com os quais Martinka, a avoada tia de Vendulka, está relacionada – faz com que, do ponto de vista teatral, a ópera não tenha a mesma coesão da *Noiva* ou até mesmo das *Duas Viúvas*. Mas, a essa altura, a maturidade adquirida com o sofrimento permite a Smetana criar personagens extremamente humanas e verossímeis. Até mesmo uma figura secundária como o padre Paloucký, que a libretista concebera para fazer o papel tradicional da personagem bufa e sentenciosa, acaba adquirindo uma dimensão mais complexa e comovente.

As posições extremadas de Lukáš e Vendulka, que poderiam resultar muito frágeis nas mãos de um dramaturgo menos experiente, tornam-se dignas de crédito: eles têm personalidades igualmente fortes e chocam-se um com o outro exatamente por desejar demais a mesma coisa. Como, no passado, seu projeto de casamento fracassou por motivos externos, eles temem que qualquer coisa possa comprometer a possibilidade de, agora, se unirem. Por isso, acabam agindo de forma radical. É profundamente terno o modo como o compositor os constrói, e é visível a simpatia que tem por ambos. Os duetos do ato I, com as tentativas que Lukáš faz de beijar Vendulka; a canção de Lukáš bêbado, no fim do ato I, com um oscilante ritmo de polca; ou a canção de ninar que Vendulka entoa para o filho do primeiro casamento de Lukáš, são verdadeiras obras-primas de caracterização de personagem. Mas há outras passagens igualmente notáveis:

- a canção de taverna de Tomeš, o cunhado de Lukáš, comparável ao hino à cerveja da *Noiva*;
- o belo dueto para barítono e tenor, no ato II, quando Tomeš tenta convencer Lukáš a ir pedir perdão a Vendulka;
- ou a difícil ária de soprano ligeiro escrita para Barce, a criada de Vendulka, evocando de forma muito melodiosa o canto da cotovia, que se ouve ao amanhecer.

Um dos pontos que, aqui como na *Noiva*, conquistaram de saída o público é a natureza entranhadamente tcheca das melodias. Na primeira canção de ninar de Vendulka, "Hajej muj andílku", Smetana realmente usou o tema de uma canção de pastores tradicional. Mas criou a melodia da segunda, "Letěla bělounká holubička", com acentos folclóricos tão autênticos que até hoje há quem acredite que ela foi recolhida no acervo popular.

František Vajnar fez, em 1980, uma boa gravação moderna do *Beijo* para a Supraphon. Ela não supera, porém, o elenco do velho registro de Zdeněk Chalabala (1952), encabeçado por Marie Červinková e Benno Blachut, que foi relançado em 1977 pela Rediffusion Heritage.

Uma idéia original de Krásnohorská forma a base do libreto de *Tajemství* (O Segredo). Muito aplaudida ao estrear no Novo Teatro Tcheco, de Praga, em 18 de setembro de 1878, ela foi sendo depois aos poucos esquecida. Kovařovic fez, em 1903, uma de suas costumeiras versões revistas, para inscrevê-la no repertório do Teatro Nacional, e por algum tempo ela assim foi conhecida. Mas a publicação da edição crítica, em 1953, restabeleceu a forma original, gravada duas vezes, no selo Supraphon, por J. Krombholc (1953) e Z. Košler (1982).

A ação, dessa vez, passa-se no final do século XIX, não numa aldeia, mas numa cidade pequena, no sopé da Montanha Bezdez, no norte da Boêmia, no final do século XVIII. Por trás da rivalidade entre dois conselheiros municipais, Malina e Kalina, há uma história de amores frustrados. No passado, Roža, a irmã de Malina, amava Kalina. Mas os pais da moça se opuseram a esse casamento porque o pretendente era pobre. Isso fez com que as duas famílias ficassem inimigas. Despeitado, Kalina casou-se com outra moça e Roža, desolada, ficou solteirona. Agora, Kalina ficou viúvo, está muito próspero, e poderia reaproximar-se de Roža. Mas a inimizade familiar está mais forte do que nunca, porque o filho de Kalina, Vít, está apaixonado por Blaženka, a filha de Malina. A intriga se resolve através da tentativa de Kalina de descobrir um tesouro, cuja localização estaria indicada em um documento deixado pelo falecido frei Barnabé. O conselheiro entra por um túnel assinalado no mapa, mas vai sair dentro do quarto de Roža, e descobre que é ela o seu verdadeiro tesouro. A ópera termina com a permissão de que pai e filho casem-se com a tia e com a sobrinha.

Como no *Beijo*, não faltam ao libreto do *Segredo* episódios dispersivos. Mas a ambientação na cidade pequena oferece a Smetana a possibilidade de um ângulo, para o retrato de costumes, diferente do que estava habituado a adotar nas óperas de clima aldeão. É retomada uma situação comum na comédia clássica, já presente na *Noiva*, nas *Duas Viúvas* e no *Beijo*: os preconceitos sociais ou os inte-

Eliška Krásnohorská, fotografada por Heinrich Fiedler: ela foi libretista de Bendl, Fibich, e das quatro últimas óperas de Smetana.

Marie Sittová como Vendulka, cantando para seu bebê em *O Beijo*, de Smetana (Praga, 1876).

resses econômicos impedem a união dos amantes; mas a força do amor acaba derrubando essas barreiras. Fortalece-se também uma idéia que vem amadurecendo dentro do universo dramatúrgico de Smetana: a de que a idade não é um impedimento para a realização amorosa. Enquanto o casalzinho da *Noiva* é adolescente, Ladislav e Anežka, Lukáš e Vendulka, Kalina e Roža são personagens de meia-idade. E é justamente a maturidade que lhes dá forças para superar o obstáculo que as impedia de ser feliz – neste caso, através de um gesto de busca, de trajeto pela escuridão até a luz: a viagem pelo túnel, que Tyrrell chama de "quase freudiana". Repete-se até mesmo o padrão narrativo das *Duas Viúvas* e do *Beijo*: a personagem que foi obrigada a fazer um primeiro casamento por interesse está agora viúva, e livre para unir-se de novo, obedecendo a seu coração.

Há uma variedade de retratos de tipos populares que tornam a ópera muito colorida: um guarda-florestal criador de casos; o cantor ambulante Skrivánek que se vê, sem querer, apanhado no meio de uma das brigas das duas famílias rivais; o soldado aposentado Bonifác, que tenta inutilmente fazer a corte a Roža; e o tocador de gaita de fole, responsável por episódios de sabor folclórico. Smetana e Krásnohorská sempre encontram o jeito de juntar vários deles nas cenas de conjunto que, por sua diversidade, constituem um elemento estilístico muito marcante em Tajemství:

- a do ato I em que os Malina e os Kalina se insultam, e atiçam Skrivánek, forçando-o a improvisar quadrinhas que falem mal ora de uma família ora da outra;
- o octeto do final do ato II, quando o namoro de Blaženka e Vít é descoberto (após um scherzo de vivacidade rossiniana, segue-se a seção lenta "Ó klamné domnení", em que todos expressam a sua perplexidade);
- a cena final, depois que Kalina, seguindo pelo túnel, foi parar dentro da casa de Malina.

Numa partitura onde já são visíveis os desníveis provocados pela saúde em declínio do compositor, ainda se destacam números isolados de grande beleza, a começar pela abertura, cujo tom animado, superficialmente semelhante ao da *Noiva* ou do *Beijo*, traz dentro de si uma nota profundamente melancólica, criada pelo tema do segredo, em dó menor, que vai se repetir durante toda a ópera como um *leitmotiv*. De mão de mestre é a chamada "ária do ouro", a grande cena de Kalina no início do ato II. Após um prelúdio construído sobre o tema do tesouro, nós o vemos refletindo sobre os preconceitos que impediram seu casamento com Roža e o seu atual interesse por dinheiro (na verdade, o meio para conseguir chegar até ela). Em seguida, Kalina adormece e, no sonho, aparece-lhe o fantasma de frei Barnabé, encorajando-o a procurar o tesouro. Quando acorda, vê uma procissão de peregrinos que segue em direção a uma capela, e vai atrás dela, pensando se é o céu ou o inferno que o impelem a partir em busca do tesouro.

O amor de Blaženka por Vít inspira-lhes o dueto do ato II, que reata com o frescor das páginas mais espontâneas da *Noiva Vendida*. E sugere à moça a deliciosa ária "Což ta voda" (Como a Água), em que ela compara seu sentimento a um riacho e espera que o amor não se despedace contra as pedras.

"Terminado em 15 de setembro de 1881, após longos e sérios obstáculos", escreveu Smetana no manuscrito de sua última ópera. Ao estrear no Novo Teatro Tcheco, em 29 de outubro do ano seguinte, *Čertova Stěna* (O Muro do Diabo) causou perplexidade, não só pelo libreto confuso de Eliška Krásnohorská, mas principalmente pela melancolia e o caráter meditativo de uma música que se supunha destinada a uma ópera cômica. Circunstâncias adversas explicam, porém, o tom introspectivo dessa ópera. Havia anos um distúrbio de audição afligia Smetana, fazendo-o ouvir constantemente um zumbido muito agudo – ele deu testemunho disso em uma de suas peças mais comoventes, o quarteto *Z Mého Života* (Minha Vida). Agora, completamente surdo, vivia de uma pensão mínima – que seria cortada em 1880 por pressão de seus adversários políticos – e estava totalmente isolado em Jabkenice. Os direitos autorais que recebia eram insuficientes para garantir o seu sustento. E a saúde estava piorando: começavam a manifestar-se os primeiros sinais da grave doença nervosa que o levaria a morrer, pouco tempo depois, internado em um sanatório para doentes mentais. Doença agravada pela profunda depressão em que caiu, com o desastre nacional que foi o incêndio do Národní Divadlo, poucos meses depois de sua inauguração. Ainda mais do que suas desafortunadas circunstâncias pessoais, angustiou-o ver o fogo consumir um projeto pelo qual se empenhara a vida inteira.

"Muro do Diabo" é o nome popular de um rochedo abrupto que se eleva sobre o curso superior do Vltava – o *Moldávia*, celebrado no mais famoso dos poemas-sinfônicos de *Minha Pátria* –, no extremo norte da Tchecoslováquia. Perto dele fica o convento de Vyšší Brod – e a lenda conta que o Diabo tentou impedir a sua construção fazendo surgir esse penedo, o que arriscou provocar a cheia do rio e a inundação do prédio. O libreto de Krásnohorská, muito sobrecarregado de episódios secundários, baseia-se nessas crendices. Mais dotada para o lírico do que para o cômico, ela também deu tratamento melancólico à história do burgrave Jarek, que prometeu não se casar enquanto seu senhor, Vok Vitkovic, cavaleiro de Rožmberk, não fizer o mesmo.

Jarek encontra-se numa situação difícil. Logo após fazer esse juramento, apaixonou-se por Katuška, a filha de Michálek, mordomo do castelo. Vok também deseja encontrar uma noiva, mas todas as moças casadoiras o recusam, assustadas com seu ar tristonho. Apaixona-se finalmente por Hedvíka, condessa de Sauenburk, filha de uma mulher a quem amou no passado. Essa dupla trama amorosa interdependente desenvolve-se paralelamente a outro conflito. O diabo Rarach assumiu a forma do eremita Beneš, para se aproximar mais facilmente dos mortais e tentá-los. O verdadeiro Beneš tenta neutralizar o demônio, mas não o consegue, pois ele próprio é um grande pecador, corrupto e ambicioso: seu único objetivo é tornar-se o abade do grande mosteiro que Vok pretende construir em Vyšší Brod.

A intriga pessoal se resolve a partir do momento em que Hedvíka admite amar Vok, permitindo assim o casamento de Katuška e Jarek. Ao mesmo tempo, arrependido de seus pecados, Beneš encontra forças para opor-se a Rarach que, tendo reunido seus demônios, erngueu a Čertova Stěna para provocar a inundação do mosteiro. A ópera termina de forma solene e patriótica, com a chegada de um men-sageiro do rei Otakar II Přemysl anunciando que Vok Vítkovic foi nomeado governador da Estíria e da Caríntia. O som antiquado da gravação Z. Chalabala (Supraphon, 1960) é amplamente compensado pela excelência de um elenco dominado por Libuše Domanínská e Ivo Žídek.

Ainda que não existissem as limitações decorrentes do estado de saúde, a desigualdade musical seria quase inevitável no tratamento de entrecho tão difuso. Mas *O Muro do Diabo* oferece ainda alguns aspectos interessantes. O motivo associado ao Diabo é, naturalmente, uma variação do trítono tradicional chamado de "Diabolus in Musica": uma tríade de acordes aumentados sobre um pedal grave, a partir dos quais Smetana faz hábil série de modulações diferentes, que percorre toda a partitura. A personalidade soturna de Vok inspira-lhe páginas de alta qualidade, mas todas de caráter reflexivo e estático – até mesmo porque o papel foi criado para Josef Lev, o principal barítono tcheco da época, dono de uma linda voz, perfeita nas melodias lentas de caráter lírico, mas péssimo ator. O ponto alto da partitura é sua grande ária "Jen jediná mé ženy krásná tvář".

Comparadas a ele, as personagens cômicas – o mordomo Michálek, o demônio Rarach – são laboriosas, sem a espontaneidade de Kecal ou Mumlal. A essa altura, também, a dificuldade em concentrar-se faz com que Smetana escreva duetos e cenas de conjunto muito breves e, para compensar, tente integrá-las na trama de um discurso contínuo pouco usual no domínio da comédia – o que faz do *Muro do Diabo* uma de suas óperas onde é menos natural a relação entre as divisões tradicionais da ópera de números e a lógica das necessidades dramáticas. Com todas essas limitações, Mirko Očadlík ainda é da opinião de que "as cenas populares da *Čertova Stěna* possuem a verdadeira vivacidade do melhor Smetana". No artigo de introdução da gravação Chalabala, ele as vê como

a demonstração exemplar da tese fundamental de toda a vida do compositor: a de que o homem não deve nunca sucumbir ao ceticismo e ao derrotismo, pois a busca de sua verdade interior sempre o leva à vitória.

Atitude que – se excetuarmos o único final trágico de suas óperas, o de *Dalibor* –

Smetana sempre reafirmou no modo como as suas personagens superam os obstáculos para encontrar a felicidade na afirmação de um amor maduro e sólido, porque já testado pelo infortúnio.

Em que pesem as acusações de wagnerismo que lhe foram feitas, é da tradição italiana e francesa, cultivada no Teatro Provisório, que deriva a dramaturgia smetaniana – atitude até mesmo política, pois tingida de rejeição ao vizinho Deutsches Theater. Nesse bastião da ópera alemã foram estreados, até as vésperas da II Guerra Mundial, títulos importantes do repertório germânico. As cabalettas e concertatos italianados que existem nas primeiras obras de Smetana nunca serão de todo abandonados, por maior que seja a sua adesão à fórmula da escrita contínua. Também o coro, instrumento ideal para a pintura dos costumes, desempenhará papel privilegiado em toda a sua obra. Até mesmo em *Dalibor*, sua ópera mais austera, não deixa de existir uma canção de taverna entoada pelos soldados. E nas últimas óperas – as escritas com Krásnohorská em particular – são freqüentes as cenas de conjunto que lhe permitem mostrar as relações psicológicas entre as personagens, e a forma como elas interagem.

É italianado também o tipo de uso das vozes feito por Smetana. À exceção dos dois dramáticos papéis principais de *Dalibor*, as tessituras que ele privilegia aproximam-se mais das vozes verdianas do que do grão denso e heróico das vozes wagnerianas. Naturalmente, isso dependia da restrita gama de cantores disponíveis no elenco do Teatro Provisório onde, como já dissemos, não havia nenhum soprano dramático ou tenor heróico permanente. Referimo-nos também às limitações que o talento particular de Josef Lev impunha a seus papéis de barítono, o que explica o fato de eles serem sempre um tanto estáticos. O mesmo pode-se dizer em relação aos papéis de baixo, depois que Josef Paleček, de voz muito extensa e grave, abandonou o elenco estável do Provisório.

As personagens de Smetana variam também em função dos libretistas com quem trabalhava pois, ao contrário de outros compositores, ele nunca sugeria o argumento para uma nova ópera, interferia pouco na redação do drama, e parecia contentar-se com as convenções de cada tipo de poema. Assim sendo, o populismo de Sabina, o patriotismo altissonante de Wenzig, o intimismo ligeiro da peça de Malefille, e a preocupação de Krásnohorská com os estudos psicológicos em pequena escala parecem definir fases naturais na evolução de seu teatro.

Tyrrell chama a atenção para o fato de Smetana ser explicitamente contra a utilização de temas folclóricos autênticos para expressar o que ele chama de "the Czechness of his music" (o caráter tcheco da sua música). São raros os empréstimos autênticos documentados em suas óperas. Em vez disso, preferia criar temas originais decalcados em moldes populares, como é o caso das árias de Ludiše, nos *Brandenburgueses*, ou de Blaženka no *Segredo*. O ritmo dos cânticos e danças populares, esse sim, impregna toda a produção do compositor, tanto a lírica quanto a sinfônica ou a de câmara. E mais do que isso, como conclui Tyrrell: no espírito do povo tcheco, a noção de "estilo nacional boêmio" confunde-se naturalmente com o particular "jeito" smetaniano de escrever, com a sua "assinatura" – o que, por si só, é a justificativa para colocá-lo como o marco zero da escola tcheca de música.

DVOŘÁK

Enquanto Smetana empenhava-se em recriar no palco uma realidade em que a consciência nacional pudesse espelhar-se, a maior ambição de Antonín Dvořák (1841-1904) parecia ser a de produzir, no domínio lírico, uma obra capaz de cruzar as fronteiras da Tchecoslováquia da mesma forma que as suas grandes composições sinfônicas ou de câmara – e isso explica a diversidade de sua temática, se comparada à de seu predecessor. As dez óperas que escreveu mostram-no muito atento a esse objetivo. Ele próprio exasperava-se, porém, com o fato de esse aspecto considerável de sua produção ser considerado relativamente marginal. Deu mostras disso numa entrevista que concedeu ao jornal vienense *Die Reichswehr*, em 1º de março de 1904, dois meses antes de sua morte:

> Nos últimos cinco anos, só escrevi óperas. Quis dedicar todas as minhas forças, enquanto o senhor Deus me desse saúde, a compor óperas. Não pelo desejo vaidoso de obter a glória nos teatros, mas porque considero a ópera a forma de criação musical mais adequada para o nosso povo. As camadas mais amplas do público ouvem e apreciam esse tipo de música enquanto que, se componho uma sinfonia, podem-se passar muitos anos antes que ela seja executada. Venho recusando freqüentes pedidos de música de câmara de Simrock. Meu editor sabe muito bem que já não escreverei mais nada só para ele. Simrock me bombardeia com perguntas: por que é que não componho mais isso ou aquilo? Mas esses gêneros já não me atraem mais. Sou considerado um sinfonista mas, há muitos anos, venho provando que a minha propensão maior é para a criação dramática.

Esse músico, que queria ser lembrado pelas óperas que nunca chegaram a integrar o repertório internacional permanente – e não pelas sinfonias que o celebrizaram no mundo todo –, teve, porém, uma carreira teatral muito longa (ela se estende de 1870 a 1904), mas interrompida. *Alfred*, a primeira ópera, vem cinco anos depois de suas obras mais antigas a sobreviver no repertório: as duas primeiras sinfonias e o ciclo de canções *Cypríse* (Ciprestes), que são de 1865. *Armida*, a derradeira composição de Dvořák, foi estreada poucas semanas antes de sua morte. Há, porém, um período de quinze anos, no centro da carreira, em que as óperas rareiam. Mas não é uma fase de crise criativa. Pelo contrário, os poderes de Dvořák como compositor estão no auge. A essa época pertencem as três últimas sinfonias, o *Concerto para Violoncelo*, as grandes peças corais e de câmara. Mas ele se sente frustrado com a falta de sucesso no exterior e, de certa forma – embora não o confesse – admite que seu talento é de outra natureza.

Leve-se em conta também que, durante boa parte desse tempo, Dvořák excursionou pela Inglaterra – onde o público dava preferência a oratórios e outras obras corais em grande escala –, e trabalhou nos EUA (1892-1895), onde foi à ópera apenas duas vezes (e de onde chegou a escrever a um amigo dizendo que lamentava ter perdido tanto tempo com esse gênero ingrato). Não escondia tampouco o ressentimento contra a política adotada, em sua primeira década de funcionamento, pela direção do Teatro Nacional, que preferia investir pesado em óperas e balés estrangeiros, dos quais fazia encenações suntuosas, a dar oportunidade a autores nacionais.

Pode-se, assim, dividir a obra dramática de Dvořák em duas fases distintas, interligadas pelo *Jacobino*, de 1887-1988, que serve de transição entre elas. De um lado estão as óperas de aprendizado, que oscilam entre os pólos do grande drama histórico e da comédia de costumes, com que se caracterizam os primeiros anos da lírica nacional tcheca. Do outro, as obras-primas da maturidade, as três óperas que desfrutam de reais condições de satisfazer o sonho do compositor de inscrever-se, de forma mais permanente, no repertório estável dos teatros internacionais.

É importante assinalar, na primeira fase, a presença de óperas concebidas em grande escala – *Alfred, Vanda, Dimitrij* –, sempre tratando de assuntos históricos e com conotação política forte, num estilo ligado à tradição do *grand-opéra* parisiense, que era do agrado da platéia de então. Elas são o resultado do primeiro contato do jovem Antonín com a cena lírica. Ele era violista na Orquestra Karel Komzák, quando os 34 músicos desse conjunto de música ligeira foram contratados para integrar a orquestra do recém-inaugurado Teatro Provisório. Tocando ali de 1862 a 1871, Dvořák pôde observar o que mais arrancava aplausos da platéia e, em suas primeiras experiências, procurou aplicar diligentemente essas fórmulas.

Ao lado das óperas em grande escala, as comédias camponesas são de linguagem mais desenvolta. Nelas, além do inevitável exemplo de Smetana, não deixa de haver a influência da "Komische Oper" de Lortzing e Nicolai. A ênfase na música instrumental é o ponto em comum entre esses dois tipos de ópera: todas elas têm aberturas bastante elaboradas; na maioria delas há números de dança; e os temas recorrentes são utilizados para garantir a unidade.

À exceção de breve referência numa entrevista concedida, no fim da vida, a um jornal alemão, Dvořák nunca falou de sua primeira experiência operística. Descoberta depois de sua morte, *Alfred* foi estreada no Teatro Municipal de Olomouc em 10 de dezembro de 1938. Nessa ocasião, foi cantada numa tradução tcheca. Mas o original, do poeta romântico Karl Theodor Körner, é em alemão, e já tinha sido anteriormente musicado por Friedrich von Flotow. O que atraiu Dvořák em *Alfred der Grosse* foi o ideal de liberdade e independência nacional, expresso através da história da luta dos saxões contra os invasores dinamarqueses. De linguagem bastante convencional, ainda há muito pouco nessa ópera de realmente típico do estilo do compositor. Antes da exumação dessa partitura, só se conhecia dela a introdução, que Oscar Nedbal regera em um concerto em 1903, e a editora Simrock publicara, em 1912, com o título de *Abertura Dramática*. Dessa primeira ópera, não existe nenhuma gravação disponível.

Král a Uhlíř (O Rei e o Carvoeiro) teve uma história acidentada. Baseada num libreto que B. J. Lobeský (pseudônimo de Bernhard Guldener) extraíra de uma peça tradicional do teatrinho de marionetes de Praga, foi composta em 1871 e aceita, dois anos depois, pela direção do Teatro Provisório. Quatro semanas após o início dos ensaios, protestos dos intérpretes fizeram Smetana comentar: "É uma obra séria, cheia de idéias impregnadas de gênio. Mas duvido que possa ser representada." Ofendido, Dvořák retirou a partitura, reescreveu-a inteiramente e essa segunda versão foi um grande sucesso em 24 de novembro de 1874. Até mesmo o crítico Ludevít Procházka, que desancara o *Quinteto em lá maior*, deu-se por vencido:

> Já não precisamos mais nos preocupar com as produções futuras de Dvořák. Depois de longa busca, o compositor encontrou o verdadeiro caminho para o templo da arte eslava independente. [...] Em suas obras futuras, Dvořák há de se libertar ainda mais das influências externas e estrangeiras e, dessa forma, este nosso artista entusiasta há de se elevar ao nível dos profetas eleitos, cujos nomes ficarão gravados em ouro nos anais da música eslava.

No ano em que estava compondo *O Jacobino*, Dvořák decidiu reconstruir totalmente o ato III de *Král a Uhlíř* e, para isso, foi ajudado por V. J. Novotný, que já fizera a revisão do libreto de *Dalibor*. Dessa versão definitiva, reestreada no Národní Divadlo em 15

Foto de 1885 mostrando os principais compositores tchecos da época. Da esquerda para a direita, Karel Bendl, já veterano; Antonín Dvořák, de prestígio consolidado; o jovem Josef Bohuslav Foerster; o pianista Jindřich z Albestů Kàan, futuro diretor do Conservatório de Praga; Karel Kovařovic e Zdeněk Fibich, ambos num estágio inicial da carreira.

de junho de 1887, o selo Supraphon tem o registro ao vivo, de 1989, dirigido por Milan Malý. Por muito tempo, acreditou-se que a partitura original tinha sido destruída. Em 1916, o manuscrito dos atos I e III foi descoberto em Nüremberg. Em 1928, acharam-se, no arquivo do Teatro Nacional, o manuscrito do ato II e as partes completas de orquestra. Com isso, em 28 de maio do ano seguinte, pôde-se ouvir pela primeira vez a versão original, inteiramente diferente da hoje conhecida. Nela baseia-se a gravação de estúdio de Josef Chaloupka (1996).

Acredita-se que a peça de marionetes referia-se ao período 1611-1619, em que o rei Matyáš estava no trono. Perdendo-se na floresta, o rei Matej pede abrigo na choupana de um humilde carvoeiro, também chamado Matej. Os dois homens, descobrindo que têm em comum mais do que o mesmo nome, acabam ligados por sólida amizade. Mas Jeník, o namorado de Liduška, filha do carvoeiro, interpreta mal o interesse do rei pela moça e, enciumado, alista-se no exército. Como militar, a serviço do rei, acaba fazendo uma bela carreira. No final, usando de um estratagema, o monarca consegue lhe provar que Liduška sempre lhe foi fiel.

Em sua biografia do compositor, Paul Stefan fala do "vigor juvenil que há nas inebriantes melodias" de *Rei e Carvoeiro*, embora lastime "a aparição de personagens desnecessárias e inanimadas, que interferem na continuidade do ato III". Decerto porque estava trabalhando com personagens e ambientes familiares e terra-a-terra, Dvořák consegue ter ocasionalmente um tom bem individual. Ainda assim, esta é uma ópera de acertos isolados. São pontos a favor a bem escrita abertura; a balada cantada pelo rei, que tem a típica "assinatura" melódica dvorákiana; e um longo episódio do ato I que reconstrói com muita autenticidade a velha arte dos tocadores de gaita de fole. Ao lado disso, parece um papel carbono de Lortzing a canção estrófica do rei no ato II; e o balé remói ritmos de polca de modo bastante banal.

No mesmo ano em que estava trabalhando na segunda versão de *Král a Uhlíř*, Dvořák entusiasmou-se por uma comediazinha em um ato de Josef Stolba, *Tvrdé Palice*. A tradução literal é "cabeça dura"; a bibliografia em inglês costuma referir-se a ela como *The Stubborn Lovers* (Os Namorados Teimosos). A semelhança com a ambientação da *Noiva Vendida* explica o interesse do compositor por esse texto, que não resultou em uma de suas obras mais marcantes – até mesmo porque não lhe oferece a mesma diversidade de tipos sociais do texto precedente, e o libreto, muito breve, não abre grandes possibilidades à caracterização psicológica. A estréia foi no Novo Teatro Tcheco, em 2 de outubro de 1881.

Os pais de Lenka e Toník decidiram que eles devem casar-se. Os dois se amam mas, como são cabeçudos, ficam indignados por lhes estar sendo imposta uma união que só a eles caberia escolher. O velho Řeřicha, escolhido para ser o padrinho dos dois, encontra o jeito de vencer a teimosia: já que eles não se interessam um pelo outro, o pai de Toník, que é viúvo, está pensando em casar-se com Lenka; e a mãe da menina, também viúva, anda de olho em Toník. Basta isso para que os dois, mais que depressa, atirem-se nos braços um do outro. São inevitáveis as semelhanças entre os "cabeçudos" e o casal Mařenka-Jeník. A caracterização de Řeřicha também lembra muito a de Kecal. A única diferença é que ele torce pelo casamento de Toník e Lenka. Não tenho notícia da existência de uma gravação de *Tvrdé Palice*.

Uma parte da música escrita para *Alfred* foi reaproveitada em *Vanda*, que tem tema aparentado: a resistência dos poloneses contra os invasores alemães. Mas a teoria de que o libreto teria sido escrito por um professor de Varsóvia chamado Julian Surzycki e, em seguida, traduzido para o tcheco por Václav Beneš-Šumavský e František Zákrejs está hoje desacreditada. Pesquisas detidas não conseguiram localizar informação alguma sobre o presumido Surzycki. Conclui-se, portanto, que a origem "polonesa" do libreto foi um recurso para iludir o censor austríaco, atenuando o perigo que haveria em falar da resistência de um país eslavo à opressão germânica[1].

1. Tema muito popular entre os eslavos, a luta contra os invasores germânicos continuou inspirando, no século

Após a morte do rei Krak, o fundador de Cracóvia, sua filha, a princesa Vanda, sobe ao trono. O príncipe alemão Roderich lhe faz a corte, mas é derrotado num duelo pelo cavaleiro boêmio Slavoj, amado por Vanda. Decidido a possuir Vanda a qualquer custo, Roderich tenta atraí-la para uma emboscada na caverna da feiticeira Homena; mas fracassa porque ela é protegida pelos homens que lhe são fiéis, liderados por Slavoj. Roderich arma um exército e invade Cracóvia. Vanda promete sua vida aos deuses caso lhe seja concedida a vitória sobre os invasores alemães. Os poloneses rechaçam o inimigo e, apesar dos pedidos de seus súditos e de Slavoj, o namorado, ela se atira nas águas do Vístula em sacrifício às divindades.

A escolha de um entrecho muito aparentado ao da *Libuše* de Smetana tinha visíveis intenções políticas – ainda mais depois da revolta polonesa contra os russos, em 1863, que na década de 1870 ainda era um assunto candente entre os tchecos. Além disso, o libreto de Beneš-Šumavský e Zákrejs permitia a Dvořák trabalhar com o modelo de *grand-opéra* em cinco atos, de tema histórico, em voga na época. É verdade que, de competência limitada, os libretistas não se mostraram capazes de explorar em todas as suas possibilidades o duplo conflito de Vanda com um poder secular agressivo (Roderich e o inimigo externo) e com a autoridade religiosa conservadora (o sumo-sacerdote pagão), que ela quer submeter à do trono. Para um músico ainda inexperiente quanto às coisas do palco, a estrutura desajeitada do poema e o desenvolvimento insuficiente das personagens – em especial Roderich, um vilão sinceramente apaixonado por Vanda, e decidido a tudo para possuí-la – constituíram sério obstáculo.

Isso talvez explique a opinião demasiado severa de Alec Robertson. Em seu livro sobre o compositor, da série inglesa *The Master Musicians*, ele diz:

Se a abertura – a única parte da música publicada por Cranz, a quem Dvořák vendeu a partitura – servir de base, a ópera mereceu o destino que teve. Dvořák nunca escreveu nada tão desinspirado e convencional.

A audição desapaixonada da ópera demonstra a injustiça de tal julgamento. Vanda está longe de apresentar Dvořák já maduro e, de fato, algumas páginas são convencionais: por exemplo, o grande *tableau d'ensemble* do ato V, "První díky sluší bohum vzést" (Primeiro convém agradecer aos deuses) é mistura de Meyerbeer e do Wagner das óperas românticas. Mas há páginas solidamente escritas, denotando o senso de forma do grande sinfonista, e a facilidade melódica de um compositor que sabe dar à sua música um colorido definidamente eslavo.

Com muitas passagens corais, cenas de conjunto estáticas que lhe dão caráter de oratório, e um longo balé, *Vanda* tem todas as qualidades e defeitos do gênero meyerbeeriano que tomou por modelo. Mas trechos como a cena final, com sua belíssima peroração sinfônica, simbolizando a ascese da princesa, que se afoga nas águas do Vístula para ir ao encontro de seus ancestrais, já prometem, para o futuro, o dramaturgo eficiente que Dvořák será. O melhor ato da ópera é o terceiro, em que Roderich vai à procura da feiticeira Homena. A fonte de inspiração é óbvia: *Un Ballo in Maschera*, de Verdi, tanto para a bela ária de Vanda, "Cernoboha sídlo tu" (Aqui são os domínios do Deus do Mal), quanto para o dueto "Ach, Vando, má duše drahá" (Ah, Vanda, minha querida), que ela canta em seguida com Slavoj, que vem protegê-la. E principalmente na caracterização da bruxa, claramente decalcada na Ulrica verdiana.

A versão original em cinco atos foi apresentada no Teatro Provisório em 17 de abril de 1876; mas era demasiado elaborada para os recursos cenográficos e de elenco desse teatro, e a apresentação foi muito insatisfatória. Quatro anos depois, Dvořák condensou-a em quatro atos, e o Provisório a encenou em 13 de fevereiro de 1880. O ato III tinha sido inteiramente suprimido, e seu conteúdo fora resumido num recitativo colocado no início do antigo ato IV. Plžen e Praga tentaram revivê-la em 1925 e 1929, respectivamente. Em 1985, o selo Supraphon lançou a gravação radiofônica do original de 1876, feita em 1951 por

XX, filmes como *Aleksandr Niévski*, do russo Serguêi Einsenstein, ou *Os Cavaleiros Teutônicos*, do polonês Jerzy Kawalerowicz.

Frantyšek Dyk – trata-se, porém, de uma versão muito cortada; além disso, a matriz estava danificada em alguns pontos: por exemplo, há um salto considerável na cena 4 do ato II (faixa 11 do CD 2). Para conhecer *Vanda* integralmente, é preciso recorrer à gravação de Gerd Albrecht (selo Orpheo, 2000). Ela demonstra que essa ópera é menos desprezível do que o pensava Robertson.

Josef Otakar Veselý é o autor do texto da comédia seguinte, *Šelma Sedlák* (O Camponês Astucioso), a primeira ópera de Dvořák a ser levada para o exterior: ela foi cantada em Dresden, em 1882. A intriga é muito sobrecarregada e só é possível oferecer dela uma idéia superficial.

Betuška ama o namorado Jeník, bonitinho mas sem ter onde cair morto; e tem de opor-se aos esforços do pai para casá-la com Martin, um pretendente endinheirado. Ao mesmo tempo, resiste às tentativas do Príncipe, senhor da região, para uni-la a seu valete Jan, como uma forma de tê-la mais perto de si e poder seduzi-la. Betuška acaba se aliando à Princesa, e os estratagemas femininos conseguem promover o casamento da garota com Jeník e a reconciliação do Príncipe com sua esposa negligenciada. O texto de Veselý parece um cruzamento do libreto da *Noiva Vendida* com o das *Bodas de Fígaro* mas oferece a Dvořák elementos com que ele sabe trabalhar. Uma variedade de classes sociais, bem compartimentadas, mas convivendo harmoniosamente umas com as outras – como nas *Duas Viúvas* de Smetana. Personagens femininas fortes: traços de Vanda retornam na Princesa (e vão reaparecer, mais adiante, na Marina do *Dimitrij*, na protagonista de *O Diabo e Kátia*, na *Rusalka*, em *Armida*). E há personagens secundárias que rendem vinhetas saborosas, demonstrando a boa assimilação da lição smetaniana: Veruna, o "pau para toda obra" da aldeia, instrumento das maquinações da Princesa; o rico Martin, pomposo e desajeitado; Jan, que se sente pouco à vontade no papel que o Príncipe lhe impõe e, com isso, age nervosamente. Dvořák está, aqui, fazendo um aprendizado de caracterização que dará bons frutos mais tarde.

O uso sistemático dos ritmos de dança ajuda o compositor a deixar para trás a influência de Lortzing. A escrita das cenas de conjunto é mais segura; e as árias cantadas por Betuška e pelo Príncipe, no ato I, ombreiam-se às melhores criações de Dvořák nessa fase de sua carreira. É evidente que, a cada nova experiência, o operista pisa em terreno mais seguro, e já abre as asas para seu primeiro grande vôo. A gravação de František Vajnar, feita em 1987 para a Supraphon, demonstra que *Šelma Sedlák* teria condições de agradar ao público ocidental, se transpusesse uma vez mais as fronteiras de sua pátria.

No final de 1880, Dvořák foi procurado pela escritora Marie Červinková-Riegrová. Ela lhe ofereceu um libreto originalmente destinado a Šebor, mas que este recusara. O compositor viu nele a possibilidade de tratar um tema em condições de promover seu nome no exterior. O texto partia de *Demetrius,* fragmento de drama escrito em 1895 por Friedrich Schiller; e do tratamento que, em 1856, lhe fora dado pelo dramaturgo tcheco Ferdinand Bretislav Mikoveč na tragédia *Dimitrij Ivanovič* [2]. Com algumas interrupções para efetuar outros trabalhos, Dvořák compôs *Dimitrij* entre maio de 1881 e setembro de 1882, estreando-a no Novo Teatro Tcheco no dia 8 do mês seguinte. O espetáculo foi assistido pelo influente crítico austríaco Eduard Hanslick que, achando demasiado brutal a cena do assassinato da princesa Ksênia Borísovna no ato IV, impôs como condição que ela fosse modificada, para dar apoio ao projeto da encenação da ópera em Viena. A pedido do compositor, Červinková reescreveu esse trecho, fazendo Ksênia ir para o convento. A versão revista foi cantada em 20 de novembro de 1883, no Národní Divadlo, reconstruído após o incêndio. Para uma planejada apresentação em

---

2. A intriga de *Dimitrij* é a continuação da história do impostor Gríshka Otrépiev, a partir do ponto onde termina o *Borís Godunóv* – por esse motivo, uma breve sinopse da ópera de Müssorgski, tirada da peça de Aleksandr Púshkin, será dada antes que façamos o resumo da ação da sexta ópera de Dvořák (para informações mais completas, remeto o leitor ao capítulo sobre Müssorgski, no volume *A Ópera na Rússia*, desta coleção). Por um critério de uniformidade, os nomes das personagens históricas, neste capítulo, serão transliterados da grafia russa, em vez de serem escritos à maneira tcheca.

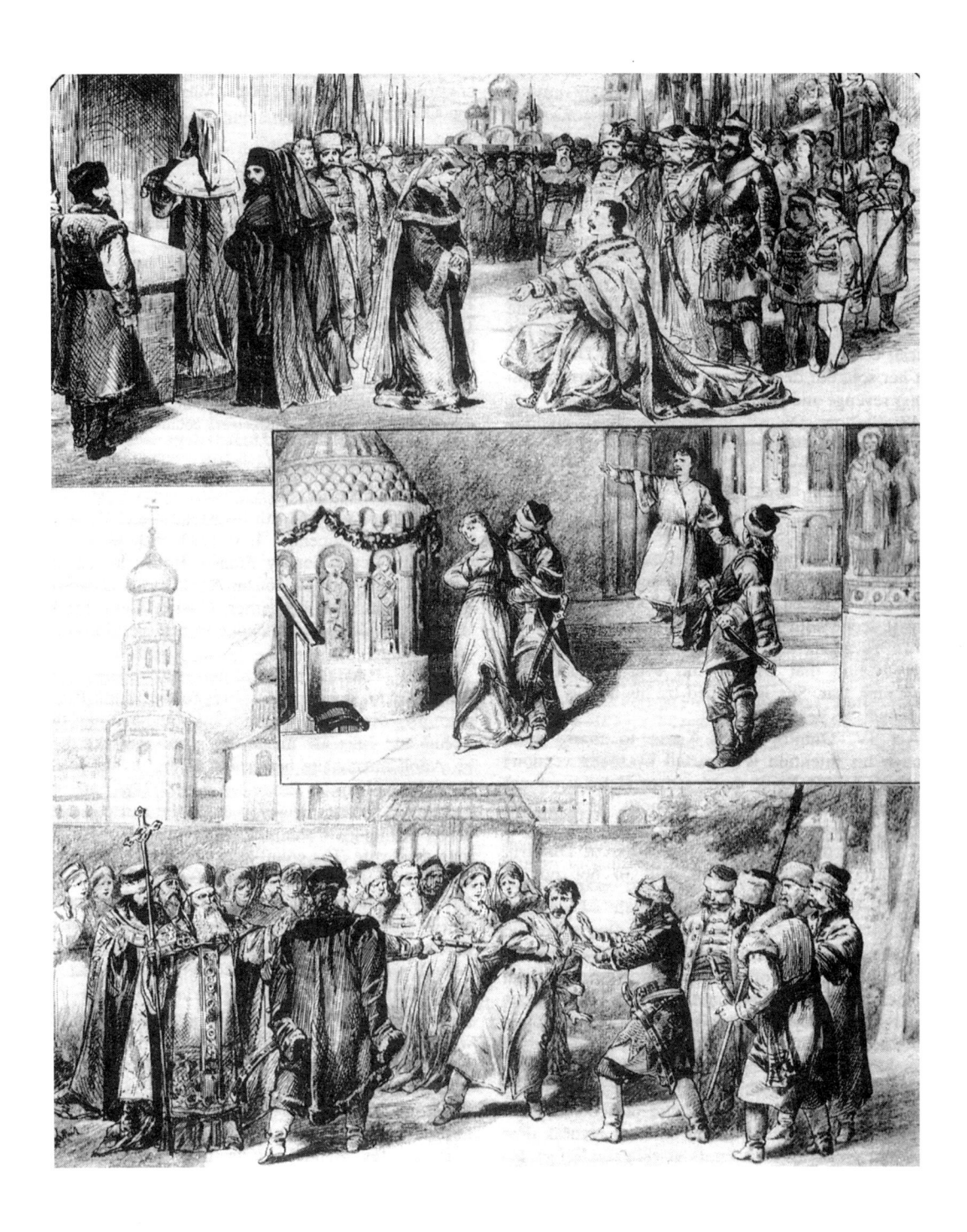

Gravuras de 1882 representando cenas do *Dimitrij* de Dvořák.

Munique, que não chegou a realizar-se, Dvořák compôs a abertura ao ato II e, no III, substituiu uma ária para Dimitri, em si bemol maior, por outra em fá sustenido maior.

No início de 1894, tendo fracassado todas as tentativas de montar a ópera no exterior, Dvořák a reescreveu, apresentando-a no Teatro Nacional em 7 de novembro daquele ano. Pretendia que essa fosse a versão definitiva, mas a reação da crítica foi tão negativa que, no ano de sua morte, mudou de idéia e permitiu que uma produção na Ópera de Plzeň, em 25 de março de 1904, combinasse partes das duas versões. Foi o que serviu de pretexto a Karel Kovařovic para a revisão que preparou, em 1906, visando à apresentação no Teatro Nacional: fez cortes na primeira versão, misturou-a com a segunda, mudou detalhes da orquestração, alterou partes do texto e da linha vocal. Durante muito tempo, essa era a única forma em que a ópera podia ser executada, pois o material para as anteriores já não estava mais disponível. Foi preciso que Milan Pospíšil fizesse a edição crítica da partitura, restabelecendo toda a música composta entre 1882-1885, para que se pudesse realizar, em fevereiro de 1989, a gravação integral regida por Gerd Albrecht (Supraphon). No artigo de introdução a esse álbum, Pospíšil explica a procedência de cada trecho e a forma assumida pela obra quando se reverte ao original.

Após a morte do tsar Ivã, o Terrível, seu cunhado Borís Godunóv subiu ao trono. Para isso, mandou matar o tsarévitch Dimitri, ainda criança, e todos os seus seguidores. Anos depois, surge em Moscou um impostor, o monge Gríshka Otrépiev. Ele alega ser o menino assassinado, que teria escapado de seus algozes. Perseguido pela polícia de Borís, consegue fugir para a Polônia, onde se alia à poderosa família Sandomir. Esta promete apoio à sua reivindicação do trono russo. O falso Dimitri casa-se com Marina Mníshek, dessa família, e as tropas polonesas invadem a Rússia para colocá-lo no poder. A vitória é facilitada pela desordem em que se encontra o país, pois o tsar Borís Godunóv, devastado pelo remorso, recolheu-se a um convento, onde morre. A peça de Púshkin, musicada por Mússorgski, termina no momento em que, com a invasão polonesa, inicia-se um dos períodos mais caóticos na história da Rússia.

A diferença fundamental entre *Dimitrij* e *Borís* é que, na ópera russa, Gríshka Otrépiev é um aventureiro e um impostor. No drama que Červinková extraiu de Schiller-Mikoveč, Dimitri está convencido da legitimidade de suas aspirações, e só aos poucos dá-se conta de que se transformou num instrumento tanto dos desígnios políticos poloneses quanto do desejo de vingança da tsarina Marfa Ivánovna, viúva de Ivã. Depois da morte de Borís, a população de Moscou está confusa e dividida em duas facções. De um lado, estão os partidários da família Godunóv, liderados por Iov, o patriarca da cidade, e pelo príncipe Shúiski, chefe dos boiardos. Do outro, os adeptos de Dimitri, tendo à frente o general Piotr Fiódorovitch Basmánov, comandante das tropas do tsar. Quando pedem a Marfa Ivánovna que reconheça o pretendente ao trono, ela percebe claramente que ele não é o seu filho. Mas não o diz a ninguém, pois vê nisso a oportunidade de vingar-se dos Godunóv, responsáveis pela morte do verdadeiro tsarévitch.

Dimitri nos é mostrado de forma muito positiva: consegue pacificar as querelas entre poloneses e russos; salva a princesa Ksênia de ser violentada por soldados poloneses embriagados; desmantela uma conspiração organizada por Shúiski. Mas acaba revelando sua verdadeira identidade a Ksênia, quando esta vem lhe pedir que comute a pena de Shúiski, condenado à morte. A simpatia que se estabelece entre Dimitri e Ksênia provoca o ciúme de Marina. Ela joga na cara do marido que ele não passa de um camponês que os poloneses fizeram passar pelo filho assassinado de Ivã, o Terrível. E ameaça revelar sua verdadeira origem ao povo. Imbuído do papel heróico que está desempenhando, Dimitri a repudia, e pede Ksênia em casamento. Furiosa, Marina manda assassinar a princesa (a versão original é conservada na gravação Albrecht). Em seguida, revela a condição plebéia do tsar. Mantendo Dimitri sob a mira de uma arma, Shúiski manda chamar Marfa e exige que renove a identificação de seu filho. Dimitri suplica-lhe que não cometa perjúrio, mas ela hesita, e o boiardo, atirando nele, mata-o. A ópera termina com a oração do povo que reza pela sua alma.

Trabalhando com a história em chave tipicamente romântica, Červinková preocupou-se não em avaliar o real papel histórico de Dimitri, mas em evocar a tragédia do homem que tem de pagar, com a felicidade pessoal, pela realização de um ideal em que acredita sinceramente. A inevitabilidade do uso da violência, na luta pelo poder, e as forças irreconciliáveis que jogam russos contra poloneses presidem à cadeia de culpa e vingança que põe em movimento o mecanismo da tragédia. Tyrrell demonstrou as fontes de inspiração desse *grand-opéra* tcheco: não só *Le Prophète*, de Meyerbeer, com a qual a história tem algumas semelhanças – a figura central de um impostor e o momento capital de "reconhecimento" de mãe e filho, em público –, como também *Dimitri* (1878), do hoje esquecido Victorin de Joncières (pseudônimo de Felix Ludger Rossignol), compositor e crítico parisiense.

Mas enquanto a personagem-título de Joncières não tem escrúpulos, e está interessada nos privilégios materiais que a sua situação de usurpador lhe traz, a de Dvořák é um tenor heróico em termos de tessitura e de atitudes. Nobreza muito grande é conferida à ópera também pelo uso imponente do coro duplo a oito vozes, para mostrar o choque das nacionalidades, com especial felicidade na recriação dos cânticos litúrgicos ortodoxos. As amplas dimensões e a história acidentada de *Dimitrij* fazem dela, naturalmente, uma ópera desigual. Mas é uma partitura que oferece grandes momentos:

- a confrontação de Marina com Dimitri no ato III, a partir de "Proč udelil jsi milost Šujskému?" (Por que perdoaste Shúiski?);
- ou a impressionante cena final, em que Marfa hesita em reconhecer o falso Dimitri como seu filho.

A presença sempre muito forte de Wagner, por quem Dvořák teve, a vida inteira, imensa veneração, faz-se sentir a todo instante. Em especial, no grande dueto de Dimitri com Ksênia, no ato IV. Mas a típica personalidade melódica de Dvořák revela-se também em passagens do ato II:

- a ária de Dimitri "Z divokého žití víru" (Das selvagens tempestades da vida);
- e a cena seguinte com Ksênia, que ele salvou dos soldados poloneses.

É interessante o efeito obtido também com a alternância de momentos mais intimistas – as árias e duetos – e as grandes cenas de conjunto, que trazem ao palco o drama coletivo.

Sempre de olho no mercado estrangeiro, Dvořák reagiu a princípio com relutância quando Červinková-Riegrová lhe ofereceu um novo libreto: "Um misto de músico e mestre-escola como essa personagem só existe aqui na Boêmia, e ninguém entenderia essa história lá fora", comentou ele, referindo-se a Benda, a personagem central de *Jakobin*. Embora a ambientação rural o atraísse muito, por lhe lembrar a pequena Nelahozeves onde nascera, demorou muito a se decidir, temendo que essa fosse mais uma ópera condenada a ter apenas sucesso local. Só fez os primeiros esboços em novembro de 1887, quando a libretista, irritada, ameaçou retirar o seu texto. Estreou *O Jacobino* em 12 de fevereiro de 1889 no Teatro Nacional. De fato não conseguiu fazê-la circular pela Europa, mas viu-a transformar-se numa das óperas prediletas do público de seu país. Como era de seu costume, reviu-a em 1897, reescrevendo os atos II e III, e reapresentou-a em 19 de junho do ano seguinte. Essa versão definitiva é a base da gravação de Jirí Pinkas (Supraphon, 1977).

Após longa ausência, Bohuš z Harašova volta à sua terra natal, uma cidadezinha da Boêmia. Corre o ano de 1793 e ele passou uns tempos na França revolucionária com Julie, sua mulher. Ao chegar, descobre que o primo Alfred o intrigou com seu pai, o conde Vilém z Harašova. Este o deserdou por causa de suas idéias políticas jacobinas, e está se preparando para designar Alfred seu herdeiro. Bohus vai pedir alojamento em casa de seu mestre-escola Benda. Este, a princípio, não o reconhece; mas, ao saber que Julie e ele são músicos, decide-se a hospedá-los. Nesse meio tempo, descobrindo que o "jacobino" voltou, Alfred manda prendê-lo. Julie consegue entrar secretamente no castelo e canta, de modo que o conde possa ouvi-la, a canção favorita de sua falecida mulher. Vilém a faz vir à sua presença, ela lhe revela as maquinações de Alfred, e conta que Bohuš foi preso. O conde castiga o sobrinho e reconcilia-se com o filho. Este também convence Benda a desistir de um casamento rico para Terinka, a sua filha, deixando-a unir-se a Jeník, a quem ama.

Dvořák tinha razão ao dizer que os estrangeiros não entenderiam o que há de mais profundo na história do *Jacobino*: a presença de uma figura tipicamente boêmia, o mestre-escola, mistura de professor primário e professor de música, figura obrigatória na vida do interior (Janáček exerceu essa função no início da carreira). E a celebração da música como um componente fundamental da personalidade nacional tcheca (tema que também é muito importante no *Dalibor*, de Smetana). A música está subjacente a toda ação. É ela que aproxima Benda e o casal de exilados; é ela que permite a Julie chegar até Vilém e promover a reconciliação. Era nela que, nos momentos mais difíceis passados longe de casa, Bohuš e Julie encontravam consolo, confessam eles no comovente dueto "My čizinou jsme bloudili" (Peregrinamos por terras estrageiras), do ato II. E Benda é uma homenagem que Dvořák presta a Antonín Liehmann, o mestre-escola com quem estudou em Zlonice, para onde fora levado por um tio materno. Não é coincidência ele ter pedido a Červinková que desse à filha de Benda o mesmo nome da filha de Liehmann.

A familiaridade que Antonín tinha com as personagens e situações evocadas no libreto faz com que tudo soe absolutamente natural e verdadeiro no *Jacobino*, a começar pelo *allegro* da introdução ao ato I. Ela "literalmente nos faz entrar valsando pela igreja adentro, onde o coro está entoando uma dessas misturas de hino natalino e canção cigana típicas de Dvořák" (Alec Robertson). A cena mais famosa é a do ensaio do coral para uma serenata, durante o qual Terinka e Jeník aproveitam para declarar seu amor. Nos momentos mais líricos dessa partitura, o que ouvimos já é o Dvořák perfeitamente maduro, não muito longe de produzir as obras-primas do final da carreira, a *Sinfonia "Do Novo Mundo"*, o *Quinteto em mi bemol maior*, o *Concerto para Violoncelo*.

Onze anos se passaram antes de Dvořák voltar ao palco lírico. A falta de projeção internacional do que escrevera não o fazia desistir do sonho de "compor uma ópera que, como algumas das de Verdi, viva no coração do povo". Os elogios da crítica vienense a seus poemas-sinfônicos, ressaltando o que havia neles de dramático, encorajou-o a procurar novo libreto. Encontrou-o por intermédio de František Adolf Šubert. O diretor do Národní Divadlo apresentou-o a Adolf Wenig, jovem professor de Praga. Este lhe ofereceu *Čert a Káča* (O Diabo e Kátia), baseado em um conto folclórico que já inspirara uma novela de Božena Němcová (1845), uma peça de Josef Kajetán Tyl (1850) e uma balada de Ladislav Quis (1883). Não havia interesse amoroso nessa história, mas isso pareceu secundário a Dvořák, em vista da "hábil fusão de ingredientes populares e feéricos bem característicos".

Começou, muito animado, durante as férias de maio de 1898 em Vysoká, perto de Příbram. Mas foi retardado pelas providências que teve de tomar para o casamento da filha, Otilie, com seu aluno predileto, o violinista Josef Suk, um dos grandes compositores tchecos de música sinfônica na virada do século. Com isso, *O Diabo e Kátia* só ficou pronta em 1899, e foi estreada no Národní Divadlo em 23 de novembro desse ano. Foi uma montagem excepcionalmente bem cuidada, que deixou o compositor muito satisfeito. Apesar do conteúdo folclórico da intriga, *O Diabo e Kátia* sempre foi bem recebida no exterior, desde que foi cantada em Bremen em 1909, e que o elenco da Ópera de Olomouc a apresentou em Viena em 1924. Ficou famosa a montagem de Walter Felsenstein para a Komische Oper de Berlim, em 1956. Um ano antes, Zdeněk Chalabala fizera a gravação para a Supraphon. A de Jiří Pinkas, de 1980, tem som mais moderno e elenco muito bom; mas não se compara, em termos gerais, à daquele mestre da década de 50.

A solteirona Kátia é grandalhona e muito falante. Na taverna, como ninguém quer tirá-la para dançar, jura que aceitaria bailar com o Diabo em pessoa se ele a convidasse. É ouvida pelo diabo Marbuel, mandado por Lúcifer àquela região para investigar o comportamento da Princesa, que oprime e maltrata os seus súditos. Ele dança tão bem que Kátia aceita acompanhá-lo a seu "castelo vermelho". Diante dos aldeões horrorizados, os dois desaparecem por um buraco no chão. Como a mãe de Kátia lamenta o destino da filha, o pastor Jirka, que acaba de ser despedido, prontifica-se a ir resgatá-la. No inferno, o mau-humor e o falatório de Kátia logo tornam o ambiente irrespirável. E Lúcifer ordena a Marbuel que se livre dela. Quando Jirka aparece, Marbuel concorda em devolvê-la em troca de ser ajudado a levar a Princesa para o inferno. Jírka aceita e, aproveitando que os demônios estão distraídos banqueteando-se, foge com Kátia.

Ao saber que Jirka teve a coragem de descer ao inferno para salvar Kátia, a Princesa – que anda arrependida da crueldade com que vem tratando os seus súditos e tem medo de ser punida por isso – chama-o e pede-lhe que a livre também. Em troca, ele exige a abolição da servidão. Quando Marbuel aparece, Jírka lhe diz que Kátia está à espera dele no castelo, furiosa porque a corrente de ouro que ganhou no outro mundo transformou-se em um monte de folhas secas quando ela voltou à superfície. Apavorado, Marbuel desiste de levar a Princesa e foge com quantas pernas tem. Jirka é nomeado conselheiro pessoal da Princesa, que também dá dinheiro a Kátia para que ela possa comprar uma casa e escolher um noivo do seu gosto.

Esta é a ópera mais original de Dvořák e tem, em sua pátria, enorme popularidade, porque trabalha com temas muito apreciados: a figura da mulher de perfil forte, marcante; e a do pobre diabo – na tradição tcheca, o Diabo é sempre uma personagem cômica, incompetente, que mete os pés pelas mãos. O libreto é em prosa e em tom muito ágil e coloquial. Isso favorece o canto contínuo, com solos que se inserem no fluxo musical, mais à maneira de canções despretensiosas que de árias formais. O tratamento da declamação procura adaptá-la ao ritmo da conversação e, para isso, Dvořák repete com freqüência pequenos fragmentos melódico-rítmicos, tanto na linha vocal quanto na orquestra. O mais marcante desses fragmentos é, naturalmente, o grupo de quatro notas associado a Marbuel. Quando o intervalo ascendente das primeiras duas notas é uma quinta diminuída, esse tema assume a forma do tríton "Diabolus in Musica", que Smetana também usara no *Muro do Diabo*.

Esse uso de fragmentos densos e repetitivos liga-se à abertura de Dvořák para a renovação da linguagem musical da nova geração. Em 21 de maio de 1897, ele tinha escrito a Leoš Janáček, elogiando muito uma obra que este lhe enviara. Não se sabe exatamente que obra era essa; mas tudo leva a crer que se tratava da cantata *Amarus*, que é exatamente do início de 1897, e marca o momento, na produção de Janáček, em que ele começa a optar por melodias abreviadas, cadências rítmicas repetidas de forma obsessiva, e a exploração de timbres crus, assinalando a ruptura com a tradição pós-romântica. O fato de Dvořák, aos 56 anos, reconhecer o valor das propostas de um compositor muito mais jovem (Janáček tinha 43 na época), ainda longe de adquirir o renome e a importância que hoje tem, depõe favoravelmente a respeito de sua integridade como artista.

Escrita no momento em que Dvořák chegou ao auge de suas potencialidades como sinfonista, *O Diabo e Kátia* tem preponderância de páginas puramente instrumentais, incluindo uma descrição da descida ao inferno, no início do ato II, que não deixa de lembrar a descida de Wotan e Loge para o Nibelheim, no *Ouro do Reno*. A bem assimilada influência wagneriana – que os críticos, perplexos com a forma inusitada dessa comédia, não deixaram de assinalar – percebe-se também no uso de *leitmotive* para caracterizar personagens, situações e ambientes. Muitos deles são variantes de um tema de seis notas exposto logo no início da abertura. Os ritmos de dança servem para caracterizar os diversos ambientes em que a ação se desenrola. A valsa e a polca estabelecem o clima popular na cena da taverna. No ato II, uma polca grotesca e um *ballabile* selvagem compõem a atmosfera infernal. E a solene polonaise com que o ato III se abre mostra que estamos entre aristocratas. Os ritmos dançantes não se fazem ouvir só nesses pontos: estão presentes por toda parte, na imitação – mais uma – que Dvořák faz do som da gaita de fole; na atraente descrição do "castelo vermelho" que Marbuel faz quando está dançando com Kátia. No folheto da gravação Jirí Pinkas, a importância do papel confiado à orquestra é frisado por Jiří Berkovec:

Em toda a ópera, Dvořák foi muito cuidadoso com a instrumentação. Emprega com inventividade diversos instrumentos em grupos ou solos e a factura límpida da partitura testemunha o seu interesse em aprofundar a diferenciação dos timbres; o som orquestral é parte integrante do

Antonín Dvořák (gravura de 1881).

Gabriela Beňačková-Čapová (Russalka) e Ievguêni Nesterenko (O Espírito das Águas) na montagem da ópera de Dvořák na Ópera de Viena, em 1987, regida por Václav Neumann e dirigida por Otto Schenk.

Beňačková-Čapová e Petr Dvorský (o Príncipe) na cena final da *Rusalka* da Ópera de Viena (Schenk – Neumann, 1987).

complexo que exprime, no plano musical, o caráter básico da ópera – ela é um conto de fadas com a ação rica em fantasia mas, ao mesmo tempo, nitidamente realista em seus meios de apresentação.

"Mesíčku na nebi hlubokém" – assim começa a ária mais famosa de Dvořák. É o momento em que a Rusalka, a ninfa das águas, falando à Lua, confessa-lhe o amor que sente pelo belo Príncipe que viu à beira do lago onde mora. Não há soprano que não deseje incluir em seu repertório – ainda que a cante em tradução alemã – esta página intensamente lírica, cuja melodia é de inigualável sensualidade. Com a *Rusalka*, Dvořák alcançou finalmente o ideal de ser amplamente conhecido no exterior como operista. De suas dez obras para o palco, só ela conseguiu ganhar espaço no repertório internacional. É a única a ser registrada em livros de referência: *Kobbé: o Livro Completo da Ópera*; *Dictionnaire Chronologique de l'Opéra*; *The New Grove Book of Operas*[3]. Hoje, essa ópera é muito conhecida na Alemanha e na Inglaterra. Em 1983, foi lançado o vídeo da montagem de David Pountney na English National Opera, com excêntricos cenários de Stefanos Lazaridis e regência de Mark Elder – esse filme já foi exibido várias vezes no Brasil pela TV a cabo. Na Tchecoslováquia, em 1975, foi feita uma versão filmada da ópera, sob a regência de Zdeněk Chalabala. Além disso, em discos, a Supraphon possui as gravações de Chalabala (1953) e Václav Neumann (1984). E em 1998, o selo Decca lançou a de sir Charles Mackerras, o mais importante divulgador do repertório operístico tcheco no Ocidente, com Renée Fleming no papel título. E no entanto, esse sucesso internacional só veio depois da morte de Dvořák.

O libreto da *Rusalka* é de Jaroslav Kvapil, poeta ligado a Jaroslav Vrchlický e ao grupo da revista *Lumír*, e uma das personalidades mais importantes na história do teatro tcheco. Responsável pelo setor de drama em prosa do Národní Divadlo (1912-1918) e, depois, do Municipal de Praga (1921-1938), Kvapil introduziu no país os dramas de Tchékhov, Ibsen

e Górki, e foi o criador do teatro psicológico tcheco, em que se refletem com muita clareza as características da sociedade de seu tempo. Suas peças principais, *As Nuvens, A Sedutora* e o conto de fadas *Princesa Dente-de-leão*, costumam ser representadas até hoje.

Foi a Oskar Nedbal que Kvapil ofereceu, em primeiro lugar, o seu libreto; mas este não pôde aceitar, pois já estava trabalhando num balé que lhe fôra encomendado pelo Národní. Consultados em seguida, Josef Foerster, Karel Kovařovic e Josef Suk também recusaram porque, depois da guinada verista de 1890, o que estava na moda eram as óperas naturalistas. Evidentemente Dvořák teria sido, desde o início, o preferido. Mas o jovem Kvapil não ousava aproximar-se de figura tão célebre, temendo que ele nem sequer quisesse dar uma olhada no texto de um escritor inexperiente. Foi Adolf Šubert quem se encarregou de fazer a ponte entre eles. O libreto de *Rusalka* tinha tudo para agradar a Dvořák, que sentia profunda afinidade com as diversas fontes em que Kvapil se baseava. A mais importante delas, naturalmente, é a *Undine* (1811) do alemão Friedrich de La Motte Fouqué, de onde saíram as óperas de Hoffmann, Lortzing, Dargomýjski, Catalani e tantos outros. Božena Němcová já tinha, em seus escritos, documentado a versão tcheca dessa lenda. Além disso, em 1899, Kvapil passara as férias na ilha dinamarquesa de Bornholm, e isso o levara a reler os contos de Hans Christian Andersen. Algumas situações de seu libreto saem diretamente da história da *Sereiazinha*, desse famoso autor de histórias para crianças. Há ainda elementos tomados de empréstimo à antiga lenda francesa da fada Melusina; e à peça *Die versunkene Glock* (O Sino Submerso), de Gerhardt Hauptmann, de onde vem o nome de Ježibaba. O poeta contou:

Dvořák aceitou o meu texto do jeito como estava escrito. Além das impressões de Andersen, amor de meus dias de infância, o libreto está impregnado do ritmo das baladas de Erben. Nossa paixão comum pela atmosfera dessas canções, as mais belas de nosso povo, foi o que nos aproximou.

De fato, em 1896, o compositor já buscara, no *Kytice z Pověstí* (Ramalhete de Contos Folclóricos), de Karel Jaromír Erben, a inspiração para o ciclo op. 107-111 de poemas-

---

3. Diferente é, naturalmente, a situação no *Viking*, republicado como *The New Penguin Opera Guide*: muito mais abrangente, ele traz informações sobre todas as óperas de Dvořák.

sinfônicos: *Vodník* (O Espírito das Águas), *Polednice* (A Feiticeira do Meio-dia), *Zlatý Kolořát* (A Roca Dourada), e *Holoubek* (A Pomba dos Bosques), aos quais viera juntar-se *Píseň Bohatýrská* (A Canção do Herói), de caráter autobiográfico. O entusiasmo de Dvořák pode medir-se pelo fato de que ele escreveu a nova ópera em apenas sete meses, de 21 de abril a 27 de novembro de 1900, isolado em sua propriedade rural de Vysoká, numa casa que hoje é chamada de "Villa Rusalka" (e a área pantanosa, em torno da qual ele costumava passear, nesses dias, também ficou com o nome de Lago Rusalka). A estréia dessa ópera, porém, foi acidentada. Marcada para o início de 1901, teve de ser adiada devido a um mês de greve dos músicos no Teatro Nacional. E quase não sobe ao palco, em 31 de março, porque Karel Burian, que devia criar o Príncipe, apareceu no teatro totalmente bêbado. Por sorte, Bohumil Pták também tinha estudado o papel e pôde substituí-lo.

Regida por Kovařovic, que acabara de substituir Šubert na direção do Národní Divadlo, *Rusalka* tornou-se um sucesso imediato. Tão grande que, semanas depois, Gustav Mahler demonstrou interesse em regê-la na Hofoper de Viena. Era a chance de grande sucesso internacional pela qual Dvořák há tanto esperava. Conseguiu até condições de contrato melhores do que as habitualmente concedidas a autores de grande sucesso como Verdi ou Goldmárk. Mas os ventos continuavam soprando contra o músico boêmio: embora o espetáculo fosse programado para 18 de agosto de 1902, dia do aniversário do Imperador, intrigas políticas fizeram fracassar o projeto, e a ópera só foi ouvida em Viena depois da morte de Dvořák.

Rusalka, a ninfa das águas, pede à feiticeira Ježibaba que lhe dê forma humana, para que possa casar-se com o belo Príncipe que viu nadando no lago. A condição imposta é que, ao lado dele, ela permaneça sempre em silêncio. E Ježibaba a adverte que será amaldiçoada para sempre, caso não encontre o amor entre os seres humanos. O Príncipe, ao vê-la, fica extasiado com sua beleza e leva-a para seu castelo. Mas, depois de algum tempo, cansado de seu silêncio, começa a cortejar uma princesa estrangeira. Rusalka volta para o lago, onde é rejeitada pelas ninfas suas irmãs; mas recusa a proposta de Ježibaba de recuperar a forma original se concordar em matar o Príncipe. Este, doente desde que ela saiu do palácio, vem procurá-la, delirante, pedindo-lhe que volte. Rusalka lhe explica que está amaldiçoada e, agora, um beijo seu o mataria. Ele aceita o beijo, que lhe trará a paz, e morre em êxtase em seus braços. Rusalka desaparece dentro do lago.

Hoje, ao lado da *Noiva Vendida*, esta é a ópera mais popular na República Tcheca, o que deriva de muitos fatores. A primeira delas é a extraordinária beleza de uma música ora meditativa, ora sensual, o que oferece o veículo perfeito para a textura contínua da composição, concebida em termos sinfônicos. A "Canção à Lua" não é um caso isolado de achado melódico. Desde o Prelúdio, que evoca a atmosfera brumosa do lago e estabelece o clima misterioso da ação, ouvimos uma longa frase *andante sostenuto*, que estará sempre associada a Rusalka. Este é um daqueles motivos mágicos que se memoriza desde a primeira audição.

Rusalka é a ópera em que Dvořák dá tratamento mais expressivo e flexível à declamação, obtendo efeitos esplêndidos numa cena como "Čury mury fuk", do ato I, em que Ježibaba transforma a ninfa em ser humano; ou, em chave mais lírica, na magnífica ária "Vidino dívká, přesladká", quando o Príncipe vê Rusalka à beira do lago (trecho que contorna com muita inteligência a impossibilidade de um dueto de amor, imposta pelo silêncio obrigatório da ninfa). Há também grande variedade na caracterização, desde a figura da protagonista – traçada como uma típica heroína eslava melancólica e sofredora, bem diferente da Ondina coquete de Lortzing, ou da mulher forte na *Loreley* de Catalani –, até as brilhantes cenas de corte no ato II. Nesta, em especial, chama a atenção o dueto do Príncipe com a convidada estrangeira: apesar da natureza aparentemente apaixonada da cena, a música permanece deliberadamente fria e distanciada.

As cenas de caráter folclórico e nacionalista são utilizadas, com muita habilidade, para introduzir variedade e momentos de distensão cômica. As intervenções de Ježibaba equilibram-se sempre instavelmente entre o sério e o cômico. Vodník, o espírito das águas, o primeiro a quem Rusalka confia a sua paixão pelo príncipe, é uma espécie de Alberich benevolente, que Dvořák transforma numa personagem muito simpática. É a ele que Rusalka pede ajuda na angustiada ária "Ó marno to je" (Oh, é inútil), quando recupera a voz e pode contar que o Príncipe a abandonou. E são muito graciosas as aparições das ninfas, principalmente nas cenas em que brincam com duas personagens secundárias, um guarda-caça e um ajudante de cozinha, que fornecem o contraponto popular às figuras aristocráticas ou sobrenaturais. Num procedimento reminiscente do teatro barroco, esses dois comentam a ação, mas também fornecem o intermezzo cômico – no ato III, por exemplo, quando vão consultar Ježibaba, mas não têm coragem de entrar em sua cabana.

Animado com a acolhida entusiástica dada à *Rusalka*, Dvořák pôs-se imediatamente à procura de novo libreto. Como Kvapil estava demasiado ocupado para poder ajudá-lo, recorreu a Jaroslav Vrchlický, com quem já tinha colaborado no oratório *Santa Ludmila*. Tendo acabado de traduzir a *Gerusalemme Liberata* de Torquato Tasso, Vrchlický extraíra dela um poema dramático que já oferecera a Bendl, Fibich e Kovařovic, sem que nenhum deles se interessasse. Dvořák o aceitou por ver nele um tema universal, que poderia ser exportado com mais facilidade. Afinal de contas, mais de cinqüenta autores já se tinham inspirado na história de *Armida*, entre eles Lully, Haendel, Vivaldi, Gluck, Salieri, Haydn e Rossini.

Aí residiu seu erro, pois *Armida* o afasta daquilo que, em *Čert a Káča* e na ópera anterior, ele soubera fazer melhor: pintar a rica vida da nação tcheca, com sua mitologia, suas danças, seus tipos característicos. Estreada no Teatro Nacional em 25 de março de 1904, um mês e pouco antes de sua morte, *Armida* levou-o de volta ao mundo de convenções rígidas de *Alfred* e *Vanda*. A primeira récita foi um fracasso e há autores, como Patrick Lambert, que acreditam ter isso acelerado o falecimento do compositor. Na verdade, a encenação tinha sido feita com tanto descaso que

o próprio Dvořák, indignado, retirou-se do teatro, no fim do ato I, e nem chegou a ver a reação desinteressada do público ao resto do espetáculo.

Ismen, governador da Síria, vem trazer ao rei Hidraot, em Damasco, a notícia de que a região está sendo invadida pelos cruzados. Ele quer que a guerreira Armida, a quem ama, se infiltre no acampamento dos inimigos. A princípio ela recusa; mas concorda quando Ismen, com artes mágicas, conjura diante dela a imagem do campo, e ela vê o cavaleiro por quem se apaixonou durante uma caçada à gazela. Armida entra no acampamento e é logo descoberta por Pedro, o Eremita – o pregador da Primeira Cruzada – que a interroga. Mas recusa-se a responder, dizendo que só falará com Gottfried von Bouillon, o comandante dos cruzados. Levada diante dele, oferece-se para guiar seus guerreiros até dentro de Damasco, por uma passagem secreta, desde que lhe prometam libertar o seu pai e vingar os males causados à sua família.

Enquanto Bouillon vai consultar seus oficiais, Armida consegue encontrar o cavaleiro Rinald, a quem declara seu amor. Decidem fugir juntos, mas são impedidos pelo eremita, que chama os outros cavaleiros. No auge do tumulto, Ismen aparece de uma fenda no solo, e arrebata o casal em sua carruagem puxada por um dragão. Leva-os para o jardim mágico de Armida onde, em meio a sereias, ninfas e fadas, eles vivem seu amor. Porém, quando Rinald quer levá-la para longe dali, Ismen aparece e a reivindica para si. Não consegue vencê-la, porque as artes mágicas da princesa igualam-se às dele. Recorre então a Sven e Ubald, dois cruzados que estão à procura de Rinald. Entrega-lhes o miraculoso escudo de diamantes do arcanjo São Miguel, que está guardado no castelo e, com ele, os dois cavaleiros conseguem afastar Rinald de Armida.

No deserto, com a ajuda do eremita, Sven e Ubald despertam Rinald, que os acontecimentos das últimas horas deixaram inconsciente. O escudo devolve-lhe a força. Ao tentar impedi-lo de fugir, Ismen é morto em combate. Logo em seguida, aparece um outro cavaleiro sarraceno, usando uma armadura negra, com a viseira do elmo fechada. Rinald luta com ele, fere-o e, tarde demais, descobre que se trata de Armida. Batiza-a com a água de uma fonte próxima, e a princesa morre em seus braços.

Vê-se que Vrchlický fez algumas modificações no entrecho, visando à maior dramaticidade. Acrescentou à história de Rinald e Armida o episódio da morte de Clorinda em combate com Tancredi – também tirado da *Jerusalém Libertada* –, e deu maior complexidade à figura de Ismen, ao fazê-lo apaixonar-se também pela filha de Hidraot. Mas os efeitos mágicos, nunca suficientemente motivados, são muito pouco convincentes – a ponto de, hoje em dia, alguns encenadores tentarem dispensá-los. E as cenas em que aparecem os cruzados são de um meyerbeerianismo ultraconvencional e, por isso mesmo, descoloridas.

Desejoso de oferecer outro grande papel a Ružena Maturová, criadora da *Rusalka*, foi para ela que Dvořák concebeu a figura da feiticeira de Tasso. Em uma ou outra das árias que escreveu para esse excelente soprano, que era também atriz muito talentosa, ele consegue reatar com o tom espontaneamente lírico da ópera anterior. Há também hábeis pinceladas de orientalismo para situar a ação em Damasco, como o chamado do muezim, que se ouve no início da ópera. Mas a caracterização, de modo geral, fica presa a fórmulas surradas, e são freqüentes os empréstimos – a Wagner, em motivos que parecem saídos do *Tannhäuser* ou do *Parsifal*; a Verdi, na citação quase literal do dueto de amor do Otello em "O lítosti mé pramen roste v more", a ária de Rinald na cena 1 do ato IV; e à ópera italiana, de modo geral, no cantabile de tom mediterrâneo do dueto "Ó lasko, ó lasko neko necné", do início do ato III.

A lição wagneriana – o próprio Dvořák admitia que Tannhäuser tinha sido o modelo que seguira – está visível no fato de ele ter usado a técnica do *leitmotive*, muito mais do que nas óperas anteriores, não só para as personagens e situações, mas também para idéias e símbolos. Por outro lado, o desejo de conferir à obra uma estrutura contínua, a partir de uma linha vocal declamatória, esbarra nas recaídas em números fechados de feitura tradicional cada vez que um episódio se presta a esse tipo de tratamento – como é o caso dos duetos de amor ou das grandes árias de reflexão.

São freqüentes as auto-citações. O dueto de Rinald e Armida (II, 7), "Ó lásky svojí otevri mi zdroje", ecoa uma das peças da fase americana. A ária da Sereia e o coro das ninfas (III,1) têm a marca típica da *Rusalka*. A valsa que se segue ao dueto do ato III teria feito boa figura em *Čert a Káča*. São trechos bem realizados, de inspiração melódica muito feliz, se os consideramos isoladamente; mas que não se fundem harmoniosamente. Esse é o grande problema da *Armida*: ela é uma ópera de pedaços soltos. Um outro exemplo: a seqüência da conversão da feiticeira ao cristianismo visivelmente nada tem a ver com Dvořák e, por isso mesmo, é resolvida em termos muito frios. Depois dela, seguem-se alguns compassos conclusivos de grande beleza melódica em que, como diz Alec Robertson, "parece que fomos transportados para o jardim mágico não de Armida, mas de Vysoká" – a idílica propriedade perto de Praga, onde o compositor passava as férias, e que lhe inspirou páginas tão autênticas de descrição das belezas naturais de seu país.

Durante muito tempo, a única forma de conhecer *Armida* era através de uma gravação pirata da Foyer – Staatsoper Bremen, regência de George Alexander Albrecht –, muito cortada, cantada em alemão e com elenco apenas razoável. Mas esta é a mais antiga gravação que se conhece de Montserrat Caballé, na época ainda desconhecida. É ela quem interpreta Armida, de forma extremamente promissora. Em 1995, a Orfeo lançou a gravação integral com Gerd Albrecht. Na mesma época, na série "Prague Opera Collection" da Multisonic, apareceu um registro ao vivo de 1956, regido por Václav Jiráček, tendo Šubrtová no papel-título.

A recaída de Dvořák, com essa última composição, numa estética muito parecida à de óperas compostas trinta anos antes, é bem sintomática dos problemas que ele sempre teve com o gênero. Pelos padrões leste europeus, a concepção de drama musical que herdou – a da ópera romântica em grande escala – já estava ultrapassada quando ele fez, em 1870, sua primeira experiência para o palco. E apesar de seu namoro com o drama lírico wagneriano durante a década de 1890, essa concepção não evoluiu substancialmente. Usou temas recorrentes, sim, mas à maneira de um sinfonista excepcionalmente dotado, que lança mão deles para unificar o discurso orquestral; não de um dramaturgo que os converte em um recurso narrativo.

Dependendo da qualidade dos libretos que lhe foram oferecidos, suas primeiras óperas foram um jogo de acerto e erro. E só a partir de *Dimitrij* – com a exceção de *Armida* – ou seja, num momento em que a sua personalidade como compositor estava perfeitamente definida, conseguiu produzir óperas que conquistassem o público de seu país. Ainda que só pelo *Jacobino*, *Katia* e *Rusalka*, esse lugar foi conquistado, a despeito do desdém que cercou, em certa fase, um autor que a crítica considerava irregular e estilisticamente defasado. Zdeněk Nejedlý que, mais tarde, viria a ser ministro da Educação do primeiro governo comunista tcheco, foi quem jogou a primeira pedra, ao declarar que *Rusalka* não passava de "uma fieira de idéias melódicas sem nenhuma continuidade dramática". Foi ele o iniciador do que Tyrrell chama "o forte lobby anti-Dvořák que, nos primeiros anos deste século, estava pronto a promover qualquer outro compositor como 'o sucessor de Smetana'." A resposta a essas críticas, quem a deu foi Vítězslav Novák, aluno do compositor. No discurso pronunciado na comemoração do centenário de nascimento do compositor, realizada em 1941 no Teatro Nacional, ele afirmou:

Assim como Verdi, Dvořák expressava tudo mediante a melodia. Talvez tenha sido por isso que se disse que ele não era um compositor dramático. Essas melodias, no entanto, retratam as suas personagens de forma muito convincente, de um modo geral capturando a atmosfera da obra inteira e das situações individuais com tanta sensibilidade que é impossível negar o seu talento dramático musical. Com que gênio ele estabelece a diferença entre a terna canção de Rusalka à Lua e seu rompante de dor na cena com o Espírito das Águas!

Fibich

Ao lado de Smetana e Dvořák, o terceiro grande pioneiro da escola nacional tcheca é Zdeněk Fibich (1850-1900). Embora de origem modesta – o pai era inspetor florestal em Vseborice, na Boêmia oriental –, a família se empenhou para que fizesse estudos muito sólidos. A vocação musical manifestou-se cedo. Aos 14 anos, Fibich regeu em Chrudim um movimento sinfônico de sua autoria. E ainda adolescente, compôs uma ópera, *Kappelmeister in Venedig* (Mestre de Capela em Veneza) – com libreto em alemão, a língua da família de sua mãe –, que chegou a ser encenada privadamente em 1868. Ao partir para o aperfeiçoamento no exterior (1865-1870), já era um compositor prolífico, com cerca de cinqüenta obras em catálogo.

No Conservatório de Leipzig, onde seu tio Raymond Dreyschock era professor de violino, Fibich estudou piano com Ignaz Moscheles e harmonia com Carl Ludwig Richter. Depois de curta estada em Paris, aprendeu regência, em Manheim, com Vincenz Lachner, o filho do operista. Mas o aprendizado no exterior não o afastou das preocupações nacionalistas, que se manifestam nos poemas sinfônicos escritos desde o retorno a Praga. Um deles, *Záboj, Slavoj e Luděk* (1873), é a primeira peça de música programática baseada na mitologia tcheca, anterior ao ciclo *Minha Pátria*, de Smetana. O *Quarteto n. 1 em lá maior*, composto durante o período em que trabalhou em Vilnius como regente de corais, apresenta uma inovação: o emprego da polca no lugar do scherzo, no terceiro movimento. E vinte anos antes de Dvořák, ele vai buscar na coletânea de K. J. Erben a inspiração para suas peças instrumentais.

Bukovín (1870), a ópera que compôs ao voltar para Praga, de onde não se afastaria mais, ainda não tem tom pessoal. É muito forte a influência do *Freischütz* – e nem poderia ser diferente para o filho de um guarda florestal, que passou toda a infância em contato com a natureza evocada por Weber em sua ópera. Na verdade, entusiasmado com a música do criador da Escola Nacional alemã, que conhecera durante os estudos no exterior, Fibich pedira deliberadamente a Karel Sabina que lhe escrevesse "um novo *Freischütz*". Mas este, no dizer de Zdeňek Nejedlý, "produziu um libreto tão atravancado de bobajada romântica" que o próprio compositor a retirou, após três récitas no Teatro Provisório, e nunca pensou em publicá-la. Mas essa primeira experiência foi encarada como o sinal de que ele tinha um talento promissor. Na biografia de Fibich, que escreveu com o pseudônimo de C. L. Richter, sua companheira Anežka Schulzová diz identificar em *Bukovín* as provas de que ele era um dramaturgo nato; e tudo o que compusera antes demonstrava que estava gravitando inevitavelmente para o teatro, que seria seu meio natural de expressão.

Bukovín é, sem dúvida alguma, uma obra semi-falhada. E, no entanto, foi graças a ela que ofereceram a Fibich o emprego de regente do coro e maestro auxiliar no Teatro Provisório. Porém, ele logo chegou à conclusão de que esse tipo de atividade não lhe agradava e, a partir de 1878, preferiu ganhar a vida compondo e ensinando. Em todo caso, os três anos passados no teatro conferiram-lhe uma experiência do palco de que dão testemunho não só as suas óperas, como também as numerosas partituras de música incidental para peças de teatro que escreveu.

Eliška Krásnohorská, a libretista de Smetana, ofereceu-lhe em 1874 o texto de *Blaník*, de tema patriótico. A história dos conflitos religiosos que dividiram a nação tcheca, após a derrota dos hussitas na Batalha da Montanha Branca (1620), inspirou também um dos poemas sinfônicos de *Minha Pátria*. A lenda sebastianista de que os guerreiros derrotados ainda estão no topo da Montanha de Blaník, à espera do momento em que poderão vir em defesa da nação, serve de fundo para uma intriga muito complicada, que gira em torno do processo de supressão do protestantismo hussita pelos católicos Habsburgos, e faz apelos genéricos à reconciliação nacional. Foi apresentada como candidata à inauguração do Národní Divadlo; mas a direção do teatro preferiu *Libuše*, de Smetana. Depois do incêndio do prédio, foi no Provisório que ela estreou, em 25 de novembro de 1881.

Krásnohorská trata o tema à sua maneira, com muitos conjuntos em larga escala, o que induz naturalmente Fibich a adotar soluções musicais ligadas à tradição do *grand-opéra*. Além disso, para dar uma oportunidade ao contralto Betty Fibichová, a segunda mulher do compositor – a primeira morrera em Vilnius, logo após o nascimento de gêmeos, que também não sobreviveram –, a libretista cruza a história de Blaník com a lenda escocesa da Dama Branca (a que inspirou a ópera de Boïeldieu). E isso resultou num papel feminino um tanto estático, mas bastante imponente. A abertura, muito melodramática, tornou-se o modelo para outras que Fibich produziria a seguir – por exemplo a da comédia histórica *A Noite em Karlštejn* (1881), baseada na peça de seu amigo Jaroslav Vrchlický, com quem colaborara na revista de cultura *Lumír*.

Os wagnerismos – amplitude das linhas melódicas, gosto pelos andamentos pausados, uso sistemático dos *leitmotive* – são o resultado dos estudos aprofundados das partituras do mestre alemão que ele estava fazendo na época. O biógrafo Emanuel Chvala chamou *Blaník* de "um legado do período *Sturm und Drang* do compositor", referindo-se à

imaginação e emoção luxuriosas, qualidades pitorescas e contagiante euforia juvenil. A resplandecente eloquência da música de amor e a atmosfera poética de toda a ópera são profundamente tocantes. Um dueto de amor como o do fim do ato I tem um nível genuíno de inspiração, como muito raramente se encontra em ópera.

A partitura seguinte foi uma guinada de 180 graus em todos os sentidos. Otakar Hostinský, professor de Estética na Universidade Carlos IV, não era libretista profissional e não tinha nenhuma experiência da técnica de construção de um drama que preveja árias, duetos ou cenas de conjunto. Além disso, achava que, àquela altura, a ópera tcheca, já devidamente consolidada, não necessitava mais basear-se apenas em temas patrióticos. Escolheu portanto uma peça de Schiller, *Die Braut von Messina* (A Noiva de Messina, 1803), de que fez uma adaptação em prosa muito refinada, mas que não fornecia a possibilidade para os números habituais da estrutura operística e compelia o compositor a adotar a escrita contínua – por isso mesmo, moldada nos princípios do drama lírico wagneriano, pelo qual, na época, Fibich começava a demonstrar profundo interesse. Uma vez mais, o papel principal foi concebido pensando na voz de Betty Fibichová.

Isabella, a viúva do príncipe de Messina, chama de volta à corte os seus filhos inimigos, César e Manuel, esperando reconciliá-los. Um pajem vem anunciar a César ter localizado o paradeiro da jovem que ele ama e está desaparecida. Enquanto isso, Manuel conta ao velho conselheiro Caetano ter-se apaixonado por uma jovem que seqüestrou de um convento e escondeu em Messina, à espera de poder apresentá-la à mãe como sua noiva. Depois que Isabella obtém, através dos esforços de Caetano, a promessa da reconciliação dos filhos, decide-se a contar-lhes que têm uma irmã, Beatriz, até então mantida em um convento, porque um oráculo previu que ela causaria a desgraça dos dois irmãos. O príncipe decidira mandar matá-la, mas Isabella preferira salvar-lhe a vida.

Quando Diego vem anunciar que Beatriz foi raptada de seu convento, Manuel percebe de quem se trata e vai procurá-la para contar-lhe a verdade. Eles são surpreendidos por César que, acreditando-se traídos, mata Manuel. Quando seu corpo é levado diante de Isabella, ela pede a César que vingue a morte do irmão. Horrorizado com o seu crime, ele se apunhala. E a tragédia termina com as palavras de Caetano: "A vida pode não ser o supremo bem; mas a culpa é o supremo mal."

Nevěsta Messinská foi cantada no Teatro Nacional em 28 de março de 1884. É a mais severa das óperas de Fibich. Adota o estilo de declamação rigorosamente moldado nos ritmos da fala, permanecendo todo o tempo nos limites do arioso, com raríssimas incursões no domínio da frase mais cantabile. Utiliza as técnicas de *leitmotiv* e comentário orquestral contínuo, sobre o qual desliza o diálogo. E privilegia a vertente trágica da obra, abolindo as cenas contrastantes de caráter lírico ou mais sereno, o que intensifica o tom dramático e o caráter de inevitabilidade da ação. Para isso, Fibich praticamente elimina as vozes femininas do coro, o que resulta num colorido muito sombrio (um hemi-coro, representando o séquito de um dos príncipes, tem apenas vozes masculinas; no outro, para haver leve diferenciação, mantêm-se só os contraltos). Ao coro é dado, naturalmente, papel muito importante, não só com a função de comentarista que tinha no teatro grego, mas também para quebrar um pouco a monotonia do diálogo declamado.

Em 1984, Zdeněk Košler fez para a Supraphon uma gravação de trechos dessa obra desusada dentro do conjunto do drama lírico tcheco. A integral, regida por František Jílek, surgiu pelo mesmo selo em 1993.

Melodrama é o nome que se dá ao tipo de obra teatral em que, a um texto falado, dá-se acompanhamento orquestral contínuo, com a eventual inserção de interlúdios, danças e números corais. Um suíço residente na França, o filósofo e compositor Jean-Jacques Rousseau, é o autor de *Pygmalion* (1770), o primeiro deles. Mas foi um tcheco que trabalhava em Gotha, Jiří Antonín Benda, quem compôs *Ariadne auf Naxos* (1775), o primeiro melodrama a se tornar internacionalmente famoso e a ser imitado nos mais diversos países (ver *A Ópera Alemã*, desta coleção). Fibich sempre se sentira atraído por essa modalidade de espetáculo. Em 1895, escrevera, com acompanhamento de piano, *Štedrý Den* (O Dia de Natal), baseado em um texto folclórico encontrado na coletânea de Erben. Vieram a seguir *Vodník* (O Espírito das Águas), do mesmo autor; *Věcnost* (Eternidade), de Freiligrath; *Královna Emma* (Rainha Emma) e *Hakon*, de Vrchlický.

Essas composições foram passos preparatórios para um ambicioso projeto em que convergem duas tendências: o gosto pelos princípios do drama wagneriano e o culto do texto de alta temperatura poética, com temática não-nacionalista. Vrchlický escreveu para ele a trilogia *Hippodamia*, formada por três peças: *Námluvy Pelopovy* (A Sedução de Pélops, 1889), *Smír Tantalův (*O Suplício de Tântalo, 1890) e *Smrt Hippodamie* (A Morte de Hipodâmia, 1891). A primeira parte foi interpretada por um elenco tcheco em Viena (junho de 1892) e, no ano seguinte, em Antuérpia. Em ambas as ocasiões, apesar da inevitável barreira da língua, os críticos foram da opinião de que o melodrama fibichiano é uma derivação lógica do conceito wagneriano de drama lírico, na medida em que seu objetivo é dar igualdade de valores aos dois elementos complementares – o poético e o musical – que se fundem para atingir a expressão dramática.

A austeridade da *Noiva de Messina* é levada ao limite nesta obra em que o compositor chega ao extremo de renunciar ao canto. A *Penthesilea*, do suíço Othmar Schoeck, e as tragédias gregas que Carl Orff extraiu das traduções de Friedrich Hölderlin são as obras que mais se aproximam desta original trilogia – que nunca chegou a ser realmente estimada pelo público, mas ainda é respeitosamente reencenada de vez em quando na República Tcheca. František Jílek é o regente da gravação existente no selo Supraphon. A música não se limita a intervir nas pausas entre os segmentos de declamação, como acontece na maioria dos melodramas: comenta o texto de forma contínua, como se fosse o acompanhamento orquestral de uma "ópera falada".

Em *A Sedução de Pélops*, o rei Enomaus, de Olímpia, decidiu conceder a mão de sua filha Hipodâmia apenas àquele que conseguir vencê-lo numa corrida de biga. Quem perder, será condenado à morte. Pélops, que já é casado, vê Hipodâmia passeando à noite nas muralhas da cidade, onde estão pregadas as cabeças dos vencidos e, esquecendo-se de sua mulher, decide conquistá-la. Atraída por Pélops, Hipodâmia convence Myrtilo, o guia da biga de seu pai, que também a ama, a soltar a roda do carro do rei. Durante a corrida, o carro de Enomaus vira e ele, esmagado pelos cavalos, morre amaldiçoando Pélops, que é inocente desse crime. Durante a noite de núpcias, Hipodâmia confessa a Pélops o que fez para que ele ganhasse. Pélops chama Myrtilo e, oferecendo-lhe a metade do reino, pede-lhe que confesse se sua mulher entregou-se a ele em pagamento de seu crime. Como Myrtilo recusa-se a dizer-lhe a verdade, ele o atira do alto de um rochedo dentro do mar.

Após um Prelúdio de tema enérgico, que descreve a viagem do herói até o reino de Enomaus, segue-se o comentário, de trama polifônica cerrada, trançando uma série de *leitmotive*: o de Pélops, bem lírico; o de Enomaus, de contornos bárbaros e angulosos; o de sua filha, muito sensual; o do crime; o da inocência de Pélops; o da maldição do rei. Myrtilo tem dois temas, um cromático, representando sua personalidade oscilante; e o outro, de ritmo apressado, ligado à sua função de cocheiro da biga. O coro intervém, como na tragédia antiga, para descrever a corrida e o fim trágico de Enomaus. O trecho que acompanha o passeio de Hipodâmia sobre as muralhas da cidade; o *intermezzo* do ato III, com um delicado solo de violino; e a Marcha Festiva que celebra a união de Pélops com a princesa ficaram como peças independentes no repertório de concerto.

Na Parte II, Tântalo espera o retorno de Pélops, em seu palácio de Argos, atormentado pela culpa. Está sendo perseguido pelas Fúrias, pois desobedeceu a lei da hospitalidade: ao ser hospedado pelos deuses, roubou néctar e ambrosia de sua mesa para dar a seus amigos. Pélops chega com a resposta do oráculo de Delfos: Tântalo só será perdoado se praticar um ato que o regenere de seu pecado. Hipodâmia começa a atormentar Axiocha, a primeira esposa de seu marido, até mesmo quando esta se refugia no Altar da Hospitalidade, que Tântalo ergueu para a proteção dos desvalidos. Sem se preocupar com a blasfêmia que está cometendo, Hipodâmia manda matá-la ali mesmo.

Preocupado com os traços criminosos de que sua nova esposa dá mostras, perplexo com os rumos que sua vida está tomando, Pélops invoca os mortos para lhes perguntar qual será o seu destino, e fica sabendo que Myrtilo ainda está vivo. Vê também o espírito de Axiocha, e esta lhe implora que proteja Crísipo, o seu filho, do ódio de Hipodâmia. É Tântalo quem salva o menino, mas é ferido em seu lugar: por esse gesto de humanidade, os deuses o perdoam no leito de morte.

Algumas hesitações perceptíveis na primeira parte desaparecem totalmente na segunda: agora, Fibich sabe como ilustrar musicalmente as etapas de evolução do drama. Temas utilizados na *Sedução* reaparecem e são desenvolvidos de forma ainda mais intensa, combinado com motivos novos, ligados a Tântalo, que ocupa lugar central na trama, e à doce e desprezada Axiocha, cuja música, muito feminina, contrasta com a da masculinizada Hipodâmia. A habilidade do orquestrador transparece no Prelúdio, que descreve o nascer do sol sobre Argos; e na Cena do encantamento, onde ela cria a necessária atmosfera sobrenatural – mas sem mais nada que remeta à antiga influência weberiana. O exorcismo das Fúrias é a ocasião para um episódio coral imponente: o cânticos dos sacerdotes.

O melhor momento de *Tântalo* é a cena da morte e transfiguração da personagem título. Ao assistir a seu sofrimento, não podemos deixar de pensar no rei Amfortas, do *Parsifal* – embora a realização musical não aponte para a imitação wagneriana. No clímax dessa cena, retorna a música do sol, ouvida no Prelúdio, e a ela funde-se o tema que descreve a passagem de Tântalo para o mundo dos espíritos, modificação em tom maior do sombrio tema das Fúrias que o atormentavam e das quais, agora, o perdão dos deuses o libertou. Do ponto de vista da construção, esta cena final é uma das grandes criações do Fibich dramaturgo.

Na terceira parte, os anos se passaram, Pélops e Hipodâmia reinam sobre Olímpia, mas a culpa pelos crimes do passado paira sobre suas vidas. No palácio está a bela Airopa, prisioneira de guerra, por quem Crísipo se apaixona. Mas ela o despreza e prefere casar-se com Atreus, filho de Pélops e Hipodâmia, homem arrogante, de natureza intratável e, por isso mesmo, o favorito da mãe. Mas o ardiloso Tiestes, irmão mais novo de Atreus, também ama Airopa e tenta seduzi-la, pois sabe que ela é leviana e se envaidece ao sentir-se amada pelos três irmãos.

Chega ao palácio um velho cego e doente: é Myrtilo que, para vingar-se de Pélops, conta a Crísipo como Hipodâmia traiu o próprio pai. Na festa do casamento, o jovem se embebeda e denuncia a todos o comportamento odioso da rainha. Ao vê-lo ofender sua mãe, Atreu mata o meio-irmão e, por esse crime, o pai o condena ao exílio. Aproveitando a confusão que se instalou no reino, Tiestes convence Airopa a fugir com ele. Furiosa com Pélops por ter banido seu filho preferido, Hipodâmia quer matá-lo, mas ambos sentem-se unidos no medo que têm de Myrtilo. Este refugiou-se numa cabana à beira-mar e é ali que a rainha vai procurá-lo; mas o encontra em companhia de Pélops, que veio implorar-lhe a verdade sobre seu relacionamento com Hipodâmia no passado. Sabendo que o silêncio é a vingança mais cruel, o velho se cala e Pélops, desesperado, o apunhala. Quando Myrtilos, agonizante, o amaldiçoa, ele responde que há muito tempo já foi amaldiçoado. Ouvindo aquilo, e enojada com sua própria vida, Hipodâmia se suicida lançando uma maldição final sobre toda a casa dos Pelópidas.

De ação muito sobrecarregada, e com algumas reviravoltas pouco convincentes, *A Morte de Hipodâmia* não tem a coesão da segunda parte. O desenvolvimento temático do material ligado à culpa dos protagonistas continua a ser interessante. São atraentes também os temas novos que comparecem aqui. Melodias contrastantes descrevem os dois irmãos: o de Atreu é marcialmente diatônico; o de Tiestes, de sinuoso cromatismo. O motivo de Crísipo é a modificação do de sua mãe. O de Airopa é sensual, ondulante, volúvel como ela. E o de Myrtilo, transforma-se numa versão trôpega e hesitante do tema rítmico que, na Parte I, o evocava como o condutor da biga do rei.

Mas o interesse musical, na Parte III, está não no acompanhamento dos monólogos, mas nos números instrumentais intercalados: o Prelúdio, que evoca o esplendor do reino de Pélops em Olímpia; a marcha que precede a cena de inauguração dos Jogos Olímpicos; a tocante marcha fúnebre no enterro de Crísipo; e o interlúdio antes da cena final, evocando o movimento das ondas no mar. São igualmente bem construídas as cenas corais, que correspondem às intervenções do povo.

O próprio Fibich percebeu as limitações impostas por uma forma que apresenta muitas dificuldades: requer atores que tenham noções elementares de música, para serem capazes de declamar em sintonia com ela; são espetáculos onerosos pois, além das despesas com uma montagem teatral elaborada, exigem coro e orquestra de grande porte; pela sua temática e estrutura destinam-se a um público restrito e, além disso, são muito difíceis de traduzir e de fazer chegar ao público não-tcheco, sem familiaridade com a língua. Por esse motivo, não voltou mais ao gênero. Mas a trilogia teve importância fundamental para a evolução de sua obra cênica: nela o assistimos aprendendo a usar de forma pessoal a técnica wagneriana do *leitmotiv*, adquirindo destreza na exploração dos coloridos orquestrais e maior ousadia na busca de correspondências entre o desenvolvimento melódico e as emoções expressas pelas palavras.

1893 é um divisor de águas na vida e na carreira de Zdeněk Fibich. Aos 43 anos, ele conheceu a escritora Anežka Schulzová e, por ela, abandonou mulher e filhos. Deu também uma total guinada estilística em sua obra. A primeira manifestação do lirismo intenso, tingido de erotismo, que vai caracterizar sua obra daí em diante, são as *Impressões, Estados de Espírito, Lembranças opp. 41, 44, 47 e 57 (1893-1899)*, uma coleção de 376 peças para piano que o biógrafo Zdeněk Nejedlý chamou de seu "diário amoroso". Ora tórridas evocações de momentos de intimidade, ora descrições de aspectos do corpo ou do comportamento da mulher amada, às vezes cândidas anotações, como as de um diário, de passeios que o casal fez juntos, as *Impressões* são uma das mais belas declarações de amor da História da Música. É com todo entusiasmo que recomendo ao leitor tentar conhecê-las através das gravações de William Howard (Chandos) ou Marian Lapšanský (Supraphon).

Mais do que isso, as *Impressões*, com seu melodismo espontâneo, transbordante, tornaram-se um inesgotável arquivo no qual Fibich ia buscar temas que retrabalhava em suas óperas e obras instrumentais. Dali saiu a melodia central do conhecido *Poema* para violino e orquestra, dedicado ao virtuose Jan Kubelík, pai do regente Rafael Kubelík. Dali saíram também os motivos geradores da *Sinfonia n. 2 em mi bemol maior*; do *Idílio "Ao Cair da Tarde"*, que relembra um passeio ao crepúsculo, na Ilha Eslava de Praga; do extrovertido *Quinteto em ré maior* para piano, violino, violoncelo, clarinete e trompa; e alguns dos melhores números de suas óperas posteriores, a começar pela *Tempestade* – na qual ele reutiliza também material do poema sinfônico do mesmo nome, composto em 1880.

Bouře foi o último texto escrito para ele por Vrchlický. Daí em diante, seria Anežka a sua libretista. A adaptação da última peça de Shakespeare traz os amantes Miranda e Ferdinando para o centro do palco, relega a segundo plano as digressões filosóficas de Próspero, dá enorme ênfase ao lado mágico da ação, atenua a ruindade de Caliban, transformado num baixo bufo que canta canções estróficas e, principalmente, joga às urtigas a severidade do sistema wagneriano. *A Tempestade*, estreada no Teatro Nacional em 1º de março de 1895, não hesita em voltar à estrutura da ópera de números e em se deliciar com as mais sensuais melodias extraídas do "diário erótico" – como as que compõem a ária *da capo* de gosto arcaizante com que, no final do ato II, Ferdinando declara o seu amor por Miranda.

A partitura possui momentos muito bonitos. Um dos melhores é o monólogo de Ariel – a tradução literal do "Full fathom five" shakespeariano, de tonalidade indefinida, com acompanhamento do *glockenspiel* e de um coro em pianissimo. São muito satisfatórias também as cenas cômicas entre Trínculo e Stefano, e o digno monólogo com que, no final, Próspero despede-se de sua ilha encantada. A marcha que anuncia a chegada do mágico na cena do julgamento permaneceu como peça isolada no repertório de concerto. É uma pena que dessa obra luminosa, a única de Fibich a misturar o bufo e o sério, só exista um antigo disco de trechos regido por F. Bartl (Supraphon, 1960).

Schulzová extraiu o libreto de *Hedy* dos cantos II-IV de *Don Juan* (1824), o poema narrativo de Lord Byron. A personagem-título – Haidée no original –, filha do chefe pirata Lambro, é ardentemente cortejada, durante a ausência de seu pai, por Don Juan, que naufragou na praia onde o bando tem seu esconderijo. Ao voltar repentinamente e surpreendê-los, o pai os separa com toda a violência e entrega o sedutor a um mercador de escravos. Desesperada, a moça morre de tristeza. Na verdade, esse libreto de exaltado romantismo que, de certa forma, reflete as reações da conservadora sociedade de Praga ao relacionamento da "destruidora de lares" com o compositor, não passa de uma moldura para o que Nejedlý chamou de "o drama subjetivo da origem, explosão e catástrofe do amor". Não é por acaso que o biógrafo de Fibich apelidou essa ópera de "o *Tristão e Isolda* tcheco". Há de fato um longo dueto de amor que ocupa quase todo o ato II, cheio das usuais referências à noite como o refúgio dos amantes. A cena final, em que Hedy sucumbe à dor de ver seu amado vendido como escravo, ecoa o *Liebestod*, a "morte de amor" de Isolda. "E as duas obras são trágicas, cheias de sofrimento", escreve Nejedlý. "Aqui, a felicidade do amor conhece apenas um breve momento de êxtase, mas o despertar para a vida é acompanhado de muita dor."

O Prelúdio é uma peça muito viva, descrevendo a vida livre dos piratas. Há uma discreta citação da ópera mozartiana no momento em que Don Juan recobra a consciência na praia. O tema de seu despertar para a vida transforma-se no motivo da descoberta do amor por Hedy, e reaparece como um elaborado solo de violino no Prelúdio ao ato II. Bem mais óbvia é a citação de Mozart no momento em que

Hedy pergunta ao desconhecido quem ele é e o homem responde: "Sou um nobre de sangue espanhol – Don Juan Tenorio." Homenagem mais do que justa a um dos grandes monumentos da História da Ópera, que foi estreado em Praga.

Hedy renova os vínculos com o *grand-opéra* pois, por mais que fosse progressista em seus pontos de vista políticos e morais, Schulzová tinha da ópera uma visão muito tradicionalista. O balé que insere no ato III, quando Hedy, acreditando que o pai morreu no mar, leva Don Juan para casa e o instala como o seu dono; e o longo concertato em diversas seções que se segue, quando Lambro volta inesperadamente, são típicos da ópera parisiense em grande escala. Em 1896, na plena vigência do naturalismo pós-*Cavalleria Rusticana*, esse modelo parecia um objeto de museu (mas só por pouco tempo pois, em breve, com a guinada neo-romântica, esse tipo de temática e de construção voltaria a desfrutar do favor do público). O balé, aliás, também tornou-se peça de concerto: muito apreciada, em especial, é a esfuziante Dança das Espadas.

Outro aspecto interessante de *Hedy* é a composição de Lambro, tipo de barítono vilão muito pouco comum no universo operístico boêmio. Trata-se de uma personagem de origem tipicamente italiana, cujo modelo está no *Otello* de Verdi, na *Fosca* de Carlos Gomes, ou na *Gioconda* de Ponchielli. Sua crueldade domina todo o ato IV, tornando mais lancinante o lamento da personagem título, que morre ao som do tema do despertar para a vida – reutilização do clichê wagneriano que equaciona a morte com a realização amorosa na eternidade. O último ato é enquadrado pela melancólica canção de um pescador, que funciona como uma elegia para o amor impossível de Juan e Hedy. Embora se trate de obra cujas qualidades são inegáveis, não tenho notícia de nenhuma gravação disponível de *Hedy*.

A ópera mais popular de Fibich, ainda hoje regularmente encenada na República Tcheca, estreou no Teatro Nacional em 28 de dezembro de 1897. Contendo os mesmos elementos de erotismo autobiográfico estilizado das duas anteriores, *Šárka* assinala além disso o retorno do interesse pela temática mítica de tom nacionalista. Baseia-se num episódio que Smetana já explorara num dos poemas-sinfônicos de *Minha Vida*. E do qual o poeta simbolista Julius Zeyer extraíra um libreto que, recusado por Smetana e Dvořák, haveria de ser musicado por Leoš Janáček em 1887.

Não era a primeira vez que o assunto tentava Fibich. No início da década de 80, um dos textos que estudara, como possível fonte de um libreto, foi o drama *Vlasta*, de Václav Vlček. Em 1885, logo após a *Noiva de Messina*, seu amigo Karel Pippich já lhe tinha oferecido um libreto sobre essa história, intitulado *Vlasty Skon* (A Morte de Vlasta). Naquela época, Fibich contou a Hostinský que o recusara, "embora achasse o material imensamente atraente", porque, "tendo percebido a semelhança entre Šárka e Brünhilde, temia que isso me levasse involuntariamente a imitar a técnica de caracterização do Mestre de Bayreuth". Passou o libreto de Pippich para seu aluno Otakar Ostrčil – que só terminou a partitura em 1903, depois de sua morte.

Onze anos depois, quando Schulzová escreveu o libreto de *Šárka*, Fibich já consolidara sua estética pessoal, e esse temor não tinha mais sentido (embora, como veremos mais adiante, os vínculos com o drama wagneriano permaneçam visíveis). Em todo caso, a essa altura, o casal estava menos interessado na exploração da vertente épica e histórica, como o fizera Zeyer, do que no lado subjetivo da tragédia amorosa – tratamento que já fora dado ao episódio no drama de Vrchlický que serviu de fonte imediata a Schulzová. Fibich foi mais além: eliminou do texto preparado por sua mulher tudo o que pudesse aparentar-se à monumentalidade do drama lírico wagneriano, a começar pela longa narrativa que a personagem título fazia de um sonho em que os deuses a exortavam a revoltar-se contra os homens.

Depois da morte da rainha Libuše, o rei Přemysl decide dissolver o conselho de mulheres guerreiras que ela criara para guardar as tábuas da lei e vigiar o fogo e a água usados nos rituais sagrados. Ele acha que é entre as mãos exclusivas dos homens que o poder deve permanecer. Vlasta, a chefe do conselho, retira-se humilhada do Vyšehrad e vai para o bosque sagrado. Mas Šárka se revolta, enfrenta o rei e lhe propõe combater contra um de seus

Amarrada em uma árvore, a guerreira Šárka oferece-se como chamariz para o guerreiro Ctirad, pensando em aprisioná-lo; mas vai apaixonar-se por ele (gravura de Antonín König, 1880).

homens, para que os deuses decidam de que lado está a razão. Ela escolhe Ctirad, em quem identifica um grande ódio contra as mulheres; e a forma desdenhosa como ele a trata faz as guerreiras declararem guerra aberta aos homens. No auge da luta, Šárka decide recorrer a um estratagema para capturar Ctirad: faz-se amarrar numa árvore e pede às suas guerreiras que se escondam na floresta.

Ele a encontra e desamarra, mas ambos descobrem então que é atração reprimida o que sempre tomaram por ódio. Confessam-se sua paixão e Šárka pede-lhe que fuja. Orgulhosamente, Ctirad prefere desafiar as guerreiras. Enfrenta o grupo chefiado pela feroz amazona Radka, e esta consegue feri-lo; mas Šárka a impede de matá-lo, dizendo-lhe que Ctirad é um troféu que ela conquistou, cabendo-lhe portanto o direito de executá-lo. O guerreiro é preso e levado para um vale rochoso, à beira do Moldávia, onde elas pretendem executá-lo. Para defendê-lo, Šárka conta a Přemysl onde ele está e o rei cerca o lugar com suas tropas. Tendo fracassado na tentativa de dissuadir suas companheiras de matar Ctirad, Šárka bate em seu escudo para chamar Přemysl, que liberta o guerreiro e massacra todas as mulheres. Cheia de remorsos por ter causado a morte de suas companheiras, Šárka arranca-se dos braços de Ctirad, que tenta em vão consolá-la declarando seu amor, e atira-se do alto de um penhasco.

O elemento predominante na ópera é o conflito interior de Šárka entre o amor por Ctirad e o desejo de vingar as mulheres ofendidas por ele ("Šárka deseja a morte de Ctirad apenas porque não sabe que o ama", escreve Schulzová no prefácio ao libreto). Nesse sentido, *Šárka* leva adiante o estudo do conflito amor-ódio já presente em *Hedy*, e o texto é muito hábil em conciliar a intriga subjetiva com o grande tema épico de fundo mítico, estabelecendo a ligação entre esta ópera e *Libuše*. A homenagem à ópera de Smetana, de resto, é consciente e constante, em certos paralelismos de estrutura da construção dos atos, e no uso deliberado de cortes melódicos que decalcam maneirismos smetanianos.

Isso é muito nítido na abertura, solidamente construída em forma de rondó. Nela são expostos dois dos temas básicos da obra: o

adagio non troppo ligado à idéia da morte de Libuše e o *marziale non troppo mosso*, de recorte rítmico vigoroso, associado ao poder masculino. A esse outro vai se opor, no corpo da ópera, o da resistência das mulheres guerreiras a abrir mão de seus direitos, que sofrerá várias transformações, ao sabor das flutuações psicológicas da historia. Para tão aplicado wagneriano, é bom assinalar que, a esta altura, o tema do grito de guerra das amazonas tem um cunho próprio, em nada lembrando o das valquírias, como seria de se esperar.

Em *Šárka*, em vez do contido arioso que adere ao ritmo da fala, volta o cantabile mais enfático. Desde "Stínové vy duší zemrelých" (Sombras das almas que se foram), o monólogo de Vlasta com que a ópera se inicia, sente-se o quanto evoluiu a arte da declamação de Fibich. Onde esse cantabile desabrocha da forma mais exuberante é no grande monólogo de Šárka no ato II. Tendo pedido a Vlasta que a deixe sozinha com duas de suas guerreiras mais fiéis, "pois a hora da vingança chegou", ela lhes pergunta se é de fato tão bonita quanto os homens dizem (a linda melodia que se ouve na orquestra sugere a resposta) e, soltando sobre os ombros os longos cabelos, pede-lhes que a amarrem no tronco da árvore pois "a sua beleza fará Ctirad se perder". Outro grande momento vocal é o comovente adeus de Ctirad ao amor e à vida, no ato III, após ser condenado à morte por Vlasta.

Quanto aos *leitmotive*, agora Fibich faz dessa técnica utilização totalmente livre, construindo-os de maneira genérica e não se preocupando em ligá-los a pessoas ou situações. Exemplo disso são as transformações do motivo inicialmente ligado à natureza: na grande cena de amor do ato II, ele converte-se primeiro no tema do interesse que Šárka finge ter por Ctirad para seduzi-lo; depois desabrocha no tema da paixão verdadeira que eles descobrem ter um pelo outro. Naturalmente, esse não é um joguinho arbitrário. Existe ligação profunda, no nível psicológico, entre a emoção provocada pela beleza do mundo e a sensação de plenitude trazida pela consciência do amor.

A arte de orquestrador de Fibich revela-se plenamente aqui. Para ficar apenas com um exemplo: no ato II, quando Ctirad desamarra Šárka da árvore, é a orquestra quem nos descreve o que ela realmente sente e está tentando dissimular. Para sugerir a flutuação de suas emoções, o compositor faz uma figura em ostinato passear rapidamente pelo corne inglês, clarineta, oboé e flauta e, depois, inversamente, da flauta para o oboé, a clarineta e o corne inglês.

Elementos evocativos do *Tristão e Isolda* ainda estão presentes. O clímax do dueto de amor, na cena da floresta, é o comovido monólogo "Viz tu krásnou noc" (Contempla esta bela noite), de Ctirad, que introduz uma vez mais o tema do manto noturno envolvendo protetoramente os amantes. Para ele, Fibich foi buscar uma das mais delicadas melodias de seu "diário amoroso", assim definindo claramente a sua identificação subjetiva com a situação vivida pelas personagens. É essa capacidade de transfigurar liricamente o mito e o folclore que assegura a *Šárka* a popularidade que tem até hoje entre os tchecos. Foi a mesma força de persuasão que, na época da estréia, fez até mesmo o mais encarniçado adversário de Fibich, o crítico Karel Knittl, que sempre combatera os seus "wagnerismos", render-se às suas qualidades. Dessa bela ópera, existem duas gravações:

a de Jan Štych (1980), para o selo Supraphon; e a de Sylvain Cambreling, ao vivo, em forma de concerto, com a Orquestra e Coro da Rádio de Viena (Orfeo, 2000).

O tema de *Pád Arkuna* (A Queda de Arkun), tirado de um episódio da história antiga da Dinamarca, é a luta do Cristianismo para se impor entre os pagãos da ilha de Rujan – Rügen, na costa báltica –, adoradores do deus Svantovít. O conflito, que resultou na destruição dos templos pagãos pelos cristãos dinamarqueses (1168), é sintetizado na confrontação entre duas personagens: o bispo Absolon, chanceler da Dinamarca, e Dargun, sumo-sacerdote de Svantovít, governador de Rujan.

Schulzová dividiu a ópera em duas partes. O Prólogo, intitulado *Helga*, passa-se vinte anos antes do início da ação principal. Chegando a Rujan, o jovem sacerdote Dargun ignora as leis de hospitalidade, seduz Helga, a filha de seu anfitrião, e mata-o, quando este tenta vingar o mal a ela feito. Helga é defendida, porém, por seu noivo, o guerreiro dinamar-

quês Absolon. A competição dos dois homens pelo amor da mesma mulher dá conotação subjetiva à rivalidade, que se ampliará ao assumir caráter religioso e político.

Em *Dargun*, a ópera propriamente dita, a personalidade sombria e tortuosa do sumo-sacerdote vem para o primeiro plano. Ele governa Arkun, a capital de Rujan, e sofre um ataque das tropas de Absolon, que quer impor o cristianismo à ilha. Com Absolon, vem Margit, a filha que Helga teve, no passado, da aventura com Dargun. Ela procura o pai que, a princípio, supõe estar tendo uma visão da mulher a quem ofendeu e, depois, abre-lhe os braços comovido. Mas quando Margit tenta convencê-lo a abraçar o cristianismo antes que as forças de Absolon cheguem a Rujan, ele recusa teimosamente, certo de que Svantovít lhe confere poderes sobre-humanos. Ao ver Arkun saqueada e o templo em chamas, Dargun acha que o deus o traiu, destrói sua imagem e morre sob as ruínas do prédio que desmorona. Margit é salva pelo príncipe Jaromír, herdeiro legítimo do trono de Rujan, até então mantido à distância pelas ambições de Dargun. Ele é coroado rei, casa-se com Margit e, com isso, a memória de Helga é vingada.

A ênfase na vertente psicológica da ação e a maneira pouco simpática como era retratada a personagem eslava contribuíram para a acolhida fria que a ópera recebeu. Desde o Congresso Pan-eslavista de 1848, que se realizara em Praga, a capital tcheca era o foco da arraigada convicção de que numa confederação pan-eslavista, centrada no poderio russo, estava a saída para os territórios leste-europeus conseguirem se libertar da dominação austríaca ou otomana (poucos eram os políticos sensatos, como Karel Havlícek, que alertavam contra a tendência autocrática e repressiva dos russos, maior ainda que a dos austríacos, lembrando a maneira cínica como o Império Russo tratara a Polônia, cujo Estado ajudara a desmembrar). Uma ópera em que o invasor estrangeiro não é tratado como vilão realmente não tinha condições de agradar.

Fibich morreu de um repentino ataque do coração, três semanas antes da estréia de *Pád Arkuna* no Teatro Nacional, em 9 de novembro de 1900. Ainda não tinha completado 50 anos. A tendência natural do povo tcheco à superstição fez por isso disseminar-se a crença de que esta é uma ópera "azarada". Foram raríssimas as suas encenações de lá para cá e, à exceção da bela abertura, incluída num disco de poemas-sinfônicos realizado por Vladimír Válek para a Supraphon, não há nenhum outro registro dessa última ópera. O que é uma pena pois, segundo autores como Tyrrell – ou um biógrafo como Jan Smaczny – esta é uma de suas obras mais bem escritas, com música extremamente vigorosa. O refinamento dos poderes de caracterização psicológica através da música faz lamentar, em especial, que a morte tenha impedido Fibich de realizar um projeto que seria outra inovação em termos de ópera tcheca: a adaptação da peça *A Dama do Mar*, de Henryk Ibsen.

Alunos de Fibich, Kárel Kovařovic e Otokar Ostrčil empenharam-se em fazer montar suas óperas no Teatro Nacional, nos períodos em que dirigiram essa casa de ópera. Outro aluno devotado, que procurou manter viva a memória do professor, foi o musicólogo Zdeněk Nejedlý. Depois da morte de Fibich, ele entrevistou longamente Anežka e reuniu suas reminiscências no *Diário Amoroso de Fibich*, que publicou em 1925. Como crítico e, mais tarde, ministro da Cultura do governo comunista, Nejedlý foi a favor de encenações de obras de Smetana e Fibich, desestimulando as de Dvořák, que considerava "estrangeirado". Com isso, fez-lhe mais mal do que bem: com o crescimento do prestígio internacional de Janáček e, mais tarde, Martinů, a importância de seu mestre decresceu muito aos olhos do público tcheco, que não encarava com simpatia os esforços de Nejedlý, suspeitando haver por trás deles objetivos ideológicos vistos com cada vez menos simpatia.

Anežka não sobreviveu a Zdeněk por muito tempo. Em sua biografia, que publicou em 1900 – usando como pseudônimo, como já dissemos, o nome de Carl Ludwig Richter, que tinha sido professor do companheiro em Leipzig –, bem como na entrevista que concedeu a Nejedlý, ela fez um retrato comovente da intensidade de seu relacionamento com o compositor. Mas também não escondeu as humilhações a que foi exposta, dentro de uma sociedade muito pouco permissiva, que nunca a perdoou pelo fato de Zdeněk ter abandonado a esposa para viver com ela. Para que se possa avaliar a carga de preconceito que se abateu sobre Schulzová, basta dizer que, no capítulo do livro de Rosa Newmarch sobre Fibich, ela não é citada uma única vez – nem mesmo como a libretista de suas óperas. A musicóloga inglesa cita opiniões do livro de "C. L. Richter", sem jamais explicar que se trata do pseudônimo da mulher com quem o compositor compartilhou seus anos mais produtivos. A vida de Schulzová desintegrou-se após a morte de Fibich e ela se suicidou com apenas 37 anos.

Duas características distinguem a carreira de Fibich como operista. Uma delas é o fascínio – atestado pelos vários melodramas que compôs – que a palavra exercia sobre ele, o texto literário com suas cadências e melodias próprias, e a forma como elas se associavam com a música. No século XIX, ele é o compositor tcheco que melhor sabe lapidar musicalmente um texto poético. Nesse sentido, é um precursor de Janáček, que saberá deduzir toda a musicalidade inerente ao tcheco falado. A segunda, que de resto torna estranha a tentativa de Nejedlý de apresentá-lo como um grande nacionalista, contra o "cosmopolita" Dvořák, é a sua escolha de temas. Ela é mais internacional do que a da média de seus contemporâneos – em parte devido a um temperamento curioso e aventureiro, mas também por causa do tipo de educação que recebera, o que lhe forneceu ampla base cultural. Só duas das óperas de Fibich passam-se na Boêmia. Schiller, Byron e Shakespeare são as fontes para outras. A mitologia grega e a história dos povos bálticos também comparecem como tema. O próprio Janáček, muito anticonvencional na escolha de seus assuntos, não jogará tão longe as suas redes.

Por outro lado, ao contrário de Smetana ou Dvořák, ele não se interessava muito pela utilização do folclore como a base para seu estilo. Em *Šárka*, quando recorre a um tema autêntico, não é o de uma canção familiar, e sim o de uma obra anônima do século XV, que havia sido descoberta pouco antes. Além disso, suas posturas sempre foram conservadoras, fiéis até o fim à estética do Romantismo pleno, fazendo dele o que Vladimir Helfert chamou, em 1937, de "um compositor estilisticamente saudosista". Até mesmo o Dvořák da *Rusalka* dá provas de ser sensível às inovações que o Impressionismo francês está trazendo à música. E na *Jenůfa*, composta mais ou menos na mesma época que *Šárka*, já há uma trilha aberta em direção ao mais moderno naturalista. Fibich era bem informado, tinha muito contato com o exterior, mas não há, em sua música, nenhum sinal de que o sensibilizassem as peças para piano de Debussy, as sinfonias de Mahler, ou uma ópera pioneira como a *Salomé*, de Richard Strauss.

Esses fatos, aliados à ausência de concessões ao gosto médio do público, fizeram com que, a despeito dos esforços de seus defensores, não fosse duradoura a popularidade de suas óperas dentro de seu próprio país (no Ocidente, elas são virtualmente desconhecidas).

Situação imerecida para um músico cujo grau de apuro artesanal e de abertura para as realidades culturais mais amplas eram muito grandes. Uma gravação como a que Cambreling fez da *Šárka* demonstra que ele pode perfeitamente eletrizar uma platéia ocidental com a tensão psicológica de seus dramas, a generosidade de seu idioma melódico e harmônico, e a forma espontânea como sabe fundir palavras e música. Coube-lhe, em suma – como observa Tyrrell –, o destino ingrato de, tendo convivido com Dvořák, cujo prestígio internacional o deixou à sombra, ser eclipsado também por Janáček que, apenas quatro anos mais jovem, haveria de adquirir, no século XX, um renome crescente, que o colocaria indiscutivelmente como a maior figura já produzida pela arte musical da Tchecoslováquia.

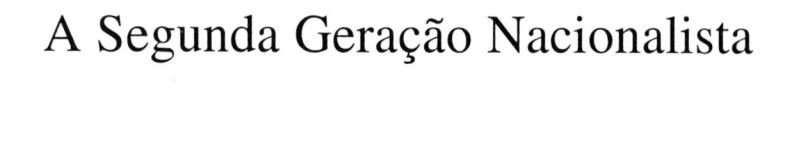

A Segunda Geração Nacionalista

Do Século XIX para o XX

Ao lado dos três grandes fundadores da Escola Tcheca – e gravitando em torno de Janáček, que dará a essa escola dimensão e densidade especiais –, outros autores de menor porte, mas de importância não-negligenciável, contribuem para a consolidação da arte nacional na virada do século. Alguns dos nomes dessa segunda geração nacionalista têm participação destacada como professores, regentes ou administradores – como é o caso do já mencionado Kovařovic, por vinte anos diretor do Teatro Nacional que, durante sua polêmica gestão, viveu inegavelmente um período áureo. Depois dos capítulos que serão consagrados ao estudo da obra de Janáček, o maior deles, e de Foerster, que também obtém considerável relevo, eles se seguem, pela ordem cronológica do nascimento. O quadro se complementa com artistas de uma geração mais jovem cuja obra se estende pelo início do século XX. Todos eles surgiram e se formaram dentro de um espírito característico do século XIX, fiéis de certa maneira a princípios estabelecidos pelos mestres aqui tratados.

De Foerster (*1859) a Kvapil (*1892), estes são músicos que trabalham na fase eufórica em que o enfraquecimento do poderio austríaco abria novas possibilidades ao florescimento da vida nacional. O fortalecimento da burguesia tcheca e a conseqüente abertura de novas sociedades econômicas, agremiações artísticas e organizações esportivas, a prolife-ração de uma imprensa em tcheco, rica em revistas de cultura que serviam de plataforma para a luta política visando ao restabelecimento do Estado tchecoslovaco, estimulavam os autores a centrar sua obra na temática nacionalista, nos temas camponeses, nas grandes fontes literárias pátrias.

Mais adiante, forças novas vão interagir, engrossando o caudal da música tcheca e diversificando-a com novos afluentes. Três correntes fundamentais da cultura musical européia – a alemã, a francesa e a italiana – farão sentir seu impacto sobre uma arte que, até então, por uma necessidade natural de afirmação de identidade, mantivera-se orgulhosamente autóctone. Não que essas influências inexistissem antes – e já falamos, nos capítulos anteriores, do fantasma do wagnerismo, e da atração por alguns modelos verdianos, ou pelo estilo de cantabile italiano. Mas agora elas se tornam mais assumidas. O sinfonismo pós-wagneriano de Strauss e Mahler, com estruturas monumentais e tortuoso espírito decadentista; a reação antiwagneriana do Impressionismo de Debussy, com toda uma gama de refinadas sonoridades novas; o Verismo, suas paixões cruas e a vocalidade atraente e ensolarada de Puccini, Mascagni, Leoncavallo: todas essas tendências vão alargar o espectro expressivo da música boêmia.

A Tchecoslováquia não vai escapar à crise de valores, de revolta contra o passado, de sensação de esgotamento e decadência que preside aos últimos anos do século, estendendo-se até as vésperas da I Guerra Mundial. O sopro de renascimento que assistira ao desabrochar da arte de Smetana e Dvořák, com sua carga de patriotismo e confiança nos ideais democráticos, perde a força. A música, como todas as outras formas de expressão artística, passa por uma fase de crise e incertezas em que, afastando-se do âmbito costumeiro de inspiração bebida nas fontes comunitárias, abre-se para uma série de outras sugestões.

Os anos finais do século XX são uma época em que as contradições de classe tornam-se muito visíveis, e isso se manifesta, em termos literários, no Naturalismo francês, no Verismo italiano, no Realismo Crítico russo, deixando suas marcas em óperas como a *Jenůfa*, de Janáček, ou a *Eva*, de Foerster. Essa consciência vem acompanhada de uma atitude nova em relação à arte popular, vista não mais como apenas um elemento decorativo e, sim, como um dos instrumentos para o conhecimento vertical da realidade social. A valorização da pesquisa folclórica autêntica, em que se enraiza a obra de músicos tão opostos quanto Janáček e Novák, corresponde a um processo que está ocorrendo em vários pontos do mundo, e terá ecos, no início do século XX, tanto na obra dos húngaros Béla Bartók e Zoltán Kodály, ou do romeno George Enescu quanto, um pouco mais adiante, na do brasileiro Heitor Villa-Lobos e de outros compositores latino americanos.

Ligação em maior ou menor grau entre a música de caráter erudito e a de natureza popular ou folclórica, permanência dos ideais democráticos e dos sentimentos humanitários – estes são os princípios básicos que, mesmo em épocas de crise acentuada, estabelecem a ligação entre a primeira geração de músicos tchecos e a segunda que, formada por ela, tomou-a como ponto de partida para dar prosseguimento a seu trabalho ou opor-lhe reação e renovação.

JANÁČEK

*Janáček's operas heal our wounds
and give a meaning to our existence:
there is in them much of the things
which life is worth living for.*

MICHAEL EWANS
em *Janáček's Tragic Operas.*

Individualidade de som, originalidade de estilo, temática característica: essas são as virtudes que um compositor precisa ter para destacar-se dentro da época em que viveu. Leoš Janáček (1854-1928) as possui em tão alto grau que isso lhe confere posição relevante não só na História da Ópera de seu país, mas também na do gênero como um todo. Ele é, ao lado de Giacomo Puccini, Richard Strauss ou Benjamin Britten, um dos operistas mais originais do século XX – e um dos poucos grandes criadores contemporâneos a ter conseguido conquistar um público internacional estável, e colocar no repertório básico várias de suas obras.

Foi demorado, porém, o processo de aceitação da música de Janáček pelo público mundial. Difícil e mal conhecido fora do território onde é usado, o tcheco restringe o acesso do estrangeiro ao texto – essencial no caso de um compositor que busca a total aderência da melodia à prosódia de sua língua pátria, aos ritmos e intonações específicos do tcheco falado. Além disso, alguns traços muito peculiares de seu estilo – a repetição obsessiva de pequenas células melódicas, por exemplo, o recorte anguloso de certas melodias – fazem com que sua música soe estranha à primeira audição, exigindo do ouvinte algum tempo até deixar-se cativar por sua linguagem. A isso acrescente-se a predileção que Janáček tinha por argumentos desusados, sobretudo em comparação com a temática operística tradicional. A

Raposinha Esperta baseia-se nas tiras de uma história em quadrinhos publicada por um jornal de Brno, onde ele morava. O *Caso Makrópulos* foi extraída de uma comédia de Karel Čapek em que se discute, a um nível de debate filosófico, as desvantagens da imortalidade. E do mais anti-operístico dos livros, em que Fiódor Dostoiévski evoca o tempo passado num campo de prisioneiros na Sibéria, sai sua última ópera, *Da Casa dos Mortos.*

Janáček constitui, na História da Música, um dos mais perturbadores fenômenos de amadurecimento tardio. Até a meia-idade, fora um eficiente autor de peças sacras ou pedagógicas, algumas delas de feitura interessante e competente. Mas se tivesse morrido aos 40 anos, não passaria de um rodapé nos manuais de História da Música Tcheca, pois pouco havia em sua obra, até então, que deixasse prever a extrema originalidade do que criaria já em avançada idade. Sua primeira ópera importante, *Jenůfa*, iniciada em 1894, só foi terminada em 1903, quando ele já beirava os 50 anos. E tinha 43 ao escrever a cantata *Amarus* (1897), em que surgem os primeiros sinais do que será seu personalíssimo estilo da maturidade. Igualmente impressionante é que, com a idade, seu gênio não tenha declinado. Pelo contrário: algumas das peças mais revolucionárias que produziu – a *Missa Glagolítica* e a *Sinfonietta*, ambas de 1926; o Quarteto n. 2 *Cartas Íntimas* (1928) – saem da mente de um homem que, ultrapassados os 70 anos, mantinha-se numa linha evolutiva ascendente. A linguagem de Leoš Janácek estava em acelerado processo de renovação quando ele morreu, aos 74 anos.

O âmbito restrito do que escrevia antes dos 40 também expandiu-se subitamente. Passou a abranger todos os gêneros: música orquestral, de câmara, para solo instrumental, para solista e orquestra, para coral. Mas é no terreno da ópera que Janáček dá sua contribuição mais significativa, com uma individualidade de escrita e uma intensidade de paixão que a singularizam em relação a tudo o que estava sendo feito na época – em seu país e fora dele. Leoš Janáček é um desses compositores que têm uma "assinatura" agressivamente familiar: basta ouvir poucos compassos de sua música para saber que se trata dele.

Embora nunca tenha rompido com a tonalidade – sua linguagem é fundamentalmente diatônica, com movimentos cromáticos raros, em geral reservados a instantes climáticos –, Janáček a trata com tal liberdade que faz sua música soar muito diversa de tudo o que vinha sendo pensado, até então, dentro do sistema harmônico tradicional. Além da tonalidade, ele recorre todo o tempo ao modalismo – mas sempre com uma liberdade de invenção inesgotável. Gosta particularmente da escala de tons inteiros – que, como Debussy, herdou da escola russa – e das tonalidades bemolizadas (sol bemol, lá bemol e, sobretudo, ré bemol), o que dá à sua escrita um colorido muito particular. Joga com dissonâncias, faz encadeamentos harmônicos abruptos, tem predileção pelas modulações em terça maior, e trabalha com células melódicas curtas e fragmentárias, que não desenvolve, no sentido convencional do termo, mas modifica lentamente, através de um sistema de variações, modulações e repetições obsessivas, que são a marca registrada de seu estilo. Essas fórmulas temáticas breves, que se propagam em ostinatos de três a cinco notas, parecem a transposição, para o domínio da orquestra, de um maneirismo típico da improvisação ao órgão.

Janáček mostra pouco interesse pelo contraponto tradicional. Prefere a repetição e a superposição, tratando com grande habilidade o material temático, que se metamorfoseia agilmente e se responde de uma cena à outra.

Em *Naturalisme, Vérisme et Réalisme dans l'Opéra*, Manfred Kelkel mostra como, com esse procedimento, Janáček renova o conceito – predominante após Wagner – do uso do motivo condutor. Ele utiliza o que Kelkel chama de *leitmotiv dinâmico*: não o retorno de uma melodia ligada a determinada personagem ou situação; mas a repetição de minúsculas células temáticas que se associam a comportamentos ou traços de personalidade. É assim que, na *Jenůfa*, por exemplo, a irritação de Laca, uma das personagens, é sugerida através da repetição, durante 48 compassos, de um tema formado por poucas notas.

Essa técnica de escrita, inusitada para a época em que surgiu, foi mal compreendida e violentamente criticada, na fase inicial de divulgação da obra de Janáček fora da Tchecoslováquia. Quando *Kátya Kabánova* estreou na Inglaterra, em 1951, o respeitado crítico Ernest Newman a demoliu, acusando seu autor de "compor aos pedacinhos e parecer incapaz de pensar consecutivamente por mais de dois ou três minutos em seguida". Mas houve quem, já naquela época, tivesse clarividência suficiente para perceber a revolução com a qual se deparava. Desmond Shawe-Taylor, da nova geração da crítica britânica, escreveu no jornal *The New Statesman*:

> As células melódicas surpreendentemente cheias de sentido expandem-se freqüentemente em frases amplas e flutuantes, e alguns dos principais temas vocais da ópera são, na origem, instrumentais. Como em suas melhores obras de final de carreira, Janáček exibe aqui a sua peculiar maestria estrutural, deixando que essas breves células cresçam e se espalhem como um pensamento que germina aos poucos na mente, com todo tipo de novas e expressivas sutilezas harmônicas, mas com elaboração contrapontística ou o adensamento das texturas orquestrais. O resultado é uma espécie de eloqüência interiorizada, que é o contrário da retórica: Janáček é como essas raras pessoas cuja honestidade de espírito, totalmente despida de autocomplacência, faz com que nos envergonhemos de qualquer tipo de exagero ou de fingimento. O mais surpreendente em *Kátya Kabánová* nem chega a ser a sua técnica desusada, mas a força e a pureza dos sentimentos humanos que essa técnica transmite.

O estilo vocal é de modo geral silábico e calcado nas inflexões da linguagem falada, levando adiante as experiências da escola russa. Janáček anotava os modos de falar das pessoas, colecionava intonações e ritmos característicos, tentou até mesmo classificá-los de acordo com seu conteúdo afetivo ou semântico. Embora, no tcheco, sempre se acentue a primeira sílaba, a sua acentuação nem sempre obedece às regras de prosódia e à metrificação normativa, pois elas incorporam também efeitos expressivos que deslocam as tônicas com finalidades dramáticas – mas sempre respeitando a dinâmica da frase falada. A declamação melódica de Janáček oscila permanentemente entre o recitativo e o arioso, e as linhas vocais muito sinuosas permutam constantemente os seus motivos com os da orquestra. Os arquivos Janáček conservam esboços de trabalho em que se observa a sua vontade de dar independência ao acompanhamento instrumental, sobretudo mediante a adoção de métricas diferentes para as vozes e a orquestra. O "lirismo" tradicional é reservado a momentos privilegiados: o final da *Jenůfa*; o dueto de amor de Bystrouška com seu namorado na *Raposinha Esperta*; a cena da morte de Emilia Marty no *Caso Makrópulos*. Por outro lado, Janáček dá preferência aos contrastes entre as vozes elevadas: por exemplo, dois tipos de soprano e de tenor diferentes, na *Jenůfa*.

O ritmo, em suas óperas, recorre à recriação dos cantos e danças folclóricos, sim. Mas também a uma polirritmia firmemente integrada ao fluxo melódico – e que é muito pessoal, fazendo uma utilização individual dos chamados "ritmos espelhados", que são comuns na música étnica eslava. Nesse sentido, a polirritmia janáčekiana é algo que surge de um impulso interno, de dentro para fora, em vez de ser um recurso técnico aplicado de fora para dentro, como no caso de Darius Milhaud.

É também muito pessoal a técnica de orquestração de Janáček: econômica mesmo quando ele utiliza grandes massas orquestrais, pois sempre joga com os naipes de forma camerística, de modo a obter combinações insólitas e envolventes de colorido – o que torna sua música essencialmente timbrística e, portanto, moderna para a época em que foi criada. Nesse sentido, é interessante estabelecer, desde já, uma comparação entre ela e a do russo Módest Mússorgski, de quem Janáček sofreu sensível influência tanto a nível da escrita de melodias vocais decalcadas sobre ritmos naturais da fala, quanto da incorporação, à música erudita, de procedimentos típicos do repositório folclórico. Para Mússorgski, a orquestração não é um dado essencial, tanto assim que deixou muitas de suas obras para serem orquestradas por outros; e seu uso da orquestra é sempre muito funcional, mas sem que nela haja achados realmente excepcionais.

Já para Janáček – tanto quanto para mestres como Berlioz ou Tchaikóvski, Strauss ou Rímski-Kórsakov –, a orquestração é uma componente fundamental do processo de criação musical. Ele pertence àquela família, não muito numerosa, dos compositores que já pensam a sua música, desde o ponto de partida, em termos da precisa conformação instrumental que terá depois de pronta. E muitas vezes, como o demonstram seus manuscritos, já escreve diretamente em forma orquestrada, sem passar pelo estágio preliminar da redução para piano. Esse fato é fundamental também para que se compreenda a formação do "som" extremamente característico que há em tudo o que Janáček escreveu.

Leoš Janáček nasceu em 1854 – um ano após a estréia da *Traviata*. É portanto quatro anos mais velho do que Puccini, seis anos mais velho do que Mahler, dez anos mais velho do que Richard Strauss. Mas como só estréia *Jenůfa* em 1904, é um músico formado na escola de Smetana e Dvořák que rejeita a grande retórica do Romantismo, a elaboração contrapontística, os meios orquestrais pletóricos. E, curiosamente, nesse sentido, rema contra a correnteza pois, nesse início de século XX em que seu nome começa a se afirmar, o que predomina é a euforia neo-romântica da orquestra hipertrofiada, nas imensas sinfonias de Mahler, nos poemas sinfônicos de Strauss, nas óperas de Schreker. Até mesmo Schönberg, a essa altura, ainda participa dessa embriaguez sonora com *Pelleas und Melisande* e, principalmente, com os gigantescos *Gurre-Lieder*.

Janáček, ao contrário, rejeita essa opulência, opta pelo despojamento, pela máxima economia de recursos, que garante à partitura total clareza de texturas, e vira as costas a desenvolvimento, a técnicas de transição e elaboração contrapontística, pois deseja que as notas – só as absolutamente indispensáveis – soem com absoluta intensidade de expressão. Aos

O mosteiro dos Agostinianos de Brno, onde Janáček estudou.

A igrejinha da aldeia de Hukváldy, de onde vinha Janáček...

...e a escola onde seu pai ensinava, e morava com a família: ali ele nasceu em 1854.

românticos, ele censurava não por terem falado dos sentimentos, mas por tê-los falsificado ao exacerbá-los; por terem colocado clichês no lugar da realidade; por terem feito o "teatro dos sentimentos" em vez do "teatro da verdade". Na fase em que suas obras foram produzidas – 1903-1928 – a ópera rejeitava o Verismo, reabilitando as tradições românticas, voltando a trabalhar com os mitos antigos e as narrativas alegóricas, cortejando o irreal e o alucinatório nas produções expressionistas. Remando contra a corrente, Janáček renega tudo o que é estilizado e artificial, visando a aproximar-se do real. Ao longo de toda a sua obra, assistimos ao esforço consciente para romper a carapaça dos clichês e libertar-se das fórmulas pré-fabricadas, que impedem de atingir a verdade imediata das emoções humanas.

O período de formação de Janáček foi longo e tortuoso. No início da carreira, muito influenciado por Pavel Křížkovský, importante autor de música coral, foi para esse tipo de formação que escreveu. Teve contatos com a música ocidental através de seu trabalho como regente e professor, e de seus estudos nos conservatórios de Leipzig e de Viena, entre 1879 e 1880. Sua contribuição, no início da carreira, para a vida musical de Brno foi substancial e durável. Mas vivia o conflito permanente entre a insatisfação com os recursos expressivos da música internacional e um nacionalismo fanático, que o impelia a buscar identidade estética em suas raízes tchecas e, mais especificamente, morávias – e as suas viagens de exploração etnográfica fizeram aumentar progressivamente a consciência que ele tinha da riqueza do acervo folclórico. Essa rigorosa autocrítica, ligada à necessidade de trabalhar duramente como regente e professor, para sustentar a família, explicam as hesitações e o amadurecimento lento. Além disso, suas crescentes dificuldades conjugais chegaram a produzir, entre 1880 e 1884, uma fase de crise de criatividade: estes foram anos em que não conseguiu compor.

Um documento recentemente revelado ajuda-nos a ter, de sua vida íntima, visão mais clara, na medida em que fornece subsídios preciosos para compreender o processo de evolução de sua carreira. Em 1998, John Tyrrell traduziu e editou *Muj Život* (Minha Vida), as memórias da esposa do compositor. Até então, os próprios musicólogos especializados em estudos janáčekianos tinham muita dificuldade de acesso a esse manuscrito, guardado na biblioteca pública de Brno. A descoberta de uma cópia de carbono num antiquário londrino permitiu a publicação de *My Life with Janáček: the Memoirs of Zdenka Janáčková*, contendo as lembranças que ela narrou, entre 1929-1935, à sua secretária, Marie Trkanová.

Minha Vida com Janáček abre perspectivas novas para o conhecimento da personalidade não só do músico, mas também da mulher que conviveu com ele durante meio século: Leoš tinha 23 anos quando se tornou professor de piano de Zdenka, na época com doze; e embora eles tivessem se divorciado oficialmente em 1917, continuaram morando na mesma casa até a morte do compositor. É a história de uma mulher que tinha irrestrita admiração pelo gênio do artista, mas não conseguia viver em hamonia com um homem de temperamento áspero, nem suportava suas infidelidades – em especial o caso que ele manteve com Kamila Stösslová, a mulher de um antiquário de origem alemã, 37 anos mais nova do que ele. Diz Tyrrell na introdução ao volume:

> O mundo musical tcheco estava dividido entre os que condenavam o entusiasmo desinibido de Janáček pela mulher de um outro homem, e os que aplaudiam o seu gosto pela vida em idade avançada, o que lhes parecia corresponder a seu surpreendente florescimento artístico tardio. Para esse último grupo, a figura de Zdenka, cuja formação e caráter limitavam a possibilidade que tinha de entender as realizações de seu marido, era apenas uma velha tola e ciumenta, cujas opiniões não tinham a menor importância. Mas havia aqueles que, como Trkanová, viam nela a esposa leal, de quem se tinha falado mal injustamente, a mulher que, apesar das extraordinárias provocações de que foi vítima, garantiu a Janáček um lar estável, do qual sabia cuidar muito bem, e a segurança que lhe permitiu dedicar-se inteiramente à composição.

As memórias da sra. Janáčková, a que teremos ocasião de recorrer neste capítulo, oferecem portanto um precioso ponto de vista complementar à tarefa de abarcar todos os aspectos de uma das mais surpreendentes carreiras artísticas do século XX. Importantes subsídios foram trazidos também pela pesquisa muito atualizada de Mirka Zemanová em *Janáček: a Composer's Life*, publicado em

2002 pela Northeastern University Press de Boston. Tendo tido acesso a material antes inédito – inclusive a correspondência trocada por Janáček com Kamila – ela traça o perfil de um homem tímido, solitário, temperamental, cheio de dúvidas, mas com uma extraordinária independência de espírito. Um homem que glorificou a Mulher em suas óperas mas, na vida pessoal, foi às vezes cruel com elas.

Durante muito tempo, o contato de Janáček com a ópera foi mínimo. Quando menino, ele tinha cantado no coro, em uma montagem amadora do *Prophète*, de Meyerbeer. Mas na época não havia em Brno um teatro que se dedicasse ao gênero e, em seus anos de estudante em Praga, ele não tinha recursos para se permitir esse luxo. Tudo indica que as primeiras óperas a que assistiu foram *Der Freischütz*, de Weber, e *Les Deux Journées*, de Cherubini, em Leipzig (1880). A respeito dessa última, escreveu à sua futura mulher: "Nada nela me interessou, à exceção de uma única frase."

O interesse por esse tipo de espetáculo só começou a se desenvolver, passados os trinta anos, quando foi inaugurado, em 6 de dezembro de 1884, no local do antigo Salão de Danças Moravských, o Teatro Provisório de Brno, para a encenação de peças de teatro e óperas em tcheco. Entusiasmado, Leoš fundou o jornal *Hudební Listy*, do qual era o principal crítico musical, e as resenhas que escreveu entre 1884-1888, período em que o jornal circulou, constituem precioso documento sobre suas opiniões e conhecimentos. Só no início do século XX, depois de ter-se aposentado da carreira de professor, Janáček pôde viajar com mais freqüência até Praga. Ali entusiasmou-se por obras como a *Madama Butterfly*, de Puccini, ou a *Louise*, de Charpentier – das quais pode-se sentir a influência em *Destino* e *Kátya Kabánová*. Mais tarde, fez a apaixonada defesa de obras modernas como *Pelléas et Mélisande*, de Debussy, ou o *Wozzeck*, de Alban Berg, deixando de ambas iluminadoras análises.

Em 1885, ao ler *Les Aventures du Dernier des Abencérages*, entusiasmado com a saga da reconquista de Granada pelos espanhóis, e as possibilidades cênicas de uma drama ambientado em cenários suntuosos e exóticos como o palácio da Alhambra e os jardins do Generalife, Janáček pensou numa ópera baseada nesse romance de Chateaubriand. Mas logo abandonou esse projeto, de que tinha apenas rascunhado a sinopse dos atos, quando leu, entre 1º de janeiro e 1º de fevereiro de 1887, as três partes de um libreto publicado em fascículos na revista *Česká Thalie*. O poeta simbolista Julius Zeyer escrevera *Šárka* baseando-o em *Ctirad*, quarto canto de seu longo poema épico *Vyšehrad*. Inspirava-se nos escritos de Dalimil, cronista do século XIV, e em dois documentos pretensamente medievais que, mais tarde, constatou-se serem contrafações do século XIX, inspiradas no exemplo dos poemas de Ossian: o *Manuscrito de Dvůr Králové* e o *Manuscrito de Zelená Hora*. Zeyer pensava em oferecer *Šárka* a Dvořák (e em agosto de 1880, a revista *Dalibor* chegou a noticiar que esse compositor já tinha iniciado a composição). Mas Dvořák acabou perdendo o interesse por um texto que lhe parecia pesadamente wagneriano: guerreiras descritas como valquírias, armas mágicas, amantes cuja união só se consuma quando são imolados. Zeyer recorreu então a Eliška Krásnohorská, pedindo-lhe que oferecesse o poema a Smetana; mas este tampouco se interessou, porque não desejava tratar um tema muito semelhante ao da *Libuše*.

Assim que leu o texto de Zeyer, Janáček começou a musicá-lo. Só em novembro de 1887, depois de ter mostrado a Dvořák a partitura para piano, pedindo-lhe a opinião, é que escreveu a Zeyer, solicitando autorização para usar o libreto. Desconfiado e solitário, amargurado pela rejeição de dois grandes compositores, o poeta recusou, irritado:

Não tenho dúvida nenhuma quanto a seu talento. Mas devo lhe dizer que a sua conduta é imprópria. O senhor se engana ao pensar que todo poetinha se sente gratificado quando um compositor se enche de piedade pelo seu poema. E deve ficar contente quando vêm lhe anunciar isso *subseqüentemente*, como o senhor escreve, submetendo-lhe todas as "mudanças" e todos os "arranjos" para que ele simplesmente os aprove. Muito obrigado, cavalheiro. Provavelmente o senhor nem faz idéia de quão inconveniente está sendo.

Artuš Rektorys, que editou a correspondência do compositor para o Janáčkův Archiv, é da opinião que Zeyer estava indignado devido à crítica que o músico publicara, em fevereiro de 1887, no jornal Hudební Listy, demolindo a sua peça *A Ira de Libuše* ("fraca poética e dramaticamente, ela encheu o teatro na noite da estréia, só conseguiu meia casa na segunda, e ficou às moscas na terceira"). Ele não seria o único, aliás, a se ofender com a forma intempestiva com que o crítico Janáček externava seu descontentamento com as obras que resenhava. A atitude do libretista fez Leoš esmorecer. Com o sucesso da *Šarka* de Fibich, em 1897, engavetou o projeto.

Só depois da estréia da *Jenůfa* em Praga (1916), ele se decidiu a exumar a partitura. Numa carta de janeiro de 1918 a Gabriela Horvátová, que fora aplaudidíssima como Kostelčnika na capital, conta ter achado a partitura em um velho baú, estar surpreso por ela ainda existir, e dois atos estarem integralmente orquestrados. Embora a ópera possuísse um estilo romântico que nada mais tinha em comum com seu idioma da época, resolveu terminá-la. Como sabia que, a essa altura, não teria mais a espontaneidade necessária para remanejar trabalho tão antigo, pediu a seu aluno Osvald Chlubna que orquestrasse o ato III. No final de 1918, a Academia Tcheca de Ciências, detentora dos direitos de Zeyer, não regateou a autorização a um músico cujo prestígio era crescente. Janáček submeteu também o libreto a extensa revisão, ajudado por F. S. Procházka, com quem já trabalhara nas *Excursões do Sr. Brouček*. Mas não conseguiu interessar teatro nenhum na estréia dessa peça de juventude.

A ópera foi encenada, finalmente, no Teatro Nacional de Brno, em 11 de novembro de 1925, como parte das homenagens ao 70º aniversário do compositor. Janáček resistiu a todas as tentativas do regente, František Neumann, de mudar o título, para que ela não ficasse com o mesmo nome da ópera de Fibich. Não conseguiu, porém, convencer sua editora, a Universal, a publicar a partitura. Só em 2000 ela foi lançada, em produção conjunta dessa casa com a Editio Moravia, de Brno, revisada por Jiří Zahrádka sob a supervisão de sir Charles Mackerras. Max Brod, o amigo do compositor, tinha-se recusado a traduzi-la para o alemão – o que lhe daria condições de ser apresentada no exterior –, alegando, em carta de 13.2.1928 aos editores: "Nada

encontro nela que me atraia mas, por favor, não digam isso a Meister Janáček." *Šárka* voltou a ser apresentada apenas em Olomouc (1938), Brno (1958) e Ostrava. Só no Festival de Edimburgo de 1993 foi ouvida fora de seu país.

Segundo a lenda, nos tempos míticos da história da Boêmia, as mulheres guerreiras que, durante o reinado da rainha Libuše, tinham desfrutado de privilégios especiais, rebelaram-se, após sua morte, contra o rei Přemysl, seu marido e sucessor. A rebelião é liderada por Vlasta – que não aparece na ópera – e Šárka, a chefe de seu exército. Quando elas tentam invadir a cripta onde está o túmulo de Libuše, são expulsas pelo bravo Ctirad, que possui armas mágicas, e juram vingança. Planejando uma emboscada contra Ctirad, Šárka pede a suas companheiras que a amarrem em uma árvore. Quando ele passa, diz-lhe que foi presa ali por ordem de Vlasta, enciumada da ascendência que ela tem sobre as demais guerreiras. Ctirad a desamarra e a atração de um pelo outro é imediata. Apesar disso, Šárka toca a trompa, chama suas companheiras e Ctirad é morto. Arrepende-se, porém, e quando o guerreiro vai ser incinerado, atira-se em sua pira funerária e morre com ele.

Há muito pouco do estilo de Janácek nesta primeira ópera. É desajeitado o uso que faz da técnica wagneriana do *leitmotiv*, procedimento que nada tinha a ver com sua maneira de se expressar. E ele ainda não sabe como superar as limitações do texto de Zeyer, demasiado sumário – a ópera dura no máximo uma hora –, o que não lhe permite desenvolver personagens e situações com a profundidade com que o fará mais tarde. Apesar da tentativa que fez, em 1918, de quebrar um pouco a regularidade da linha vocal, os versos iâmbicos de Zeyer tornam o libreto muito diferente dos textos em prosa que Janáček musicaria posteriormente. Ainda não existe aquela naturalidade no tratamento rítmico da frase tcheca que é a sua marca registrada. As cenas corais e de conjunto são muito desenvolvidas: a do início do ato II, "Proč zachvělo se srdce mé" (Por que meu coração treme assim?), em que as guerreiras dialogam com Šárka, mostra toda a eficiência do autor de peças para coro. E no ato III há uma elaborada cena fúnebre, de aspecto um tanto estático, envolvendo solistas, coro e orquestra, com caráter de oratório. Só no centro do ato II a música se incendeia com o dueto de amor de Šárka e Ctirad: "Ó, klame lživý... To Vlasta ucinila závistná... Ctirad sluju a bílý otcův dvůr..." (Ó falsa ilusão... Foi Vlasta quem o fez por ciúme... Chamo-me Ctirad, e a branca mansão de meu pai...). Ali, sim, sentimos, de repente, a tensão dramática e erótica do futuro criador de grandes silhuetas femininas. Em 1993, o selo Multisonic lançou o registro de uma transmissão de 1953, da Rádio Brno, regido por Břetislav Bakala, discípulo do compositor, com Alena Nováková e Antonín Jurečka. Apesar da importância histórica desse álbum, muito melhor é a de sir Charles Mackerras, tendo Eva Urbanová e Peter Straka nos papéis principais (Supraphon, 2001).

É severo o julgamento de Guy Erismans sobre essa primeira ópera:

> É muito insatisfatória a audição ou a representação desta obra, que sofre de evidente fragilidade dramática e amontoa os clichês da ópera antiga. Num cenário de papelão, ela apresenta situações esquemáticas e personagens simplificados, nos quais é difícil de acreditar. Aliás, não é fácil pôr em cena mulheres-guerreiras de uma Idade Média mítica. Janáček, cujo senso dramático, posteriormente, será admirável, pecou por inexperiência e por não saber desligar-se de antigos conceitos.

Mas o próprio Erismann concorda que *Šárka* não é tempo perdido, apesar da insegurança de principiante, que prefere agarrar-se ao modelo familiar de Smetana e Dvořák, em vez de arriscar-se a fazer vôos mais ousados. A escolha do assunto lendário boêmio, muito em voga nos meios intelectuais ultranacionalistas do fim do século XIX, explica-se pelo contexto histórico. Mais importante, porém, para o conhecimento do homem e do artista, é o conflito entre as personagens centrais, ilustração do amor impossível que se choca com a rigidez das leis e princípios da sociedade, apresentadas como um destino inviolável e invencível. Já existe aí um traço claro da moral de Janáček, que contém a denúncia da esclerose das mentalidades, que leva à destruição daquilo que não se conforma a elas. O fato de, na época da revisão, estar tomado por um amor que a sociedade não via com bons olhos pode explicar seu carinho por essa primeira experiência,

que quis ver encenada, mesmo depois de ela ter deixado há muito de corresponder às suas concepções dramáticas e musicais.

Para o estudioso, também, *Šarka* é um elo precioso, na medida em que documenta a influência, sobre Janáček, dos mestres tchecos anteriores, mas também de Wagner – como não deixaram de assinalar Milena Černohorská (1966) e Alena Němcová (2001). Era preciso ter-se deixado envolver pelo que o próprio compositor chamava de "a couraça de ferro" do passado, para poder romper com ela e optar pelo caminho oposto, que o levaria a uma fórmula de realismo inigualável.

A recusa de Zeyer em permitir que utilizasse o seu libreto impulsionou Janáček em direção diferente: a das pesquisas sobre folclore que fez, a partir de 1888, em companhia de seu amigo, o etnólogo František Bartoš. Juntos, publicarão, em 1892, o *Kytice z Národních Písní Moravských* (Ramalhete de Canções Populares Moravias), coleção de 53 peças para voz e piano, precedida por vários livrinhos em formato de bolso, contendo 174 melodias vocais sem acompanhamento instrumental. A elas virá juntar-se, em 1901, um total de 195 novas canções tchecas e eslovacas. Antes disso, entre 1891-1893, tinham sido publicadas danças recolhidas nos distritos da Láquia, de Haná e da Valáquia.

Esse material será utilizado, de imediato, em peças orquestrais de estilo ainda um tanto marcado pela influência de Dvořák, como as *Lašské Tance* (Danças da Láquia), de 1889. Ou no balé *Rákos Rákoczy*, escrito para uma exposição que houve em Praga sobre as paisagens e a arte popular da Boêmia e da Morávia. O argumento, do folclorista Jan Herben, tinha por objetivo oferecer-lhe o pretexto para utilizar o material recolhido em suas pesquisas de campo. Pela relação que tem com a evolução da obra operística, vale a pena mencionar em detalhe essa obra de início de carreira, estreada em 24 de julho de 1891.

A personagem é um impostor que, para casar-se com Katyuška, rica herdeira morávia, faz-se passar pelo conde Rákoczy, de Nové Zámký, de nobre linhagem húngara. No dia do casamento, a moça invoca a lembrança de

Jan, a quem amava, e que todos acreditavam ter morrido na guerra. Jan reaparece e, depois de uma confrontação com o trapaceiro, desmascara-o e manda prendê-lo. É uma obra ingênua, cujo interesse reside sobretudo na forma como as danças se entrelaçam a números narrativos cantados por solistas ou pelo coro. Dela, Janáček tirou uma suíte com 41 números, nos quais estão entremeadas cinco das *Lašské Tance* e as sete *Hanácké Tance* (Danças Hanaques), de 1890. Em 1938, o balé foi remontado em Brno com o título de *Hrabe z Nových Zamků* (O Conde de Nové Zámký).

Os diversos tipos de melodia folclórica serão o modelo sobre o qual Janáček edificará seu idioma musical da maturidade. Ele vai constatar que, nessas canções ou danças acompanhadas de canto, as melodias nascem das palavras, e o desenho musical sempre se estabelece a partir do ritmo dos versos. Como as palavras, na língua morávia, são em geral curtas e, na poesia popular, é costumeira a declamação com ritmo abrupto, serão sempre breves e sincopadas as melodias que Janáček escreverá daí em diante. É o que explica as células curtas, obsessivamente repetidas, que caracterizam um estilo diametralmente oposto à tradição européia da melodia operística longa e flutuante, à maneira de Bellini, por exemplo. A ofegante frase musical de Janáček está intimamente ligada à natureza de uma língua onde há predomínio de consoantes, tônicas que caem sempre na primeira sílaba, e vogais longas que agem como subtônicas.

Tomemos como exemplo o próprio nome do compositor, pronunciado *IÁ-ná-tchek*. Embora a palavra seja proparoxítona, a presença da vogal longa na segunda sílaba cria a sensação da subtônica. Essa característica vai condicionar a estrutura da melodia janáčekiana, entrecortada, áspera, com ataques fortes e finais fracos. Nela se reflete a natureza da frase falada tcheca.

As pesquisas que fez com Bartoš abriram a Janáček as portas de um mundo novo, intensamente de acordo com sua natureza mais profunda. É sob o influxo dessa descoberta que ele vai compor sua segunda ópera, ainda de aprendizagem: *Počátek Románu* (Começo de Romance, 1891). Esse é o título de um quadro

de Jaroslav Věšín exposto em julho de 1885 no Clube de Leitura de Brno. A tela de Věšín, que mostra um jovem aristocrata, dentro de uma carruagem, em companhia de um parente mais velho, olhando com interesse e acenando para uma bela camponesa que se encontra na beira da estrada, inspirou uma novela de Gabriela Preissová. O texto dessa precursora do Realismo tcheco vale menos pela historinha ingênua do amor impossível entre a jovem Poluška e o aristocrata Adolf, do que pela evocação da vida do povo mediante a descrição detalhada dos hábitos, das formas de se comportar, de se vestir, de comer, de trabalhar.

A julgar por uma carta de 6.2.1888, Janáček pediu a Preissová que lhe preparasse um libreto baseado em *Počátek Románu*. Mas ela se desculpou, alegando estar muito ocupada. Preissová chegou a pedir a Krásnohorská que o fizesse; mas esta também declinou, respondendo ter decidido nunca mais escrever para o teatro, após as críticas que seus últimos libretos para Smetana e Karel Bendl tinham recebido. Foi por isso que, por sugestão de Bartoš, Janáček recorreu ao mestre-escola František Rypácek que, sob o pseudônimo de Jaroslav Tichý, redigiu um drama bastante insípido.

O guarda-caça Mudroch vai contar aos pais de Poluška que ela anda de namoro com Adolf, o filho do conde Halužanský. Ingenuamente, Jurášek, o pai da moça, vai falar com o conde e este, irritado, exige que os dois jovens se afastem imediatamente. A Adolf não desagrada nem um pouco a exigência do pai de que fique noivo da bela e rica condessa Irma. E Poluška tem de se consolar com Tonek, a quem estava prometida. No final, de tom muito conformista, todos afirmam que esta foi a melhor solução, pois casamentos devem ser feitos dentro da classe social a que cada um pertence. Os versos muito medíocres de Tichý não inspiraram particularmente o compositor e ele preferiu adaptar a seu texto música já existente – a "Starodávný" das *Danças da Láquia*, por exemplo, no dueto Poluška-Adolf –, ou transcrever melodias folclóricas autênticas na ária "Žalo dívča, žalo travu", de Poluška, ou nos coros que, dos bastidores, fazem comentários irônicos à ação.

O resultado é extremamente estilizado, com personagens populares de um bucolismo artificial, que nada têm de verdadeiro. Além disso, como estava reutilizando grande quantidade de música já escrita, Janáček não poderia fazer um trabalho muito original no que se refere à linha vocal. Em todo caso, a instrumentação insólita da partitura – em que intervêm tuba, corne inglês, clarineta grave, glockenspiel e harpa, usada para imitar a lira folclórica – já prenuncia o grande instrumentador do futuro. *Počátek Románu* é interessante também pelos elementos de sua trama aparentados ao da *Jenůfa*: a sedução, o abandono, a presença de alguém que ama de verdade e está decidido a superar os traumas. E por ter constituído o primeiro contato de Janáček com a obra de Preissová. No conjunto, porém, a música do ainda inexperiente operista é bastante trivial.

Embora a resenha de Karel Sázavský, após a estréia em 10 de fevereiro de 1894, fosse bastante favorável, o próprio Janáček tinha consciência da irregularidade de *Começo de Romance*. Foi a única de suas obras de início de carreira que nunca tentou revisar. Em 1924, chegou a dizer, numa carta a Brod, que tinha queimado mais da metade da partitura. Sabia avaliar, porém, o interesse musical de algumas de suas páginas, tanto que as reaproveitou na *Suite Orquestral op. 3*. Só depois de sua morte, o manuscrito de *Começo de Romance* foi localizado e editado. Para conhecer essa ópera, existem, no selo Supraphon (1978), a gravação de František Jílek, com Hladlik e Barová e, no selo Voce, o registro pirata de uma transmissão radiofônica da Rádio Brno, com o mesmo regente.

Mas *Começo de Romance* é, na feliz expressão de Michael Ewans, "o mais proveitoso dos fracassos" (*Janáček's Tragic Operas*). A decisão de utilizar material folclórico levou o compositor a concluir que o modelo wagneriano, com estrutura contínua, comentário orquestral desenvolvido e canto em estilo de arioso, era inteiramente inadequado a seus propósitos. Em vez disso, optou pela forma do *singspiel*, com números cantados interligados por diálogos falados, o que lhe permitiu, com muito mais naturalidade, inserir as canções populares, de estrutura fechada, como material temático das árias. Não se tratava de um retrocesso para o modelo convencional, mas da escolha consciente da forma que melhor se adaptava à criação de uma ópera em que se refletisse a índole da música folclórica nacional. O inconfundível estilo maduro de Janáček terá seus alicerces, portanto, nessa crescente intimidade com o acervo das canções de seu povo.

Aqui, há uma característica peculiar do folclore tcheco a ser considerada. Ao contrário das canções populares de outros países do Leste europeu, as da Tcheco-Eslováquia são, com freqüência, acompanhadas de danças, que representam as situações da vida quotidiana (plantio e colheita, rituais familiares como batizados, casamentos e funerais, festas celebrando a passagem das estações). Isso lhes dá um caráter naturalmente dramático, de pequenas histórias que não se limitam a ser narradas através do canto, mas são também simbolicamente encenadas através dos gestos da dança. Em algumas dessas canções narrativas, Janáček encontrou verdadeiros mini-dramas de grande intensidade. E a harmonização que lhes deu – geralmente para coro – já exibe em germe a técnica que, em maior escala, aplicará mais adiante na elaboração de suas óperas. É o caso típico de *Žárlivec* (O Ciumento, 1888), contando a história de um bandido agonizante, que tenta matar a sua namorada para que ela não seja de ninguém mais depois de sua morte. Essa canção já prefigura o tratamento que Janáček dará, em *Jenůfa*, sua primeira ópera madura, ao tema das paixões violentas que assumem forma destrutiva – tanto assim que, de *Žárlivec*, saiu a abertura inicialmente prevista para *Jenůfa*. Depois de desistir da idéia, Janáček converteu-a em um poema sinfônico intitulado *Žárlivost* (Ciúme), que mencionaremos mais adiante.

Todas as características do estilo de Janáček tomam, de resto, como ponto de partida a experiência folclórica. Repetições, uso de pedais, improvisações com arpejos, trilos e arabescos, todos esses traços típicos de sua maneira de escrever são comuns na música folclórica tcheca. Sua insistência em orquestrar explorando a individualidade tímbrica dos instrumentos deita raízes na forma como se organizam os conjuntos populares de seu país. E mesmo os longos comentários orquestrais com que costuma encerrar os atos de suas óperas são herança da tradição do poslúdio, que o acompanhador improvisa sobre o tema da canção, depois que o cantor se cala. Essa opção pelo substrato folclórico está, em suma, intimamente ligada a um aspecto fundamental da personalidade artística de Janáček: sua tendência ao realismo. Depois de *Šarka*, ele abandona, de uma vez por todas, o mundo heróico e legendário, em favor das pessoas reais e de seus problemas quotidianos. Em *As Excursões do Sr. Brouček*, de 1917, a primeira parte, passada na Lua, é de clima fantástico; e a segunda, ambientada durante as guerras de religião do século XV, retorna aos temas heróicos do passado. Mas isso é feito de forma irônica, como um recurso indireto para fazer um comentário crítico a seu próprio tempo. E se, na *Raposinha*, Janáček recorre ao mundo fantasioso dos animais falantes, é também porque lhe dá um tratamento alegórico, referindo-se sempre simbolicamente a características, virtudes e defeitos do ser humano. Há razões muito claras para que as óperas de Janáček se passem sempre no ambiente burguês ou rural. Isso se deve às suas origens simples e a seu temperamento radicalmente igualitário. Mas é também porque sua música se enraíza na canção folclórica, e esta, em resultado de séculos de dominação estrangeira, refletia exclusivamente a vida das classes mais baixas.

Por suas origens como o décimo filho de um mestre-escola da aldeia morávia de Hukváldy, onde nasceu em 3 de julho de 1854; por suas convicções políticas radicalmente igualitárias; por seu nacionalismo extremado, Leoš Janáček só poderia ter-se voltado para a realidade contemporânea. Ele é feito da mesma massa de um Verdi, por exemplo, cujo universo não tem lugar para o simbólico, o legendário e as digressões teóricas, e precisa partir diretamente da experiência vivida para criar. Entretanto, é interessante notar que, embora sempre atento aos movimentos sociais e políticos de seu tempo, Janáček queria dar às suas óperas uma empostação mais abrangente. Por esse motivo, nunca introduziu nelas o tipo de protesto aberto que há, por exemplo, na *Sonata "1.X.1905"*, para piano, também chamada *Z ulice* (Da Rua). A sonata foi escrita em memória do operário František Pavlík que, na data

indicada no título, morreu durante manifestações de rua, em Brno, em favor da abertura na cidade de uma universidade tcheca – projeto que, naqueles dias anteriores à independência, era recusado pela minoria alemã dominante.

Mas a ausência desse tipo de tema em seus libretos não significa que eles sejam escapistas. Janáček nunca compôs um equivalente tcheco do *Nabucco*, reivindicando a liberdade para a sua terra. Mas encarou o problema da condição humana de um ângulo tão amplamente universalizante – apesar da abordagem regionalista, seu sistemático ponto de partida – que fez com que isso independesse da referência a acontecimentos correntes. Nisso, também, está uma das virtudes de seu teatro: de todos os operistas que partiram do nacionalismo para erigir o seu sistema dramatúrgico, talvez seja ele o que melhor resolve a necessidade de conciliar os elementos locais – a ambientação camponesa e os elementos de descrição de costumes regionais que há na *Jenůfa* ou na *Raposinha Esperta* – e o universal: a problemática do ser humano como um todo, a criação de personagens e situações nas quais cada um de seus espectadores possa, de alguma forma, reconhecer-se.

A estréia de *Começo de Romance* foi a primeira e última vez que Janáček regeu um espetáculo de ópera. Como maestro, já tinha dado provas de talento ao conduzir as grandes obras corais de Dvořák e partituras monumentais como a *Missa Solemnis*, de Beethoven, o *Salmo 94*, de Mendelssohn, ou o *Requiem* de Berlioz. Jan Kunc, que estudou com ele, deixou um testemunho eloquente de seu desempenho no pódio:

A consciência escrupulosa com que estudava uma partitura, a precisão com que dissecava a composição em seus mais ínfimos detalhes, o temperamento de que dava mostras ao reger eram extraordinários. Antes dos ensaios, pedia aos solistas e chefes de estante que viessem separadamente à sua casa, para lhes dar as suas instruções. Era um regente incomparável, de energia férrea, que exigia de nós esforços extremos, um artista tão duro e inexorável conosco quanto consigo mesmo. A força de sua regência residia na capacidade que tinha de sugerir o que queria com um simples olhar, um ligeiro movimento da mão. Não tolerava nenhuma imprecisão no ritmo (disso sabiam os percussionistas), nenhum erro na entonação, nenhum enfraquecimento dos matizes dinâmicos. Só subia no estrado quando tinha certeza de possuir uma concepção completa da obra. E, aí, parecia cego, frio como gelo mas, na realidade, era presa de intensa exaltação da alma.

Nascida na cidade boêmia de Hora, Gabriela Preissová casou-se em 1880 com Jan Preiss, engenheiro de origem alemã, e com o marido viajou para a região de Slováčko, onde ele fora designado a trabalhar numa refinaria de açúcar em Hodonín. Afastado dos centros de industrialização, o sul da Morávia permanecera um foco de preservação de tradições, folclore e formas muito antigas de comportamento. Esse terreno virgem sempre atraíra o olhar do observador, desde que pintores românticos como Josef Maneš e Frantz Uprka se dedicaram a reproduzir suas paisagens, e que etnólogos como Bartoš e Frantíšek Susil empenharam-se em compilar seu acervo de cânticos e danças. Preissová observou os costumes da população rural morávia, e recolheu uma série de histórias autênticas, aproveitando-as nos três volumes dos *Quadros da Eslováquia Morávia* (1886-1889), que a tornaram extremamente popular.

Em 1889, František Adolf Šubert, diretor do Teatro Nacional de Praga, pediu-lhe que transformasse um desses contos em peça de teatro. Ajudada por Ladislav Stroupežnický, ela preparou *Gazdina Roba* (A Jovem Administradora da Fazenda), tão bem recebida, que ele a encorajou a fazer o mesmo imediatamente com *Její Pastorkyňa* (A Enteada Dela), estreada em 9 de novembro de 1890. Essas duas peças são o marco inaugural da escola do "drama camponês" que, nos últimos anos do século XIX, renovou o teatro realista tcheco. O público reagiu horrorizado à crueza com que é contada a história de Jenůfa; e Preissová foi violentamente atacada pelos membros do *establishment* conservador, fiéis ao Pós-romantismo. Mas os realistas, influenciados pelo Naturalismo materialista de Zola, se recusaram a sair em sua defesa, pois a eles desagradava o sentimento religioso subjacente à peça. E desaprovavam o otimismo com que a história termina.

Preissová defendeu-se corajosamente, no *Pražské Noviny*, da acusação de que "as coisas não aconteciam assim" no campo, dizendo ter vivido nove anos naquela região, e demonstrando ter-se inspirado em dois incidentes reais, noticiados pela imprensa. Mas ficou tão abalada pelos ataques, que perdeu a cônfiança em si mesma e, embora continuasse publicando contos e crônicas, nunca mais escreveu nada de tão forte. A direção do Teatro Nacional também se amedrontou e tirou a peça de cartaz. Mas isso não a impediu de exercer grande influência sobre os maiores nomes do teatro realista tcheco: os irmãos Alois e Vilém Mrštík, F. X. Svoboda, Josef Merhaut. *Její Pastorkyňa* foi retirada de cartaz em Praga, mas não censurada, pois Brno a assistiu em 10 de janeiro de 1891 e – embora não haja nenhuma comprovação documental disso – é bem provável que Janáček a tenha visto nessa ocasião.

Eram os tempos em que o sucesso retumbante da *Cavalleria Rusticana* fazia a ópera entrar numa fase nova, de realismo acentuado. Mas o que atraiu o compositor em *Její Pastorkyňa* não foi o *succès de scandale*, e sim a possibilidade de escrever uma ópera que, como as de Smetana, refletisse a identidade nacional. Nas pesquisas que fizera para escrever sua peça – ajudada pelo mesmo Bartoš com quem Leoš trabalhara –, Preissová tinha levantado um material sobre a cultura, os costumes e as modalidades dialetais morávias que, para ele, era uma fértil fonte de inspiração. Talvez tivesse chamado sua atenção, também, a semelhança entre a idéia central da peça e as intensas mini-tragédias que encontrava condensadas no texto de canções folclóricas como *Žarlivec*.

Preissová foi precursora não só do drama camponês, mas também da literatura feminina tcheca. Suas personagens – a Eva de *Gazdina Roba*, a Jenůfa de *Její Paztorkyna* – são grandes figuras em luta para se afirmar como mulher num universo dominado pelo homem. E isso não pode ter deixado de fascinar a um dramaturgo em cujo universo a mulher, e suas relações difíceis com o amor e o mundo em que vive, desempenham papel fundamental. Nesse sentido, Janáček está muitíssimo afinado com fortes tendências sociais da época em que trabalhava em *Jenůfa*. No ano da estréia da peça de Preissová, foi inaugurado o *Minerva*, primeiro liceu feminino da Tchecoslováquia, passo inicial para que às mulheres fossem abertas, mais tarde, as portas da universidade. O *Minerva* foi a culminação do trabalho da fe-

Leoš e sua esposa Zdenka, logo após o seu casamento.

Olga Janáčková aos 20 anos, na época em que foi estudar na Rússia – de onde voltou seriamente doente.

A página de seu caderno de anotações em que Janáček anotou a "melodia da fala" das últimas palavras de sua filha Olga, agonizante.

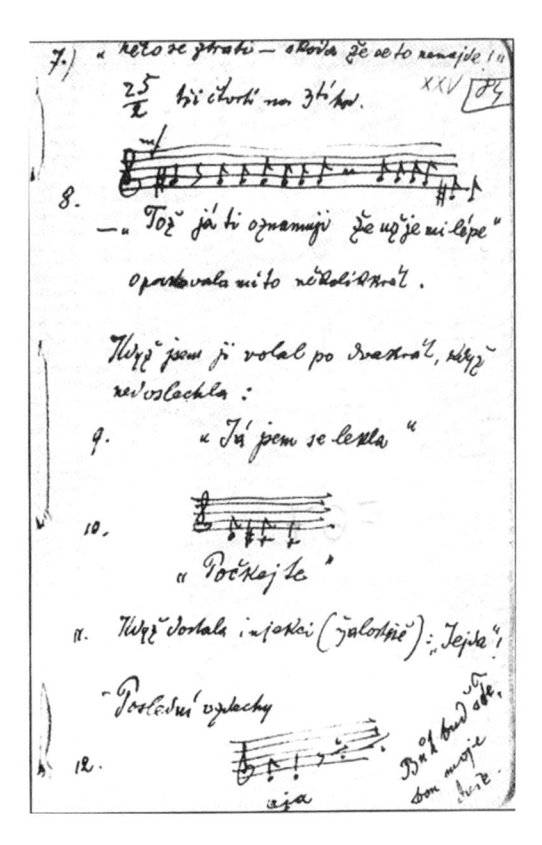

minista Karolia Svetla à frente da Sociedade Feminina da Indústria, que lutava pela igualdade do direito da mulher à instrução e ao trabalho. Em torno da SFI, mas inspirando-se também no exemplo de escritoras como Preissová ou Božena Nemcová, vão surgir os primeiros nomes do feminismo tcheco: Tereza Nováková, Božena Víková-Kunetická, Amália Vrbová, Anna Lauermannová.

Ao ser procurada por Janáček, que lhe pedia a autorização para musicar o seu drama, Preissová a princípio mostrou-se relutante: "Acho que o material de *Její Pastorkyňa* não se presta à adaptação musical – quem sabe com o tempo encontramos algo mais adequado?" Acabou concordando, porém, porque desde os tempos de *Começo de Romance*, eram amigáveis as relações entre ela e o compositor. Mas não estava convencida – sentimento que, no futuro, seria compartilhado por outros autores de textos usados por Leoš. A redução do drama foi iniciada em 18 de março de 1894; mas a ópera só ficaria pronta nove anos depois.

Sobrava-lhe muito pouco tempo para compor. Janáček era regente de coro e organista, professor de música na Escola Normal, diretor da Escola de Organistas, regente da Sociedade Coral Beseda. Além disso, a gênese de *Jenůfa* esteve cercada por uma dificuldade particularmente dilacerante. Em outubro de 1890, Leoš já tinha perdido o filho Vladimír, de dois anos, vítima de escarlatina, complicada por uma crise de meningite. A partir de 1902, ele viu declinar lentamente a saúde de Olga, a sua filha. Menina frágil que, desde pequena, sofria crises de reumatismo, Olga contraiu tifo em São Petersburgo, onde o pai a mandara para aperfeiçoar os conhecimentos de russo (russófilo como era, ele pretendia que a filha se dedicasse ao ensino dessa língua). A insistência dos pais em trazê-la de volta à Morávia agravou seu estado, fazendo desenvolver-se a tuberculose. Olga morreu em 26 de fevereiro de 1903, aos 21 anos. Ao se completarem exatos nove anos de que o trabalho começara, em 18 de março de 1903, Janáček pôde finalmente anotar, na página de rosto de seu surrado exemplar da peça de Preissová: "Três semanas após a terrível luta de minha pobre Olga contra a morte. Terminou." A respeito da véspera do último Natal que passa-

ram juntos, em 22 de dezembro do ano anterior, Zdenka Janácková conta em suas memórias:

> À tarde, ficamos junto dela. Meu marido acabara de terminar *Její Pastorkyňa*. Olga tinha-se interessado muito por ela durante todo o tempo em que Leoš a compunha. E meu marido costumava dizer que o seu modelo para a personagem de Jenůfa tinha sido a nossa filha doente. Olga lhe pediu: "Papai, toque-a para mim, pois nunca poderei assistir a ela." Leoš sentou-se ao piano e tocou... e eu não agüentei e tive de sair da sala.

Essa história é confirmada por Marie Stejskalová que, por muitos anos, trabalhou na casa dos Janáček. Nas *Reminiscências* que publicou em 1952, ela conta:

> Quando a patroa ouviu o início de *Její Pastorkyňa*, saiu correndo para a cozinha, pois não queria chorar diante de Oluška, que ficou imóvel, ouvindo até o fim. As mãos do mestre tremiam, ele estava pálido como um lençol, mas continuou tocando. Quando se levantou do piano, Olga lhe disse: "É linda, Papai. Que pena que nunca a verei".

"A partitura da *Její Pastorkyňa*", escreveu Janáček logo depois de ter terminado a ópera, "deveria ser atada com a fita negra da longa doença, dos sofrimentos e das queixas de minha filha Olga e de meu filhinho Vladimír." A dor pela perda da filha perpassa profundamente a música da *Jenůfa*. Está presente também na cantata para tenor, coro e piano *Elegie na Smrt Dcery Olgy* (Elegia para a Morte de Minha Filha Olga), de 1903, com texto de Marfa Veveritza, professora da moça no Círculo Russo de Brno. E vibra em cada nota do melancólico ciclo para piano *Po Zarostlém Chodníčkou* (Num Sendeiro Encoberto), que Leoš escreveu entre 1901-1908. São peças em que ele evoca os solitários passeios a pé que fazia, nos bosques em volta de sua casa, para distrair-se do sofrimento. Raramente a dor da perda foi descrita de maneira tão perturbadora.

Para compreender a ação da *Jenůfa*, é necessário ter uma idéia de seus antecedentes e da genealogia das personagens, pois foi necessário cortar muita coisa da peça que os explicava. A história passa-se no moinho pertencente à matriarca da família, Stařenka Buryovka (a avó Burya). Dos dois filhos que teve, o mais velho casou-se com a viúva Klemeň, que já era mãe de um rapaz, Laca, e com o segundo marido teve um outro filho, Števa. Quanto ao mais novo, do primeiro casamento ele teve uma filha, Jenufa, e em segundas núpcias desposou a Kostelníčka (Sacristã), com quem não teve filhos. No momento em que a ação da peça se inicia, esses dois filhos da Buryovka já morreram. E como a matriarca está muito idosa, agora ela é uma *vyminkařka* – ou seja, cedeu seus direitos à Kostelníčka em troca da garantia legal de alimento e alojamento; o que significa uma inevitável perda de status (no ato I da peça, não é muito respeitosa a forma como seus netos a tratam). Com seu temperamento forte e decidido, é a Kostelníčka quem segura, agora, as rédeas do grupo familiar.

Para que se visualizem melhor as relações de parentesco, fundamentais para compreender os conflitos que vão se desenrolar, considere-se este quadro:

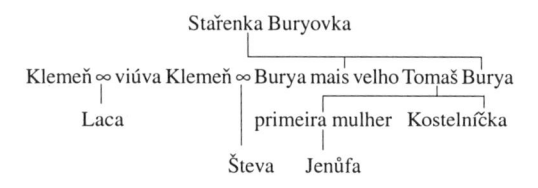

No título da peça de Preissová, Jenůfa é, portanto, descrita como a "pastorkyňa" da Kostelníčka. Em tcheco, essa palavra significa tanto "filha adotiva" quanto "enteada" – neste caso, ela é uma enteada, pois é a filha legítima do primeiro marido da Sacristã. Janáček teve problemas a esse respeito com a Universal Verlag, quando a partitura foi publicada, em setembro de 1917. Embora insistisse que o correto seria *Stieftochter* (enteada), a ópera foi chamada de *Ihre Ziehtochter* – palavra alemã hoje em desuso, sinônima de *Pflegetochter* (filha adotiva). Ao fazer a tradução alemã do libreto, para a apresentação no exterior, Max Brod preferiu dar à ópera o nome de sua protagonista, que é mais simples e eufônico. É, portanto, como *Jenůfa* que ela é conhecida no mundo inteiro. Na República Tcheca, esse nome é mantido em gravações que se destinem também à distribuição no exterior. Mas nas apresentações teatrais para uso interno, ela continua a ser chamada de *Její Pastorkyňa*, o seu nome original.

Laca está indiretamente vinculado ao núcleo familiar devido ao casamento de sua mãe com o Burya mais velho. Mas não possui nenhum laço formal de parentesco com ele. Numa cena da peça que Janáček cortou, Laca conta ao Moleiro que, entre a morte de seu pai e o segundo casamento, a sua mãe apaixonou-se por um homem bem mais novo, a quem entregou todos os seus bens. Isso o deixa em desvantagem, pois não recebeu herança alguma da mãe, e Števa, descendente da avó em linha direta, será o único herdeiro do moinho quando ela morrer. Em outra cena eliminada, Preissová nos conta que o Prefeito – há muito tempo de olho em Števa como o candidato ideal para a sua filha Karolka – usou de seu prestígio para livrá-lo do recrutamento militar.

Tudo isso agrava o ressentimento de Laca contra o meio-irmão, diante do qual sente-se inferiorizado, pois ele é mais bonito, mais atraente e mais rico. Esse sentimento negativo aumenta, quando Laca percebe que Jenůfa, a quem ama, está apaixonada por seu meio-irmão. O que Laca não sabe é que Jenůfa está grávida de Števa, e espera que ele a peça em casamento. Mas Kostelníčka – cujo cargo de Sacristã, isto é, de guardiã da igreja local, lhe dá grande autoridade e ascendência sobre a comunidade – sabe que Števa é beberrão e mulherengo. Ela sofreu muito em seu casamento com Tomaš Burya: o marido dilapidou de tal forma os bens do casal, jogando e bebendo que, ao ficar viúva, ela teve de se humilhar trabalhando como *krosnařeni*, a vendedora ambulante que vai de porta em porta oferecendo miudezas que leva em sua *krosna* (cesto). Nas fotos das primeiras produções da ópera, é comum ver Kostelníčka trazendo às costas seu cesto de ambulante.

Mas ela é uma mulher altiva – numa das rubricas da peça, Preissová explica que ela "fala e anda de maneira mais nobre do que todas as mulheres da aldeia" – e, por isso foi escolhida para o cargo de Sacristã quando seu predecessor, o alfaiate da aldeia, morreu. À sua maneira rude e desajeitada, ela gosta da enteada, quer protegê-la e, para evitar que Jenůfa cometa o mesmo erro que ela, impõe a Števa que espere durante um ano, para poder demonstrar que é digno de desposá-la. Confrontado com a certeza de perder Jenůfa, e desesperado de ciúme, Laca perde a cabeça e fere-a no que tem de mais bonito: o rosto de traços perfeitos e pele rosada, que todos os rapazes da aldeia admiram tanto. Desfigura-a com uma facada para que, assim, ela deixe de atrair a seu vaidoso meio-irmão.

E de fato, depois que a cicatriz altera a beleza de Jenůfa, Števa recusa-se, apesar das súplicas de Kostelníčka, a casar-se com ela ou a reconhecer o filho, que nasceu secretamente (a Sacristã escondeu a enteada em casa, depois de ter dito a todos que ela viajara para Viena). Kostelníčka planeja, então, casá-la com Laca, que ainda a ama. Este aceita, mas fica escandalizado ao saber que ela teve um filho bastardo de seu odiado meio-irmão. Para tranqüilizá-lo, Kostelníčka garante que o bebê nasceu morto. Em seguida, já que ninguém soube do nascimento da criança, e aproveitando que Jenůfa ainda está inconsciente, com febre, após o parto, decide matar a criança, afogando-a no rio do moinho. Quando a enteada acorda, Kostelníčka lhe conta que ela delirou durante dois dias; nesse período, a criança morreu, e já foi secretamente enterrada. Jenůfa conclui que foi a vontade de Deus, concorda em guardar segredo e em casar-se com Laca para salvar a sua honra.

No dia das bodas, camponeses vêm anunciar terem encontrado o cadáver de um bebê boiando no rio. Quando Jenůfa, horrorizada, reconhece-o como o seu, todos a acusam de assassinato, exceto Laca, que a defende com veemência. Cheia de remorsos, Kostelníčka confessa seu crime. Embora chocada, Jenůfa reconhece que foi por amor que ela agiu de forma tão cruel, e a perdoa. A Sacristã é levada presa e Karolka, a filha do juiz de paz que, nesse meio tempo, tinha ficado noiva de Števa, rompe com ele ao perceber como se comportara, rejeitando o filho que tivera com a prima. Sozinha com Laca, Jenůfa lhe diz: agora que terá de enfrentar o processo pela morte do filho, ele pode sentir-se desobrigado da promessa de esposá-la. Mas Laca reafirma seu amor e a vontade de tê-la como mulher. Percebendo finalmente a profundidade de seus sentimentos, Jenůfa estende-lhe a mão dizendo:

O Laco, duša moja! O pojd', o pojd'! Včil k tobě mne dovedla láska – ta větší co Pánbůh s ní spokojen!

(Laca, minha alma! vem! O que te traz a mim é o amor – o maior amor, com o qual o coração de Deus se regozija!)

A língua em que Preissová escreveu sua peça foi muito criticada por espectadores que a acusaram de ter apenas enfeitada o tcheco literário com algumas expressões de dialeto morávio. O jornal *Čás* (A Hora) publicou uma carta anônima – mais tarde, seu autor foi identificado: era Tomaš Masaryk, o futuro presidente da Tchecoslováquia – afirmando que aquele jeito de falar nunca existira na Morávia. E, no entanto, ela é muito cuidadada no tratamento que dá aos níveis de linguagem das personagens: a Sacristã, por exemplo, sempre se expressa com mais correção do que os outros. E conserva um hábito muito comum entre os habitantes de Slovácko, o de falar por meio de provérbios – por exemplo, as palavras da avó, que Janáček mantém: "Každy párek si musí svoje trápeni přestat" (todo jovem casal deve tentar resolver seus problemas).

A acusação que mais mortificou Preissová foi a de que ela tinha plagiado *O Poder das Trevas*, de Liev Tolstói. As duas peças passam-se no campo, em ambas há a morte de uma criança que liberta a mãe para que ela possa se casar, e as duas têm cenas de casamento que são interrompidas por uma admissão de culpa. A peça de Tolstói é de 1886 e a tradução tcheca foi publicada em fascículos, no *Česká Thalia*, entre 1886-1887. Além de suas personagens e motivações serem diferentes, é muito pouco provável que, vivendo por muito tempo em Slováčko, Preissová tivesse tido acesso ao original russo ou à tradução tcheca antes de publicar o conto em sua coletânea de histórias morávias.

Ao trabalhar, em 1894, diretamente com um texto teatral, condensando-o, reduzindo-o, mas conservando-o, do ponto de vista dos diálogos, tal qual foi escrito, Janáček está antecipando as experiências que, no Ocidente, serão feitas por Debussy (*Pelléas et Mélisande*), Richard Strauss (*Salomé*) ou Mascagni (*Guglielmo Ratcliff*). Por enquanto, seu tratamento do texto de Gabriela Preissová é bastante respeitoso. Não faz alteração alguma nos trechos que utiliza, e mantém os episódios exatamente na ordem em que aparecem na peça. Posteriormente, agirá com muito maior liberdade, alterando a ordem dos atos da peça de Ostróvski na *Kátya Kabánova*; inventando, na *Raposinha Esperta*, personagens e situações

Maria Jeritza no papel-título da montagem vienense de *Jenůfa*, em 1918.

Martha Mödl como Kostelníčka, e Waldemar Kmentt como Laca, na montagem da *Jenůfa, em* 1964, na Ópera de Viena.

Gitta-Maria Sjöberg no papel-título da Jenůfa: montagem de David Radok na Ópera Real de Copenhague, em 1999, com cenários de Tazeena Firth e regência de John Latham Koenig.

que não existiam na fonte em que se baseou; e tornando trágico, no *Caso Makrópulos*, o tom satírico da comédia de Čapek que o inspirara.

Mas o respeito ao texto de Preissová não o impede de operar modificações fundamentais na personalidade de Kostelníčka que, na peça, é a personagem principal (é a ela que se refere o possessivo *její*, dela, no título original). Janáček elimina as referências à sua atividade de benfeitora como parteira, enfermeira e conselheira conjugal das mulheres da aldeia, e a história, contada pelo Prefeito, de como recentemente ela salvou uma menininha que estava à morte com difteria. É uma pena sumir a conversa com a Pastuchyňa, a guardadora das vacas, que vem lhe perguntar o que fazer do interesse demasiado que o marido tem demonstrado pela jovem ajudante da taverna. A resposta é cheia de bom-humor e sabedoria: não lhe dê dinheiro demais, para ele não o ficar torrando na taverna; mas não o reprima pois, quando se cansar dessa aventurinha, ele volta para você.

Janáček faz da Kostelníčka uma mulher monolítica, autoritária, cuja dureza contrasta com a doçura de Jenůfa, e cujas motivações nunca são explicadas. O carinho que, na peça, ela demonstra pela enteada não é muito aparente no início da ópera, e ela parece agir mais por beatice do que por ternura. O foco dramático pode, assim, deslocar-se para a figura da moça, que evolui da passividade inicial para uma grande elevação de alma no fim: através do sofrimento, ela se transforma numa pessoa madura, capaz de compreender, perdoar e buscar o caminho da renovação. O destaque dado a Jenůfa justifica a opção de Brod, que batizou a ópera com seu nome. A oposição entre enteada e madrasta, de resto, está muito clara no que se refere à escolha dos registros vocais. Jenůfa é um soprano lírico, o que corresponde à sua juventude e frescor, enquanto Kostelníčka é um soprano dramático de acentos amplos e retóricos – o que significa que uma mesma cantora, ao amadurecer, pode passar de um papel para o outro.

As duas personagens, mulheres que enfrentam seu próprio destino e a opressão do corpo social, abrem caminho para as grandes heroínas trágicas do teatro janáčekiano: Kátya, Bystrouška, Emilia Marty. E também, como

mais tarde na *Raposinha Esperta*, a narrativa de *Jenůfa* se inscreve no ritmo das estações: o ato I passa-se no verão; o infanticídio é cometido em pleno inverno; a confissão e o perdão ocorrem no florescer da primavera, fechando o círculo ao remeter à primavera anterior ao início da peça, em que a criança tinha sido concebida. O senso teatral de Janáček está presente em cada página. Em *Jenůfa*, é notável a economia e a profundidade de visão que o observador, dotado de agudo senso da compreensão psicológica, tem de suas criaturas, sem que haja um só tempo morto no desenvolvimento dramático. Não há um só trecho a eliminar – e até mesmo uma passagem sacrificada pelo próprio autor reencontra naturalmente o seu lugar na ópera, como o demonstrou sir Charles Mackerras.

Na gravação que fez para a London, em 1983, Mackerras restabeleceu o monólogo "A tak bychom šli celým životem" (Poderíamos passar assim a nossa vida inteira), em que Kostelníčka explica a sua maneira de agir. Diz ter querido poupar a Jenůfa, caso se casasse com Števa, os mesmos sofrimentos por que ela própria passou, no casamento com um homem bonito, que tinha os mesmos cabelos dourados do filho, mas bebia, batia nela, e jogava o dinheiro pela janela. Janáček decidiu eliminar esse trecho, para tornar bem clara a distinção entre as personalidades das duas mulheres. A opção de Mackerras, entretanto, não deixa de ser judiciosa, na medida em que acrescenta um dado de maior complexidade humana à figura da Sacristã.

A diferença entre as duas é claramente enfatizada pela música: a linha vocal de Kostelníčka é angulosa, declamatória, com saltos de oitava que enfatizam a aspereza de seu temperamento. Veja-se, por exemplo, a forma incisiva como, no monólogo restabelecido, ela repete à enteada que, se desposar Števa,

mohla bys ty rozhazované peníze sbírat, peníze sbírat!

(só te restará vê-lo jogar o dinheiro fora, jogar o dinheiro fora!)

Já Jenůfa tem um estilo sempre cantabile. Um de seus mais belos momentos é o monólogo do ato II, "Mamičko, mám težkou hlavu"

(Mãezinha, dói-me tanto a cabeça), quando ela acorda sozinha, em casa da Kostelníčka – que acaba de sair levando o bebê. Está angustiada, cheia de maus pressentimentos, preocupada com a ausência de Števa que não vem vê-la, e reza a *Salve Rainha*, pedindo a proteção da Virgem:

Zdrávas královno, matko milosrdenství, živote sladkosti, tys naděje naše! Bud'zdráva, bud'zdráva, mi k tobě voláme, vyhnaní synové Evy, k tobě vzdychamé, lkající a plačicí v tom slzavém údolí.

(Salve rainha, mãe de misericórdia, doçura da nossa vida, nossa esperança. Salve, salve, a ti choramos, pobres filhos banidos de Eva, a ti entregamos os nossos suspiros, lamentos e choro, neste vale de lágrimas.)

E o canto apaixonadamente lírico da protagonista culmina na nobreza da melodia da última cena – o primeiro daqueles finais apoteóticos, triunfantes, que serão característicos do drama janáčekiano.

Trabalhando pela primeira vez com um texto em prosa, Janáček teve de resolver o problema da criação de uma linha vocal que aderisse aos ritmos da frase falada, questão que sempre o fascinara, que discutiu em inúmeros ensaios, e na qual foi confessadamente influenciado pelas experiências pioneiras de Aleksandr Dargomýjski (*O Convidado de Pedra*) e Módest Mússorgski (*O Casamento, Borís Godunóv, Khovânshtchina*). Essa é uma influência que, de resto, deve ser também relacionada à sua profunda russofilia: Janáček sempre teve forte atração pela língua, literatura, costumes e idéias pré-revolucionárias vindas da Rússia. Lá, foi buscar a inspiração para várias de suas obras: *Kátya Kabánová*, adaptada de uma peça de Aleksandr Ostróvski; o *Quarteto n. 1*, inspirado na *Sonata a Kreutzer*, de Liev Tolstói; o poema-sinfônico *Taras Bulba*, sugerido pelo romance de Nikolái Gógol; e sua última ópera, *Da Casa dos Mortos*, baseada no romance autobiográfico de Fiódor Dostoiévski.

Mas ao buscar a solução para o problema de uma melodia que se moldasse à natureza muito peculiar da frase tcheca, com suas poucas vogais e sua ríspida e flutuante acentuação tônica, dá um nítido passo adiante em relação às pesquisas de seus modelos russos. Quem o percebe muito bem é Guy Erismann:

[Janáček] ultrapassa de longe a sistemática do simples desenho musical decalcado sobre a frase falada [...], para pôr em prática as observações que fazia, na época, sobre os efeitos dos impulsos fisiológicos na linguagem.

E de fato, em seus escritos, o compositor afirma que, durante a composição da *Jenůfa*,

bebia literalmente a melodia das palavras [...], sentia uma alegria silenciosa diante da beleza dessas melodias, a precisão e a força com que elas se expressavam. E enxergava bem mais profundamente na alma do homem que me falava, através da música de suas palavras.

Erisman prossegue:

Mais do que explorar mecanicamente os ritmos cursivos da fala, seu sistema consiste em transpor para a música toda a agitação que se apodera do indivíduo quando ele exprime as suas paixões. Em resumo, Janáček não desenvolve nunca, e faz com que seus temas se sucedam uns aos outros, repetindo-os sem variações, porque o que o guia é a "necessidade vital". O seu recitativo pulsa *de dentro para fora*, ao contrário do de Debussy, por exemplo, cuja linha melódica segue as inflexões *externas* da prosódia. Debussy tenta atingir a expressividade através de uma grande pureza estética; em Janáček, a expressividade é espontânea, baseada em um movimento dialético da música da linguagem e de sua correspondência carnal e psíquica, que desemboca em uma *estética do real*, totalmente não preconcebida. Sua sensibilidade parecia animada por um mecanismo que transformava em música, com grande facilidade, os discursos mais diversos.

A declaração do próprio Janáček, citada linhas acima, confirma isso: os ensaios que publicou, durante toda a vida, sobre esse tema, estão cheios de frases corriqueiras que ouviu na rua e converteu em breves melodias, para exemplificar seu ponto de vista. E o biógrafo Jaroslav Vogel afirma que "nele, o mecanismo de extrair a música da vida em torno era tão automático, que chegou a anotar musicalmente o último suspiro de Olga, que descrevia como uma terça menor ascendente." E Erisman conclui:

Isso significa que ele tinha rompido com todos os moldes, métodos e receitas de composição em vigor, pois sentia-se capaz de jogar as notas no papel com toda a liberdade, ou de deslocá-las e pulverizá-las no teclado de seu piano, usando como único critério lógico a união natural da fisiologia e da psicologia.

O arioso de estilo silábico predomina. São raras as passagens líricas, reservadas a momentos de emoção intensa, em que as curvas melódicas são mais flexíveis e utilizam-se notas de valor mais longo. São pouco freqüentes também os duetos e trios em que as vozes são simultâneas e, quando isso acontece, é apenas durante alguns compassos, ao sabor de uma aproximação afetiva irrefreável. Infelizmente, Janáček destruiu todos os manuscritos da *Jenůfa*, não existindo, portanto, meios de mapear o longo caminho que faz com que, de *Počátek Románu* para ela, haja um inacreditável salto qualitativo.

Para reconstituir aproximativamente o processo de composição, John Tyrrell precisou recorrer a fontes indiretas, correspondência, testemunhos de contemporâneos[1]. Mas já nos referimos a *Amarus*, a cantata de 1897 em se inicia a ruptura com as influências de Smetana e Dvořák. Nela começam a surgir as típicas características de escrita da maturidade que, na *Její Pastorkyňa*, já estarão claramente consolidadas. E há também tudo o que se pode inferir ao comparar a partitura da estréia em Brno, em 21 de janeiro de 1904, com a da versão revista de 1908. Na primeira, por exemplo, o uso de vozes simultâneas era mais sistemático – o que significa que *Jenůfa* ainda estava ligada às formas operísticas tradicionais. Na de 1908, as cenas de conjunto foram reduzidas; o diálogo, com sua típica dinâmica de teatro falado, é o que predomina. A justaposição das vozes é reservada para alguns poucos momentos climáticos. O resultado disso é que, nos raros instantes em que as vozes se unem, é muito mais forte o efeito obtido. Ascético torna-se também, na partitura definitiva, o uso de motivos recorrentes, feitos de pequenas células sonoras que não se "desenvolvem" de maneira clássica, mas se aglutinam em ostinatos. Esse uso é restrito a uns poucos temas marcantes, como o que está associado ao bebê de Jenůfa. O retorno dessa melodia, em pontos bem escolhidos, é sempre de forte impacto.

Muito original é o efeito obtido com a figura rítmica no xilofone, que ouvimos logo no início da ópera: ela reaparece constantemente, pontuando certas passagens da ação particularmente tensas. Essa figura representa o ruído da mó girando sem parar, um barulho tão constante que, por escutá-lo o dia inteiro, as pessoas já nem o ouvem mais. Ele surge, porém, nos momentos conflituosos em que as personagens se calam. Cada vez que isso acontece, o ruído da mó ocupa repentinamente o espaço sonoro vazio, constituindo um elemento a mais para aumentar a tensão.

A harmonia de *Jenůfa* é muito pessoal, repousando sobre a utilização de escalas modais que a vinculam à música folclórica morávia. Com freqüência a coesão da cena é assegurada pela presença das tonalidades bemolizadas – lá bemo, ré bemol, sol bemol e suas relativas menores correspondentes – que, para Janáček, assumem um valor de fetiche. São comuns nele também as chamadas "resoluções excepcionais", encadeamentos de intervalos de sétima ou nona, que fazem de seu universo harmônico um mundo inteiramente à parte, com um sabor próprio, com enarmonias freqüentes e armaduras de clave surpreendentes.

Jenůfa, tal como a conhecemos hoje, é o resultado de revisões sugeridas por Cyril Metoděj Hrazdira, aluno de Janáček que regera a estréia em Brno, em 21 de janeiro de 1904. A versão definitiva foi publicada em 1908; mas não foi, durante muito tempo, a conhecida do público, devido a uma questão controversa: as modificações feitas em sua orquestração. Esse problema está diretamente ligado a um dos episódios mais traumatizantes na vida profissional do compositor: as dificuldades em que esbarrou para que, depois de ouvida em sua cidade, com cantores medíocres e orquestra incompleta, *Jenůfa* fosse montada no Národní Divadlo, em Praga.

Em 1900, tinha expirado o contrato daquela casa de espetáculos com o *Družstvo Národního Divadla* (Consórcio do Teatro Nacional), dirigido por Šubert. Novo contrato foi assinado com a *Společnost Národního Divadla* (Companhia do Teatro Nacional), administrada pelo arquiteto Gustav Schmoranz. Sob sua administração, o regente titular passava a exercer o cargo de diretor artístico, com plenos direitos de definir a programação de ópera e balé. Ora, para esse cargo foi escolhido Karel Kovařovic, que o exerceu até sua morte, em

---

1. Ver *Janácek's Operas: a Documentary Account* – capítulo 3: Jenůfa – "Chronology of Composition" (pp. 45-48).

1920. Esse homem odiava Janáček com todas as forças desde que, em 15 de janeiro de 1887, num artigo escrito para o *Hudební Listy*, de Brno, Leoš demolira, sem dó nem piedade, a sua ópera cômica *Ženichové* (Os Noivos), apresentada na cidade oito dias antes (ver o texto dessa nota no capítulo sobre Kovařovic). Chegara a hora da vingança: enquanto dirigisse o Teatro Nacional, *Jenůfa* não subiria a seu palco.

Kovařovic cozinhou Leoš em água fria o quanto pôde. E em 28 de abril de 1903, encarregou Schmoranz de devolver a partitura com uma gélida nota de recusa. Zdenka relata o que isso significou para o marido:

> [Leoš] não teve coragem de abrir o envelope. Pediu-me que lesse a carta. Eu estava tremendo como vara verde, e perdi todas as esperanças ao ver que havia apenas três linhas, anunciando a devolução de *Její Pastorkyňa*. Isso aconteceu no quarto em que Olga tinha morrido. Meu marido sentou-se na escrivaninha. Escondeu a cabeça nas mãos e começou a chorar. No auge da depressão, acusava a si mesmo, dizia que não prestava para nada. Eu não podia aceitar aquilo. Por mais que ele tivesse se comportado mal comigo e estivesse longe de ser um modelo de marido, eu sempre acreditara em sua missão como artista e na beleza e grandeza de sua ópera. Somente uma fé muito grande em sua obra foi capaz de inspirar-me palavras de consolo e encorajamento. Devem ter sido convincentes, pois ele se acalmou. Desse dia em diante, fiquei atenta, para impedir que a crise se repetisse. Ficava esperando pelo correio, para que a partitura, ao retornar, viesse parar em minhas mãos. Quando chegou, ele nem estava em casa. Escondi-a, para que não a visse. Quando se lembrou dela, dias mais tarde, disse-lhe que já tinha voltado de Praga, e ele aceitou a notícia calmamente.

Mais tarde, porém, Kovařovic acabou cedendo. Em parte porque o prestígio internacional de Janáček vinha crescendo. E em parte graças às pressões de um casal de amigos do compositor, o Dr. František Veselý e a conhecida cantora Maria Calma-Veselá. Eles tinham sido apresentados ao diretor do Nacional por Karel Šípek, seu libretista, outro admirador do músico de Brno. Em um artigo intitulado "A Batalha pela *Jenůfa* de Janáček", publicado no *Hudební Listy* em 1924, a cantora reconstituiu todos os esforços necessários para fazer o diretor do Nacional "degelar". Cercado por essa conjuração de amigos, Kovařovic concordou, mas com uma condição: que lhe fosse permitido "corrigir" a orquestração "desajeitada" do artista provinciano. Após tantos anos de espe-

ra, Janáček estava ansioso por ver sua ópera encenada na capital do país, e concordou. Afinal, argumentava Calma-Veselá numa carta de 09.12.1915, isso já tinha sido feito antes, e com ninguém menos do que Dvořák: *Dmitrij* e *O Jacobino* foram revistas por Kovařovic antes da encenação no Národní Divadlo.

Ter consentido foi um erro, pois autorizou uma versão truncada que, até hoje, é correntemente usada, não só na República Tcheca e na Eslováquia como no exterior. O que Kovařovic fez com a *Jenůfa* pode ser comparado ao trabalho de Rímski-Kórsakov com as óperas de Mússorgski: é competente, é bonito, mas nada tem a ver com a natureza íntima da música janáčekiana. Ele aparou as arestas, trocou os agressivos trombones do original por trompas mais eufônicas, deu à instrumentação o brilho típico de uma época marcada por grandes orquestradores, Strauss, Debussy, Ravel. O trecho onde as modificações são mais flagrantes é a cena final, onde Kovařovic usou uma fanfarra que desenvolve o tema central de forma canônica. O efeito é imponente e há até quem o prefira; mas está totalmente em desacordo com a deliberada sobriedade da escrita de Janáček.

Foi assim que, em 26 de maio de 1916, a ópera fez estrondoso sucesso em Praga; e em Viena, dois anos depois, na tradução de Max Brod. Em 1952, ao fazer a primeira gravação completa, Jaroslav Vogel, biógrafo do compositor, concluiu que essa orquestração, publicada pela Universal, deveria ser mantida, com base no argumento discutível de que Janáček concordara com ela. Só em 1981 a versão de 1908 voltou a ser ouvida, na Ópera de Paris, sob a regência de sir Charles Mackerras, que assim a gravou em 1983 (Decca). No folheto que acompanha esse álbum, John Tyrrell faz o extenso levantamento das diferenças entre as duas versões. A comparação entre esse registro e os tradicionais – ver Discografia abaixo – mostra que a partitura, tal como seu autor a concebeu, é mais áspera e individual, com linhas melódicas claras e cortantes, sonoridades e jogos de timbre heterogêneos e contrastantes.

Isso fica muito claro quando se ouve, no último lado da gravação Mackerras, as duas versões da cena final: como Janáček a tinha composto e, em anexo, como Kovařovic a orquestrou. Esse apêndice dá-nos a idéia do que se ganhou com o retorno às intenções originais do compositor. Mackerras oferece-nos ainda, para efeito de documentação, a abertura que Janáček eliminou antes mesmo da estréia de 1904, em Brno, por querer romper com a forma tradicional da ópera precedida por uma elaborada página sinfônica. Dois anos mais tarde, ele a transformou no poema-sinfônico *Žárlivost* (Ciúme), que foi estreado por František Neumann. A peça é importante para demonstrar em que medida, para ele, o comportamento de Laca Klemeň estava associado ao da personagem de *Žárlivec* (O Ciumento), a canção folclórica a que já nos referimos: as melodias da canção e da abertura são extremamente semelhantes.

São as seguintes as gravações disponíveis de *Jenůfa*:

Supraphon, 1952 – Jelinková, Krasová/ Jaroslav Vogel;

Supraphon 1968 – Domanínská, Kniplová/ Bohumil Gregor;

Supraphon, 1977 – Barová, Kniplová/ František Jílek;

Decca 1983 – Söderström, Randová/sir Charles Mackerras;

BIS 1989 – Benačková-Čapová, Rysanek/Eve Queler;

Erato, 2001 – Mattila, Silja/Bernard Haitink.

À exceção de Mackerras, que faz a sua edição crítica, e Haitink que grava a revisão de 1908, todas elas utilizam a partitura "revista" por Karel Kovařovic; as de Queller e Haitink registram espetáculos ao vivo. A Jenůfa de Libuše Domaninská e de Elisabeth Söderström, a Kostelnícka do grande mezzo Marta Krasová, ou do soprano dramático Nadežda Kniplová constituem momentos privilegiados na discografia janačekiana. Um documento pirata fascinante é o da apresentação no Scala, cantada em italiano, com Grace Bumbry como Jenůfa e Magda Olivero como uma fabulosa Kostelníčka.

Em vídeo, existe a filmagem de um espetáculo no Festival de Glyndebourne, com Roberta Alexander, Anja Silja e a regência de Andrew Davis. Em 25 de janeiro de 2003, fui convidado pela Rádio Cultura de São Paulo a comentar uma transmissão ao vivo de *Jenůfa* do Metropolitan de Nova York, com Karita Mattila e Deborah Polaski, regida por Iúri Iuróvski (na ausência do maestro Walter Lourenção, titular do programa, a emissão foi comandada pelo pesquisador Sérgio Casoy). Existe o registro dessa interpretação em mãos de particulares. A Rádio Cultura possui ainda a gravação da estréia brasileira da *Jenůfa* no Teatro Municipal de São Paulo (Therese Waldner, Nina Warren, Jeffrey, Sérgio Weintraub / Ira Levin).

Em agosto de 1903, após terminar *Jenůfa*, Leoš estava muito deprimido com a morte de Olga, com a recusa da ópera em Praga e com a deterioração de sua vida conjugal: embora só se divorciassem em 1917, Zdenka e ele viviam praticamente separados desde essa época. Foi então passar férias na estação termal de Luhačovice e, ali, conheceu Kamila Urválková. "Era uma das mais belas mulheres que eu já tinha visto", escreveu em seu diário. "Sua voz era como uma *viola d'amore*. Os passeios com ela, em Luhačovice, com aquele sol de outono, eram deslumbrantes." Ficou tão fascinado por ela que, num artigo intitulado "Minha Luhačovice ", publicado na revista *Hlídka* no final de 1903, chegou a anotar musicalmente algumas das frases que ela lhe dissera, "que riam com aquela luz dourada que vem da alegria do coração."

Em suas memórias, Zdenka mostra o que isso significou em termos de desgaste para uma vida a dois que já estava por um fio. A princípio, Leoš não lhe escondeu a amizade que estabelecera com "esse anjo semelhante àquele que enterramos". Lia para a mulher as cartas que recebia dessa amiga, "nas quais nada havia de impróprio". Chegou a lhe propor que se reconciliassem, agora que estavam tão sozinhos; e, durante algum tempo, voltaram a viver maritalmente. Até Zdenka descobrir cartas secretas, que ele não lhe mostrava, e que não deixavam dúvidas quanto à natureza da relação entre ambos. O caso Urválková foi um golpe mortal num casamento já desmantelado. A ligação durou cerca de três anos. Terminou quando pan Urválk, guarda florestal em Zahájí u Dolních Kralovic, deu-se conta de mais uma das freqüentes infidelidades de sua esposa, e os afastou, ameaçando o escândalo.

Leoš estava longe de ser a primeira aventura na vida de paná Urválková. Na verdade, pelo que se depreende das discretas anotações em seu diário, ele acreditava um tanto ingenuamente que a amante tivesse se arrependido da vida leviana anterior, regenerada pelo amor que ele lhe votava. "Por que ela passeava sempre com três rosas vermelhas na mão", pergunta, "e me confiou toda a história de sua vida, com um fim tão estranho? Por que seu amante desapareceu sem deixar rastros, como se a terra o tivesse tragado?" Referia-se ao episódio que Kamila lhe contara, de seu envolvimento com um compositor, Ludvík Vítězslav Čelanský.

Em 1897, quando seus pais exigiram que ela pusesse fim ao namoro com um músico morto de fome, Čelanský se vingara, compondo uma ópera em um ato, intitulada *Kamila*, em que a retratava de forma pouco lisonjeira. Ela teria pedido a Leoš que escrevesse uma outra ópera em que fosse mostrada sob luz mais favorável. No melodrama de Čelanský, em que há de fato uma inspiração autobiográfica, ele protestava contra a experimentação verista da *Stoja*, de Rozkošný, e da *Mãe Míla*, de Bendl, dando um exemplo do que, a seu ver, deveria ser a "autêntica fórmula tcheca de teatro realista". Sua *Kamila*, porém, nada tem de especificamente tcheco: é uma *Konversationstück* – ópera em estilo coloquial, de conversa – extremamente palavrosa, ambientada no salão elegante e *fin de siècle* de uma casa em Praga. Nesse sentido, é muito semelhante a obras alemãs do gênero: *Die Abreise* (A Partida), de Eugen d'Albert, ou *Intermezzo*, de Richard Strauss[2].

A bela personagem-título é cortejada por Viktor, poeta muito sensível mas sem recursos (Vítězslav, o nome do meio de Čelanský, é o equivalente tcheco de Viktor). A moça, porém, não é insensível ao charme de um vizinho rico, mas hipócrita e mulherengo, que a encoraja a fumar, e tenta seduzir a camareira pelas suas costas. Kamila escolhe o vizinho, depois se arrepende; mas já é tarde demais, pois o poeta foi-se embora (de fato, após a estréia da ópera, Celanský saiu de Praga, indo trabalhar como regente em Lvóv, Kíev e Varsóvia). Ao fazer seu protesto antiverista, Čelanský aproveitou para se desforrar da Kamila real, que o abandonara por um marido com melhor conta bancária.

2. Ver *A Ópera Alemã*, desta coleção.

Não há prova alguma de que Janáček desejasse "vingar" Urválková, nem que tivesse conhecimento da ópera de Čelanský, levada dez vezes em Praga entre 1897-1899, mas nunca publicada. É inegável porém que, ao imaginar "uma ópera de tema realista, extraído da vida em um balneário" – a que pensou inicialmente em dar o título de *A Estrela de Luhačovice* –, tomava a Kamila e a si mesmo como modelos do compositor Živný e de Míla Valková, por quem ele se apaixona. E através de Urválková, devia ter informações a respeito dos detalhes de construção da *Kamila* de Čelanský, pois há entre ela e *Destino* algumas semelhanças superficiais. Na primeira sinopse redigida por Leoš, Míla é infeliz no casamento, torna-se a amante de Živný e ambos são surpreendidos pelo marido que, tentando matá-lo, atinge-a com um tiro. O final dessa primeira versão mostrava o compositor já velho, cercado de seus alunos no Conservatório, contando-lhes como nunca conseguira terminar a ópera que pretendera um dia escrever sobre sua infeliz história de amor.

A redação do libreto foi confiada a Fedora Bartošova. Por que ter escolhido essa poeta amadora, professora primária na aldeia de Sudoměřice, perto de Strážnice? Apenas porque ela tinha sido a melhor amiga de Olga, e isso o fazia sentir-se mais próximo da filha desaparecida. Em outubro de 1933, em carta ao biógrafo Vladimír Helfert, Bartošová contou como Leoš a chamou à sua casa e convidou-a a escrever o texto de uma ópera que, àquela altura, deveria chamar-se *Plamenné Ruže* (Rosas Flamejantes) – em homenagem às flores que Kamila carregava na mão ao passear com ele em Luhačovice .

O texto que Fedora lhe entregou em dezembro de 1903 era muito fraco embora, na correspondência trocada com ela, Leoš refira-se sempre de forma elogiosa à qualidade de seu trabalho. Além disso, Janáček mudara de idéia: queria agora que o filho de Míla fosse de uma ligação com Živný anterior a seu casamento e ao reencontro no spa. Dessa forma, no ato II, em vez de apenas serem amantes, ela teria se separado do marido, e estaria vivendo com o músico. Embora Bartošová se apressasse em redigir outra versão do ato II, Janáček a ignorou e terminou ele mesmo o libreto, usando como ponto de partida um monólogo que a libretista destinava a Živný no início do ato III. Quando a partitura ficou pronta, no início de 1905, também o título fora modificado para *Slepý Osud* (Destino Cego), e uma nova personagem tinha aparecido: a mãe de Míla, cuja oposição a que ela se ligue a um músico pobre forma o cerne do conflito do ato II. Em seu *Documentary Account*, Tyrrell faz a minuciosa reconstituição das idas e vindas de um libreto nunca totalmente resolvido.

A direção do Národní Divadlo, de Brno, a quem a ópera foi apresentada no outono de 1906, chegou a designar o diretor, o cenógrafo e a iniciar os ensaios com os solistas. E o aluno Jan Kunc convenceu o compositor a intitular a ópera *Osud* simplesmente, "para evitar que o público zombe do senhor, chamando-a de 'Destino Surdo' ou 'Destino Mudo' ". Mas Janáček, ansioso por fazer sucesso na capital, retirou-a do teatro de sua cidade e foi oferecê-la, em Praga, ao recém-inaugurado Teatro Vinohrady – cujo diretor, por coincidência, era o mesmo Čelanský que, indiretamente, a inspirara. Ele a aceitou. Mas Janáček continuava fazendo revisões no libreto; a produção seria muito dispendiosa e, com isso, a montagem foi sendo adiada até 1913. Nesse ano, quando os ensaios começaram, os cantores protestaram contra as dificuldades da partitura, e a direção tomou isso como pretexto para engavetar definitivamente o projeto. O compositor, enfurecido, teve de entrar na Justiça para conseguir a partitura de volta em 1914, pensando em voltar a propô-la a Brno. Mas, com o início da I Guerra Mundial, o destino de *Osud* foi voltar para a gaveta.

Depois do sucesso da *Jenůfa* em Praga, no momento em que o prestígio internacional de Janáček começava a crescer, ele a submeteu a Max Brod, seu tradutor alemão, e a Jaroslav Kvapil, o libretista da *Rusalka* de Dvořák, tentando interessá-los numa revisão; mas ambos se recusaram polidamente. E não estavam errados: a inexperiência teatral de Bartošová, o estilo muito florido de seus versos, as tentativas de Janáček de remendar o libreto, e a falta de um foco nítido na ação, resultante das mudanças de rumo em relação ao projeto original, fazem com que o texto seja muito confuso, beirando às vezes o incompreensível. O

que é pena, pois a partitura, uma das mais melodiosas de Janáček, contém qualidades apreciáveis. É o que demonstram as gravações de František Jílek (Supraphon 1976), de sir Charles Mackerras (EMI 1990) e de Gerd Albrecht (Orfeo 1995). A de Jílek é de estúdio; a de Albrecht, ao vivo no Rudolphinum de Munique, durante uma execução em forma de concerto; enquanto a de Mackerras documenta uma montagem da Welsh National Opera, cantada em inglês na tradução de Rodney Blumer.

Antes que a ação se inicie, Míla teve, de um caso com Zívný, um filho a que deu o nome de Doubek. Por causa disso, os planos de sua mãe de casá-la com um bom partido fracassaram. Živný, que não chegou a entender o papel de opositora desempenhado pela mãe, iniciou uma ópera em que externou toda a sua amargura por acreditar-se rejeitado. O ato I de *Destino* passa-se no balneário onde, em meio aos turistas que aproveitam suas férias de verão, o casal se reencontra. Percebendo que seu amor está intacto, decidem partir juntos. O ato II passa-se quatro anos depois, durante o inverno. O compositor continua obcecado com sua ópera inacabada, mas não consegue retomá-la, pois se arrepende de, nela, ter pintado Míla com cores tão negras. A mãe, que mora com eles, chegou às raias da demência de tanta raiva por eles estarem juntos, e inferniza a sua vida. No fim do ato, quando ela se atira sobre Živný, na varanda, para agredi-lo, Míla tenta defender o marido e é acidentalmente derrubada lá em baixo pela mãe. Ao ver o que fez, a velha, desesperada, atira-se da varanda também. O ato III mostra Živný, onze anos mais tarde, contando a história de sua vida aos alunos do Conservatório, que se decidiram a encenar os fragmentos de sua ópera inacabada. O relato o comove horrivelmente e, no barulho do trovão, ele acredita identificar o som do choro de Míla. A um aluno que lhe pergunta: "Será essa a música para a cena final?", ele responde, apoiando-se em Doubek que, agora, é um adolescente: "Música para a cena final? Esta ainda está nas mãos de Deus e é lá que ficará!"

Essa versão é visivelmente desequilibrada. O ato I faz um colorido retrato do spa, animado por uma valsa de ritmo contagiante, com

Kamila Urválková, a musa de Janáček na ópera *Osud* (Destino).

Trecho do ato I na montagem de *Destino*, de Janáček, na Semperoper de Dresden, em 1991: direção de Joachim Herz, cenários de Reinhart Zimmermann, figurinos de Eleonore Kleiber, regência de Hans-E. Zimmer.

Cena final na montagem de *Destino*, de Janáček, na Semperoper de Dresden, em 1991.

uma daquelas melodias que grudam no ouvido à primeira audição; e o longo dueto dos dois enamorados é de grande beleza. O II, em que pesem alguns momentos de grande lirismo – o monólogo inicial de Živný e sua cena com a esposa –, tem um final inconvincente, de dramalhão exagerado. O III, misturando presente e passado com uma técnica de flash-back, é de estrutura bastante ousada.

Destino introduz um elemento novo na carreira operística de Janáček. Até então, ele vinha abordando temas rurais e de época, fiéis à tradição da escola tcheca. Este é o primeiro tratamento de uma história urbana e contemporânea, com visível influência da *Louise*, de Charpentier, que vira em maio de 1903 – e de que louvara o libreto em prosa e o uso da "mélodie parlée". Nesta ópera aparece também um recurso que ele há de empregar mais vezes, no futuro: o coro "simbólico" fora do palco, fazendo comentários sobre a ação. E na sucessão quase cinematográfica de cenas – que tantos problemas apresenta ao encenador – já está o embrião do ritmo dramático tão peculiar de Janáček.

Mas *Osud* não teve boa fortuna cênica. O próprio compositor nunca a viu representada. Ela foi transmitida duas vezes pela Rádio Brno, em 13 de março e 18 de setembro de 1934, sob a regência de Břetislav Bakala. Em 30 de setembro do mesmo ano, Bakala dirigiu-a novamente, em versão de concerto, no Estádio da cidade. A primeira encenação, na Ópera de Brno, foi em 25 de outubro de 1958, na passagem dos trinta anos da morte do compositor. Václav Nosek fizera um arranjo em que os atos I e II eram inseridos no meio do III, como um flashback. Foi essa a solução adotada por Kurt Honolka para a primeira montagem fora da Tchecoslováquia, em Stuttgart.

A estrutura original só foi restaurada por sir Charles Mackerras, primeiro numa montagem de 1978 em České Budějovice e, depois, na bem cuidada produção de David Pountney para a English National Opera, em 8 de setembro de 1984. Esse é o formato que *Osud* tem na gravação de 1990, que ajuda a divulgar uma obra imerecidamente negligenciada, pois nela há música de tão boa qualidade como em qualquer outra das partituras da maturidade de Janáček, e com um tipo de lirismo que raramente foi tão incandescente. Mas até hoje, juntamente com as duas primeiras, é a ópera menos encenada do compositor.

Um dos objetivos de Janáček ao compor *Osud*, afirma Milena Černohorska em sua biografia do compositor, parece ter sido demonstrar sua habilidade em tratar um tema cosmopolita, mundano, de interesse não apenas regional, como o fora a *Jenůfa*, mas capaz de fazer sucesso também em Praga, que Leoš tanto queria conquistar. Porém, se *Destino* – "fragmentos de uma novela baseada na vida real", como ele a chamou – foi uma tentativa de seguir o modelo da *Louise*, a ópera seguinte será um passo no sentido de superar essa fase atormentada. Em vez de buscar seduzir o mundo cultural tcheco, Janáček volta as costas altivamente às suas convenções, satirizando-as em sua única comédia.

Do ponto de vista literário e pictórico, a arte tcheca apresentou, de 1890 aos primeiros anos do século XX, manifestações progressistas: o *Manifesto Modernista* de 1895; o *Almanaque Art Nouveau* de 1896, que revelou o talento originalíssimo do ilustrador Alfons Mucha; a *Revista Moderna* e a *Direções Livres*, porta-vozes das novas idéias estéticas. Mas os postulados musicais permaneciam conservadores, divididos entre a fidelidade ao nacionalismo de Smetana e o cosmopolitismo de fortes tintas wagnerianas dos seguidores de Dvořák. Toda essa gente olhava com certo desdém o músico provinciano que fazia abstrusas pesquisas sobre o folclore morávio e as relações entre melodia e ritmo da fala.

Janáček que, nessa época, ainda precisava sentir-se aceito por seus pares – o que é compreensível num artista que já chegou aos 50 anos, está isolado em Brno, e ainda não firmou prestígio nacional – ficava inseguro a ponto de destruir peças de valor inestimável como a *Sonata para Piano*, de que só restou um fragmento. Impressionava-o o sucesso de compositores mais jovens, como Josef Suk ou Vitězslav Novák, o que o impulsionava a agir de uma forma que atraía a antipatia de seus conterrâneos, fazendo até com que alguns alunos se afastassem. Mas, como ele próprio afirma em seu diário: "Dentro de mim crescia alguma coisa que não podia ser suprimida, ainda que a estrada à frente estivesse cheia de encruzilhadas inesperadas."

Para começar, a recepção da intelectualidade acadêmica e pedante de Praga às suas idéias – a reação dos críticos da capital, por exemplo, ao ensaio em que criticava *Libuše*, a ópera de tema histórico de Smetana – fazia com que começasse a perceber que já não fazia mais tanta questão de que o respeitassem ali. E o contato com o poeta nacionalista Petr Bezruč, o autor das revolucionárias *Canções da Silésia* (1903), originário como ele do norte pobre, abandonado, mas etnologicamente rico da Morávia, dava um rumo novo à febril procura que, desde *Osud*, ele fazia de um novo assunto para um libreto – e que o fizera passar de temas como a vida camponesa para episódios patrióticos ou históricos, velhas lendas populares ou romances modernos de interesse social, sem que nenhum deles conseguisse canalizar seu impulso criativo.

A fonte para a nova ópera veio com uma novela humorística de Svatopluk Čech (1846-1908). Amigo de Bezruč, Čech era, ao lado de Jaroslav Vrchlický – de quem Janáček também musicou vários textos – o mais popular poeta panslavista da época, imbuído do ideário típico da revolução liberal de 1848, que traduzia a visão utópica de um mundo fraterno. Embora a decidida tendência do compositor a um realismo descarnado se chocasse com o gosto de Čech pela empostação épica de afetada retórica – que se manifesta em poemas como *Slavia* ou *Žižka* – Leoš encontrou, nas *Výlety pana Broučka* (As Excursões do Sr. Brouček), situações que lhe permitiam satirizar a vida contemporânea. Prova de seu entusiasmo com essa novela satírica é ele ter dedicado duas das dezesseis páginas de seu jornal, *Hudební Listy*, em 1.2.1888, à publicação de um longo capítulo das *Excursões*.

A dificuldade em encontrar um libretista para essa nova ópera explica por que, no futuro, Janáček passaria a preparar seus próprios textos; de resto com excelentes resultados. O primeiro foi Zigmund Janke, um médico de Luhačovice, que logo passou o encargo ao escritor Karel Mašek. Mas este, discordando das liberdades que o compositor desejava tomar em relação ao livro de Čech, transferiu o tra-

balho ao poeta Josef Holý, cuja impetuosa sinceridade não demorou a colocá-lo em rota de colisão com Leoš. Desta vez, foi o músico quem o afastou, substituindo-o por František Gellner, jornalista do *Lidové Noviny*, de Brno. Mas este foi convocado pelo Exército e morreu na I Guerra Mundial.

Finalmente, Janáček encontrou um libretista de envergadura, o inflamado poeta nacionalista Viktor Dyk, que conseguiu dar uma forma razoável à desordem de textos herdados de seus predecessores. Mas em novembro de 1916, as atividades políticas de Dyk fizeram com que fosse preso por "alta traição" (só seria anistiado no ano seguinte), e foi necessário encontrar quem terminasse a segunda parte. Max Brod pediu então a František Procházka que viesse em socorro de Janáček. Procházka terminou a primeira parte e acrescentou-lhe uma segunda, baseada na continuação da história escrita pelo próprio Čech, que se passa no século XV. Essas idas e vindas retardaram a composição, fazendo com que a ópera só ficasse pronta em 15 de janeiro de 1917. A estréia foi em Praga, em 23 de abril de 1920, sob a regência de Otakar Ostrčil. *As Excursões do sr. Brouček* foi a única ópera de Janáček a ser ouvida pela primeira vez fora de Brno.

Matěj Brouček – cujo nome significa "besouro" – é um pequeno-burguês conformista, jovial e inofensivo, de horizontes limitados. Janáček comparava-o a *Oblomóv*, personagem-título do romance de Ivan Aleksándrovitch Gontcharóv (1858), o típico homem comum, medíocre e autocomplacente. No momento em que a nação tcheca jogava seu destino no campo de batalha, esse tipo de indivíduo parecia-lhe ser o protótipo da figura prejudicial e descartável. Sua antipatia pelos "Oblomóvi que há à nossa volta e dentro de cada um de nós, e que temos de destruir para renascermos na pureza celeste de nossos mártires nacionais", tem muito a ver com a decisão de acrescentar, à primeira parte da ópera, uma segunda, de teor mais pátriótico.

Em *Výlet Pana Broučka do Mesíce* (A Excursão do sr. Brouček à Lua), nossa personagem passa as noites aborrecendo-se num bar da Vikárka – a Rua dos Vigários, no bairro de Hradčany, em Praga, ao lado da Svatovítska, a catedral de São Vito (uma das preocupações do libreto, de cunho nitidamente verista, é descrever com precisão os locais em que a história se passa, no plano da realidade, devido ao contraste que se estabelece quando ela se transfere para o da fantasia). Na primeira parte da ópera, tendo bebido demais, Brouček sonha que foi transportado até a Lua onde, sedento e faminto, é alimentado pelos lunáticos com perfume, gotas de orvalho e rarefeitos poemas e canções. Há nisso o retrato irônico dos afetados poetas parnasianos que, na época, faziam furor em Praga. Aborrecido com aquilo, o burguês monta em Pégaso, o cavalo voador, e volta à Terra, onde o encontram dormindo dentro de um caixote, para curar a bebedeira.

Em *Výlet Pana Broučka do XV. Století* (A Excursão do sr. Brouček ao Século XV), uma discussão entre os freqüentadores do botequim, sobre a existência de antigos corredores subterrâneos naquela parte da cidade, desencadeia a aventura. É por um desses corredores que Brouček, em sonho, segue até sair no século XV, na véspera da batalha dos hussitas contra os cruzados do rei Sigismundo. Hussitas eram os seguidores do reformador religioso Jan Hus (1371?-1415), reitor da Universidade de Praga que, influenciado pelas idéias do teólogo inglês John Wycliffe, rebelou-se contra o papa, condenando a simonia e os privilégios da hierarquia eclesiástica. Excomungado em 1411, compareceu ao concílio de Constança, em 1414, depois que Sigismundo de Luxemburgo, rei da Hungria, Romênia, Boêmia e do Sacro Império Germânico, lhe garantiu salvo-conduto. Mas a promessa de proteção real era apenas um ardil para atraí-lo a Constança. Preso pelas forças imperiais, Hus foi julgado, condenado e queimado como herege. Depois disso, as tropas de Sigismundo atacaram e chacinaram seus adeptos. É nessa batalha perdida por antecipação que Brouček se vê envolvido. E recusa-se a participar não por pacifismo, mas porque, como todos os Broučeks deste mundo, acha que nada tem a ver com isso. Condenado pelos hussitas a ser queimado dentro de um tonel, é nele que Würfl, o dono da taberna da Vikárka, o encontra novamente, ferrado no sono, curtindo a segunda bebedeira.

A construção em duas partes aparentemente dessemelhantes foi muito criticada. Houve quem visse nisso uma justaposição arbitrária,

que enfraqueceria o impacto da ópera como um todo. Ambas são, porém, complementares se se pensar no papel ora positivo ora negativo que Janáček atribui, num e noutro episódio, às personagens que cercam Brouček e reaparecem em seus sonhos. A jovem Malinka, pela qual o burguês tem visível atração sexual, surge na Lua como Etérea, tão esnobe e impalpável que "bastaria soprar sobre ela para que se desfizesse". Mas, no século XV, ela é Kunka, a moça do povo, empenhada na luta patriótica. O mecenas Sublime, que reina ditatorialmente sobre os artistas lunáticos, tem a cara grotesca de Würfl, o taberneiro. Mas na Praga medieval, ele surge como o conselheiro que exalta a verdadeira coragem e pede a punição dos traidores. O mesmo acontece com Mazal, o jovem artista apaixonado por Malinka: de poeta recheado de metáforas altissonantes e vazias, ele se transforma no corajoso combatente Petrík. E o Sacristão, pai de Malinka, ora é um burocrata lunar ridículo, ora o heróico lutador Domsík. De uma parte para a outra, as personagens são puxadas do extremo negativo mais inconsistente ao positivo mais atuante, numa clara indicação de que, nos seres humanos, há sempre o melhor e o pior, limitações interiores mas também força potencial.

Lutando contra seu pequeno batalhão de libretistas, que insistiam em ver apenas os aspectos mais superficiais de entretenimento da obra de Čech, e só encontrando em Dyk – e, no final, em Procházka – quem sintonizasse com a visão mais profunda que tinha das aventuras de Brouček, o que Janáček nos queria fazer ver é que o ser humano, se assim o desejar, pode viver com coragem e lucidez. Depende dele descobrir a diferença entre o patriotismo necessário e o chauvinismo vazio dos lunáticos; entre a mera agressividade guerreira e a coragem eficaz; entre a verdadeira cultura, que alimenta a alma, e a falsa cultura diluidora; entre a ilusão sexual inspirada por Etérea, que não tem densidade humana, e o amor verdadeiro que Kunka sente por Petrik. É o mesmo amor que Malinka sentirá por Mazal, ao voltar ao plano da realidade – pelo menos Janáček assim o espera –, pois eles representam o mundo novo, no qual está a esperança de superação das estruturas carcomidas do mundo velho.

Cenários de Rochus Gliese – o mundo da Lua e a taberna da Vikárka – para a montagem das *Aventuras do Sr. Brouček* no Prinzregententheater de Munique, em 1959, com direção de Wolf Volker e regência de Joseph Keilberth.

A casa de campo de Janáček em Hukváldy, que ele comprou depois da I Guerra Mundial.

No centro dessa história, só Matěj Brouček permanece o mesmo, seja qual for o mundo que o acolha. Insensível a tudo, ao verdadeiro ou ao falso, esse homenzinho sem imaginação só consegue pensar em seu prazer imediato – satisfazer, na Lua, sua fome e sede – ou em sua segurança: proteger a pele a todo custo. Mas em sua assumida mediocridade, Brouček nem chega a ser antipático, o que é um ponto a favor da visão não-maniqueísta que Janáček tem de suas personagens. Há algo de sincero na forma como ele reage, em contato com os habitantes da Lua, ou mesmo quando explica ao conselheiro por que não quer lutar: "Não sou um lutador, não sou um dos vossos, acreditem. Ainda nem nasci... não passo de um... de um mero filho do futuro!"

A segunda parte, porém, é mais árida do que a primeira, em especial nas longas disputas doutrinárias entre os hussitas, apesar do uso às vezes comovente dos grandes corais religiosos. Com todo o seu caráter desconjuntado, a primeira parte tem música mais viva e, no palco, oferece rendimento melhor. A comédia, em todo caso, não era o elemento natural de Janáček – tanto assim que nunca mais voltará a ela e, quando tiver de trabalhar, mais adiante, com um texto cômico de Karel Čapek, há de lhe dar uma empostação séria. Mas as *Excursões do Sr. Brouček* – obra experimental e de transição, da mesma forma que *Destino* – estão longe de ser o fracasso que os próprios tchecos quiseram, por muito tempo, ver nelas. *Výlety Pane Broučkovy* foi gravada, no selo Supraphon:

em 1968 por Václav Neumann (Vích, Domanínská), com muitos cortes;
e em 1980, numa excelente versão integral, por František Jílek (Přibyl, Jonasová).

Janáček está agora entrando na maturidade como operista. Após um longo e doloroso aprendizado, com apenas um sucesso – pelo qual teve de esperar até os 62 anos –, virá uma última década de frutos extraordinários, de originalidade raramente igualada na História da Ópera. Mas a fase que se segue às *Excursões do sr. Brouček* é marcada por busca e hesitações, antes que ele volte a encontrar um assunto que mobilize suas melhores virtudes dramáticas e musicais. É um período em que não consegue se decidir sobre o que quer fazer. Estuda e abandona, às vezes já pela metade, diversos projetos de ópera:

– *Andělska Sonáta* (A Sonata Angelical), de Josef Merhaut;
– *Gazdína Roba* (A Jovem Administradora da Fazenda), de Gabriela Preissová;
– *Honza Hrdina* (João o Herói), de Karel Dostál Lutinov;
– *Duše Zvonů* (A Alma dos Sinos), de Quido Vyskočil;
– *Paní Mincmistrová* (A Mulher do Moedeiro), de Ladislav Stroupežnický;
– *Anna Karênina*, de Liev Tolstói; *Maryša*, de Alois e Vilem Mrštík;
– *Živá Mrtvola* (O Morto Vivo), também de Tolstói;
– *Ondraš* (André), de Antonín Chamrád;
– *Hasanaginica* (A Mulher do Aga Hassan), do poeta croata Milan Ogrizović.

A extensão da lista dá uma idéia da profundidade da crise de indecisão por que Leoš passava. Só em 1918 ele vai encontrar o que procura: sabendo de sua paixão pela cultura russa, Václav Jiríkovský, assistente de direção no Teatro de Ópera de Brno, lhe sugeriu como assunto para uma ópera a peça *Grozá* (A Tempestade, 1859), de Aleksandr Ostróvski. Era um texto que ele já conhecia pois, na primavera daquele ano, tinha comprado a tradução de Vincenc Červinka. Mas antes que cheguemos à *Katya Kabánová*, que ele vai extrair dessa peça, é necessário nos determos em uma obra que não pertence ao domínio da ópera, mas é fundamental para que se compreenda a evolução do teatro janáčekiano. Trata-se de um ciclo de canções para tenor, contralto, coro feminino e piano – *Zápisník Zmizelého* (O Diário do Desaparecido), de 1919 – que existe também numa versão orquestral, preparada, após a morte do compositor, por seus discípulos Ota Zítek e Václav Sedlácek.

Janáček encontrou essa pequena coleção de poemas, escrita no dialeto da região de Valašsko, e intitulada *As Poesias de um Diletante*, no jornal *Lidové Noviny*, em que ela foi publicada em dois domingos de 1916. Eram atribuídos ao filho de um fazendeiro, que os teria encontrado em seu quarto depois que o rapaz desapareceu misteriosamente. Desde cedo os estudiosos tiveram a certeza de que aqueles poemas, breves e epigramáticos, não podiam ser obra de um iletrado. Durante algum tempo, acreditou-se que tivessem sido escritos por Jan Misárek, jovem poeta amigo de Jiří Mahen, o editor do jornal – essa é a tese esposada por Guy Erismans em seu livro, publicado em 1980. Estudiosos mais recentes, como Mirka Zemanová ou John Tyrrell – este no ensaio de apresentação da gravação Ian Bostridge/Thomas Adès, EMI, 2001 – contam que, em 1997, um historiador do Valašsko localizou uma carta escrita pelo poeta morávio Ozep Kalda, na qual ele admitia ser o autor do ciclo. Kalda nem chegou a saber que seus poemas tinham sido musicados por artista tão ilustre: morreu aos 50 anos, antes da estréia do ciclo.

Verdadeira mini-ópera de câmara, o *Diário do Desaparecido* conta a história de Janík, filho de uma rica família de fazendeiros, que se apaixona pela cigana Zefka. A princípio, ele tenta resistir aos encantos daquela mulher, de classe inferior à sua e totalmente inaceitável para seus pais. Mas a paixão é tão grande que Janík prefere ir embora com ela, renunciando à família, à segurança e à prosperidade, em nome da felicidade ao lado daquela mulher marginalizada.

O *Diário* é admirável em sua capacidade de retratar, com os meios mais econômicos, a evolução dos sentimentos da personagem e a forma como ela se rende, pouco a pouco, a uma paixão à qual não pode resistir. O ponto culminante do ciclo é o lacônico décimo-segundo poema, em que Janík, à beira de cair nos sedutores braços de Zefka, proclama:

> *Tmava olšinka,*
> *   chladaná studénka,*
> *černá cigánka,*
> *   bilé kolénka:*
> *nato štvero,*
> *   co živ budu,*
> *nikdy já už nezabudu.*

(A sombra de antigas árvores,/a fonte fresca,/uma cigana morena,/ seus joelhinhos brancos:/essas são quatro coisas/ que, enquanto eu viver,/nunca poderei esquecer.)

Segue-se um deslumbrante interlúdio para solo de piano em que o ato de amor dos dois jovens é evocado nos mais tórridos termos.

Depois disso, só resta a Janík concluir, no poema 17: "Co komu súzeno?/ Tomu neuteče." (O que é o destino? Ninguém escapa dele.) E no movimento final, despedir-se, antes de "desaparecer":

> *S Bohem, rodný kraju,*
> *   s Bohem má dedinu!*
> *Na vždy na rozlúčit,*
> *   zbývá mi jedino. [...]*
> *Zefka na mne čeká*
> *   se synem v náruči!*

(Adeus, minha terra natal,/ adeus, minha aldeia!/ Partir para sempre,/ é só o que me resta a fazer. [...]/ Zefka está me esperando/ com o meu filho nos braços!)

Estreado em Brno, em 18 de abril de 1921, por Břetislav Bakala, o *Diário* foi encenado pela primeira vez, como uma pequena ópera de câmara, em Ljubljana, na Eslovênia, em 28 de outubro de 1926. É mais uma demonstração da capacidade que tinha Janáček de extrair dramaticidade de textos folclóricos, como *Žárlivec*, ou de poemas escritos à maneira popular, como as baladas *Kantor Halfar* e *Maryčka Magdonová*, do nacionalista Petr Bezruč, nas quais baseou, em 1906, suas mais conhecidas peças corais. Além disso, da mesma forma que a ópera seguinte, *Zápisník Zmizelého* está intimamente relacionado, em seu espírito, com uma circunstância pessoal que modificou profundamente o curso de sua vida.

Kamila Urválková não foi a única mulher com quem, devido ao desgaste de seu casamento com Zdenka, Leoš manteve relações extra-conjugais. Depois dela, houve o contralto Gabriela Horvátová, criadora, em Praga, do papel de Kostelníčka. Horvátová permaneceu sua amiga até o final da vida, mesmo depois de o caso ter arrefecido. Mas foi no verão de 1917, no mesmo balneário de Luhacovice, onde sempre passava as férias, que outro encontro deu à vida do compositor a virada definitiva.

Aos 63 anos, Leoš conheceu sua segunda Kamila. Ela tinha 25 anos, era bonita e morena como a cigana Zefka, e chamava-se Kamila Stösslová. Casada com o antiquário David Stössl, de origem alemã, Kamila – cujo nome de solteira era Neumannová – tinha dois filhos: Rudolf e Otto. Leoš apaixonou-se perdidamente por ela. Essa mulher significou uma mudança total em sua vida. Ele lhe dedicou o *Zápisník*, a *Kátia Kabánova* e o *Quarteto n. 2 "Cartas Íntimas"* – uma das mais eloqüentes declarações de amor da História da Música, feita por um jovem apaixonado de 74 anos. A redescoberta da paixão fez desaparecerem as dúvidas, as hesitações, a insegurança. Desse momento em diante, Janácek entrou numa fase de irrefreável ebulição criadora.

Stössl agia de forma complacente, fechando os olhos à aventura da mulher, pois essa ligação com um dos maiores artistas tchecos da época era-lhe benéfica: garantia-lhe proteção num momento em que, após a independência do Império Austríaco e a proclamação da República (1918), os cidadãos de origem germânica eram muito mal vistos. Quanto a Zdenka, a princípio ela recebeu bem essa nova amizade, vendo-a como uma forma de fazer o marido esquecer definitivamente o caso com Horvátová. Correspondeu-se amistosamente com Kamila e recebeu o casal Stössl em sua casa até abril de 1927, quando – como já acontecera antes com Urválková – deu-se conta do rumo que as coisas iam tomando. Diz ela, em suas memórias:

> Fui arrumar o escritório de meu marido, no andar de cima. Uma vez mais, descuidadamente, ele tinha deixado a escrivaninha aberta. Fui fechá-la, mas bati o olho numas cartas espalhadas. Peguei-as e vi a assinatura: "Tua Kamila." Foi como se me tivessem enfiado uma faca no peito. Li a carta e vi que a sra Stösslová escrevia a meu marido: "O que o senhor me pede não pode ser." Mas no final: "Apesar de tudo, a tua Kamila, já que para ti isso é verdade"[3]. Então era isso. Eu conhecia muito bem meu marido para imaginar que isso pudesse lhe bastar. Em vez de se satisfazer com essa resposta, ele continuaria com seu veemente ataque e não desistiria enquanto não conseguisse tudo.

Esse episódio foi a causa de mais uma das tempestuosas brigas do casal que, embora formalmente divorciados desde 1917, moravam na mesma casa e passavam por fugazes fases de reconciliação. A reação violenta de Zdenka não impediu Leoš de continuar visitando Kamila em Písek, onde os Stössl moravam, e de lhe escrever constantemente. A correspondência entre os dois é um documento precioso para acompanhar a gênese de suas obras de 1917 em diante. Além disso, eles passavam religiosamente as férias juntos, em Luhačovice, onde tinham-se conhecido. Era em sua companhia que Janáček estava, em 1928, quando morreu.

O relacionamento entre os dois não deixou de fornecer munição para os mexericos de uma localidade pequena como Brno. Conta-se que, inclusive, o presidente Masaryk recusou-se a apertar a mão do compositor, quando visitou a cidade, em protesto contra o seu "comportamento escandaloso". Mas Janáček não se sentia obrigado a dar satisfações ao próximo. Para ele, Kamila era mais importante do que a aprovação da sociedade. Diz Erisman:

> Kamila representava o apelo da vida que suplantava todas as proibições. De sua presença ele tirava a satisfação do amor próprio. E a boa influência que ela exercia provinha, na realidade, da confiança em si mesmo que ela lhe inspirava. Por ela e para ela, Janáček viveu segundo as regras de uma nova moral, que seu espírito progressista percebia, mas cujas fronteiras, até então, ainda não tinha transposto concretamente: a liberdade no amor, a reabilitação de um erotismo que só poderia vir acompanhado da emancipação social da mulher e da superação dos tabus da sociedade burguesa. Posições extremamente revolucionárias para a época, especialmente numa cidadezinha de província, predominantemente católica, onde todo mundo se conhecia, sobretudo no meio em que ele trabalhava.

É muito clara, portanto, a forma como, em seu espírito, o amor por Kamila equacionava-se com o de Janík por Zefka. Ou com o de Kátya por Borís, na ópera que escreverá em seguida.

Aleksandr Nikoláievitch Ostróvski (1823-1886) é o criador do teatro realista russo. Sua experiência como funcionário público o colocou em contato com a classe dos comerciantes e pequenos burocratas, e esse é o mundo que ele retrata em suas peças: o ambiente hipócrita e opressivo da província russa durante o tsarismo, o quotidiano sem perspectivas dos que a habitavam. *Grozá* (A Tempestade), sua peça mais importante, retrata o choque entre o despotismo e a esperança, esta última destruída pela covardia de um mundo conservador. E constrói-se sobre a oposição entre o velho e o novo, entre o poder exercido pelos *samodúr* –

---

3. O que perturbou Zdenka foi o uso, na assinatura, da forma *Tvá*, informal e familiar, diferente do cerimonioso *Vy* (o senhor), tratamento usual nas cartas entre Leoš e Kamila; ela viu nisso o sinal de uma intimidade perigosa.

David Stössel com sua mulher, Kamila Stösslová: foto de 1917, ano em que Janáček a ficou conhecendo no balneário de Luhačovice.

Os casais Stössel e Janáček em 1925.

curiosa palavra russa que significa, literalmente, "o tolo de si mesmo" e designa pessoas autoritárias e medíocres – e a busca de uma saída por parte dos que têm de se submeter a seu egoísmo, preconceitos e falta de princípios.

A ação passa-se em Kalínov, às margens do Volga, na década de 1860. Kátya é casada com Tíkhon Kabánov, filho de Marfa Kabánova – a Kabaníkha. Viúva de um rico mercador, ela mantém a família sob mão de ferro. Mas a moça está apaixonada por Borís, sobrinho do mercador Dikôi, a quem o rapaz se submete porque depende de seu dinheiro até estar em condições de receber a herança que lhe foi deixada pela mãe. Durante a ausência do marido, que foi a Kazán resolver um negócio, Kátya aceita um encontro com Borís, à noite, no jardim da casa. É convencida a isso por Várvara, filha adotiva da Kabaníkha, que também encontra-se clandestinamente, ali, com seu amante, Vânia Kudriásh. Embora a princípio rejeite as declarações de Borís, Kátya finalmente admite que o ama e cede à sua corte. Mas sente-se culpada por ter-se tornado sua amante e, dias depois, quando Tíkhon volta, resolve contar-lhe a traição. Durante a tempestade, que dá nome à peça e ecoa a sua agitação interior, ela se confessa ao marido e à sogra. Depois foge em meio à chuva. Ao encontrar-se com Borís, na beira do Volga, este lhe diz que, para não perder a herança, concordou com a exigência do tio de que saia da cidade, para atenuar o escândalo. Percebendo não haver mais lugar para ela neste mundo, Kátya atira-se no rio. Seu corpo é retirado da água por Dikôi, que o entrega a Tíkhon. E este, que já se inclinava a perdoar a mulher, mas estava sendo pressionado pela mãe a castigá-la, sem ter coragem de desafiar sua autoridade, ajoelha-se junto ao corpo soluçando. Enquanto isso, a Kabaníkha, em tom frio e hipócrita, diz aos aldeões em torno: "Děkuji vám, dobří lidé, za ůzlužnost!" (Obrigado, boa gente, pela sua ajuda).

Está clara a oposição entre os *samodúri* – Kabaníkha e Dikôi, representantes daquilo que Ostróvski chamava de "os negros domínios" da opressão – e as vítimas desse despotismo. De um lado, Tíkhon e Borís, sem força para reagir, que se submetem e se anulam; do ou-tro, Várvara, que faz o jogo da simulação e do cinismo. No meio deles está Kátya, "gentil por natureza, detestando até mesmo a idéia de vir a fazer mal a alguém, uma mulher que poderia ser levada por uma brisa – o que dizer da tempestade que se forma à sua volta?" (Janáček em carta de 9.1.1920 a Kamila Stösslová). É para preservar sua dignidade que Kátya se destrói.

O crítico russo Nikolái Dobroliubôv foi o primeiro, num ensaio célebre de 1860 a respeito da peça, a perceber que o suicídio de Kátya é um "ato afirmativo": não se trata de um gesto de desespero impulsionado pela vergonha, e sim da recusa do compromisso com um mundo decadente. Ao contrário de Várvara e Vânia, que se acomodam na mentira e mantêm seu relacionamento sexual às escondidas, Kátya é pura e sensível demais para aceitar uma vida que exige hipocrisia e desonestidade calculada. Nesse sentido, sua morte é uma atitude ativa de não-capitulação. E de resto, na cabeça de Leoš, estabelece-se uma relação direta entre a heroína de Ostróvski e a de uma ópera a que ele tinha assistido em Praga, em 5 de dezembro de 1919: *Madama Butterfly*, cuja personagem também se mata para não se desonrar. Em sua correspondência, ele diz a Kamila como as visualizava: "ambas pequeninas, e com o cabelo preto, assim como o seu."

A carta de 31 de março de 1921 a Vinčenc Červinka, o tradutor de Ostróvski, mostra-o muito pouco interessado em reconstituir o ambiente russo do original. É Kátya quem o fascina: "Ela é a principal mola da ação". Ajudado por Červinka, Janáček fez, com a peça de Ostróvski, o que já tinha feito com a de Preissová. Manteve as palavras do original. Mas transformou os cinco atos do drama em três, alterando também a ordem das cenas. Desbastou drasticamente o texto para condensar a ação, eliminou personagens secundárias e diminuiu o papel dos habitantes da cidade, transformando-os apenas numa espécie de espelho deformante dos sofrimentos da protagonista. Suprimiu tudo o que lhe parecia supérfluo em vista de seu objetivo de centrar-se no drama humano de Kátya. Isso significou fazer desaparecer todos os elementos destinados a caracterizar a sociedade provinciana russa de meio século antes.

Foram cortados, por exemplo, o longo diálogo das servas Glasha e Feklusha, que comentam irreverentemente o comportamento de seus patrões. E o monólogo da velha louca, de 70 anos, sempre acompanhada por dois lacaios – no ato I, cruzando com Kátya e Várvara, ela prevê as conseqüências trágicas do clima opressivo da comunidade: "Aonde as leva a sua beleza e alegria, minhas lindas? (mostrando o Volga) Lá no fundo, bem no fundo dessas águas." No drama russo, uma personagem importante é Kulígin, "relojoeiro autodidata, que estava sempre tentando descobrir o moto-perpétuo". Esse símbolo do homem aberto e contrário ao obscurantismo, espécie de porta-voz de Ostróvski, fracassa, numa cena muito curiosa que foi cortada, ao tentar explicar ao obtuso Dikôi para que serve um relógio de sol. No libreto, Kulíguin transforma-se num mero figurante. Algumas de suas falas são transferidas para o professor Vânia Kudriáš; mas este não passa de uma figura superficial de jovem intelectual rebelde – embora seja interessante a cena em que ele não consegue convencer Dikôi da utilidade do pára-raios. Červinka e Janáček nem sequer insistem num ponto que, nas rubricas de Ostróvski, é essencial: o fato de que Borís é o único a usar roupas ocidentais, o que frisa a sua posição de *outsider* dentro daquela sociedade provinciana. E cortam o monólogo da cena 6 do ato II, em que Marfa Ignátievna Kabánova justifica a sua atitude possessiva e castradora, dizendo que quer preservar as tradições e proteger seus filhos contra o ridículo. Nada vem atenuar os traços angulosos dessa personagem impiedosa que, mesmo na hora da tragédia, será incapaz de chorar pela nora ou de consolar o filho.

O conteúdo social se atenua para que a tragédia possa concentrar-se em três pares de pessoas: os *samodúri* Kabaníkha e Dikôi; o casal inconseqüente formado por Várvara e Kudriáš; e o casal mais sério formado por Kátya e Borís. Mas mesmo este último não tem coragem de desafiar o mundo em que vive da mesma forma que a sua amante. Ou como diz Michael Ewan: "Se Kátya é a Jenůfa desta tragédia, Borís não é o seu Laca." À medida que as heroínas de Janáček vão se tornando mais fortes e decididas, os homens que as cercam vão ficando mais indecisos. Borís parece um rascunho do atarantado Gregor do *Caso Makrópulos*. Ao preparar o libreto, em suma, Janáček procurou a definição mais clara e direta dos contrastes, da forma como convém ao gênero operístico, e acelerou o desenrolar da trama, acentuando a inevitabilidade do final trágico. Foi Červinka aliás quem, em carta de 3.4.1921, ao ver que ele estava insatisfeito com o título original da peça, lhe sugeriu que a ópera se chamasse *Kátya Kabánova*, já que era ela o foco central da ação.

São evidentes as circunstâncias pessoais que fizeram com que Janáček se sentisse atraído pela figura de Kátya, que encarna o direito de escolher a felicidade de acordo com o seu coração, sem submeter-se às imposições da moralidade vigente. Em Jenůfa, no *Diário de um Desaparecido* e na *Kátya Kabánova* encontramos, de resto, sob formas diferentes, a mesma crítica implícita dos tabus moralistas e da hipocrisia social, considerados como freios à felicidade. O casamento é visto como uma instituição que ignora a verdadeira paixão (a Kabaníkha repreende o filho, no início da ópera, quando a mulher, ao despedir-se dele, antes que viaje, manifesta carinho e pede-lhe que a leve consigo). Os mexericos e as pressões do próximo surgem como o instrumento de uma estrutura de poder autoritário, que reprime os sentimentos humanos mais autênticos. Há, assim, um visível parentesco estrutural entre as três obras, que correspondem a preocupações pessoais do autor, em nível muito profundo.

Na *Jenůfa*, a personagem-título é oprimida, ainda que involuntariamente, pela Kostelníčka, e usada e desprezada por Števa; mas salva-se graças ao amor de Laca que, embora a princípio tenha agido com violência contra ela, regenera-se ao enfrentar, a seu lado, a condenação da comunidade. No *Diário de um Desaparecido*, Janík é oprimido pelos preconceitos de seu meio social e familiar; mas salva-se graças ao amor de Zefka, que tem consciência de sua própria marginalidade e, por isso mesmo, dá-lhe forças para que parta com ela em busca de outro lugar, onde a felicidade seja possível. Na *Kátya Kabánova*, finalmente, a personagem-título é oprimida pela Kabaníkha e desamparada pela fraqueza de Tíkhon e a covardia de Borís; esse mundo é sufocante demais para admitir uma salvação – mas ela encontra a libertação, a catarse, numa morte que não é uma fuga e, sim, um gesto positivo de afirmação de sua dignidade. A posição de Janáček é, portanto, a de um feminista "avant la lettre": em toda a sua obra, a emancipação e o progresso da sociedade, que ele deseja ver surgirem, passam pela emancipação da mulher, principal vítima desses interditos. E a libertação da mulher, por sua vez, acarreta também a do homem na medida em que, sendo a mulher alvo de preconceito e opressão, o homem acaba sendo – como é o de caso de Tíkhon Kabánov – a vítima solidária. Diz Michael Ewans, em *Janáček's Tragic Operas:*

> Esta ópera não oferece redenção nem esperança, apenas a brutalidade de seu desenlace pessimista. Kátya é a única personagem da ópera que se desenvolve, mas a sua profunda beleza espiritual é-nos mostrada sob o foco de seres hipócritas que surgem como verdadeiras paródias de tudo em que ela acredita; e isso leva à sua destruição, enquanto a ordem social dos mercadores se reconstrói como se ela nunca tivesse existido. Aqui, deparamos com o lado mais assustador da objetividade Janáčekiana: ele não julga ninguém e, com isso, deixa-nos sem uma orientação moral em meio ao perturbador terror e piedade do final. A riqueza interior de Kátya nada mais lhe oferece senão a morte ignominiosa; Várvara sobrevive, mas é uma pessoa extremamente superficial e, para continuar vivendo, terá de sair de Kalínov; dentro de Kabaníkha nada mais há senão hipocrisia, orgulho e ódio. Os homens, em maior ou menor medida, não valem nada. Essa foi a tragédia mais selvagem escrita por Janáček; e é irônico que o seu drama mais pessimista seja também o mais rico em beleza de som e invenção lírica.

Ewans tem razão, pois raras vezes a inspiração do compositor foi tão generosa e os procedimentos dramáticos tão espontâneos. Da mesma forma que na *Jenůfa*, onde o xilofone sugere o ruído do moinho, há também, na *Kátya*, um tema recorrente, nas cordas, de desenho ondulante, que evoca o curso do Volga, sempre presente como um pano de fundo para a ação. Mas, desta vez, ele assume também função psicológica. No início, tem o valor positivo da majestosa "Volga-Mátushka", o rio-mãe, cujas águas se associam, no inconsciente coletivo russo, a uma idéia criadora e revigorante. Mas no final, está ligada à pressão dos "bons costumes" sobre os indivíduos e, pelo fascínio hipnótico que exerce sobre Kátya, transforma-se no lugar de expiação.

Retornando cada vez que Kátya se sente em conflito, dividida entre Borís e o marido, o tema do Volga – em cujas águas ela vai se atirar – representa também, desde o princípio, a antecipação do final trágico que a espera. Os motivos recorrentes, aliás, são usados de forma a relacionar idéias que são diferentes, mas afins. Por exemplo: a melodia com que a Kabaníkha agradece hipocritamente a ajuda dos vizinhos, no final, é a mesma com que, no ato I, Tíkhon tinha-se despedido da mulher, enquanto a mãe o censurava por não ser suficientemente severo com ela – ou seja, as duas situações estão ligadas pela mesma idéia da opressão do velho sobre o novo.

Como na *Jenůfa*, o estilo de canto define a psicologia das personagens. À música angulosa e escura da maioria delas opõem-se as texturas agudas, leves e claras de Kátya, cujas frases são freqüentemente acompanhadas pela flauta ou pelo clarinete. Tíkhon e Borís cantam melodias deliberadamente simples e banais, para caracterizar a sua mediocridade; o contraste é ainda maior com o lirismo elaborado da linha vocal da protagonista. A Dikôi e à Kabaníkha não está associado nenhum motivo, porque eles não têm alma para expressar; o recitativo que usam é muito próximo do prosaísmo da fala. Várvara e Vânia cantam sempre em estilo folclórico: na cena do jardim, por exemplo, entoam versões estilizadas de canções populares russas, e isso é um recurso para frisar sua personalidade leviana e superficial, opondo-se à densidade emocional de Kátya.

Há grandes monólogos, mas não árias, no sentido formal do termo; e as únicas canções são as de Kudriaš em II, 2. As personagens se exprimem num recitativo melódico que pode assumir grande variedade formal, indo de um estilo salmodiado, nota a nota – mas com intervalos inesperados, que provocam saltos de efeito dramático –, até uma cantilena de formato muito variável pois, lírica e expansiva nos lábios de Kátya, torna-se, como dissemos, angulosa e dissonante nos da Kabaníkha ou de Dikôi. O caleidoscópio de ritmos, contra-cantos, harmonias insólitas e timbres instrumentais escolhidos de forma refinada emoldura essa, declamação de grande mobilidade.

Janáček queria que a ópera fosse estreada em Praga, mas acabou cedendo à pressão de František Neumann: "É muito importante que a nova obra do mais importante compositor morávio seja ouvida pela primeira vez na Morávia" (26.4.1921). No pós-guerra, de resto, as condições do Teatro Nacional de Brno tinham melhorado consideravelmente, em especial depois que, recomendado pelo próprio Janáček, Neumann fora nomeado seu regente. Ele concordou com o pedido, e *Kátya*, a princípio recebida com frieza em 23 de novembro de 1921, foi aos poucos ganhando o favor do público. A montagem de Praga, em 30 de novembro do ano seguinte, contou com o bom relacionamento entre o autor e Otakar Ostrčil, que a regeu. A correspondência entre ambos mostra o nível de detalhe com que a execução foi discutida. O sucesso repetiu-se em Colônia, nesse mesmo ano, e em Berlim (1926), impondo a ópera nos teatros alemães, a partir dos quais tornou-se conhecida no mundo inteiro.

Durante muito tempo, utilizou-se, nos teatros tchecos, uma versão da partitura retocada por Václav Talich, cujo objetivo era "embelezar" as sonoridades mais ásperas e tornar certas passagens vocais mais praticáveis para os cantores. Foi essa a versão gravada por Krombholc. Talich alterou também a instrumentação: por exemplo, trocou por uma viola moderna a *viola d'amore* pedida por Janáček em determinadas passagens, alegando que esse instrumento antigo não é muito audível dentro da orquestra – e se esquecendo de que os instrumentos que dobrara, para tornar o som mais encorpado, eram os responsáveis por encobrir a *viola d'amore*. Uma vez mais, é a sir Charles Mackerras que se devem as mais autorizadas gravações recentes: a de 1976, com Elisabeth Söderstrom (Decca); e a de 1997, com Gabriela Beňačková-Čapová (London). Ambas baseiam-se na edição crítica feita pelo próprio Mackerras, a partir dos manuscritos – que, em consequência das dificuldades de leitura da caligrafia de Janáček, ele levou sete anos para terminar, ajudado pelo musicólogo Karl-Heinz Füssl.

O próprio Mackerras, no prefácio a essa edição, mostra que nem sempre as intenções do compositor são muito claras pois, no manuscrito, há diversos casos de variantes ambíguas, que propõem escolhas delicadas. Durante esse trabalho, o regente inglês descobriu, entre os papéis deixados pelo compositor, dois interlúdios que Janáček compusera em 1928, para dar mais tempo à mudança de cenários, e incluiu-os em suas gravações. Antes de Mackerras, como dissemos, a ópera tinha sido gravada, em 1959, por Jaroslav Krombholc (Supraphon), com Drahomíra Tikalová. Em 1998, o selo Orfeo lançou o registro ao vivo de Sylvain Cambreling no Festival de Salzburgo, com Angela Denoke. Existe também o vídeo de um espetáculo do Festival de Glyndebourne, estrelado por Nancy Gustafsson e Ryland Davies, e regido por Andrew Davis.

"*Kátya Kabánova* é uma ópera verista?", pergunta Guy Erismann:

Já se discutiu muito a esse respeito, especialmente quando se trata da *Jenůfa*. Se nos referirmos ao modelo italiano – e Janáček admirava muito Puccini – é claro que não. Se pensarmos em um tipo de ópera em que o *belcanto* predomine, também não. Janáček diferencia-se dos compositores italianos no tipo de expressão vocal e na maneira de conduzir *musicalmente* as personagens e a dramaturgia. Nesse sentido, ele está bem mais próximo de Richard Strauss ou de Gustave Charpentier, cuja *Louise* o impressionara tanto[4]. Essas analogias, entretanto, são muito relativas, pois Janáček contenta-se em se exprimir numa linguagem que concilia, de maneira original, realismo e poesia, mistura cimentada por um incomum poder de observação. Podemos arriscar-nos a diferenciar Janáček e o Verismo com uma só palavra. No Verismo, a observação e o sentimento encontram seu prolongamento no culto da voz e do canto. Em Janáček, tudo se expressa de forma interiorizada e a ênfase é colocada nas palavras. A música não tem por função falar em lugar delas e sim realçá-las enquanto palavras. E o fará com extrema fidelidade a elas e com a exata pulsação interna das personagens, sem ceder à tentação exterior de um canto expansivo; ao contrário, fazendo-o com o mais estrito despojamento. Os acontecimentos mais importantes da ação dramática são expressos de modo a não ultrapassar, em duração, o tempo da frase falada.

A isso acrescentemos que Janáček tampouco obedece aos arquétipos vocais da tradição, reforçados pelos veristas. Em *Jenůfa*, os papéis de Laca e Števa são confiados a dois

---

4. Erismann deve referir-se, no caso de Strauss, aos elementos de observação realista que há numa ópera neo-romântica como o *Rosenkavalier* e, em especial, na experiência de comédia de costumes em estilo de declamação melódica que há em *Intermezzo*.

Cenas de *Kátya Kabanová* com Clarry Bartha (Kátya) e Christian Papis (Borís Grigórievitch); Deutsche Oper am Rhein, 1996; direção: Stein Winge; cenários e figurinos: Timián Alsaker; regência: Hans Wallat.

Cenas de *Kátya Kabanová* no Festival de Glyndebourne de 1988: Nancy Gustafson (Kátya), Louise Winter (Várvara), Ryland Davies (Tíkhon); montagem: Nikolaus Lehnhoff; cenários: Tobias Hoheisel; regência: Andrew Davis.

Nancy Gustafson como a protagonista de *Kátya Kabanová*, na montagem de Joachim Herz, em 1991, na Ópera de Viena – regência de Ulf Schirmer.

tenores, quando o hábito exigiria que suas vozes fossem contrastadas e que um deles fosse um barítono – de preferência Števa que, por ser o "vilão", deveria ter um timbre mais escuro. Em *Kátya Kabánova*, Vânia, Borís e Tíkhon também são tenores porque, como no caso anterior, são homens da mesma idade e de um meio social equivalente; não há motivo, portanto, para introduzir, a nível do registro vocal, uma diferenciação meramente "decorativa". O baixo Dikôi, ao contrário, é diferenciado porque pertence a um outro mundo, da mesma forma que Kabaníkha que, por ser mais velha e estar isolada em sua arrogância, é um contralto (observem que a Kostelníčka, na *Jenůfa*, é um soprano dramático porque, do ponto de vista do caráter, ela não difere muito da protagonista, embora as circunstâncias a forcem a agir de maneira dúbia). Kátya e Várvara, que se parecem, são dois sopranos. Partindo, portanto, do realismo de Dargomýjski e Mússorgski, pioneiros na renovação do estilo de canto operístico, Janáček vai constituir o elo de ligação entre eles e o Neo-realismo da escola russa do século XX (Prokófiev, Shostakóvitch), que também trabalha com um tipo de declamação cujo objetivo é realçar o significado das palavras. É evidente, por exemplo, o parentesco entre Kátya e Katerina Ismáilova, a protagonista da *Lady Macbeth do Distrito de Mtsensk* – até mesmo porque a novela muito pessimista de Lieskóv, em que Shostakóvitch se baseou, foi escrita em resposta à peça de Ostróvski, para mostrar como as coisas "realmente se passavam" na vida provinciana; e Shostakóvitch, da mesma forma que Janáček, tem uma visão muito pessoal de sua personagem.

Ouçamos também Hélène Pierrakos em *Au-delà du Verisme*, artigo publicado no n. 114 da revista *L'Avant-Scène Opéra* (novembro de 1988), dedicado a esta ópera:

> Janáček não se interessa nem por uma *verdade dos sentimentos* banalmente transmutada em belcanto, nem por um realismo social maniqueísta, nem por um naturalismo desabusado, e é por isso que a sua *arte da verdade* é tão interessante. Por isso também, não se pode conceber a exploração dos monólogos de Kátya ou Jenůfa, em recital, como *morceaux de bravoure*. Na música de Janáček não há "furtiva lagrima" e nem "casta diva". Pois a expressividade da frase vocal não se destina a valorizar o intérprete, ou seja, a dissociá-lo da moldura da ópera –

como se se quisesse distrair o ouvinte da idéia, mostrando-lhe apenas a palavra. Na música de Janáček, ao contrário, é o fundo que comanda a forma ou, de forma menos esquemática: é a moral que precede a estética.

Deve-se estabelecer aqui uma distinção importante. Falamos de moral: esta exprime-se, em primeiro lugar, pela escolha do libreto, do destino da heroína. Para Kátya, poderíamos resumi-lo com a idéia do pecado e da redenção pela morte. Mas essa moral passa também pelo filtro da música, cuja função é de matizá-la e até mesmo de entrar em conflito com ela. A música, em suma, exprime uma moral bem mais sutil. Aí está, por mais estranho que isso possa parecer, a dimensão realista da ópera. No sentido em que a realidade da moral só pode ser complexa. Quando ela se simplifica, assinala o fim da ópera: no caso, a morte de Kátya, solução moral da maior simplicidade. A moral, portanto. Mas também a ideologia e, em seguida, essa filosofia panteísta que faz da natureza o lugar do bem, do verdadeiro e da plenitude.

Um ponto de vista alternativo é o oferecido pelo escritor Milan Kundera, no ensaio "O Mal-amado da Família"[5]:

> Detenho-me na palavra "expressionismo". Embora ele próprio nunca se tenha referido a isso, Janáček é, na realidade, o único grande compositor a quem poderíamos aplicar esse termo inteiramente, e em seu sentido literal: para ele, tudo é expressão, e nenhuma nota tem direito à existência se não é expressão. Daí a ausência total daquilo que é simples "técnica": transições, desenvolvimentos, mecânica do recheio com o contraponto, rotina de orquestração (ao contrário, atração por conjuntos inéditos, constituídos de alguns instrumentos solo). [...] O expressionismo alemão é constituído por uma predileção pelos estados de alma excessivos, o delírio, a loucura. O que chamo de expressionismo, em Janáček, nada tem a ver com essa unilateralidade: é um riquíssimo leque emocional, um confronto sem transições, vertiginosamente compactado, de ternura e de brutalidade, de furor e de paz. [...]
>
> Detenho-me na palavra "romantização". O expressionismo janáčekiano não é um prolongamento exacerbado do sentimentalismo romântico. É, ao contrário, uma das possibilidades históricas para se sair do Romantismo. Possibilidade oposta à escolhida por Stravinski: ao contrário deste, Janáček não censura os românticos por terem falado dos sentimentos; censura-os por falsificarem esses sentimentos; por substituírem uma gesticulação sentimental (uma "mentira romântica", como diria René Girard[6]) pela verdade imediata das emoções. Janáček é apaixonado pelas emoções, porém mais ainda pela precisão com que quer exprimi-las. Stendhal, sim; Hugo, não. O que implica a ruptura com a música do Romantismo, com seu espírito, com sua sonoridade hipertrofiada (a economia sonora de Janáček chocou todo mundo em sua época), com sua estrutura.

5. Publicado em *Os Testamentos Traídos* (ver *Bibliografia*).

6. Kundera refere-se a uma idéia expressa em *Mensonge Romantique et Vérité Romanesque*, de René Girard.

Kátya é Kamila – a correspondência daqueles dias o atesta. Em 25 de fevereiro de 1922, Leoš lhe escreve:

> Durante todo o tempo em que escrevia esta ópera, eu sentia a necessidade de experimentar um amor grande e desmedido. [...] Era a sua imagem que eu sempre colocava sobre a de Kátya quando estava compondo. O amor dela tomou um rumo equivocado, mas não importa; era um grande, um lindo amor!

E em 12 de fevereiro de 1928, pouco antes de morrer, deixa extravasar novamente suas emoções e torna a dedicar-lhe a partitura:

> Era o sol do verão. A colina ardia, as flores quase desfaleciam inclinando-se para o chão. Foi num tempo assim que me vieram à cabeça os primeiros pensamentos sobre a infeliz Kátya Kabánova – e seu grande amor. Ela chama as flores, conclama os pássaros – pede às flores que se inclinem para ela, aos pássaros que cantem para ela sua derradeira canção de amor. Há uma bela dama em meus pensamentos, miraculosamente, todo o tempo. É nela que cresce a minha Kátya, nela, na sra. Kamila Neumannová! E por isso, esta será uma de minhas obras mais ternas. E aconteceu. Nunca conheci amor maior do que o dela. E a ela dedico esta obra. Flores, inclinem-se à sua passagem; pássaros, não deixem que se interrompa a sua canção de amor eterno.

Kátya é Kamila – e essa é a provável explicação para o título de *Vzpomínka* (Lembrança), a peça para piano que Leoš publicou, em 8 de maio de 1928, no suplemento tcheco da revista *Muzika*, de Belgrado. A relação temática entre essa peça e a despedida de Kátya parece indicar que a reminiscência do título, não explicitada, é a da única vez que Stösslová o acompanhou a um espetáculo, no Teatro Alemão de Praga, em 21 de janeiro de 1928, para assistir à ópera que ela lhe tinha inspirado. Este é o ano da morte de Janáček, em 10 de agosto. Pois essa fusão, em seu espírito, de Kátya e da mulher amada, reaparece nas duas peças para piano – *Zlatý Kroužek* (O Anel de Ouro) e *Čekam Te* (Eu te Espero) – escritas no álbum de Kamila em 5 e 8 de agosto. A epígrafe à primeira diz:

> Deixa-me beijar teu anel de ouro e perderei os sentidos; só assim minha vida deixaria de ser indigente. Desejo o teu anel de ouro assim como o cervo sedento deseja a água pura. Deixa-me beber com toda a minha alma, Kamilka.

Essas palavras de apaixonado foram escritas no verso de um testamento improvisado que fazia de Stösslová a herdeira de vários de seus bens. Essas últimas peças foram arrancadas do álbum, quando Kamila entrou na Justiça para reclamar seus direitos à herança. Só em 1994, ao ser editado o álbum completo, elas lhe foram restituídas (Thomas Adès as toca no disco da EMI Classics em que acompanha Ian Bostridge no *Diário do Desaparecido*).

O drama de Kátya afogando-se no Danúbio o comovia tanto que, em março de 1923, ao visitar Bratislava para assistir à estréia local dessa ópera, Janáček sentiu-se inspirado para retrabalhar o tema num poema sinfônico. *Danúbio* evoca o rio que atravessa quatro países eslavos, mas de maneira muito diferente da abordagem descritiva de Smetana no *Moldávia*. O Danúbio é a voragem na qual, como a personagem de sua ópera, outras infelizes põem fim a seus sofrimentos. Dividido em quatro movimentos, o poema sinfônico baseia-se em dois poemas sobre mulheres suicidas. *Lola*, de Aleksandr Insárov, é a história de uma prostituta que se arrepende da vida que leva, tenta inutilmente regenerar-se, mas não consegue trabalho, pois todos a desprezam devido à sua atividade anterior. Para não morrer de fome e de frio, ela se atira no rio. Em *A Afogada*, de Pavla Křicková, uma garota fica tão envergonhada ao ser surpreendida por um rapaz estranho, nua, banhando-se no rio, que se joga na água e morre. Em ambos os textos está implícito o peso da condenação social, e a escolha da morte para escapar à privação, à falta de possibilidade de refazer a vida, ou à vergonha e humilhação. São claras as semelhanças entre as melodias de *Kátya Kabanová* e o tema de Lola, no primeiro movimento, ou do vocalise de soprano que intervém no ultimo. Os manuscritos de *Danúbio*, encontrados entre os papéis de Janáček após sua morte, foram orquestrados por Osvald Chlubna num estilo straussiano que não condizia com a escrita do compositor. Mais tarde, o poema sinfônico foi revisto, de acordo com os esboços originais, por Leoš Faltuš, Milan Štedron e Otakar Trhlík – e dessa forma foi gravado, em 1986, por Libor Pešek, para o selo Marco Polo.

A empregada Marie Stejskalová conta, em suas *Reminiscências*:

O jornaleiro entregava em casa a edição matutina das *Lidové Noviny*. A da tarde, eu ia buscar na banca. Quando a história de Bystrouška estava sendo publicada, eu abria o jornal, no caminho para casa, para ver se tinha saído um novo capítulo. E corria para casa, para lê-lo depressa antes de entregar o jornal ao patrão que, de qualquer maneira, ficava trabalhando e só dava uma olhada nos jornais à noitinha. Uma vez, eu estava lendo – foi no dia em que saiu o desenho de Bystrouška de mão dada com Zlatohřbítek, o raposo, carregando um buquê de flores – e o jeito como eles andavam me pareceu muito engraçado. Eu achava que ninguém haveria de me ouvir rindo às gargalhadas: a patroa não estava em casa e o patrão estava em seu escritório. Mas, de repente, ele apareceu na porta da cozinha:

"O que é que há de tão engraçado, mulher?"

"É a Bystrouška, senhor."

"E quem é Bystrouška?"

"O senhor não a lê? É escrita por Tešnohlídek, das *Lidové Noviny*."

Estendi-lhe o jornal, ele olhou os desenhos, leu um pouco, sorriu e eu lhe disse: "O senhor entende tão bem o que os animais dizem... vive anotando o canto dos passarinhos... essa história não daria uma bela ópera?"

Ele não disse nada. Mas começou a colecionar os capítulos da história de Bystrouška. E o que aconteceu em seguida? Foi falar com o sr. Tešnohlídek, e o sr. Tešnohlídek veio nos visitar, eles chegaram a um acordo e o patrão começou a estudar os animais por causa da Bystrouška. Às seis da manhã, ele se levantava, tomava a sua água de Karlsbad, e ia para o parque Lužánky ouvir os pássaros cantando, o rumor das árvores e o zumbido das abelhas. E voltava para casa cheio de vida e de alegria, dizendo: "Vocês ficaram dormindo e não sabem o que perderam!"

Se era correta a lembrança que Stejskalová tinha da ilustração, esse incidente ocorreu na segunda-feira, 14 de junho de 1920, data em que saiu o capítulo a que ela se refere. Mas, ocupado com a *Kátya*, só em 1922 Janáček foi procurar Rudolf Tešnohlídek. Este, assim como Preissová, também sentiu-se lisongeado quando o compositor lhe pediu a autorização para transformar numa ópera a sua história em quadrinhos. Mas não acreditou que fosse possível levar ao palco lírico as aventuras de *Liška Bystrouška* (A Raposinha Bystrouška), que ele e o desenhista Stanislav Lolek tinham publicado no jornal, entre 7 de abril e 23 de junho de 1920. Para começar, nunca se tinha ouvido falar de uma ópera em que quase todas as personagens fossem animais. Até então poeta modesto, e autor de livros para criança pouco conhecidos, o próprio Tešnohlídek nem podia sonhar a popularidade que sua matreira raposinha haveria de conquistar junto ao público infantil.

Foi o Dr. Bohumil Markalous, um dos editores do jornal onde ele trabalhava como repórter, quem lhe pediu que escrevesse textos-legenda para as ilustrações que Lolek, inspirando-se em sua experiência de aprendiz de guarda-florestal, fazia a respeito de uma raposinha esperta, que vivia passando a perna nos seres humanos. A princípio, Tešnohlídek não queria – o que é curioso pois, de todos os seus livros, *Liška Bystrouška* foi o único que ficou famoso, valendo-lhe em 1923 o Grande Prêmio do Estado Tcheco. Obra luminosa de um homem muito sombrio e pessimista – que se suicidou em 1928, aos 46 anos –, ela é um hino à natureza e à beleza da vida, celebrada do ponto de vista do animal. Publicada em livro em 1921, até hoje é lida pelas crianças tchecas.

Cabe aqui uma observação curiosa. Num artigo de 1º de novembro de 1924, Tešnohlídek contou que o nome original de sua personagem era Bystronožka (pés ligeiros). Mas um erro de impressão do jornal deu-lhe a sua forma atual. Costuma-se traduzir o nome da raposinha como "Orelhinhas pontudas" (bystroouška). Mas em *Janáček and Brod* (1985), Charles Susskind demonstrou que a palavra pode ser o diminutivo do adjetivo "bistrý" (rapidinha ou espertinha). Prova disso, diz Susskind, é Janáček musicar a palavra com três sílabas (by-strou-ška, com subtônica no o), e não com quatro (by-stro-uš-ka, com subtônica no u), como deveria ser, caso o primeiro sentido fosse o correto. A tese de Susskind justifica a tradução alemã do título feita por Max Brod: *Das schlaue Füchslein*, a partir da qual popularizaram-se as versões inglesa, *The Cunning Little Vixen*, e francesa, *La Petite Renarde Rusée* (A Raposinha Esperta). No original tcheco, a ópera chama-se *Příhody Lišky Bystroušky* (As Aventuras da Raposinha Bystrouška).

Com as tiras de Tešnohlídek, o compositor tomou liberdades ainda maiores do que com a peça de Ostróvski. Selecionou apenas alguns episódios, reordenou as seqüências, deu nomes a personagens secundárias, comprimiu certos trechos e expandiu outros, em função do rendimento musical que lhe poderiam oferecer. Em especial, explorou com muito gosto o contraste entre o dialeto morávio – especialmente a sua modalidade *lísen* – e o tcheco padrão, falado pelas personagens mais cultas: o Padre e o Mestre Escola (além do Raposo com quem Bystrouška se casa, e que tem modos mais aristocráticos do que ela). Aceitou a sugestão de Tešnohlídek de incluir, no início da cena da taberna do ato II, um poema chamado *Věrunko* (Verônica) mas, dos seus quatorze versos, usou apenas sete. E inseriu na partitura algumas canções folclóricas autênticas:

- "Déz sem vandroval" (Quando saí perambulando), cantada por Harašta no início do ato III;
- "Když jsem já šel okolo hája želeného" (Quando passei pelo verde bosque), cantada por Harašta nos bastidores, durante o dueto de Bystrouška com o Raposo;
- e a canção dos filhotes de raposa, "Běží liška k Táboru" (A raposa vai correndo para o monte Tábor), extraída da coletânea folclórica de Erben.

A ópera foi escrita entre junho de 1921 e março de 1923, mas Janáček continuou fazendo revisões no trabalho de seu copista, Jaroslav Kulhánek, até janeiro de 1924. A estréia em Brno, em 6 de novembro de 1924, regida por Neumann, lhe agradou muito, ao contrário da primeira apresentação em Praga, no ano seguinte, com Otakar Ostrčil. As dificuldades de encenação fizeram com que *A Raposinha* fosse raramente remontada antes de 1937, quando foi inteiramente reorquestrada por Václav Talich – versão, hoje, felizmente abandonada em favor do original. No Ocidente, ela se popularizou com a encantadora produção de Walter Felsenstein, para a Komische Oper, de Berlim, em 1956, regida por Václav Neumann. Dela existe uma preciosíssima documentação em vídeo preto e branco. Depois disso, espetáculos no Festival de Glyndebourne (1975) e na Welsh National Opera (1980) consolidaram a popularidade de Bystrouška fora de seu país. Uma vez mais, a gravação de Mackerras (1982), com a maravilhosa interpretação de Lucia Popp e Eva Randová, é a que oferece da ópera o registro mais escrupuloso, em sua forma original. A orquestração de Talich é usada em:

Supraphon, 1959 – Bohmová, Domanínská/ Václav Neumann.
Supraphon, 1972 – Tattermuschová, Zikmundová/Bohumil Gregor.

Supraphon, 1980 – Hajossyová, Benačková-Čapová/Neumann.

Além disso, existe uma versão cantada em inglês, traduzida por Yveta Synek Graf e Robert T. Jones: a de sir Simon Rattle (EMI, 1991), com Lillian Watson e Diana Montague. Em 2003, o selo BBC Opus/Arte lançou em DVD o desenho animado de Geoff Dunbar tendo como trilha sonora a gravação de Kent Nagano (Christine Beffle, Richard Coxon, Grant Doule).

O Guarda-florestal, que adormeceu na floresta, é despertado pela picada de um mosquito e, percebendo a raposinha, que foi atraída até ali por um sapo, captura-a e leva-a para casa. Ali, Bystrouška recusa as propostas amorosas do cachorro, briga com as crianças, tenta assaltar o galinheiro, e acaba fugindo para a floresta, onde se instala numa toca de onde expulsa seu antigo proprietário, um texugo. Enquanto isso, o Mestre-Escola e o Padre – que estiveram bebendo e jogando com o Guarda-florestal – passeiam pela floresta rememorando episódios melancólicos de seu passado.

Bystrouška conhece um simpático Raposo, com quem passa a morar; depois, casa-se com ele, para evitar os mexericos dos passarinhos. Um dia, juntamente com seus filhotes, engana o criador de galinhas Harašta e come seus frangos. Furioso, ele a mata a tiros. Tempos depois, após ter bebido, na taverna, com o Mestre-escola – que está muito triste com a notícia de que Terynka, a moça de quem gostava, casou-se com Harašta –, o Guarda-florestal, sentindo-se envelhecido, vai passear na floresta. Extasiado com a natureza naquele fim de tarde, sente-se feliz e rememora os tempos em que estava começando a namorar sua esposa. Em paz consigo mesmo, deita-se debaixo de uma árvore e adormece, sonhando com todas as figuras que viu no início da ópera – entre as quais uma raposinha que "é sua mãe cuspida e escarrada". Mas quando tenta capturá-la, consegue apenas pegar um sapinho, que lhe diz ser o neto daquele que conhecera em outros tempos. Com um ar sonhador, o Guarda-florestal perde-se na contemplação da Natureza.

A passagem do tempo, a chegada da velhice, a proximidade da morte, justapostas à promessa do retorno da primavera e da renovação do ciclo vital, formam o núcleo temático

Desenho de figurino de Josef Čapek para a estréia da *Raposinha Esperta* em Brno (1924).

Caricaturas de Eduard Milén de duas das personagens da *Raposinha Esperta*: o Texugo e o Mosquito.

Desenhos de Ruodi Barth para os figurinos da *Raposinha Esperta* montada por Bohumil Herbiška na Ópera de Düsselforf, em 1972.

Janáček aos 50 anos, na época da estréia da *Jenůfa*.

Da esquerda para a direita: o diretor Josef Mun-clinger, o compositor Leoš Janáček e o regente Otakar Ostrčil agradecendo aos aplausos no final da estréia do *Caso Makrópulos* em Praga (março de 1928).

Leoš Janáček (ao centro), em 1914, com professores e alunos do último ano da Escola de Órgão de Brno.

da *Raposinha*, que culmina no monólogo em que o Guarda-florestal exprime a aceitação serena de seu lugar no plano geral da Natureza. A ópera prolonga e expande o significado das historinhas de Tešnohlídek que, ao contrário da literatura antropomórfica desde Esopo e Fedro, não usam os animais para satirizar os defeitos humanos. Seu objetivo, na realidade, é expressar, de maneira intensamente poética, a necessidade da interação, em nível muito profundo, entre o homem e o mundo que o cerca. A mudança mais importante que Janáček introduziu no libreto, e que situa a fábula num contexto mais denso e sério, é a morte de Bystrouška. Isso faz com que a ópera tenha como tema a vida em sua totalidade, o ciclo completo da aventura existencial da heroína, incluindo seu desaparecimento. Mas o que coloca essa morte numa perspectiva positiva é o fato de que – ao contrário da *Kátya Kabánova* ou, mais tarde, do *Caso Makrópulos* – a ópera não termina aí. A morte é mostrada apenas como um acontecimento normal dentro da cadeia da vida, que se renova e continua. A força do ciclo vital e a permanência do ser humano naquilo que ele cria – a sua descendência, os seus atos, as suas obras –, é esta a mensagem da *Raposinha*.

Como em outras óperas que Janáček extraiu não de peças de teatro mas de obras em prosa (*Brouček, Da Casa dos Mortos*), a *Raposinha* compõe-se de episódios soltos, unificados pela música. Isso faz com que tenha um número maior de trechos puramente instrumentais – prelúdios, interlúdios, balés – efetuando a transição entre essas cenas; tanto assim que V. Talich tirou dela uma suíte instrumental freqüentemente ouvida em concertos sinfônicos. Essas páginas orquestrais dão continuidade a atos simetricamente divididos em duas cenas cada um – estrutura que, musicalmente, corresponde à recorrência dos temas, fazendo com que a ópera tenha a forma de amplas seções A.B.A., internamente baseadas em variações. Na primeira cena do ato I, por exemplo, o tema do prelúdio retorna na dança das libélulas; na segunda cena do ato II, o coro sem palavras, que se ouve antes de abrir-se o pano, retorna na cena do casamento das duas raposas e no balé final; e assim por diante.

Há temas recorrentes usados de forma simbólica. O motivo do dueto de amor das duas raposas volta no poslúdio, após a morte de Bystrouška, e na esplendorosa música com que a ópera se encerra, como um símbolo de afirmação da vida que se renova. A melodia ouvida na taverna, quando os amigos falam de suas desilusões amorosas, reaparece na cena em que Harašta vem contar ao Guarda-florestal que vai casar-se com Terynka, o que frustra as esperanças do Mestre-escola. Mas é ouvida também no momento da morte de Bystrouška, pois representa, tanto no nível físico quanto no afetivo, a mesma idéia de perda e de destruição inerente ao ciclo de metamorfoses da experiência humana. O balé e a pantomima, que Janáček já tinha usado, nas *Excursões do sr. Brouček*, para caracterizar o ambiente fantástico da Lua, são extensamente empregados aqui. Mas a função da dança, na *Raposinha*, é muito diferente da que tinha na *Jenůfa*. Nessa, como nas óperas de tema popular de Smetana ou Dvořák, a dança criava a cor local camponesa. Desta vez, os exóticos balés, muito pouco naturalistas, servem para sugerir o acesso a um outro nível de realidade: o do mundo animal, melhor expresso em gestos do que em palavras. É o caso da dança dos animais, com que se inicia o ato I, fornecendo um sintético painel da vida na floresta; ou da que encerra o II, em regozijo após o casamento das duas raposas.

A passagem de um nível para outro é também sugerida, musicalmente, pelo uso da escala de tons inteiros, recurso de procedência russa de que Janáček já lançara mão, de forma não-sistemática, desde a *Jenůfa*. Quando o Padre relembra um episódio de seu passado, a troca da escala convencional pela de tons inteiros efetua o trânsito do plano do presente para o da memória. Da mesma forma, quando Bystrouška descobre a armadilha do Guarda e adverte a seus filhotes para que tenham cuidado, esse mesmo procedimento estabelece a oposição entre o seguro mundo dos animais entre eles e o ameaçador mundo dos homens, contra o qual têm de precaver-se.

Discerne-se ainda, nesse uso da escala de tons inteiros, além do débito para com o Grupo dos Cinco, um indício da atração que Janáček sentia, na fase da composição da *Raposinha*, pela música de Debussy (e essa é uma influência cruzada, pois o francês também esteve sob influxo decisivo dos russos, principalmente de

Mússorgski). Em 1921, Janáček publicou uma minuciosa análise de *La Mer*; e demonstrou grande entusiasmo ao assistir, em Praga, à estréia tcheca do *Pelléas et Mélisande*, no qual identificou preocupações semelhantes às suas no que se refere à renovação do recitativo operístico. Ora, a orquestração da *Raposinha*, mesmo permanecendo extremamente fiel a seu estilo característico, tem uma transparência, uma luminosidade, fruto do fascínio pelas novas aquisições da escrita impressionista. A pasta consistente dos metais da *Jenůfa* cede lugar à evanescência de cordas muito vaporosas.

Da mesma forma que o moinho, em *Jenůfa*, ou o rio, em *Kátya Kabánova*, a floresta é uma presença constante na *Raposinha*, não só como descrição de ambiente, mas também como metáfora emocional, na linha do *Freischütz*, a ópera de Carl Maria von Weber que assinala o início da escola alemã de ópera. Mas não há, aqui, um tema simples e facilmente identificável como o do xilofone. A música da floresta é perpetuamente mutável, ora sombria ora alegre, como no fim do ato II, em que a euforia diante da beleza do mundo já prenuncia a selvagem exaltação panteísta da *Missa Glagolítica*. E essa mutação corresponde não só ao fluxo das estações, que faz com que a Natureza apresente faces constantemente cambiáveis, como também às reações das personagens diante dessa perene metamorfose.

Em *La Petite Renarde Rusée dans la Perspective Janáček*, artigo publicado no n. 84 da revista *L'Avant-Scène Opéra* (fevereiro de 1986), dedicado a esta ópera, Guy Erisman escreve:

> Como se situa a *Raposinha*, dentro da obra lírica de Janáček, em relação às precedentes, mas também às que vão se seguir? Uma vez mais, temos de frisar a unidade e a diversidade de sua produção. [...] Tudo as reúne, em nome do protótipo que é a *Jenůfa* e dos estudos sobre o *napěvky mluv* (a melodia da língua falada), tomados num sentido amplo, filológico, psicológico e musical. Tudo as separa, devido aos temas: um romance realista (*Kátya Kabanová*), uma autobiografia (*Destino*), uma alegoria com duas facetas, uma satírica, a outra histórica (*Brouček*). Mas tudo as reúne, se se pensa na concepção poética e metodológica do realismo. Tudo as separa, se se pensa no clima muito característico de cada uma dessas obras. Mas tudo as reúne, se considerarmos o contraponto social e político que as acompanha.
>
> [...] Uma obra composta entre 1917 e 1919 – o *Diário do Desaparecido* – marca essa época e serve de referência absoluta. É lógico incluí-la na produção lírica, não tanto

devido à originalidade de sua forma e à astúcia dramatúrgica que elimina todo o peso e todos os clichês ligados ao teatro musical como gênero, mas devido à síntese filosófica ali expressa, ao mesmo tempo ponto de chegada e de recomeço. Tudo o que Janáček vai compor de importante, daí para a frente, parecerá inscrever-se no prolongamento dessa obra-milagre, em que ele se define, resume a sua moral, profetiza. Se essa observação é válida tanto para os dois quartetos quanto para a *Sinfonietta* ou a *Missa Glagolítica*, ela se explicita de maneira ainda mais concreta no teatro, graças às quatro óperas que ele vai compor antes de sua morte, em 1928. Pelas razões que acabo de citar, tudo as reúne também. Mas tudo as separa, porque Janáček nunca se repete – pelo menos não voluntariamente – em sua maneira de dizer as coisas. Em suas obras sucessivas, ele vai acrescentar mais do que repetir. E, por mais inesperada que tenha sido a sua morte, à força de colocar em suas obras todo o seu coração e todo o seu espírito, ele terá conseguido expressar a totalidade de suas preocupações.

Prihody Lišky Bistroušky é a obra em que Janáček, aos 68 anos, já começando a sentir o peso da velhice, reconcilia-se com a idéia da morte e consola-se com a esperança da ressurreição (conceito que, bem entendido, nada tem em comum com o da religiosidade convencional). Em suas *Memórias*, Marie Stejkalová conta que, no ensaio geral, ele se comoveu muito com a última cena e disse aos que estavam a seu lado: "Isso é o que eu quero que vocês toquem para mim quando eu morrer". Esse desejo foi atendido: em 15 de agosto de 1928, depois de ter sido velado no Convento dos Agostinianos, onde fizera seus primeiros estudos, seu corpo foi levado para o saguão do Teatro Nacional de Brno, onde ressoaram as últimas palavras do Guarda-florestal:

> Quantos anos se passaram desde que passeávamos juntos, os dois bem jovens – ela esguia como um jovem pinheiro, eu como um abeto vermelho. Naqueles dias, colhíamos cogumelos, desperdiçando muitos, pisoteando-os, porque estávamos tão apaixonados que nem prestávamos atenção neles. Mas, oh! quantos beijos, quantos beijos colhíamos! Era o dia seguinte às nossas bodas, meu Deus!, o dia seguinte às nossas bodas!" *(senta-se com o fuzil entre os joelhos)*. "Se não fosse pelas moscas, eu dormiria num minuto. E no entanto, como gosto quando o sol brilha assim no fim da tarde. Quando as fadas voltarem para casa, buscando seus abrigos estivais, virão saracoteando em suas túnicas leves e, com elas, chegarão maio e o amor! Elas saudarão uma à outra, emocionadas com a alegria de se reverem. Uma vez mais, com o doce orvalho, espalharão a felicidade sobre centenas de flores: prímulas, flores do campo, anêmonas. E os homens e mulheres caminharão com as cabeças inclinadas, percebendo que uma alegria sobrehumana passou por aqui.

Cena da *Raposinha Esperta*, montagem de 1992 na Wiener Volksoper.

Cenário de Josef Čapek para a estréia do *Caso Makrópulos* em Brno (1926).

Anja Silja (Emilia Marty) e Kurt Schreibmayer (Albert Gregor) numa cena do *Caso Makrópulos*, encenado por Christine Mielitz na Ópera de Viena, em 1993.

Em 10 de dezembro de 1922, Janáček assistiu, em Praga, a uma apresentação de *Věc Makropulos*, a peça de Karel Čapek (1890-1938), três semanas depois de ela ter estreado no Vinohrady, dirigida pelo próprio autor. E no dia 28, escrevia a Kamila:

> Estão apresentando *Makropulos* em Praga. Uma mulher tem 337 anos, mas continua jovem e bela. Você gostaria de ser assim também?
>
> E você sabe que, com isso, ela era muito infeliz? Somos felizes porque sabemos que a nossa vida não é longa. Por isso, é necessário que usemos cada um de seus momentos, para aproveitá-la bem. A nossa vida é só correria... e saudade.
>
> Essa beldade de 337 anos já não tinha mais coração. Coitada dela!

Karel Čapek (1890-1938) tinha 32 anos ao escrever *O Caso Makrópulos*. Já era muito conhecido em seu país e, em breve, adquiriria reputação internacional graças a duas peças: *R.U.R.*, de 1920, e *A Vida dos Insetos*, de 1921, escrita em colaboração com seu irmão Josef. É grande a importância histórica de *R.U.R.* Nessa peça de ficção científica, Čapek imaginou a *Rossum's Universal Robots*, a fábrica onde um cientista visionário cria andróides semelhantes ao ser humano. Čapek contribuiria para o vocabulário mundial com a palavra *robô*, que cunhou a partir do radical eslavo *rabot*, "trabalho".

Na Inglaterra, principalmente, a sarcástica visão que *The Affair Makropulos* apresenta do antigo sonho humano de alcançar a vida eterna faria muito sucesso, vista como uma resposta a *Back to Methuselah* (De Volta a Matusalém, 1922), em que George Bernard Shaw postulava a idéia de que o aumento do tempo de vida significava a aquisição de mais sabedoria e, conseqüentemente, de mais felicidade.

Fascinado pela história de Emilia Marty, a quem uma fórmula misteriosa dá a possibilidade de viver vários séculos – tema complementar ao da *Raposinha* –, Janáček procurou imediatamente o autor, pedindo-lhe a autorização para musicar sua peça. A reação de Čapek não foi diferente da de seus predecessores. Em 27 de fevereiro de 1923, chegou a se oferecer para escrever um libreto original, convencido de que *Věc Makropulos* não tinha a menor condição de se transformar numa ópera. Mas, diante da insistência do compositor,

acabou concordando. Em suas memórias, publicadas em 1962, a filha do dramaturgo, Helena Čapková conta que o pai lhe escreveu, desabafando:

> Aquele velho maluco! Qualquer dia desses ainda vai pôr em música o editorial do jornal lá da terra dele. Ainda bem que não me pediu para ajudá-lo. Não acho que seja possível transformar a peça em um libreto, não tenho tempo para fazer isso e, mesmo que tivesse, não sentiria a menor vontade.

A resposta desencorajadora de Čapek fez com que Leoš considerasse, por uns tempos, a possibilidade de trabalhar na peça *O Filho* (1923), de František Xaver Šalda, sugerida a ele por Brod. Levou-a consigo nas férias que passou nas montanhas de Štřbské Pleso, na Eslováquia. Mas levou *Makrópulos* também. E à medida que ia se desinteressando pela "prosa sem vida, retorcida, totalmente artificial" de Šalda, entusiasmava-se mais e mais com o texto de Čapek. Iniciou a preparação do libreto em 10 de setembro de 1923, no mesmo dia em que recebeu a carta do dramaturgo cedendo-lhe os direitos (os mais caros que teve de negociar, pois o agente František Khol exigia 30% da receita de cada apresentação, e Emil Hertzka, da Universal, teve de intervir para obter dele termos mais razoáveis).

A Brod, Leoš dizia, no inverno de 1923: "Desta vez, o trabalho está voando. Montes de temas me passam pela cabeça". Mas as revisões a que submeteu a partitura foram tão numerosas que a ópera só ficou pronta em 3 de dezembro de 1925. Após ensaios atribulados, pois os músicos protestaram diante das dificuldades da partitura e chegou-se a falar até em cancelamento, Neumann regeu a triunfal estréia em 12 de dezembro de 1926. Čapek, presente ao espetáculo, ficou encantado e, conta sua filha, deu a mão à palmatória:

> A esplêndida música de Janáček tornara a sua peça magnificamente nobre. "Ele fez a coisa cem vezes melhor do que eu poderia ter imaginado", proclamava meu pai.

Depois de Brno, antes mesmo de chegar a Praga, *Makrópulos* estava sendo solicitada por Berlim. Erich Kleiber, que tinha regido *Jenůfa* em 1923, queria apresentá-la na Staatsoper. Como de hábito, foi Ostrčil o regente no

Teatro Nacional de Praga, em 1º de março de 1928. E o sucesso não foi menor do que em Brno. "Deram-me 25 críticas de *Makrópulos* para ler", escreveu Leoš a Zdenka no dia 23. "Em algumas delas, botam-me nas alturas. Em outras, parece que não vale a pena falar de mim. Nem liguei." A opinião da crítica já não importava mais. A poucos meses do fim – Leoš morreu de pneumonia em 12 de agosto de 1928 –, viera finalmente a consagração na capital. Foi Otto Klemperer quem obteve os direitos para o Krolloper de Berlim (1928); e Josef Krips regeu a ópera em Frankfurt (1929). Mas *O Caso Makrópulos* foi a ópera de Janáček que mais tempo levou para se impor fora da República Tcheca – e isso é compreensível quando se pensa nas dificuldades que esse drama insólito oferece a intérpretes e público. Fundamentais para divulgá-la na Europa ocidental foram as montagens de Estocolmo (1963), Londres (1964) e Cardiff (1978), que tiveram um ponto em comum: todas elas foram cantadas por Elisabeth Söderström, que realizou a proeza de aprender o papel principal em sueco, inglês e francês, antes de gravá-lo, em 1978, no original tcheco, sob a regência de sir Charles Mackerras.

Para compreender os antecedentes da ação, é preciso recuar a 1585, quando Rodolfo II de Habsburgo, o último soberano do Sacro Império a ter sua capital em Praga, encomenda a seu médico pessoal, o grego Hyerônimus Makrópulos, uma poção da longa vida. Ao receber a fórmula, Rodolfo II exige que o médico a teste e ele o faz em Élina, sua própria filha. Após ingeri-la, a moça cai gravemente doente. Furioso, o imperador manda encarcerar seu pai. Mas Élina se recupera e foge de Praga, levando consigo a fórmula. Ao longo dos séculos, transforma-se numa cantora lírica cuja técnica é fantástica, pois não envelhece e dispõe de todo o tempo do mundo para aprimorar seu canto. Periodicamente, para que ninguém desconfie, muda de endereço e de identidade. Mas mantém sempre as iniciais E.M. como uma ligação com a sua personalidade inicial. É assim que se transforma na espanhola Eugenia Montez, na alemã Else Müller, na russa Ekaterina Mýshkina, na irlandesa Elian McGregor e, finalmente, na tcheca Emilia Marty. Mas perde gradual-

mente o interesse pela vida e o amor, embora continue jovem e bela e exerça, sobre todos os homens à sua volta, a atração magnética de uma mulher que teve mais de trezentos anos para aprender todos os truques da sedução.

A ação da ópera inicia-se em Praga, em 1922, no escritório do advogado Dr. Kolenatý, e relaciona-se com o processo aberto pelo jovem Albert Gregor para demonstrar que a propriedade de Loukov, na Boêmia, lhe pertence. Ela teria sido legada a seu antepassado, Ferdinand Gregor, pelo proprietário, barão Joseph-Ferdinand Prus. Recém-chegada a Praga, a famosa cantora Emilia Marty – que, aos 337 anos, volta pela primeira vez à cidade onde nasceu – procura Albert e Kolenatý. Vem lhes trazer uma revelação: no cofre do barão Jaroslav Prus, adversário de Gregor no processo, existe um documento provando que Ferdinand Gregor era filho ilegítimo de Joseph-Ferdinand com a cantora irlandesa Ellian McGregor. Na verdade, está interessada na abertura do cofre, pois sabe que a fórmula de seu pai ficou guardada junto com a certidão de nascimento de Ferdinand. Precisa dessa fórmula, pois sente que o efeito da poção está acabando, e quer tomar outra dose para renovar sua longevidade. Para conseguir acesso a esse documento, não hesita em usar seu magnetismo sexual sobre Gregor e o jovem Janek – filho de Jaroslav Prus e namorado de Krista, a filha do velho Vítek, guarda-livros no escritório de Kolenatý.

Um curioso episódio, que ocorre no ato II, faz com que os outros comecem a desconfiar dos motivos que Emilia tem para conhecer tão intimamente fatos de muitos anos antes. No saguão do teatro onde se apresentou em recital, ela é procurada por um admirador senil. O decrépito conde Hauk-Šendorf reconhece nela a cantora espanhola Eugenia Montez, de quem fora amante na adolescência, em 1870. Num raro rompante de ternura, ela trata com todo carinho esse homem que, 52 anos depois, ainda se lembra dela com afeto. Depois, sentindo-se a um passo de ser desmascarada, tem de agir rápido. Concorda em passar a noite com o barão Prus, que vem lhe fazendo a corte, desde que, em troca, ele lhe dê o documento que está em seu cofre.

Ao saber que ela aceitou dormir com seu pai, Janek, perdidamente apaixonado, mata-se desesperado. A notícia de seu suicídio sequer a comove. Ela está se preparando para deixar Praga, de posse da fórmula, quando Kolenatý e os outros vêm a seu quarto de hotel, na manhã seguinte, e a acusam de falsificar a certidão de nascimento de seu filho ilegítimo Ferdinand. Ela é obrigada a contar-lhes toda a verdade e, à medida que narra sua história, e os sinais de velhice começam a surgir em seu corpo, dá-se conta também de que está cansada de viver e outros trezentos anos não trarão resposta à sua angústia. A única coisa que uma vida tão longa lhe deu foi uma imensa inveja dos mortais comuns, cuja vida, por ser limitada, tem gosto, valor e sentido. Renuncia, portanto, a tomar de novo a poção. Deixa-se morrer. E Krista, a quem dera o documento para que, por sua vez, tivesse a chance de viver trezentos anos, prefere destruí-lo, queimando-o à chama de uma vela.

Como Bystrouška, Emilia Marty é uma criatura que se situa além da moralidade. E o significado de sua aventura é menos importante pela enormidade do que acontece a ela, do que pela luz que a sua presença lança sobre as ações das demais personagens, os seres humanos "normais". Aqui não existe a riqueza do mundo natural que consola o homem pela sua finitude. Emilia é o fruto de um dos aspectos mais desumanos de nossa inteligência: uma ciência fechada em si mesma, que não hesita em converter uma garota sensível e inteligente num objeto artificial, cuja perfeita beleza a condena ao vazio e à falta de sentido. E, nesse sentido, a ópera de Janáček e a peça de Čapek são de perturbadora modernidade, por fazerem-nos refletir sobre um tema da maior atualidade: os limites naturais que a ciência deve saber se impor. Élina é um monstro, porque é o produto terrível da *věc*, a "coisa" criada pelo Dr. Makrópulos.

O primeiro problema a considerar, em Makrópulos, é seu título. Tem-se convencionado traduzi-lo com *O Caso* (*L'Affaire*, *The Case*) *Makrópulos*. Mas isso é extremamente impreciso. A palavra tcheca *věc* exprime muito melhor o mistério e o terror que cercam a fórmula do Dr. Hyerônimus. Ela é a "coisa" inominável, a invenção, terrível em sua desu-

manidade, que transformou uma adolescente bonita, sensível, cheia de esperança no futuro, em uma beldade artificial, congelada no tempo, um monstro de solidão, condenado a perder irremediavelmente tudo, a sobreviver a todos os que ama, a não poder mais se permitir o risco de amar, para evitar o sofrimento inevitável. Durante a composição, em suas cartas, Leoš chamava-a de "a gélida". E em 5 de dezembro de 1925, ao terminar a partitura, escreveu a Kamila: "Pobre beldade de 300 anos! As pessoas a consideravam ladra, mentirosa, insensível. Chamavam-na de fera, de canalha, queriam estrangulá-la. E qual era o seu único pecado? Ter vivido demais." O título *O Caso Makrópulos* permanece, portanto, na falta de outro melhor. Mas é importante que se compreenda a conotação aterradora que tem o título original da mais impiedosa das óperas de Janáček.

Como em *R.U.R.*, Karel Čapek discute, em *Věc Makrópulos*, a idéia de que o desejo do homem de tornar-se o senhor do universo, não hesitando, para isso, em interferir na ordem natural, pode significar um risco muito grande para a humanidade. Ele é o precursor, portanto, de um tipo de reflexão que, daí para a frente, será feita diversas vezes no cinema e na literatura de ficção científica. Mas em suas peças, esse debate é conduzido em tom acidamente irônico. No texto de Čapek, Emilia não morre. O final é muito ambíguo: – depois de ter contado aos outros a sua história, ela se limita a rir zombeteiramente de seu ar perplexo. E a peça termina sem que se saiba se ela tomará ou não outra dose da poção, para viver mais 300 anos.

Esta foi, portanto, a peça que Janáček modificou mais, ao convertê-la num libreto. Eliminou a ponta de ironia que envolve o monólogo final e deu um tom de tragédia ao que, antes, era uma comédia de humor negro. Usou literalmente as frases de Čapek, como já fizera com Preissová, mas com cortes substanciais, transferindo falas de uma cena para outra, comprimindo personagens e situações e dando à cena final uma ênfase dramática que não existe no original, pois o dramaturgo sempre foge conscientemente da eloqüência para obter um efeito de distanciamento – que tem pouco a ver com a natureza essencialmente retórica do drama lírico e, em especial, com os finais de alta temperatura emotiva que Janáček sempre dá às suas óperas.

O ato I foi o mais respeitado, e isso é necessário, pois é o ato de exposição, em que nos são apresentadas as personagens e suas motivações. Em compensação, o III, o mais longo da peça, foi o que recebeu cortes mais drásticos, para acelerá-lo e tornar o desenlace mais intenso. As personagens secundárias tiveram sua participação reduzida ao mínimo indispensável. Hauk-Šendorf, por exemplo, tem no texto de Čapek um papel muito mais longo; mas Janáček consegue captar, em sua breve aparição, o essencial de sua patética comicidade. Foi necessário também sacrificar os interesses políticos e históricos do velho Vítek, irrelevantes para a ópera. Isso significou cortar uma cena muito engraçada, em que Emilia fala dos contatos pessoais que teve, durante a Revolução Francesa, com Marat, "que era muito nervoso e vivia sempre com as palmas das mãos suando", e com Danton, "que tinha um mau hálito horrível". Como acontecia com freqüência, os cortes e compressões não seguiram um plano pré-estabelecido: foram sendo feitos intuitivamente, durante o processo de composição, e aumentaram, ao longo das sucessivas revisões, visando sempre a tornar o drama mais sintético.

Makrópulos é a única ópera de Janáček que não usa coro, porque a moldura naturalista não solicita esse emprego. Ou melhor: há apenas, na cena final – que rompe bruscamente a ambientação realista, projetando-nos numa dimensão quase sobrenatural –, um coro masculino interno, que repete as palavras de Emilia Marty agonizante, como se fosse uma voz ressoando dentro de sua consciência. Não há "números" inseridos dentro da trama musical contínua, como acontecia nas óperas anteriores. Mesmo as situações que poderiam, potencialmente, ser tratadas como árias e duetos, são resolvidas como monólogos ou diálogos de dinâmica estritamente teatral. As vozes juntam-se muito raramente, no corpo da ópera (ainda menos do que nas precedentes). O canto simultâneo é expressamente reservado para a cena final onde, por isso mesmo, destaca-se de todo o resto, ganhando significado encantatório. Esse é o momento onírico em que Marty já está com um pé na eternidade, e a cena é banhada por uma nebulosa luz irreal. Não há mudança de cena no interior dos atos e, por essa razão, os interlúdios são desnecessários. A música tem, em geral, o tempo exato dos diálogos. É turbulenta, apaixonada, muito estranha; mas possui, ao mesmo tempo, uma qualidade descarnada de severo acompanhamento das palavras, retraindo-se sempre que é fundamental que elas sejam claramente compreendidas.

Em compensação, *Makrópulos* tem uma das aberturas mais elaboradas e intrigantes de Janáček, que sintetiza simbolicamente a ação. Desde os primeiros compassos, chama a atenção do ouvinte uma fanfarra longínqua, que parece estar sendo tocada nos bastidores, como um som parasita que se insinuasse em meio à música principal. Essa fanfarra, de tom hierático e arcaico, simboliza o mundo aristocrático da corte de Rodolfo II, em que a Élina adolescente viveu. E vem de longe porque representa um momento de sua vida perdido num passado muito remoto, mas que se intromete no presente através de suas lembranças. Com essa fanfarra, Janáček obtém um dos mais impressionantes efeitos dramáticos de seu teatro. Como o xilofone da *Jenůfa*, ela ressoa ocasionalmente, sempre ao longe, durante a ópera. No ato III, quando Élina/Emilia começa a falar aos outros de seu pai, aquele som longínquo reaparece, torna-se aos poucos mais audível, anunciando a sua passagem para outra dimensão. E quando ela morre, é ouvido claramente, no primeiro plano da orquestra, como o emblema da reconciliação do presente com o passado, do reencontro de Emilia, na morte, com a menina Élina, seu próprio e mais autêntico ser.

Embora a ópera seja uma sucessão de conversas, a monotonia nunca se instala, pois Janáček mostra-se um mestre na arte de variar as técnicas de diálogo mediante a flutuação recitativo/arioso. O recitativo com que Kolenatý, no ato I, descreve os meandros do processo constrói-se sobre a repetição de uma única nota. Mas isso é contrabalançado pela sutileza das intervenções orquestrais, que comentam os fatos que ele está enumerando, e pelas interrupções de Marty, que vão ficando cada vez mais enfáticas e impacientes. O diálogo que

O escritório do Dr. Kolenaty no ato I do *Caso Makrópulos*, de Janáček: cenário de Ruodi Barth para a montagem de Walther Pohl na Ópera de Wiesbaden, em 1961.

se segue, entre Emilia e Gregor, é exemplar em sua capacidade de passar rapidamente de um registro para outro, do prosaico ao apaixonado, do agressivo ao aliciante. Um reflexo em escala menor das mudanças de temperamento contidas nessa cena é a do ato II, em que Krista ao mesmo tempo encoraja e repele Janek, seu namorado. E um primor de ironia, tingido de melancolia, é a seqüência do encontro de Emilia com Hauk-Šendorf, com quem ela canta um entusiasmado mini-dueto burlesco em espanhol, lembrança dos tempos em que se conheceram e ela se chamava Eugenia Montez.

O que torna tão mágico o clímax da ópera é, como já dissemos, a deliberada diferença estilística em relação a tudo o que o precedeu. Até então, Janáček vinha utilizando um acompanhamento orquestral contínuo, sobre o qual o texto cantado fluía com a maior liberdade, sem a preocupação de simetria ou paralelismo entre a linha vocal e a instrumental: a falta de encaixes regulares entre uma e outra visava, justamente, a reproduzir a falta de padrões rítmicos estáveis da frase falada. Na cena final, de repente, as frases começam a moldar-se em segmentos uniformes, que se encaixam progressivamente nos períodos melódicos, de forma a criar uma pulsação musical mais ortodoxa. Para a caracterização de um momento não-realista da intriga, o compositor abandona os moldes modernos de escrita que vinha adotando e retoma procedimentos tradicionais, "antigos", que projetam a ação num outro plano temporal: o do passado, de onde Élina vem. E o resultado é um dos mais apoteóticos dentre aqueles extasiantes finais de ato de que Janácek tem o segredo: ele confere à mensagem de Čapek uma eloqüência e uma tensão emocional que a própria peça não transmite.

A Raposinha e o *Caso Makrópulos*, obras de um homem que se sente envelhecer e medita sobre o fim de sua vida, são as faces complementares de um mesmo e único tema. Numa, a tristeza com a idéia de que a vida é finita encontra sua consolação na esperança da renovação do próprio ciclo vital e na certeza de que nos perpetuamos naquilo que deixamos – a criação artística incluída. Na outra, a imagem de uma vida que se esvazia de sentido por repetir-se indefinidamente leva-nos a compreender o significado de nossa própria existência, limitada no tempo: ela aviva em nós a consciência de que é exatamente o fato de sermos finitos que torna tão precioso cada breve instante de nossa vida. As duas óperas se completam numa reflexão otimista de Janáček sobre sua própria existência e a de todo o gênero humano.

Depois de Jenůfa, Mila e Kátya, a personagem central do *Caso Makrópulos* confirma Janáček como um dos grandes retratistas da alma feminina, na ilustre companhia de Verdi, Puccini, Massenet, Richard Strauss. Emilia Marty pode ser vista como uma grande síntese de todo o universo feminino janačekiano. Ela possui a juventude, a paixão, até mesmo uma certa inocência comum a Jenůfa, Mila e Kátya e, às vezes – como na cena emblemática com Hauk-Šendorf – uma nesga da malícia de Bystrouška. Mas tem, ao mesmo tempo, a dureza, a autoridade, o egoísmo da Kostelníčka, da mãe de Mila, da Kabaníkha. Sobrou, perdido no fundo da alma dessa mulher, que atravessa os séculos sem envelhecer, um pouco da pureza da menina de 16 anos que ela foi, um dia, no século XVI. Mas a vida que levou petrificou seu coração. Ter amado e perdido tantas vezes tornou as outras pessoas totalmente sem importância para ela.

Makrópulos fecha, portanto, um ciclo na obra de Janáček: o das óperas dominadas por marcantes figuras femininas. *Kátya*, *A Raposinha* e *Makrópulos* pertencem ao período de sua vida mais fortemente polarizado pela figura de Kamila Stösslová. Mas, apesar das afinidades que possam ter, essas personagens habitam universos sonoros e dramáticos nitidamente diferenciados. O de Jenůfa, a seu modo uma mulher forte, tem a simplicidade elementar das coisas do campo e o impacto dos grandes choques emocionais evocados de modo cru, direto, verista. O de Kátya, vulnerável e conflituosa, é de um lirismo apaixonado, que põe constantemente a nu o mal-estar com que enfrenta o mundo sufocante em que tem de viver. O de Bystrouška, mistura de ironia e serena visão da vida, traz a música mais maduramente sentimental que Janáček escreveu.

Com *Makrópulos*, eis-nos projetados, de repente, em plena realidade: a Praga contemporânea em que as personagens, saídas do quotidiano, circulam por escritórios, falam ao telefone, discutem questões banais como um processo de herança, e encontram-se num saguão de teatro ou num quarto de hotel. É o prosaísmo da *Zeitoper*, a "ópera de seu tempo", que estava na moda na década de 20. Mas que se torna insólito e inquietante a partir do momento em que, dentro dessa moldura absolutamente corriqueira, flagramos um corpo estranho: uma mulher que tem 337 anos de idade! Para essa história, que se equilibra na corda bamba entre o real e o fantasmagórico, Janáček compôs a música mais áspera e dissonante que já tinha escrito até então. Isso a coloca numa posição muito especial. Não é apenas um ciclo temático, o das óperas "femininas", que ela fecha, mas também uma etapa na evolução de seu idioma musical. Ao mesmo tempo, *Makrópulos* já contém todas as características do que será o efêmero ciclo novo, que terá seu berço e túmulo na ópera que Janáček vai extrair do livro de Dostoiévski.

Para conhecer *Věc Makropulos*, existem as gravações de Bohumil Gregor, Supraphon 1966 (Přylová, Zidék) e Ch. Mackerras, London 1979 (Söderström, Dvorský). Há também, em vídeo, uma montagem canadense com Nadine Secunde e Dennis O'Neill, sob a regência de Berislav Klobučár.

Após um período em que as óperas sucediam-se em prazos curtos, virá um tempo de espera, que anuncia a entrada em novo ciclo criativo. Janáček termina *Makrópulos* em dezembro de 1925, e só em fevereiro de 1927 volta a falar numa nova ópera. Nesse meio tempo, dedica-se a outros gêneros, compõe a *Sinfonietta*, o *Capriccio* para piano e orquestra, *Říkadla* (Canções Infantis), a *Missa Glagolítica,* música de câmara – como se tomasse fôlego antes de começar um trabalho novo. Dessas criações maduras, importância especial tem a *Glagolská Mše*, sua primeira obra vocal sinfônica em grande escala, uma das peças mais importantes de todo o repertório sacro do século XX. É importante que falemos dela, pois é notável a forma como a experiência teatral é investida numa composição de extrema dramaticidade, mais uma cantata sacra concebida para a plataforma de concertos do que uma missa destinada ao uso litúrgico.

Escrita em Luhačovice durante o verão de 1926 – uma temporada em que o tempo estava tão ruim que não lhe restava outra coisa a fazer senão compor – a *Glagolítica* comemora o milênio de São Cirilo e São Metódio, os dois missionários gregos que cristianizaram os territórios eslavos. E em seu título, celebra o alfabeto – de *glagol*, verbo – inventado por esses religiosos para grafar o antigo eslavônio de igreja (no alfabeto glagolítico está, de resto, a origem do alfabeto cirílico, com que são grafados o russo, o búlgaro, o ucraniano e outras línguas eslavas).

Janáček reutilizou, na *Glagolská Mše*, os fragmentos de uma missa latina de 1908, que ficara inacabada. E dedicou a partitura ao arcebispo de Olomouc, Leopold Prečan, com quem discutira o projeto em Luhačovice, dizendo ter querido "demonstrar fé na certeza da nação, não de uma maneira religiosa, mas com uma base moral; uma base de força que toma Deus como sua testemunha". A estréia, em Brno, em 5 de dezembro de 1927, foi regida por Jaroslav Kvapil.

Algumas revisões foram feitas durante os ensaios. Janáček fez cortes devido à insuficiência dos instrumentos disponíveis e às dificuldades de escrita para os cantores locais. Outros retoques surgiram quando a Universal publicou a partitura após a sua morte, e o resultado é que a *Glagolítica* é mais uma das suas partituras com problemas textuais. A primeira gravação da *Missa* foi feita em março de 1951 por Břetislav Bakala – um precioso documento que pertencia ao antigo selo Urânia e, em 2002, foi relançado em CD pela Supraphon. Nela usavase a versão padrão, retomada em seguida nos demais registros da peça, com Karel Ancerl, Václav Neumann, Rafael Kubelík, Rudolf Kempe, Michael Tilson-Thomas e outros. Até mesmo sir Charles Mackerras a utilizou, em sua primeira gravação, feita em 1984 com a Filarmônica Tcheca (1984). Mas em 1994, Mackerras fez, para o selo Chandos, com a orquestra e coro da Rádio Dinamarquesa, uma nova gravação baseada em sua reconstrução da partitura original. No folheto desse disco, ele explica:

A versão original difere da padrão em alguns aspectos. Em primeiro lugar, a *Intrada* é tocada no início e no

Caricaturas de Oldřich Sekora dos cantores que estrearam *O Caso Makrópulos* em Brno (na fileira de baixo, ao centro, o próprio Janáček).

Retrato de Janáček aos 55 anos, feito em 1909 por Eduard Milén.

Max Brod, amigo de Franz Kafka e tradutor dos libretos de Janáček para o alemão; desenho de Lucian Bernhard, feito em 1909.

fim da obra, de acordo com o antigo costume tcheco (na verdade, foi assim que Kvapil a executou na estréia). Em segundo lugar, o *Úvod* (Introdução) é muito mais complexo ritmicamente, oferecendo o conflito entre metros baseados nos números primos 3, 5 e 7. Além disso, as seções externas do *Gospodi* (Kyrie) são em 5/8 e não em 4/4. Quanto ao *Věruju* (Credo), as partes de clarinete, no início do longo interlúdio instrumental que fica no centro da obra, são tocadas fora do palco. E o que é mais importante, o solo de órgão, que descreve o *raspet* (crucificação), é pontuado por violentas intervenções de três conjuntos de tímpanos com pedais. E em último lugar, há catorze compassos a mais no *Svet* (Sanctus), depois do número 182 do texto publicado. O efeito de restaurar a concepção inicial de Janáček é espantoso. Não apenas a obra é muito mais dramática – o "crucifixus" original é a música mais apocalíptica que Janáček escreveu – mas ela atesta também a enorme influência que ele exerceu na música "moderna" da década de 20.

As observações que se seguem, porém, referem-se à versão padrão, que o leitor terá mais oportunidades de ouvir. Mas não posso deixar de recomendar a comparação fascinante entre uma das gravações tradicionais existentes, e a versão Mackerras/1994.

Após a fanfarra com que a obra se inicia, é de imediato reconhecível o estilo janáčekiano de declamação no "Gospodi pomiluj", o *Kyrie*. Sinos abrem o *Glória* e figurações de harpa e viola acompanham o solo de soprano, cuja linha melódica deriva do padrão rítmico do texto, com todas as flutuações de tempo que a sua emissão sugere. Os ostinatos característicos de Janáček surgem no solo de soprano do *Moderato*, com as trompas e órgão jogados um contra o outro. O solo de tenor é introduzido no *Maestoso*, entrelaçado a invocações do baixo e do coro. Toda a orquestra, reforçada por poderosos tímpanos, intervém no selvagem "Amém" de encerramento.

Na frase incisiva do coro cantando "Věruju" (Creio) está delineada uma fé profunda e inabalável, uma fé feita de alegria, como o sugere o saltitante "Amém" que se segue. O solo de tenor, precedido pelo solo de trompete, leva à seção central do *Credo*, um Andante orquestral que evoca as pregações de Jesus, e se acelera até desembocar num tempestuoso solo de órgão descrevendo a Paixão (a seção *raspet*). O coro volta repetindo o tema inicial pianissimo; outro "Amém" fecha o movimento, após novos solos do tenor e do baixo. Doces sons de harpa e celesta iniciam o *Sanctus*:

o solo de violino, num registro muito agudo, tem algo de serenamente extra-terreno. Tímpanos, sinos e címbalos criam um efeito poderoso no contrastante *Con moto*; todos os solistas aparecem no *Meno mosso*, em que o tenor e a contralto cantam música muito suave, e um jubiloso Hosana põe fim a essa parte.

No curto *Agnus Dei*, a um motivo ostinato nas cordas em surdina, segue-se um tema de três compassos, no coro, muito bem estruturado, e com a cadência deliberadamente não-resolvida. Depois, os solistas aparecem em invocações repetidas, e a cadência só se resolve com o retorno do ostinato inicial, antes do coro final. O solo de órgão, com um pedal ostinato insistentemetne cromático, é de uma violência sem precedentes em toda a música sacra tcheca – e, para falar a verdade, na ocidental também. A música, marcada ffff, se acelera até um *prestíssimo* que, depois, vai em *rallentando* até os majestosos acordes finais. O movimento final – *Intrada* – tem um ritmo dançante nos metais e põe na missa um ponto final triunfante. Nada há de súplica na *Glagolítica*: "Vou escrever uma Missa alegre", tinha dito Leoš à sua mulher, em 1826. Apresentando essa peça telúrica, em que o extremo refinamento de escrita une-se a um primitivismo que nos faz mergulhar nas raízes mais remotas da sensibilidade eslava, o panteísta Janáček escreveu:

> As brisas embalsamadas de Luhačovice sempre foram como incenso para mim. Para mim, a igreja é a montanha que se ergue gigantesca, sua cúpula é o céu na distância enevoada, e os sinos os cincerros carregados pelos rebanhos. Ouvi, no solo do tenor, a voz do sacerdote, na do soprano, uma donzela angelical, e no coro, o nosso povo. As velas eram os pinheiros esguios na floresta e, em algum ponto dessa cerimônia, tive a visão principesca de São Venceslau. Tudo isso expresso na língua dos missionários São Cirilo e São Metódio.

Na sua mente, sentimento religioso – independente das igrejas oficiais, que ele desprezava cada vez mais – misturava-se à veneração pela história dos tchecos. "Não estou velho e nem virei crente, seu garoto desaforado", respondeu, com sua habitual desenvoltura, ao musicólogo e pianista Ludvík Kundera, quando este especulou se o mestre não estaria, afinal, reconciliando-se com a religião. A atitude religiosa do homem que, no leito de morte, rejeitou a extrema-unção, nunca foi convencional. O escritor Milan Kundera, filho do musicólogo, não está errado ao dizer que "a *Glagolítica* é mais uma orgia do que uma missa", porque ela é, antes de mais nada, uma exaltada celebração da vida. Ou, no dizer de Mirka Zemanová, "o retrato da dor que sente quem perdeu a fé, sente a nostalgia de Deus, e nada encontrou para colocar em seu lugar".

Sementes do próximo projeto operístico já surgem no *Concerto para Violino "Putování Dušicky"* (A Peregrinação da Alma), de fevereiro de 1927. Alguns de seus temas vão reaparecer na ópera seguinte e, entre os instrumentos de percussão, já há as correntes que, nela, assumirão papel emblemático. De resto, em 12 de fevereiro de 1927, quando estava dando os retoques finais no concerto, Janáček publicou no *Lidové Noviny* um artigo intitulado "O que professo", em que falava de sua necessidade de "buscar a verdade e o rude discurso dos elementos" e mencionava, pela primeira vez, a intenção de inspirar-se em Dostoiévski. Se Preissová, Tešnohlídek e Čapek achavam estranha a escolha de suas obras como tema para uma ópera, não pode haver decisão mais excêntrica do que eleger, como fonte para um libreto, *Zapíski iz Miôrtvovo Dôma* (literalmente *Anotações* mas, em português, traduzido como *Recordações da Casa dos Mortos*). O livro contém o relato das experiências de Fiódor Mikháilovitch Dostoiévski durante a prisão, na Sibéria, entre 1850-1854. Dostoiévski foi preso em 23 de abril de 1849, acusado de pertencer a um círculo revolucionário que se reunia para discutir as idéias de Fourier e Saint-Simon, e redigira panfletos pedindo liberdade de imprensa, abolição da escravatura e reforma das instituições judiciárias. Condenado à morte em 16 de novembro, recebeu, no dia 22 de dezembro, quando já estava diante do pelotão de fuzilamento, a notícia de que Nicolau I comutara a sua pena em quatro anos de trabalhos forçados na fortaleza de Omsk, às margens do rio Írtish, no norte da estepe kirguiz. Libertado em fevereiro de 1855, Dostoiévski ainda teve de prestar serviço no batalhão de Semipalatinsk até abril de 1859, quando foi anistiado por Alexandre II. O escritor tinha 28 anos ao ser preso. Só dez anos depois recebeu a autorização para retornar à Rússia européia. Os *Zapíski* foram publicados em fascículos de setembro de 1860 a dezembro de 1862, data em que apareceu também a edição em volume.

O problema desse livro, enquanto material para uma adaptação dramática, é que ele não tem história, no sentido tradicional. Os episódios não são narrados em ordem cronológica, e sim agrupados por critério temático: os crimes cometidos pelos internos e as punições que receberam por eles; a descrição das formas de trabalho e de lazer dentro do campo; episódios ligados ao hospital penitenciário e aos presos ali internados; os animais domésticos dos detentos, e assim por diante. Mais do que isso, não há personagem principal. A todo momento, alguém ocupa o primeiro plano para narrar suas experiências. Mas nenhuma dessas figuras chega a ganhar mais importância do que as outras: constituem, todas elas, a massa anônima e desumanizada dos forçados. E embora o livro seja emoldurado pela chegada e a partida de Aleksandr Petróvitch Goriântchikov – que representa o próprio Dostoiévski –, ele é mais um observador, alguém que coleta e organiza o material narrativo, do que propriamente um protagonista no sentido convencional do termo.

E no entanto, essa estrutura fragmentária era justamente o que permitia a Janáček levar adiante a técnica, que vinha desenvolvendo desde a *Jenůfa*, do encadeamento de monólogos. E o material contrastante de cada episódio, condicionado pelas diferenças de personalidade e de experiência humana dos narradores, mas ao mesmo tempo unificado pela situação comum de confinamento e pelo sentimento do sofrimento compartilhado, dava-lhe a oportunidade de criar choques dramáticos de grande rendimento teatral. Ele poderia jogar com dois planos: o do presente, estático, em que os detentos fazem suas narrativas; e o do passado, dinâmico, cheios de ações intensamente violentas, revividas pela lembrança – e, por isso mesmo, na corda bamba entre a realidade e o processo de idealização operado nessas recordações pelo tempo e a memória. Por outro lado, se Janáček se sentiu atraído pela variedade e intensidade das emoções demonstradas pelos prisioneiros, não foi apenas por uma questão

Desenho de Eduard Löffler para os cenários da *Casa dos Mortos*, encenada em Mannheim em 1930.

de diversidade formal, e sim porque elas suscitavam algo que está subjacente a toda a sua obra: a compaixão pela dor humana, a capacidade de compreender e de perdoar. Janáček se compadece dos forçados, que expiam seus crimes perdidos no fundo da estepe siberiana, da mesma forma que o fizera pelos crimes de Laca e Kostelníčka, movidos no fundo por uma forma equivocada de amor; da mesma forma que o fizera pelo desespero de Kátya ou a solidão de Emilia Marty. Para Janáček, algo de bom sempre subsiste na natureza humana, por trás dos atos mais condenáveis. É isso que torna perfeitamente verossímil a aceitação, por Jenůfa, do amor de Laca, mesmo tendo de levar no rosto, pelo resto da vida, a marca de sua intempestiva explosão de ciúme. Essa é uma crença que se espelha na epígrafe que Leoš inscreveu na página de rosto de sua última partitura: *V každdém tvoru jiskra Boží* (Em cada criatura há uma centelha de Deus).

Janáček iniciou a composição em 18 de fevereiro de 1927 e fez as últimas revisões em julho de 1928. Foi talvez a obra que mais desgaste emocional lhe causou. "Esta minha ópera negra está me dando um bocado de trabalho", escreveu a Kamila numa carta colocada no correio em 29.11.1927. "Sinto-me como se descesse gradualmente aos abismos da humanidade mais miserável. E este é um caminho árduo". Parecia pressentir que seu tempo estava se esgotando: "Termino uma obra atrás da outra, como se disso dependesse a minha vida. [...] E com esta minha nova ópera, estou me apressando como um padeiro que atira pães dentro do forno" (30/11). Tinha perfeita consciência do valor do que estava fazendo: "Estou terminando talvez a minha maior obra [...] e sinto-me excitado como se o sangue quisesse me saltar fora das veias" (2/12).

Um sinal da urgência com que Janáček trabalhava, como se instintivamente soubesse que era pouco o tempo que lhe restava, foi ele sequer ter-se preocupado, como das outras vezes, em fazer uma cópia datilografada do libreto, sobre a qual trabalhar. Limitou-se a assinalar, no seu exemplar em russo do livro de Dostoiévski, os trechos que queria usar. E foi construindo os diálogos diretamente, improvisando-os na partitura, à medida que escrevia a música. Isso deu ao libreto um aspecto híbrido pois, na pressa de compor, cada vez que esbarrava numa palavra ou expressão que tinha dificuldade em traduzir, deixava-a em russo ou ucraniano. Posteriormente, nas revisões feitas por ele ou por seus alunos, muitas dessas expressões estrangeiras foram eliminadas. Mas várias ficaram, porque a correlação palavra/música dificultava a tradução para o tcheco; ou porque seu sentido não era muito claro, já que o conhecimento que Leoš tinha do russo era fluente mas não impecável. Essa mistura de línguas dá ao libreto um sabor muito peculiar. É lógico que, como já acontecera antes com as formas dialetais morávias na *Jenůfa* e na *Raposinha*, um dos aspectos do livro que mais o atraiu foi a forma como Dostoiévski tenta reproduzir o jeito de falar de cada preso, de acordo com a região de onde veio, efeito que procura conservar na ópera.

Ao adaptar o livro, fez os costumeiros cortes e compressões, mas escreveu os diálogos transformando em discurso direto a narrativa de Dostoiévski. Tanto quanto possível, deixou os episódios na seqüência em que aparecem no texto original. A ópera, como o livro, não tem propriamente uma história: compõe-se de uma série de flagrantes da vida no campo durante o período em que Goriântchikov ali permanece recluso. O ato I passa-se no pátio do campo, numa manhã de inverno. Os prisioneiros vêm das barracas, para se lavarem e comer, e dois deles brigam. Goriântchikov, trazido para o campo, é interrogado pelo Comandante, que manda flagelá-lo. Os prisioneiros brincam com uma águia de asa quebrada, admirando a sua altivez até mesmo no cativeiro, até que o Comandante volta e manda-os trabalhar. Luka e Skurátov brigam; este último relembra os tempos em que era comerciante em Moscou, e dança selvagemente até desmaiar. Luka conta que, tendo sido preso por vadiagem, incitou seus companheiros de cela à rebelião e matou um oficial. Enquanto descreve como foi açoitado por isso, trazem de volta Goriântchikov, que foi torturado.

No ato II, estamos no verão, um ano depois, às margens do Írtish. Goriântchikov oferece-se para ensinar a ler e escrever a Aliêia, um menino tártaro. Um padre vem abençoar os forçados, pois é feriado religioso. Skurátov conta como matou o homem com quem Luísa, a sua namorada, tinha sido obrigada a se casar em sua ausência. Num palco improvisado, os prisioneiros representam, para se distraírem, duas pecinhas: "Kedril e Don Juan" e "A Bela Moleira". Um dos homens sai com uma prostituta. Mais tarde, enquanto Goriântchikov toma chá com Aliêia, um dos detentos, invejoso da atenção que ele dá ao menino, ataca a este e o fere.

Duas cenas compõem o ato III. Na primeira, passada no hospital, Aliêia delira enquanto Tchekúnov cuida dele e de Goriântchikov, para o desespero de Luka, que está agonizando. Shápkin conta como, ao interrogá-lo, o delegado quase lhe arrancou as orelhas. Cai a noite e o silêncio é cortado pelos suspiros do Velho Prisioneiro. Shíshkov relembra a história de Akúlina, a moça com quem se casou quando ela foi acusada, na aldeia, de ter sido desonrada por um vizinho, Fílka Morozóv. Luka morre quando essa história está chegando ao fim, e Shíshkov reconhece nele o odiado Morozóv. Enquanto o cadáver está sendo removido, vêm dizer a Goriântchikov que o Comandante o está chamando. Na segunda cena, este último, caindo de bêbado, desculpa-se por ter mandado açoitar Goriântchikov tantas vezes e lhe comunica que vai ser libertado. Aliêia vem do hospital despedir-se dele e os prisioneiros, para comemorar sua saída, soltam a águia, que já está com a asa curada, e olham-na ir embora voando. Os guardas vêm chamá-los para o trabalho forçado e eles marcham maquinalmente para fora da cena.

Além de não haver uma história formal, não há evolução de caracteres nem interação das personagens. Os mundos separados dos forçados – o que acentua o sentimento de sua solidão – sofrem apenas intersecção momentânea através dos monólogos em que eles evocam o passado. Tais monólogos, estáticos e, às vezes, muito longos – o de Shíshkov (III,1) dura cerca de vinte minutos –, exigem dos atores extraordinário poder de caracterização, até mesmo porque, durante a narrativa, têm de recriar os diálogos que suas personagens tiveram com outras pessoas. A tensão dramática, que se poderia perder com essa seqüência de monólogos, surge da extrema variedade de processos de escrita para cada um deles, tra-

duzindo muito fielmente as diferenças de temperamento de um preso para outro. E também da cuidadosa escolha de situações fortes para encerrar cada ato. No fim do I, a narrativa de Luka de como foi espancado, coincidindo com o retorno de Goriântchikov, em quem vemos o resultado físico da tortura, faz com que passado e presente se cruzem bruscamente, jogando em nossa cara a idéia da imutabilidade da violência e da injustiça. Em III, 1, o reconhecimento de Fílka Morozóv por Shíshkov é bastante inverossímil, mas tem um efeito de trágica ironia, coroando a dolorosa história que ele acabou de contar. Um dos achados mais emocionantes é o do final da ópera, com a superposição da libertação de Goriântchikov e da águia. Muito significativo é o uso do diminutivo no coro "Svoboda, svobodičko" (Liberdade, liberdadezinha), com que os forçados celebram a invejada partida do homem e do animal. Esse recurso estilístico traz uma conotação afetiva à relação entre o indivíduo e a sua necessidade de ser livre. A liberdade deixa de ser um conceito abstrato, para se tornar uma coisa concreta, palpável, a que se pode, inclusive, tratar com familiaridade e carinho.

A nota de esperança introduzida pela dupla libertação e por esse luminoso corinho choca-se, logo em seguida, com a marcha final. Essa é a única ópera de Janáček sem o costumeiro final apoteótico: aqui, ele, não faria o menor sentido. Mas nem por isso o encerramento deixa de ser de extraordinária originalidade. A música sinistra e pesada da marcha, com que os prisioneiros saem de cena, arrasta-se por algum tempo e, depois, simplesmente pára. Não há cadência conclusiva. A música apenas se interrompe, numa clara sugestão de que não há perspectiva de mudança para aqueles homens, cujas vidas continuarão assim indefinidamente – da mesma forma que a música poderia continuar ou parar ali onde parou. É um finale tão empolgante quantos os anteriores. E de um impacto que, em sua época, só encontra paralelo na cena final do *Wozzeck*, de Alban Berg, onde o tema da canção das crianças, que brincam de roda na rua quando vêm contar ao filho do protagonista que ele matou sua mãe, gira sobre si mesma e depois pára, numa indicação de que, ao menino, está reservada a repetição do destino absurdo dos pais.

Em *Da Casa dos Mortos*, a técnica janáčekiana do tema curto com variações é levada a extremos. E o próprio uso do *leitmotiv* é feito com grande liberdade. Um motivo pode transcender sua associação inicial e relacionar-se, de forma mais abrangente, com idéias acessórias, que gravitam em torno desse núcleo de sentido. Por exemplo: o tema ligado a Skurátov reaparece no fim do ato I, embora ele não esteja presente; ou seja, além de ser usado pelo efeito dramático que sua propulsão rítmica proporciona, seu retorno sugere que o problema de Skurátov não é apenas dele, mas de toda a comunidade de detentos a que pertence. Da mesma forma, os acordes dissonantes ouvidos logo no início da ópera, depois da abertura, reaparecem, a cada vez, orquestrados de maneira diferente, associados a personagens diversas, mas sempre com a função de descrever seu sofrimento. As percussões têm papel preponderante. Além do extenso uso dos tímpanos para sublinhar os instantes de tensão, e do tambor para criar a ambientação militar, são empregadas sonoridades percussivas insólitas: serrote e bigorna, na cena de trabalho do ato II; matraca, associada aos tímpanos, na pecinha sobre Don Juan; sinos, na chegada do Padre, no dia do feriado. Papel especial cabe ao chacoalhar das correntes, que se ouve desde a abertura, com o mesmo sentido emblemático do xilofone, na *Jenůfa*, das cordas sugerindo o rio na *Kátya Kabanová*, ou da fanfarra, no *Caso Makrópulos*. É, como dissemos, um efeito já antecipado no *Concerto para Violino*.

Na música que acompanha as pecinhas encenadas pelos forçados, o som de banda é imitado com a combinação sonoramente saborosa de dois violinos, três balalaicas, dois violões, dois acordeons e pandeiro. E são usados temas ingênuos, em ritmo de valsa, sardonicamente parodísticos. A música cria climas contrastantes para cada ato: sombrio e claustrofóbico no I, com aquela aspereza que se costuma associar ao estilo do compositor; colorido e pitoresco nas cenas de trabalho do II; serena na evocação dos espaços abertos da estepe; muito lírica na narrativa de Skurátov sobre Luísa; de uma intensidade febril na seqüência do hospital (III,1); mas plácida na cena noturna e com tom nostálgico na narrativa de Shíshkov sobre Akúlina; e com aquela indes-

critível mistura de exultação e tristeza na cena final. No ensaio de apresentação da gravação Charles Mackerras, escreve John Tyrrell:

> É bem difícil dizer por que esta ópera é bem-sucedida. Com uma intriga tão discursiva, em que os episódios aparentemente se encadeiam ao acaso; com proporções tão "desequilibradas" (as narrativas absorvem longos trechos de cada ato); com texto compacto e ligações às vezes tão melodramáticas; e com o total desprezo que tem pelas convenções operísticas normais, como pode ela obter um efeito indubitavelmente tão forte? Parte da resposta encontra-se na forma como Janáček envolveu-se com a obra, o que resultou numa música mais dissonante, intensa e carregada de dramaticidade do que em qualquer ópera anterior. Sua construção original, quase cinematográfica, aperfeiçoando um modelo que já tinha sido tentado antes, com graus variáveis de sucesso, em *Destino*, *Brouček* e a *Raposinha Esperta*[7], permitiu-lhe absorver nela mundos diferentes, com elementos disparatados. Na *Casa dos Mortos*, apesar da moldura soturna, combinam-se o lirismo da *Kátya*, o humor e a sabedoria da *Raposinha* e a mistura de realidade e fantasia de *Makrópulos*. É a gloriosa culminação de uma vida inteira. Por estar muito à frente de seu tempo, a ópera confundiu seus contemporâneos e até mesmo os próprios discípulos de Janáček, que atenuaram seu áspero discurso musical e distorceram sua mensagem sem concessões. Só hoje é que, tendo a possibilidade de ouvi-la tal como foi escrita, podemos começar a compreender a sua importância.

Um comentário que, na verdade, pode muito bem aplicar-se à obra de Leoš Janácek como um todo, e à posição ímpar que ocupa na História da Música. Em *Janácek's Tragic Operas*, escreve Michael Ewans, a respeito do conjunto de seu universo dramatúrgico:

> Em cada uma de suas óperas, Janáček apresenta homens e mulheres que são seres humanos como nós; e o faz com a mais profunda compreensão, sem levantar dúvidas metafísicas nem oferecer uma visão pessimista da humanidade, mas extraindo algum consolo da mortalidade e até mesmo do mais extremo sofrimento. Em suas óperas, Janáček oferece-nos riquezas muito diferentes, unificadas por suas instâncias trágicas, sua consciência da inevitabilidade de ações desastrosas e do lugar que o homem ocupa no universo. Apesar de seu estilo completamente estranho, alheio àquilo que se fazia em seu tempo, elas unem amplitude de imaginação com uma sobriedade de rigor clássico na maneira de escrever; intelecto e emoção dão-se as mãos para iluminar uma ampla gama de verdades, oferecendo a seus espectadores a demonstração triunfante do valor e da dignidade do indivíduo. Janáček encara a realidade com total objetividade, ob-

---

7. Justamente as que *não são* adaptadas de peças de teatro e, por isso, oferecem a Janáček margem maior de improvisação estrutural.

Desenho de cenário de František Hlavica para a apresentação da *Casa dos Mortos* em Brno (1930).

Primeira página do manuscrito da *Casa dos Mortos*.

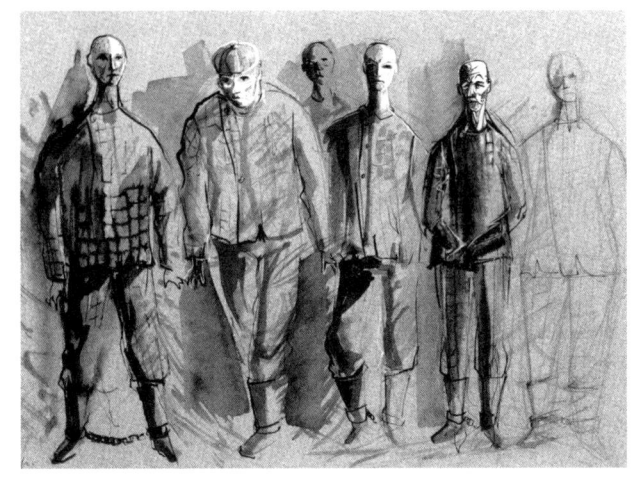

Desenho de Rudolf Schulz para os figurinos dos forçados na *Casa dos Mortos*: montagem da Ópera de Hanôver, em 1958.

servando o homem em suas atitudes menos naturais e, assim mesmo, encontrando nelas algo de valor que se possa afirmar.

Essa afirmação positiva não é fácil. Janáček tem o tempo todo consciência da dificuldade de sua tarefa. Pelo contrário, essas óperas estão de tal maneira impregnadas de verdade, tão despidas de idealismo ou fé que colocam uma questão final: qual é o valor, para nós, dessa iluminação terrível? Por que sentimos o peso da forma impiedosa como Janáček demonstra o que significa ser homem ou mulher neste século atormentado?

As óperas de Janáček curam nossas feridas e dão sentido à nossa existência: há dentro delas muitas das coisas pelas quais vale a pena viver.

Como Tyrrell dá a entender no texto antes citado, *Da Casa dos Mortos* apresenta problemas de edição ainda mais graves do que os das óperas anteriores. Janáček morreu antes de terminar a revisão do ato III. O uso anticonvencional que fazia de uma orquestra reduzida, e o fato de, movido pela urgência, ter recorrido à técnica muito estranha de só anotar os instrumentos no trecho da pauta em que estavam tocando, sem se preocupar em indicar suas pausas no conjunto da orquestração, induziram seus alunos Břetislav Bakala e Osvald Chlubna a pensar, erroneamente, que a ópera tinha ficado inacabada. O que eles não perceberam é que Janáček teria tido tempo, se o quisesse, de preencher as lacunas da orquestração quando o manuscrito foi entregue aos copistas (uma cópia integral, a partir do autógrafo, ficou pronta em 20 de junho). Em seu *Documentary Account*, Tyrrell reconstitui a história póstuma da ópera:

> Apesar das evidências em contrário, Chlubna e Bakala revisaram a partitura num suntuoso estilo romântico tardio. Ficaram também perplexos com o final sombrio, que lhes parecia contradizer os desenlaces "positivos" das obras anteriores de Janáček. Sua intervenção mais drástica foi incluírem a repetição do "coro da liberdade" ["Svoboda svobodicko"], desenvolvida contrapontisticamente a partir de uma versão em tom maior do motivo que Janáček usa como lema no ato I. Ota Zítek reviu o libreto para preencher alguns momentos em que o diálogo parecia muito escasso. Foi assim que a obra estreou em Brno, em 12 de abril de 1930, regida por Bakala e dirigida por Zítek. Foi essa também a versão que a Universal publicou, em 1930, em partitura vocal e integral. A estréia no Teatro Nacional de Praga seguiu-se em 21 de fevereiro de 1931, não com Ostrčil, mas com a regência de Vincenc Maixner e a direção de Ferdinand Pujman. Dois meses antes, em 14 de dezembro de 1930, a ópera tinha sido encenada em Mannheim.

Apesar de suscitar polêmica desde o início, essa versão foi usada até 1958. Rosa Newmarch foi das primeiras a perceber o valor e a modernidade da obra. Após assistir à produção de 1931, escreveu:

> *A Casa dos Mortos* é apenas um espelho refletindo uma mente doentia e senil, ou um holofote assestado sobre coisas tão terríveis que nossos olhos teriam perferido não vê-las: a Sibéria de Dostoievski, os campos de trabalho bolcheviques de hoje? [...] "Em cada criatura há uma centelha de Deus", escreveu Janáček em sua partitura. Essa é a resposta para a tragédia da vida. Devemos acreditar que ele estava pensando apenas em sua própria alma? Ou na Rússia cujo sofrimento e opressão contínua ele conhecia tão bem? Os que conheceram Janáček hão de preferir a mais ampla aplicação possível da epígrafe que ele inscreveu em seu último esforço criativo.

Quando o final de Janáček foi restabelecido, Chlubna, já muito idoso, não quis dar o braço a torcer e protestou o quanto pôde para impedir esse retorno ao manuscrito. Em *Opery Leoše Janáčka na Brnenské Scéne* (As Óperas de LJ nos Palcos de Brno), publicada nesse mesmo ano, Chlubna incluiu um longo capítulo defendendo a tese de que a obra tinha ficado incompleta. E afirmava:

> Só nos casos mais prementes fizemos mudanças e acrescentamos instrumentos para que a continuidade e os contrastes da orquestração não perturbassem o estilo instrumental de Janáček e preservassem as características da partitura. É claro que foi necessário preencher as lacunas sonoras inadvertidamente deixadas por Janáček, fortalecer as frases melódicas e rítmicas e preparar os clímaxes dramáticos. [...] Fizemos tudo isso com o mais devotado amor pela última obra de Janáček e talvez nem seja necessário dar a todos a garantia de que respeitamos a obra como o legado final do mestre a seus discípulos.

Não é preciso ser musicólogo – basta comparar gravações – para perceber a inconsistência dessas palavras. E o quanto – com as melhores das intenções, decerto, mas agindo de forma convencional – Chlubna e Bakala desvirtuaram a ópera. Em 1960, o regente Rafael Kubelík preparou nova edição, eliminando boa parte das modificações introduzidas por esses dois discípulos. Foi essa a partitura que utilizou numa apresentação de concerto em Munique (17 de novembro de 1961). Sir Charles Mackerras também apresentou-a no Sadler's Well de Londres (28 de outubro de 1965). A reabilitação definitiva da ópera veio no final da década de 70. Trabalhando com base na partitura deixada pelos copistas Václav Sedláček e Josef Kulhánek, a última a conter revisões da mão do próprio compositor, Mackerras e Tyrrell

- restauraram a instrumentação e a linha vocal originais;
- cortaram todos os acréscimos com os quais Bakala e Chlubna tentaram "arredondar" o que acreditavam ter ficado incompleto;
- mantiveram as longas e opressivas pausas usadas por Janáček, que os revisores tinham sistematicamente abreviado;
- devolveram, na íntegra, as canções populares às vezes inseridas na trama dos diálogos e que, em vários pontos, tinham sido resumidas.

Essa foi a versão gravada por Mackerras (Decca, 1980), extremamente superior, do ponto de vista musicológico, às anteriores:

Alexander Krannhals (pirata); Bohumil Gregor (Supraphon, 1964) e Vacláv Neumann (Supraphon, 1979).

A primeira, gravada ao vivo no Festival da Holanda de 1954, usa a edição Bakala/Chlubna. As duas seguintes, posteriores à edição Kubelík, incorporam alguns de seus retoques, restabelecendo, por exemplo, o final de Janáček, mas mantêm a orquestração revista. O vídeo da apresentação na Ópera de Viena, regida por Claudio Abbado, utiliza a partitura original. Cabe aqui registrar formalmente um fato de que, a essa altura, o leitor já terá se dado conta: a importância do trabalho de sir Charles Mackerras no sentido de estabelecer edições fidedignas e de realizar gravações autorizadas das partituras de Janáček, árdua tarefa a que todo admirador de sua música deve ser grato.

Os últimos dias foram atormentados. A intensidade da paixão por Kamila, que Leoš já não se esforçava mais por esconder, era causa constante de atritos com Zdenka. Na última passagem de ano em que estiveram juntos, houve uma briga terrível, de que ela faz em suas memórias o relato tristonho. O mês de julho Leoš passou, como de hábito, em Luhačovice. Voltou muito animado, pois Kamila prometera ir ficar uns dias com ele em Hukvaldy, em companhia de Stössl e de

seu filho Otto, de onze anos. As versões do que aconteceu ali são conflitantes. Delego à biografia muito recente do compositor, escrita por Mirka Zemanová, a tarefa de expor os diversos relatos. Seu livro é um bom exemplo do que existe de mais atualizado na pesquisa janáčekiana:

Num artigo publicado em 1928, Robert Smetana contou que, no dia 8 de agosto, uma quarta-feira, Janáček, Kamila e Otto Stössel foram passear em Babi Hůra, uma colina na floresta; na volta, pegaram a roupa que tinham mandado para a lavadeira. Mas nem Smetana e nem Otilie Krsková, a filha da lavadeira, mencionam acontecimentos citados por todos os biógrafos subseqüentes: que Otto, o filho de onze anos de Kamila, se perdeu durante o passeio, Janáček saiu para procurá-lo, subiu e desceu a colina, ficou muito encalorado, tirou o casaco e sentou-se em um banco para descansar. O menino acabou aparecendo mas, a essa altura, Janáček tinha-se resfriado e, no dia seguinte, surgiram sérias complicações. Relatos de Adolf Vašek (1930) e de Vera Janáčková, sobrinha do compositor, que dizem estar citando o testemunho de moradores do lugar, situam o passeio na segunda-feira, dia 6, ou na terça, 7 de agosto. A versão de Marie Stejskalová inclui uma tempestade – aparentemente o grupo se molhou na volta para casa e Janáček imediatamente começou a não se sentir bem. Em *Janáček and Brod*, Charles Susskind afirma que uma das testemunhas, Josef Ritter-Tscherff, não se lembrava de haver um menino no chalé onde o compositor e Kamila se encontravam; mas contaram a Zdenka, mais tarde, que o menino tinha ficado hospedado no hotel da cidade. No entanto, nas entradas que fez no diário de Kamila, Janáček não diz uma só palavra sobre o desaparecimento do menino, nem sobre o passeio ou uma enfermidade dele decorrente; apenas registra ter transpirado muito durante a noite de 10 de agosto.

Existem relatórios médicos sobre um detalhe com o qual a maioria dos biógrafos está de acordo: na quinta-feira, 9 de agosto, Janáček mandou um bilhete ao Dr. Emil Franta, o médico de Hukvaldy, pedindo-lhe que viesse vê-lo. Franta diagnosticou gripe agravada por laringite e otite, bem como batimento cardíaco irregular – há tempos Janáček vinha sofrendo de problemas cardíacos. O Dr. Franta chamou um colega da cidade vizinha[8], que confirmou a evolução da gripe em pneumonia, e insistiu na internação do compositor, no que contou com o apoio do prefeito de Hukvaldy. Janáček resistiu até a sexta-feira, 10 de agosto; mas piorou muito nessa manhã, e foi levado de carro a Moravská Ostrava, a cidade mais próxima. Estava de bom humor, mas chegou à cidade com mais de 40° de febre, e o raio-X confirmou o diagnóstico prévio. Suas condições deterioraram, embora no sábado as injeções de adrenalina o tivessem recuperado a ponto de ele poder trabalhar um pouco numa partitura. Mas o fim estava próximo. A respiração era difícil, a tosse aumentava e o coração dava sinais de fraquejar. As injeções já não estimulavam

8. Trata-se de um outro médico, vindo do hospital de Frenštát.

Página do manuscrito para voz e piano de *Jenůfa*: a caligrafia de Janáček dá uma idéia das dificuldades enfrentadas pelos seus copistas.

mais o coração e, a certa altura, o próprio Janáček pediu que parassem com os medicamentos. O médico passou a noite a seu lado; por volta das 2h da manhã de domingo, 12 de agosto, Janáček escreveu suas últimas vontades no álbum de Kamila. Duas enfermeiras sugeriram que se chamasse o padre, mas Janáček recusou, dizendo: "Provavelmente vocês não sabem quem eu sou." A febre aumentou, ele estava perdendo a consciência, deram-lhe um sedativo e, às 9h, ele adormeceu. Exatamente uma hora depois, estava morto.

Zemanová relata, em seguida, os contatos penosos entre Zdenka e Kamila, quando a sra. Janáčková foi a Ostrava, em companhia do tenor Stanislav Tauber, reclamar o corpo do marido – episódios que não mostram Stösslová sob a melhor das luzes. Ela se recusou a devolver as 15.000 coroas – parte dos consideráveis direitos autorais recebidos da Universal Verlag – que Leoš levara para a viagem a Hukváldy, alegando que pagara 4.000 ao hospital, e o resto lhe tinha sido dado de presente por Janáček. Quando finalmente pôde ver o rosto do marido, através do vidro na tampa, Zdenka disse a Tauber que ele "estava com uma expressão zangada". E dirigindo-se a Leoš: "Você detestou morrer, eu sei. A sua vida sempre foi uma luta contra a morte."

Muitas foram as histórias que se formaram em torno da figura de Leoš, e de sua paixão temporã por Kamila. Ouçam Milan Kundera[9], que é tcheco e, por razões familiares, sempre esteve muito ligado à figura do compositor:

> Desde meus catorze anos escuto o comentário de que Janáček morreu fazendo amor em sua cama de hospital. Muito pouco verossímil mas, como Hemingway gostava de dizer, a lenda é sempre mais bonita do que a realidade. Que outro coroamento para essa euforia desenfreada que foi a sua idade avançada? Essa lenda é um buquê de flores colocado sobre o seu túmulo.

Em janeiro de 1925, a Universidade de Brno tinha concedido a Leoš o título de Doutor *honoris causa*. Ao telegrama de congratulações que recebeu da Sociedade Musical de Ostrava, ele respondeu com estes versos, que podem ser considerados seu credo e seu epitáfio:

> Desenvolve-te a partir de teu ser mais íntimo.
> Não renuncia nunca às tuas crenças.
> Não busca o reconhecimento
> mas faz tudo o que puderes
> para que o campo que te foi destinado
> possa prosperar sempre.

9. Em "O Mal-amado da Família", já mencionado.

KOVAŘOVIC

Já nos referimos ao polêmico papel desempenhado por Karel Kovařovic (1862-1920) como o diretor do Národní Divadlo, cargo que ocupou de 1900 até a sua morte. E o leitor do capítulo sobre Janáček sabe das dificuldades que esse compositor teve de enfrentar por ter demolido, nas páginas do jornal *Hudební Listy* de 15 de janeiro de 1887, a apresentação em Brno de sua primeira ópera, a comédia campestre *Ženichové* (Os Noivos) – baseada na peça do romântico Simeon Karel Macháček (1825). Foi muito alto o preço que o autor da *Jenůfa* teve de pagar por ter redigido uma nota zombeteira:

O programa do dia 8 de janeiro de 1887 anuncia:
= Uma novidade original =
Estréia de
OS NOIVOS
Ópera cômica etc. musicada por
Karel Kovařovic
cantada no Teatro Nacional com grande sucesso

"Que *melodia* permaneceu em sua cabeça?"
"......................."
"Que *tema*, pelo menos?"
"......................."
"É por essa razão que a ópera é dramática?"
"......................."

Eu não teria escrito "musicada por", mas "a comédia de Macháček etc. *encenada com música simultânea.*"

Libreto e música são coisas independentes. Escreva uma nova *opereta* com este *libreto* e um outro tipo de *peça* acompanhada por esta *música*: cheia de coisas sombrias, gritos desesperados, corpos apunhalados por adagas.

Eis pois o estranho *fenômeno* que foram *os Noivos* de Macháček, *não de Kovařovic*, que nos fizeram cair na gargalhada diversas vezes.

O talento musical é atestado pela abertura com suas torrentes de acordes e tonalidades que, por sinal, deixam a gente surdo.

Janáček tinha razão em considerar *Os Noivos* requentada e de concepção velhusca, por mais que Foerster a tenha descrito como "uma partitura saborosa cheia de um encanto e uma graça bem franceses". E por mais que Rosa Newmarch tentasse atenuar a cruel concisão do julgamento, dizendo que

em suas primeiras composições, Kovařovic sofria com a falta de convicção pessoal pois, em seus ouvidos, ressoava o eco de estilos demasiados. Como regente, ouvira muita música dos outros e não tivera tempo de escutar a "vozinha interior" de sua própria consciência criadora.

Não se deve, entretanto, menosprezar o trabalho desse talentoso aluno de Fibich, responsável pelos anos de ouro do Teatro Nacional – ainda que, com freqüência, seu gosto tradicionalista o levasse a agir de maneira arbitrária, fazendo "edições" das óperas programadas que as desvirtuavam em pontos fundamentais. Não se deve tampouco esquecer que a devoção ao Teatro Nacional o fez deixar em segundo plano a sua própria carreira como compositor.

Ao assumir o posto, Kovařovic já era um renomado músico de teatro, que começara como harpista da orquestra e, depois, passara a pianista repetidor. A excelência de seu trabalho como acompanhador o fez ser convidado pelo violinista František Ondříček para viajar com ele em turnê pela Polônia. Depois, a grande chance veio em 1895, quando demonstrou ser ótimo regente, ao organizar e conduzir a orquestra que se apresentou na Exposição Etnográfica de Praga. A essa altura, já se tornara também conhecido como compositor dos balés *Hashish* e *O Conto da Felicidade Reencontrada*, do poema-sinfônico *O Rapto de Perséfone*, da música incidental para as peças *A Ninfa dos Bosques*, de Kajetán Tyl, e *As Excursões do sr. Brouček*, de Svatopluk Čech – a mesma que inspirou a Janáček sua única comédia.

No campo lírico, porém, demorou a obter sucesso. Depois dos *Noivos* (1884), nem *Cesta Oknem* (Através da Janela, 1886) nem *Frasquita* (1882) foram bem-sucedidas, pois ao público não agradou o estrangeirismo da temática e o estilo indefinido de escrita a que se refere Newmarch. Na primeira, o próprio Kovařovic adaptara *Une Femme qui se Jette par la Fenêtre*, comédia de Scribe e Gustave Lemoine, de estilo "boulevardier", a que o público de Praga não estava habituado. Em *Frasquita* – rebatizada de *Noč Simona a Judy* (A Noite de S. Simão e S. Judas) numa inútil tentativa de fazê-la aceitar pela platéia –, o libretista Karel Šípek partiu do *Sombrero de Tres Picos* de Alarcón[1]. Essa preferência por assuntos ocidentais atraiu a irritação de Zdeněk Nejedlý que, em *Česká Moderní Zpěvohra po Smetanovi* (A Ópera Tcheca Moderna Depois de Smetana), acusou o compositor de estar "descaracterizando a ópera nacional".

Mas *Psohlavci*, que Karel Šípek adaptara do romance histórico de Alois Jirásek – chamado "o Walter Scott da literatura tcheca" –, tornou-se uma das óperas mais populares da virada do século. A estréia foi no Teatro Nacio-

nal em 24 de abril de 1898. "Psohlavci", os cabeças-de-cachorro, é o nome com que se designa os habitantes da região fronteiriça de Chodsko, cujo emblema traz o desenho de uma cabeça desse animal. Por terem defendido a região contra as tentativas otomanas de invasão da Boêmia, os chods possuíam antigos privilégios que os Habsburgos tentaram revogar. Entre eles estava o de se fazer representar por um estandarte com uma cabeça de cachorro, símbolo dos súditos leais e sempre atentos ao perigo.

A ópera baseia-se em fatos históricos ocorridos em 1695, logo após a derrota dos patriotas boêmios na Batalha da Montanha Branca. Preocupados em reduzir a autonomia do Chodsko, os senhores austríacos nomearam governador do distrito o cavaleiro Laminger von Albenreuth – que os chods chamavam de Lomikar. O líder da rebelião é o camponês Kozina, homem moderado e sensato que, a princípio, não deseja entrar em choque com os invasores. Mas coragem não lhe falta, e ele reage bravamente quando sua casa é invadida pelos soldados austríacos, que levam uma arca cheia de documentos – menos o papel que estavam procurando: a carta em que os antigos senhores boêmios concediam autonomia à região. Esta ficou guardada com a mãe de Kozina, intrépida senhora de grande fervor patriótico.

Preso sob a acusação de liderar a revolta camponesa, Kozina é levado à Corte de Apelação de Praga, à qual mostra a carta. Mas o juiz a rasga dizendo que ela não passa de "um pedaço de papel". Embora alegue ter feito tudo para evitar a violência, Kozina é condenado por instigar o levante. Lomikar vai procurá-lo na prisão e promete devolver-lhe a liberdade se ele se retratar de sua declaração pública de crença no direito dos camponeses à autonomia. Mas Kozina recusa, e resiste até mesmo às tentativas da mulher e dos filhos de demovê-lo da decisão de morrer como mártir. Quando o padre vem buscá-lo para levá-lo ao cadafalso, ele diz a Lomikar: "Daqui a um ano, nós nos encontraremos diante do julgamento de Deus."

O último ato passa-se um ano depois, em casa de Lomikar. Em tom zombeteiro, o austríaco relembra as palavras de sua vítima e

1. É curioso observar que tanto a peça de Scribe e Lemoine quanto a de Alarcón foram usadas por Riccardo Zandonai como tema para duas óperas: *La Via della Finestra* e *La Farsa Amorosa* (ver *A Ópera Italiana Após 1870*, desta coleção). *El Sombrero de Tres Picos* foi adaptado por Hugo Wolf em *Der Corregidor* (ver *A Ópera Alemã*, desta coleção) e é também a base para o roteiro do famoso balé de Manuel de Falla.

chama-a de falso profeta. Mas sua mulher percebe que ele está pálido e ansioso. À sua preocupação, ele responde dizendo que um gole de vinho o deixará como novo. Quando ergue a taça aos lábios, porém, um vento misterioso apaga todas as velas da sala. Antes de cair morto, Lomikar tem a visão de Kozina que acena para ele chamando-o. Está na hora de prestar contas no outro mundo.

A exasperação de um povo leal e humilhado nos seus direitos mais antigos, a arrogância dos dominadores e a sabujice de uma justiça que só serve para garantir o poder dos vitoriosos, a evolução psicológica de um homem pacato, marido e pai devotado, que descobre subitamente possuir a têmpera de herói inspiraram a Kovařovic um *grand-opéra* histórico de formato antiquado, mas muito vigoroso, com numerosas oportunidades para fervorosos rompantes nacionalistas. Ao mesmo tempo, a possibilidade de retratar os costumes de uma comunidade muito fechada, cujas tradições permaneceram imutáveis durante séculos, garante a *Psohlavci* um lado pitoresco que a torna, até hoje, uma ópera a que o público tcheco assiste com muito prazer. Não é incomum vê-la programada para celebrar determinadas datas nacionais.

Ficaram famosas a canção folclórica que uma voz de mulher entoa por trás do pano, durante a introdução, evocando os sofrimentos que se abateram sobre a região – recurso que retoma o do Prelúdio da *Cavalleria Rusticana*, ainda muito popular em Praga no final da década de 1890; e a cena de festa, no último ato, em que há uma daquelas reconstituições de música dos gaiteiros folclóricos comuns na ópera tcheca. É visível, porém, a lembrança, nesta passagem da cena em que o espectro de Banquo aparece para Macbeth, durante o banquete, na ópera de Verdi.

O tom nacionalista dos *Cabeças-de-cachorro* – também chamada no Ocidente de *The Peasant's Charter* (A Constituição Camponesa) – demonstra ter frutificado em Kovařovic a experiência do contato com a música folclórica durante os concertos da Exposição Etnográfica. Destaque-se também a utilização de temas de sabor boêmio e germânico para opor Kozina e Lomikar, nesse ponto imitando o exemplo estabelecido por Glinka em *A Vida pelo Tsar*. Para conhecer a ópera, existem uma antiga gravação de trechos selecionados – Folprecht (1950) – e duas versões completas (1948 e 1961), ambas regidas por František Dyk. Os três registros são da Supraphon. O elenco do último álbum é um verdadeiro catálogo do grande canto tcheco dos anos 1950-1960: Blachut, Tikalová, Krásová, Haken, Tattermuschová.

Não que *Psohlavci* tenha tido mais sorte com o exigente Nejedlý. Ele a condenou também por ser – como relata Tyrrell –

uma ópera nacionalista e histórica fora de moda, vinte anos atrasada, baseada em convenções operísticas obsoletas: a obrigatória festa popular, uma cena de baile à maneira de Tchaikóvski, um sexteto desacompanhado no ato II imitando o da *Noiva Vendida*, e assim por diante.

Isso não a impediu, porém, de derrotar a *Šárka* de Fibich na competição operística de 1897, de ter atingido a centésima récita em 1910, doze anos apenas após a estréia, e de se tornar um dos títulos mais apreciados em seu tempo, prova, como diz Tyrrell,

de que vilões de coração negro, ousados heróis populares, mulheres do povo sofredoras e cenas folclóricas cheias de vivacidade, ainda que inautênticas, ainda podiam ser uma mistura poderosa nas mãos de um técnico habilidoso, nessa época em que o nacionalismo sentimental dos tchecos ainda estava bem vivo.

Depois dos *Cabeças-de-cachorro*, Kovařovic compôs mais uma ópera apenas, *Na Starém Bělidle* (Na Velha Tinturaria), ouvida com simpatia ao estrear em 1901, pois baseava-se em alguns dos episódios de *A Avó*, o romance mais estimado de Božena Němcová. Para um público atraído pelos temperos fortes da *Tosca*, criada no ano anterior, e que anos depois se escandalizaria com a violência da *Salomé*, esta ópera de caráter idílico deve ter parecido uma água morna. E, no entanto, é nela que encontramos o Kovařovic mais autêntico e, hoje, com mais condições de ser apreciado pelo que possui de poético e de gracioso, sem nenhuma afetação. É uma pena que não exista gravação nenhuma dessa ópera praticamente sem história, que se limita a alinhavar quadros soltos, retratando os costumes aldeões de maneira estilizada.

Babička, a personagem central, é a figura idealizada da avozinha que todo mundo sempre desejou ter, a mulher com reservas inesgotáveis de carinho e bom senso, a quem o sofrimento e a passagem dos anos tornaram suave, tolerante, compreensiva. Dos latifundiários aristocratas, que possuem a terra onde está a sua aldeia, ao mais humilde de seus vizinhos, a avó trata a todos com a mesma simpatia, e sempre encontra um jeito de ajudá-los. A lembrança de um grande amor de juventude, que permanece viva dentro dela, faz com que saiba ler no coração dos adolescentes. É ela quem impede a família da namorada do jovem Mila de obrigá-lo a alistar-se no exército para afastar os dois jovens. É também quem vem em socorro da filha adotiva da princesa, que está apaixonada por um artista pobre, mas foi obrigada pela família a aceitar o noivado com um nobre rico.

Ainda na vigência do Verismo, a originalidade de *Na Velha Tinturaria* está em não pretender ser uma reconstituição realista crua da vida camponesa e, sim, uma evocação poética da imagem idealizada que os tchecos têm de suas mais profundas raízes étnicas. As vinhetas são muito delicadas: uma festa de aniversário que reúne todos os moradores da aldeia, cada um deles trazendo um prato ou uma bebida; o adeus da rapaziada convocada para ir lutar contra os invasores da pátria; a avó que conta casos de sua juventude às garotas que, sentadas à roca, fiam tecidos de lã, preparando-se para o inverno que está chegando. É todo um mundo passado – talvez mais sonhado do que realmente vivido – que Kovařovic revive com uma música de genuína elegância.

Ao terminar *Na Starém Bělidle*, Kovařovic tinha apenas 39 anos e ainda viveria outros dezenove. Mas optou por dedicar-se de corpo e alma à direção do Národní Divadlo e não enfrentou nenhuma outra composição em grande escala. Na verdade, após longos anos de luta contra a oposição dos que discordavam de seus modos autoritários, só em 1900 – um ano antes da estréia de sua última ópera – conseguira que a nova administração o nomeasse regente principal. Seus últimos anos foram inteiramente devotados a elevar o nível das execuções do Národní ao das melhores casas de ópera estrangeiras.

É verdade que ele assumia atitude discriminatória em relação a compositores contemporâneos, tinha gostos conservadores, e barrou a entrada, no Narodní, de peças que, arbitrariamente, considerava indignas de pertencer ao repertório, ou de autores com os quais – como foi o caso de Janáček – tinha desavenças pessoais. Mas é verdade também que a Tchecoslováquia lhe deve as primeiras grandes execuções das obras de Smetana, até então muitas vezes encenadas com certa displicência. É verdade que as editou com a mesma desenvoltura com que retocava obras de outros compositores. Mas ofereceu delas interpretações de um nível que, em vida do compositor, elas nunca tinham recebido. Regeu-as com o mesmo rigor aplicado às óperas de Wagner, por exemplo, de quem foi reputado intérprete. A esse respeito, diz Rosa Newmarch:

> Quem assistiu à sua apresentação dos *Meistersinger* em Praga, encantou-se com seu frescor e senso de humor. Ao contrário dos regentes especializados em Wagner, ele erguia a obra acima da atmosfera nebulosa do *Anel* e das memórias trágicas do *Tristão*, ambientando-a na plenitude da alvorada da vida. Tem razão o crítico tcheco Dr. J. Pihert ao perguntar se ele teria podido chegar a uma interpretação tão cativante se não tivesse aprendido a captar toda a filosofia, simples mas profunda da alma humana, mediante sua leitura das óperas de Smetana.

Ao visitar a Inglaterra, em maio de 1919, para reger a orquestra do Národní Divadlo que se apresentaria no Festival de Música da Tchecoslováquia, Kovařovic confiou a Newmarch seu projeto de compor uma ópera baseada numa das *Scenes from Clerical Life*, de George Eliot, cuja atmosfera antiquada lhe parecia ideal para um drama de amor bucólico que faria companhia à *Velha Tinturaria*. Mas a sua saúde, já abalada, sofrera muito com as privações a que fora exposto devido ao rigoroso racionamento, em Praga, nos últimos anos da I Guerra. E morreu em 6 de dezembro de 1620, sendo enterrado no dia em que completava 58 anos.

FOERSTER

A vasta obra de Josef Bohuslav Foerster (1859-1951) serve de traço de união entre a geração dos fundadores da múnacional tcheca e o nosso século. Suas primeiras composições situam-se em torno de 1880; as últimas datam do fim da década de 40, pouco antes de sua morte. Era membro de uma família de músicos: o avô, Josef, foi o típico Kantor – mestre-escola, professor de música e organista – na aldeia de Oseniče; o tio, Antonín, mudou-se para a Iugoslávia, onde trabalhou como regente; e o pai, Josef, era compositor, professor de Harmonia no Conservatório de Praga, e organista na catedral de São Vito, tendo sido um dos responsáveis pela reforma da música litúrgica tcheca no final do século XIX.

Foerster destinava-se a estudos de Mecânica, mas logo abandonou o Instituto Politécnico para ingressar na Escola de Organistas, seguindo, nos primeiros anos da carreira, a profissão de seus parentes. Teve também educação muito voltada para a literatura: a partir de 1884 trabalhou como crítico de música no *Národní Listy*; era o autor de seus próprios libretos; e escreveu preciosas coleções de ensaios, em que demonstra ter uma visão muito clara dos rumos seguidos pela arte de seu tempo. Além disso, era casado com Berta Lautererová, soprano do elenco estável do Teatro Nacional, o que o mantinha muito próximo da vida teatral.

E isso nem era necessário pois, desde muito cedo, Foerster foi apaixonado pelo teatro: antes de dedicar-se à música, chegou a pensar em seguir carreira como ator. Quando Berta Foerstrová-Lautererová foi contratada pela Staatsoper de Hamburgo (1893), ele a acompanhou, dedicando-se à crítica musical em jornais alemães; e também austríacos quando, em 1903, sua mulher passou a integrar o elenco estável da Hofoper de Viena. O casal voltou para Praga em 1918, no momento da formação da República da Tchecoslováquia. Ao mesmo tempo em que se empenhava entusiasticamente na tarefa de construir a nova nação, Foerster notabilizou-se ensinando composição no Conservatório e na Universidade da capital. Rosa Newmarch faz, em *The Music of Czechoslovakia*, um perfil de J. B. Foerster:

> Do pai, ele herdou a vocação para a música e o equilíbrio que o impediu de entregar-se a um experimentalismo excessivo, além da teimosa perseverança e uma fibra moral e física resistente. Da mãe, adquiriu qualidades contrastantes: uma certa placidez que resistia às tendências exuberantes de seu tempo, o fervoroso amor da poesia, uma sensibilidade quase feminina, e a tendência à melancolia que se alternava com a exaltação. A atmosfera doméstica de seus primeiros anos era profundamente religiosa e, embora com o passar do tempo o seu credo fugisse às limitações convencionais, ele ainda permaneceu muito devoto. Seus admiradfores referem-se freqüentemente ao espírito de "humildade e amor" que há em sua música.
>
> Até os 30 anos mais ou menos, Foerster não se aventurou a compor obras em maior escala, provavelmente reagindo ao ambiente doméstico estrito pois, mesmo depois de casado, ele continuou morando com os pais, e só em 1889 instalou residência independente. Sentia-se muito atraído pelos compositores que correspondiam ao lado mais

suave de sua natureza – Schumann, Tchaikóvski e Grieg –, a respeito dos quais escreveu ensaios muito refletidos. Embora tenha provavelmente entrado em contato com os grandes músicos de seu tempo, Smetana, Bendl e o bem-sucedido Dvořák da década de 1880, o seu desenvolvimento literário parece ter sido, a princípio, maior do que o musical. [...] Foi nessa época que formou vínculos fortes com os livros e os movimentos intelectuais de Praga, que continuaram em Hamburgo e Viena, e fizeram dele um compositor essencialmente "literário".

Foerster praticou todos os gêneros musicais: compôs cinco sinfonias, concertos para violino e violoncelo, música de câmara, os poemas-sinfônicos *Minha Juventude* (1900), *Primavera e Desejo* (1912) e as suítes orquestrais *Cyrano de Bergerac* (1903) e *De Shakespeare* (1909). Apaixonado pelas possibilidades que a proliferação das sociedades corais amadoras abria, produziu para elas ampla literatura de base, em que substituiu a factura monumental de Smetana, solene e às vezes patética, por um tom de lirismo intimista, muitas vezes marcado pela refinada busca do detalhe psicológico, ou com descrições da natureza que parecem matizados pastéis. São assim os *Nove Corais para Vozes Masculinas* (1897), verdadeiro marco de um gênero que, na Tchecoslováquia, teve desenvolvimento extraordinário na mão de mestres como Smetana, Dvořák ou Janáček.

Seu primeiro contato com o palco foi através de dois curtos melodramas – *Os Três Cavaleiros* (1887) e *A Lenda de Santa Júlia* (1891) – e da música incidental para *Pampeliška* (A Princesa Dente-de-leão), o conto de fadas teatral de Jaroslav Kvapil. A este dramaturgo, aliás, Foerster pediu que preparasse, a partir do drama de Salomon Mosenthal, o libreto de sua primeira ópera. *Debora* teve sucesso modesto – apenas quatro récitas – ao ser estreada em 1893. Mas é uma peça promissoramente bem construída. Kvapil transpôs para a Boêmia o drama alemão, de nítidas tintas naturalistas, que mostra as dificuldades enfrentadas por um jovem casal pertencente a classes sociais diferentes, separado pelos preconceitos e ambições de suas famílias.

Um pastor do interior da Boêmia oferece dinheiro a uma viúva de origem judia, para que ela saia da aldeia o mais depressa possível, levando consigo a sua família. Quer com isso afastar a filha dessa mulher, a jovem e bela Débora, por quem seu filho Josef se apaixonou. O rapaz acredita que Débora o abandonou por causa do dinheiro, e trata-a com cruel desprezo quando a reencontra. A moça, certa de que Josef cansou-se dela, o amaldiçoa e a toda a sua família. Arrancando o rosário que ele tem nas mãos, foge desesperada. Anos depois, Josef está casado com Hana, a noiva que o pai lhe destinava, vive feliz com ela e tem uma filha. Enquanto está no campo, assistindo à festa da colheita, surge uma mendiga em sua fazenda. É Débora, que volta para pôr em prática seus planos de vingança. Hana oferece-lhe hospitalidade, mas ela recusa. Quando Josef volta para casa, a esposa lhe conta o que acontecera, e ele tem a suspeita de que a mendiga pode ser sua antiga namorada. Escondida, Débora ouve-os falando dela com tanta compaixão e simpatia, que se arrepende de seus planos. Fica muito comovida ao saber que eles deram seu nome à menininha. Aproximando-se do berço da pequena Débora, deixa cair dentro dele o rosário de Josef, beija a criança adormecida, deseja-lhe felicidade e desaparece dentro da noite.

Nesse drama realista, em que as pressões sociais acabam sendo mais fortes do que o sentimento, já surge a concepção do amor que Foerster terá, não apenas como uma paixão física, mas como uma força motriz que domina toda a existência. Embora nunca lhes seja permitido encontrar a felicidade na união com o homem que amam, as heroínas de Foerster continuarão a lutar até o fim por um ideal inalcançável. No dizer de Rosa Newmarch, "o coração dessas mulheres se parte não porque falte força de vontade a seus débeis namorados, mas porque elas estão apaixonadas pelo amor, vivendo uma espécie de sonho sonhado por Foerster."

Debora já possui, em embrião, todas as qualidades que vão desabrochar em *Eva*, a ópera mais conhecida de Foerster, até hoje freqüentemente retomada pelos teatros tchecos. *Eva* estreou em 1º de janeiro de 1899 no Národní Divadlo e, desde o primeiro momento, conquistou o público. O mesmo aconteceu quando a Volksoper de Viena a encenou, em 1915, com o nome de *Marja*. Dessa ópera muito gratificante existem, no selo Supraphon, as gravações radiofônicas de Karel Nedbal (1948) e Jan Hus Tichý, de obtenção difícil; e o registro de František Vajnar, feito em 1982. Há também um vídeo da transmissão de 1974, pela TV estatal, sob a regência de Zdeněk Kubeček.

Como crítico do *Národní Listy*, Foerster assistiu, em 9 de novembro de 1889, à estréia da peça *Gazdina Roba* (A Jovem Administradora da Fazenda), de Gabriela Preissová. Numa de suas cartas, contou tê-la achado, desde aquele dia, perfeitamente adequada para ser convertida em um drama lírico:

> A vivacidade das personagens, a linha direta da ação, o conflito dramático e, antes de mais nada, a personagem de Eva, de uma impressionante pureza moral, solicitavam diretamente a interpretação musical que, do ponto de vista das emoções, deve exprimir tudo aquilo que as palavras só conseguem nos fazer pressentir, mas nunca chegam a exprimir.

Eva, uma costureirinha pobre, namora Mánek, o filho de Mešjanovka, rica viúva, que se opõe ao casamento dos dois. Durante uma festa na aldeia, o casal se desentende e tem uma altercação muito violenta, porque Eva não aceita a passividade de Mánek diante da mãe. Mešjanovka ofende a moça publicamente, dizendo que ela está de olho apenas na fortuna do filho. O peleteiro Samko, que também está apaixonado por Eva, toma a sua defesa, embora seja manco, o que o deixa em evidente desvantagem física em relação a Mánek. Grata a ele, mas também para desforrar-se do namorado, Eva aceita seu pedido de casamento.

A inevitável infelicidade a seu lado é agravada pela perda da filha, que morreu porque Samko não achou necessário chamar um médico quando ela adoeceu. Mánek, a essa altura, também está casado – com Maryša, a candidata da mãe –, mas ainda a ama. E vem convidá-la a trabalhar com ele, como administradora, numa fazenda da Áustria, onde conseguiu um emprego sazonal. Mánek lhe diz que, num país distante, longe das pressões da cidadezinha pequena, eles poderão se casar. A princípio, Eva recusa; mas aceita depois que Samko, surpreendendo-a com o antigo namorado, não acredita em suas palavras, acusa-a de infidelidade, e a espanca.

Abandonando o marido, Eva segue Mánek. Estando longe do sufocante ambiente da aldeia natal, tem a esperança de conseguir convencê-lo a converter-se ao luteranismo, a sua religião. Isso lhe dará a coragem de divorciar-se de Maryša e casar-se com ela. Não demora para que se tornem amantes e vivam felizes, até começar a correr, na fazenda onde trabalham, o boato de que ela não é a mulher verdadeira de Mánek. Quando a situação chega a um ponto insustentável, em que cabe a Mánek tomar uma atitude, a chegada de Mešjanovka o encosta na parede. Incapaz de resistir à autoridade da mãe, ele concorda em voltar para a mulher. Diante disso, Eva suicida-se atirando-se no Danúbio.

Consultada pelo compositor, Preissová concordou prontamente em ceder os direitos e sugeriu Kvapil como libretista – idéia com a qual Foerster concordou. O dramaturgo, porém, ocupado com outros trabalhos, nunca chegaria a lhe fornecer esse texto, apesar dos insistentes pedidos que lhe foram endereçados por Foerster. Nesse meio tempo, fascinado com a peça, o compositor fez dela um esboço preliminar: a *Abertura Trágica op. 85*. Essa obra, do início de 1895, foi concebida sob o impacto da viagem de férias que, no ano anterior, ele fizera à Morávia, em companhia de seu irmão, o pintor Viktor Foerster, para conhecer o povo da região, seus costumes, e familiarizar-se com o ritmo e as melodias de suas canções.

O próprio Foerster conta ter-se decidido a escrever, ele mesmo, o libreto de *Eva*, após o encontro fortuito, numa lojinha perdida em uma das ruelas de Hamburgo, com um velho relojoeiro que lhe deu a impressão exata de ser Samko, envelhecido, abandonado, amargurado. Foi um impulso tão forte que, naquele mesmo dia, ele rascunhou o texto do primeiro ato. Agora que se decidira a fazer o trabalho sozinho, recusou a ajuda de Bohdan Kaminský, que lhe fora sugerido por Preissová como alternativa para Kvapil. "Eu estava trabalhando a toda velocidade, como se alguém estivesse ditando a música para mim", diz Foerster a respeito de um empreendimento que, apesar de tudo, tinha suas dificuldades evidentes.

Tratava-se de uma das primeiras incursões da ópera tcheca no domínio do teatro realista (*Jenůfa*, composta entre 1894-1903, só seria estreada em 1904). No Ocidente, desde a criação da *Cavalleria Rusticana* em 1890, o Verismo estava em voga. Mas na Tchecoslováquia o que ainda predominava era a ópera de estilo romântico tardio. Além disso, a personalidade artística de Foerster explica o caráter híbrido de *Eva* e as diferenças fundamentais entre ela e *Jenůfa* – embora ambas se baseiem em peças de Preissová com ambientação campestre e temática aparentada (por sinal, depois de *Jenůfa*, Janáček andou pensando em *Gazdina Roba* como assunto para uma segunda ópera passada no campo morávio).

São numerosos, evidentemente, os elementos que aproximam *Eva* do universo dramatúrgico do grande contemporâneo de Foerster:

- a atmosfera rural tacanha, com seus mexericos e preconceitos sociais e religiosos;
- a heroína patética, dilacerada entre o homem fraco e a figura autoritária e insensível da mulher mais velha;
- a mesma ambientação morávia com seu dialeto, roupas, danças e costumes.

Aliás, o modo brutal e sem concessões como Preissová descrevia a realidade da vida no campo – a anos-luz do bucolismo estilizado de Karel Sabina ou da espiritualidade refinada de Eliška Krásnohorská –, e a maneira franca como mostrava o relacionamento extra-conjugal dos protagonistas, sem os condenar por isso, chocaram profundamente a platéia da estréia de *Gazdina Roba*, logo granjeando-lhe a reputação de ser uma peça imoral.

A importância de *Eva* e *Jenůfa*, e os pontos que elas têm em comum, justificam que tracemos entre ambas detalhado paralelo. E essa comparação serve para frisar a diferença espetacular existente entre o universo de Janáček, de revolucionário individualismo, e o de Foerster, Kovařovic ou Ostrčil, membros como ele da geração subseqüente à de Dvořák e Fibich. Os cinco anos que separam a estréia de *Eva* e a de *Jenůfa* são importantes, é claro, para explicar o processo de amadurecimento estético e pessoal do músico de Brno, que coloca a sua ópera num patamar muito superior ao da de Foerster. Mas é necessário considerar também as diferenças básicas de concepção dos dois artistas.

Foerster reduziu para seis as vinte personagens da peça de Preissová, por não querer perder-se em episódios laterais que considerava dispersivos. Janáček, ao contrário, manteve praticamente todas as de *Její Pastorkyňa* (Sua Enteada), conseguindo dar vida até às figuras mais episódicas, pois considerava as personagens periféricas um ingrediente essencial para caracterizar o clima folclórico da peça – motivo fundamental para que a tivesse escolhido como tema de sua ópera. Foerster, por sua vez, evitou referências folclóricas demasiado diretas, até mesmo nos coros. São raras as melodias que têm sabor morávio mais acentuado. Uma delas é a da breve introdução orquestral ao ato I e, por isso mesmo, com seus ritmos insistentes e reiterados, lembra de forma fugaz o clima característico da composição janáčekiana.

Quando reconstrói melodias de corte popular – na cena da festa, por exemplo –, Foerster o faz de um modo que acena mais para Smetana do que para o futuro, e suas sonoridades são tipicamente boêmias, e não morávias. Da mesma forma, nas amplas passagens orquestrais, que evidenciam a vocação sinfônica do compositor, muitas vezes fica claro o contato que teve com a música ocidental, no período em que residiu em Hamburgo e Viena. O mais típico é o longo interlúdio que precede o ato III. E também a cena de dança que abre esse ato – embora aqui haja a justificativa de ele precisar caracterizar o ambiente estrangeiro, na fazenda austríaca onde os protagonistas foram trabalhar.

Mas a diferença essencial está no fato de Janáček ter musicado diretamente o texto em prosa de Preissová, enquanto *Eva* utiliza um libreto rimado que o próprio compositor redigiu, a partir de uma condensação da peça. Isso faz com que, do ponto de vista da construção e, conseqüentemente, da linguagem musical que a partir daí se desenvolve, a ópera de Foerster pertença basicamente ao mundo do século XIX, enquanto *Jenůfa* atira-se arrojadamente para o futuro. Em *Eva*, as transições são feitas de forma habilidosa, mas a regularidade da metrificação convida naturalmente à formação do número fechado: árias, duetos, até mesmo trios. O mais importante deles é "Tak smutná, bledá vždy se vrací" (Ela sempre volta tão triste e pálida), do ato II, no qual Samko se lamenta, depois que a mulher chega da visita ao cemitério, onde foi cuidar do túmulo da filhinha morta:

Tak smutná, bledá vždý se vrací,
tu tiše lkává nad svou prací.
A co já po polibku toužím,
co za ní jako stín se ploužím,
Buh ví, kde meŝká v myŝlenkách.

(Ela sempre volta tão triste e pálida, chora em silêncio enquanto trabalha. E enquanto eu fico desejando um beijo, só Deus sabe onde estão os seus pensamentos.)

As palavras de Samko são ecoadas por Žužka, a vizinha, testemunha da infelicidade do casal. Na cena anterior, ela advertira o peleteiro a respeito do interesse de Mánek por Eva, que o rapaz não consegue esconder, mesmo depois de casado com Maryša. Enquanto isso, a protagonista remói a sua profunda tristeza com a perda da filha:

Ten pocit hrozný zas mne jímá,
chci tam, kde moje dcerka dřímá.
Ó, dítě, co tu ze mne bude,
když vzali mi tvé tílko chudé,
se myslet bojím, ubohá...
Ó, dítě, dcerko má!

(Sinto de novo aquela sensação horrível, quero estar naquele lugar onde a minha filhinha dorme. Ó, criança, o que vai ser de mim, se me privaram de teu pobre corpinho? Tenho até medo de pensar nisso, pobre mulher... Ó, criança, minha filhinha!)

Ainda que de caráter tradicional, esta é uma página de alta temperatura emocional, e uma das mais comoventes de toda a ópera.

Números fechados, de resto, não estão de todo ausentes da *Jenůfa. N*o ato I da ópera de Janáček, escrito muito antes dos demais, há vestígios da antiga estrutura de números, a começar por uma cena de conjunto para quatro solistas com coro. Mas o que predomina, na primeira grande obra de Janáček para o palco, é o revolucionário arioso permanente, em estilo de conversação. Enquanto que, em Foerster, apesar do comentário orquestral contínuo de matriz pós-wagneriana, é mais nítida a distinção entre recitativos e números inseridos na trama instrumental – ainda que com freqüência eles sejam muito breves, como o arioso "Dlouho dost snáším pohledy chladné" (Há tempos eu suporto seus olhares frios), no momento em que Eva está contando a Žužka como sua vida com o marido tornou-se insuportável.

Janáček reestruturou algumas das frases do texto de Preissová, dando-lhes forma simétrica (em *Czech Opera*, John Tyrrell oferece a detalhada comparação de trechos da peça e da ópera, ilustrando esse ponto). Mas teve de forjar uma relação inteiramente nova entre as vozes e a orquestra, reformando, com isso, o estilo operístico. O resultado é um diálogo fluente, atento às oscilações naturais da frase falada, que reproduz cuidadosamente as inflexões orais do povo de Slovácko, na Morávia. Quanto a *Eva*, sua feitura de números tradicionais, de duetos em que as vozes soam ora separadas ora simultaneamente, faz com que seja mais estilizada do que naturalista, mais lírica do que dramática, e sem os momentos de insuportável intensidade que Janáček consegue em seus dramas. As melodias, acomodando-se aos segmentos regulares dos versos, assumem naturalmente um contorno mais simétrico, sem as angulosidades e repetições obsessivas típicas do gênio de Brno. Isso não significa, porém, que *Eva* não possua páginas convincentes, podendo-se apontar entre elas:

- a briga de Eva e Mánek no ato I e seu extenso dueto de amor, "Evuško, duše má, jak ti mám říci" (Evinha, minha alma, como posso te dizer), de turbulência wagneriana, no fim do II;
- as cenas de felicidade no breve e enganoso interlúdio amoroso na Áustria – em particular o dueto "Ty naríkáš! Hled', proč se rmoutíš?" (Tu te queixas? Mas por que estás preocupada?), no qual Mánek consola a amante: Rubač, um dos trabalhadores da fazenda, que anda sempre bêbado, acaba de zombar dela, porque corre à boca pequena que Eva é "viúva de marido vivo";
- e a crueldade com que, no ato III, Mešjanovka reduz a farrapos as esperanças da protagonista; o trio "Co ztajit nelze" (Por que hesito em dizer), em que fica claro que Mánek nunca conseguirá libertar-se da dominação materna, é particularmente bem realizado.

Em toda a partitura, vê-se o quanto a linguagem musical de Foerster amadureceu desde *Debora*, já se pressentindo em *Eva* a semente de uma grande obra do auge da carreira, a *Sinfonia n. 3 op. 36.* Os elementos estruturais de base da ópera são formados por *leitmotive* bastante fortes, ligados a Mánek, Samko, Mešjanovka e, principalmente, à personagem título, cuja evolução psicológica é nitidamente retratada pelas mutações no material melódico, harmônico e rítmico que a ela se refere. A ária "Můj ráj se stmívá" (Meu paraíso enche-se de sombras), do ato I, mostra-nos a Eva jovem, ardente, cheia de determinação, que afirma:

Ale věř, já v snivé touze
netravím svůj život pouze

(mas, acredite, não passarei a vida apenas desejando e sonhando.)

É uma mulher que não tem vergonha de confessar sua paixão nos termos mais claros:

Taž se, poví ti to jiní,
co mi často čelo stíní,
co mi žalem srdce svírá,
co mi v noci spáti nedá,
co ráno s lůžka zvedá,
co mě vábí ke hřbitovu,
k chudičkému matky rovu...

(Pergunta aos outros e eles te dirão o que anuvia a minha fronte, que dor aperta meu coração, que desejo ardente me devora e não me deixa dormir à noite, faz-me sair cedo da cama e ir visitar, no cemitério, o túmulo de minha pobre mãezinha...)

Essa franqueza nos faz compreender, de saída, as razões da pequena comunidade para olhá-la com desconfiança e dar implícito apoio à Mešjanovka, que se opõe ao namoro.

Em "Noc se již snesla", de I, 6, nós a vemos angustiada, depois de já ter prometido a Samko casar-se com ele: "A noite caiu sobre meu coração", diz ela. Mas por mais amargurada que esteja com o casamento sem amor, a perda da filha e as saudades do homem que ama, Eva recupera instantaneamente toda a alegria e o desejo de viver, no ato II, ao ter a coragem de acompanhar Mánek, reanimada pela esperança de que, longe de casa, ele a assuma finalmente, como no fundo deseja. Nesse ato, a oscilação entre melodias ora luminosas, ora cobertas de sombrios pressentimentos, preparam o caminho para o desenlace do ato III, ao longo do qual o adensamento harmônico progressivo e o tom torturado do recorte melódico traduzem, de forma comovente, a lenta desagregação de suas esperanças. O que

torna muito lógica a cena final: "Sama jsem a opuštěná!" (Estou só e abandonada!)

Sentindo-se totalmente perdida, Eva pede perdão a Deus por seu gesto desesperado e, já transfigurada, tem a visão da "luz brilhante que espanta a noite, da harmonia das cores do arco-íris, das asas douradas dos anjos, ao longe, numa paisagem maravilhosa". E exclama: "Já vidím ráj!" (Estou vendo o paraíso), antes de saltar no Danúbio – referência tristonha ao paraíso amoroso a que ansiava, no início da ópera, e a vida lhe negou. A tragédia de Eva assemelha-se muito à de outra grande figura janáčekiana: Kátya Kabanová. As duas personagens são frustradas no amor, incompreendidas pelo mundo em que vivem, dilaceradas entre um marido que lhes repugna e um amante desfibrado, cruelmente tratadas por uma figura materna opressiva e autoritária. E as duas escolhem dar-se o fim nas águas do mesmo rio. Mas esse não é um gesto de desespero e sim de catarse, de conciente e deliberada preservação da própria dignidade.

Comparada a Eva, a figura de Mánek, fraco, indeciso, incapaz de enfrentar a mãe todopoderosa, é naturalmente mais pálida – da mesma forma que Borís e Tíkhon, as duas figuras masculinas que Kátya Kabanová tem a seu lado. Mešjanovka – sobretudo se a pusermos lado a lado com a Kostelníčka da *Jenůfa*, ou a Kabanicha da *Kátya* – é traçada com as linhas grossas da vilã convencional. Em momento algum seu retrato vai muito além do óbvio. Mas a personagem título não é o único perfil interessante da ópera: também Samko é extremamente bem desenhado – não tivesse sido ele o ponto de partida para a inspiração do compositor.

Esse "pobre estropiado" – como ele próprio se descreve –, perdidamente apaixonado por uma mulher que nunca será capaz de desejá-lo, e que o aceita como marido apenas para vingar-se do homem que ama, suscita em nós a mais viva compaixão. Sente-se, de resto, a instintiva simpatia de Foerster por Samko na delicadeza da cena em que o peleteiro confessa a Eva – sem lhe revelar que é ela mesma – o amor imenso que sente por uma mulher de quem não espera retribuição. E na beleza da melodia de "Jak jsi divná", a ária em que finalmente ele lhe abre o coração, fazendo-a decidir-se a aceitá-lo como esposo:

Nehněvej se, vřele prosím –
to, co dávno srdce nosím,
dnes ti prostě vyznat toužím.
Jako stín se kolem ploužím
a jak kráčím, každým dechem:
Eva – slyším sladkým echem!
Květ, jenž z trávy na me kývá,
pták, jenž nad hlavou mi zpívá,
v noci ticho i v jas jitra
sladce šepce: Doufej – zítra!

(Não te zangues, eu peço: hoje quero dizer-te o que há tempos escondo no coração. Sigo teus passos como uma sombra e a todo momento escuto o teu nome – Eva – como um doce eco! Uma flor que acena para mim da relva, um pássaro que passa cantando sobre a minha cabeça, o silêncio da noite e a aurora matutina, tudo me sussurra baixinho: Espera – amanhã!)

É compreensível que, dentro dele, o amor não compartilhado azede, converta-se em ressentimento; em desprezo até mesmo pela filha, a quem negligencia e deixa morrer; em raiva surda, que resulta na penosa confrontação com a mulher no ato II. Neste caso também é à música, ainda mais do que às palavras, que devemos o retrato da evolução psicológica de Samko.

Essas diferenças de abordagem entre *Eva* e *Jenůfa* ilustram, portanto, a distância que separa dois artistas tchecos praticamente da mesma idade, que viveram, de forma oposta, experiências de formação relativamente semelhantes. Filho de um professor do Conservatório de Praga, era natural que Josef Bohulav estudasse música, fazendo os três anos da Escola de Órgão de Praga. Vindo de uma modesta família de mestres-escola de Hukváldy, Leoš pôde seguir durante um ano apenas os cursos da mesma escola. E só aos 25 anos, depois de ter trabalhado longo tempo como professor primário, encontrou condições de passar um ano estudando em Leipzig e Viena. Nessa mesma época, os recursos próprios de Foerster – e os polpudos cachês de sua esposa – lhe permitiam levar vida folgada no exterior. Os dois foram professores influentes, um no Conservatório de Praga, onde o pai tinha ensinado, o outro fundando a Escola de Órgão de Brno e, a partir de 1918, dirigindo o Conservatório da capital morávia.

A forte propensão para a literatura é outro ponto que os aproxima mas, ao mesmo tempo, os distingue. Ambos escreviam seus próprios libretos, Foerster procurando as fontes convencionais – peças de teatro, obras em prosa –, Janáček embrenhando por caminhos inesperados: histórias em quadrinhos (*A Raposinha Esperta*) ou um livro antioperístico como a *Casa dos Mortos*. Os dois eram também críticos respeitados, um em Praga, além de colaborar com jornais alemães e austríacos; o outro criando o seu próprio jornal especializado, o *Hudební Listy*, que funcionou durante quatro anos; e para o qual escreveu brilhantes ensaios teóricos e resenhas das óperas estreadas em Brno. Finalmente, no que se refere ao trabalho que ambos fizeram a partir do teatro de Preissová, há que se considerar um dado fundamental, no qual reside toda a diferença: Foerster era boêmio, e teve de fazer a viagem de férias à Morávia, antes de começar a compor *Eva*, para absorver um pouco de seu clima campônio; Janáček era morávio e tinha no sangue aquela gente e aquela fala.

Em 1896, pouco antes de terminar a partitura de *Eva*, Foerster a inscreveu num concurso do Teatro Nacional para uma ópera nova, pela qual se pagariam 1500 florins. Concorreu com a *Šárka* de seu mestre Fibich, e com *Cabeças-de-cachorro* de Kovařovic – e ficou muito descontente pois foi este último o premiado, cabendo a ele o terceiro lugar. No ensaio de apresentação do álbum de Vajnar, escreve a musicóloga Eva Herrmanová:

Esse resultado documentava de maneira muito clara o gosto, formado pelo romantismo histórico, tanto do público quanto do júri. Afinal de contas, nem mesmo a crítica daquela época sabia apreciar as características de estilo características de Foerster. Um único crítico, no *Narodní Listy*, reconheceu algumas tendências progressistas na maneira de pensar musical e dramática do compositor, dizendo: "Foerster saiu, como um romancista, do meio do povo e da vida atual e, em *Eva*, traçou uma imagem de intenso calor interior." Mas não deixou de recriminá-lo por "perder-se nos sentimentos de angústia", recomendando-lhe que "procurasse traços mais fortes e contornos mais espessos, adequados à luz da ribalta". Karel Knitt, o crítico da revista musical *Dalibor*, não compreendeu de forma alguma a ópera de Foerster e até mesmo negou ao compositor inspiração musical suficiente e a capacidade de criar uma forma tão extensa como é uma ópera. O mesmo tom caracterizou outras resenhas.

Naturalmente Foerster ficou magoado com o fato de que sua obra recebera o último prêmio no concurso e que – por diversas razões e até mesmo para garantir o número de espectadores – as reprises de *Eva* não foram muito freqüentes. Ele deveria levar em consideração que uma obra de tão grande profundidade de alma, tão nobre e contida, que evita os efeitos fáceis, haveria inevitavelmente de ficar à sombra das composições de maior efeito cênico, que predominam sempre no repertório lírico corrente. Mas *Eva* haveria de se tornar a mais estimada e a mais freqüentemente montada de suas óperas. Desde a estréia, já foi encenada em mais de 40 teatros tchecos e integrou-se definitivamente a nosso repertório básico.

O sucesso de *Eva* não se renovou com *Jessika* (1905) – cujo libreto, de Vrchlický, baseia-se livremente no *Mercador de Veneza* de Shakespeare –, apesar do senso de humor muito contido que se manifesta ao longo de uma partitura intensamente melodiosa, orquestrada com frescor de invenção. Hoje, *Jessika* é bem mais apreciada do que ao ser criada. Na época, não fez sucesso, nem mesmo depois que, no ano seguinte, Foerster a reescreveu inteiramente. Decepcionado com esse fracasso, ele abandonou o palco lírico durante uma década.

Retornou a ele com *Nepřemožení* (Os Invencíveis), estreada no Teatro Nacional em 1918, embora a partitura estivesse pronta desde 1906. Críticos da época viram a peça como uma espécie de síntese de suas crenças e das etapas de sua evolução. Mas o libreto, em versos rimados, tem menos espontaneidade do que o de *Eva*. Por outro lado, as melodias são menos generosas e a estrutura harmônica, mais simples.

O músico Viktor, filho do jardineiro do conde Hrabě, apaixonou-se por Alba, a sobrinha desse aristocrata, e é correspondido. Mas Hrabě o convence de que nunca conseguirá casar-se com uma moça de camada social superior à sua e, humilhado, Viktor deixa-se derrotar e vai embora. Seis anos depois, Alba e ele se reencontram numa festa em casa do nobre Velvarský, onde Viktor foi convidado a apresentar-se como um festejado violinista. Ele diz a Alba que foi pressionado por Hrabě a sair do castelo, mas nunca deixou de amá-la e esse sentimento foi o responsável por sua evolução e amadurecimento como artista. Mas ela recusa-se a acreditar em suas palavras e eles tornam a se separar.

Passaram-se dez anos. Hrabě vem pedir à sobrinha, que nunca deixou de sonhar com o primeiro amor perdido, que se case com o rico príncipe Roji, para salvar a família da ruína.

Mas Jirí, um amigo de Hrabě, chega com a notícia de que está voltando de uma viagem à Itália, onde se encontrou com Viktor, em Nápoles, muito doente, provavelmente às portas da morte. Cheia de remorso por tê-lo recusado, Alba decide-se a ir procurá-lo.

A última cena passa-se numa taverna napolitana onde funciona uma espécie de clube dos artistas. Estes estão alegremente reunidos; mas Viktor, enfermo e cansado, mantém-se a um canto, muito deprimido. "Vieste trazer-me a morte?", pergunta ao ver Alba surgir diante dele. "Não, vim trazer-te a vida", responde ela. Os dois dão-se as mãos, olham-se apaixonados e, do mar, ergue-se uma luz misteriosa que brilha com toda intensidade, enquanto o pano cai lentamente.

Apesar da visível perda de fôlego dos *Invencíveis* em relação a *Eva*, a ópera tem seus bons momentos. O melhor deles é, no fim do ato I, a confrontação entre Viktor e Hrabě, construída sobre dois grupos de *leitmotive*: o primeiro, muito sensual, já ouvido durante o dueto de amor com Alba, vai se enfraquecendo até ser totalmente "derrotado" pelo que representa o ceticismo do conde, de contornos bem mais ásperos e angulosos. Bem estruturada é também a cena do baile no ato II, com um bonito solo de violino tocado por Viktor. Na música de dança, há numerosas citações de peças de Haydn e de temas das *Bodas de Fígaro*. De Mozart. E uma animada valsa vem interromper o longo monólogo em que Viktor confessa nunca ter deixado de amar Alba.

As posteriores *Srdce* (Coração), de 1923, e *Bloud* (O Tolo), de 1936, são histórias originais, em que se misturam estudos psicológicos, preocupações humanistas e reflexões místicas. Possuem estilo antiquado, que causou apenas constrangimento. O renome de Foerster e o papel relevante que desempenhara no desenvolvimento da música nacional fizeram com que fossem encenadas e recebidas polidamente. Mas essas óperas, concebidas numa linguagem que a nova geração considerava superada, nada mais tinham a dizer ao público. Depois da II Guerra, nunca mais foram reapresentadas.

Novák

Na evolução da música tcheca, lugar muito especial é ocupado por Vítezslav Novák (1870-1949), aluno de Dvořák que se transformou num dos mais respeitados professores de sua geração. Em grandes obras para voz e orquestra – a *Sinfonia de Outono* e a *Sinfonia de Maio*; os poemas-sinfônicos *V Tatrách* (Nos Tatras), *O Věčné Touze* (O Eterno Desejo) e *Toman a Lesní Panna* (Toman e a Fada dos Bosques) – ou no monumental *Pan*, ciclo de peças para piano orquestradas mais tarde, Novák consegue conciliar o rigoroso senso da forma com o sensualismo desordenado do amante da natureza em suas formas mais rebeldes. Novák é um colorista que, na busca de novos sons e combinações harmônicas, deixou-se influenciar profundamente pelo Impressionismo. O lado dionisíaco de sua sensibilidade – que se manifesta na "fantasia marítima" *Bouře* (A Tempestade), ou na cantata *Svatební Kosile* (As Camisolas Nupciais) – é contrabalançado por uma severa arte polifônica, que obedece a sólidas leis de gradação e movimento linear das diversas vozes.

As óperas pertencem a uma fase relativamente tardia da carreira em que, como dizem V. Štepánek e B. Karásek na *Pequena História da Música Tcheca*:

> o construtivismo racional acentuou-se cada vez mais e o ardente núcleo sensual da inspiração original foi sendo aos poucos absorvido por ele.

O caminho até chegar ao teatro foi lento. Desde 1898, sente-se que ele está namorando a idéia ao escrever, para a *Maryša* dos irmãos Mrštík – que mais tarde seria convertida em ópera por F. E. Burian – uma abertura sinfônica de grande envergadura (a gravação de Jiří Starek foi lançada no Brasil, em 1998, acompanhando um fascículo da coleção *Classic Masters*, da Editora Folio, vendido em bancas de jornal). Novák torna-se, assim, o primeiro compositor tcheco a sentir-se atraído pelo sombrio drama realista de ambiente camponês, pois a abertura precede a *Eva* de Foerster de um ano; e *Jenůfa*, de Janáček, só será estreada em 1904. Depois dela, sente-se o músico experimentando gradualmente com as formas dramáticas, primeiro com *A Tempestade* (1910), em seguida com *As Camisolas Nupciais* (1913), ambas baseadas em poemas narrativos.

Em *Bouře,* Svatopluk Čech descreve a tormenta que destrói um navio. Ao amanhecer, a jovem que rezava pela salvação dos marinheiros atira-se no mar, desesperada, ao ver surgir na praia o cadáver de seu noivo. A designação vaga de "fantasia marítima", para essa vasta peça com solistas e coro, prende-se ao fato de a obra ter forma livre: é mais do que uma cantata, pois utiliza diálogos em liguagem direta, mas não chega a constituir uma estrutura dramática formal; e possui interlúdios desenvolvidos entre cada episódio, que funcionam como mini-poemas sinfônicos. Diz Vladimír Lébl:

Novák move-se, assim, com arte soberana, no limite da peça sinfônica e do drama, criando um tipo inteiramente novo de composição musical.

Mais próxima ainda da forma teatral é *Svatební Košile*, baseada em textos extraídos da clássica coletânea de K. J. Erben. Nela, Novák quis oferecer uma alternativa à forma como Dvořák trabalhara os poemas narrativos folclóricos em cantatas como *A Noiva do Espectro*. O tratamento dado aos textos recolhidos por Erben valoriza seus detalhes dramáticos de tal forma, que a cantata fica a um passo de poder ser encenada. A gravação da *Tempestade*, feita por J. Krombholc, permite o acesso a essa obra fundamental do repertório tcheco. Das *Camisolas*, porém, não consegui apurar a existência de registro discográfico.

Novák, porém, sofreu com a concorrência de contemporâneos seus de maior estofo e prestígio. Na época em que resolveu dedicar-se à ópera – com a qual demonstrou ter apenas afinidade moderada, apesar do artesanato cuidadoso de suas peças – o nome de Janáček já se impusera de tal forma, que eclipsou o seu. E no campo da música orquestral, agigantava-se o de Josef Suk – seu colega nos cursos de Dvořák (que não está incluído neste livro por não ter sido autor de obras para o palco, mas foi um dos maiores nomes da música tcheca no início do século XX).

As duas primeiras óperas de Novák são comédias históricas ambientadas na Boêmia medieval. *Zvíkovský Rarášek* (O Diabinho de Zvíkov), encenada no Teatro Nacional em 10 de outubro de 1915, causou espanto, pois o que menos se esperava de um compositor de perfil tão intenso era uma despreocupada farsa, tirada da peça em um ato de Ladislav Stroužpenický. Também *Karlštejn*, cantada no mesmo teatro em 18 de novembro de 1916, parte de uma comédia muito popular, *Uma Noite no Castelo de Karlštejn*, de Jaroslav Vrchlický, versão romanceada de um episódio sentimental na vida do rei Carlos VI. Desta última, a Supraphon tinha uma antiga gravação de trechos regida por Jarmil Burghauser.

Tanto *O Diabinho* quanto *Karlštejn* são prejudicadas por libretos muito palavrosos. A primeira conserva o texto de Stroužpenický, em prosa e num estilo arcaizante, e lhe dá tratamento declamatório, num ritmo muito rápido de conversação, tendo como pano de fundo um comentário orquestral construído sobre uma trama de motivos recorrentes. Novák pretendia, com isso, transpor para o domínio tcheco a experiência de Mússorgski, no *Casamento*, de trabalhar diretamente com um texto em prosa, em vez de convertê-lo no poema dramático convencional. A partitura tem efetivamente momentos de grande virtuosismo técnico. Mas isso não impede que, no palco, a obra seja de efeito monótono, prejudicada ainda mais por um caráter de mosaico, uma falta de unidade músico-dramática que a torna teatralmente frouxa.

Em *Karlštejn*, o libretista Otakar Fischer escreveu versos regulares que condicionam a estrutura rítmica da música, dando-lhe caráter mais conservador. Karlštejn é o nome do castelo que Carlos IV erigiu nas vizinhanças de Praga, como uma espécie de mosteiro para onde pudesse se retirar, cada vez que sentisse a necessidade de refletir, ou de descansar longe da agitação da corte. Para isso, tinha proibido terminantemente a entrada de mulheres naquele recinto. Baseando-se visivelmente num modelo setecentista – o das *Donne Curiose* de Goldoni –, Vrchlický imagina o que acontece quando Carlos tem de enfrentar os ciúmes da jovem e apaixonada rainha, que consegue entrar disfarçada em seu refúgio, para pôr a limpo a suspeita de que o marido realizava ali as mais escabrosas orgias. O que ela descobre é que ele está apenas jantando e conversando com um pequeno grupo de amigos de infância, para refrescar as idéias. A história atraiu as duas vertentes do temperamento de Novák, a erótica e a patriótica, permitindo-lhe fazer o retrato do grande monarca como um sábio, cheio de espírito filosófico, mas também como um homem arrebatado, de sentimentos fortes, que sabe compreender e perdoar os ciúmes descontrolados da esposa.

Esse lado nacionalista, porém, é o que *Karlštejn*, escrita durante os anos difíceis da I Guerra Mundial, tem de mais insatisfatório. Ao compô-la, Novák desejava renovar o estilo da ópera nacional, criando uma espécie de equivalente moderno ao teatro de Smetana. Por isso pediu a Fischer que introduzisse, no texto despreocupadamente cômico de Vrchlický, algumas situações que refletissem "o significado grave do momento por que passam os nossos sentimentos patrióticos". É evidente que essas idéias nobres e elevadas combinam mal com o tom de brincadeira erótica do original. Mas *Karlštejn* não deixa de ter páginas inspiradas, como a oração de Carlos IV a São Venceslau, ou a sua bela cena de amor com a rainha Elisabete.

Depois dessas duas primeiras experiências, veio a ópera mais conhecida de Novák, da qual a Supraphon tem duas gravações: a de František Škvor, feita na década de 60, e a de František Vajnar, de 1986. *Lucerna* baseia-se numa peça de Alois Jirásek, adaptada por Hanuš Jelínek, e fez muito sucesso ao estrear no Národní Divadlo em 13 de maio de 1923. Em seu estudo sobre o compositor, Vladimír Lebl a descreve como "um conto dramático de caráter idílico, obra de lirismo amável e grande senso de humor". A *Lanterna* do título é um símbolo de servidão, como explica a avó a Hanicka, a jovem órfã criada pelo Moleiro, personagem central da peça:

...ta lucerna
zlé veci pripomíná.
Ona jest jediným břemenem
našeho starého mlýna.
Třebaže mlynář je svoboden,
poddanství přec musí cítit:
Kdykoli vrchnost si vzpomene,
musí tou lucernou svítit
na cestu od mlýna k zámečku
v lese, tam u jezera.
At' je to treba v půlnoci,
zrána či za večera,
at' temno je nebo jasný den,
s lucernou musí jít před pánem,
až za tu lípu stoletou
tam na palouku v lese,
o kterou my ted' s vrchností,
tak dlouho soudíme se.
Dědovi brali svobodu,
vnukovi majetek, beda.

(...Esta lanterna traz-nos a lembrança de coisas ruins. É o único fardo ainda imposto ao velho moinho. Embora o moleiro seja um homem livre, ainda deve sentir sobre seus ombros o peso da servidão: cada vez que o senhor assim o deseja, ele tem de clarear, com a lanterna, o caminho que vai do moinho até o pavilhão de caça, lá no bosque, à beira do lago. Seja à meia-noite, de manhã bem cedinho ou ao cair da noite, seja no escuro ou à luz do sol, ele tem de carregar a lanterna diante do senhor até a tília centenária que se ergue na clareira do bosque e que, há muito tempo vem sendo causa de disputa com os senhores. Eles priva-ram o avô de sua liberdade e, agora, querem tirar a propriedade do neto.)

Não querendo ceder à opressiva autoridade dos poderosos, o Moleiro recusa-se a participar das festividades que estão sendo preparadas na aldeia, para homenagear a Jovem Princesa, que está vindo visitar o solar de seus antepassados. Por causa disso, entrará em choque com o Magistrado, encarregado de preparar a festa; e com o Cortesão, representante da gente interesseira e intrigante que gravita em torno da aristocrata, bajulando-a e extraindo disso benefícios pessoais. Para castigá-lo, o Magistrado e o Cortesão pretendem obter da Princesa a autorização para derrubar a velha tília. Mas a árvore será defendida pelas personagens populares, o Moleiro, o jovem professor Zajíček, os tocadores de violino da aldeia, Klásek, Zíma e Sejtko. E quando os homens chamados pelo Magistrados tentam abatê-la, a copa da árvore começa a brilhar com uma luz sobrenatural, e ouve-se um coro masculino vindo do céu, que diz:

Duchu rodu čis
tý, přepevný štít
v zápase věku a síly zdroj.
V něm žije otcu dílo i sen,
dědictví svaté i starý boj.

(O espírito familiar (contido nesta árvore) é um claro e sólido escudo e a fonte de toda a força na luta secular. Nela vivem os feitos e os sonhos de nossos pais, sua herança sagrada e sua antiga luta.)

Compreendendo o mistério da velha tília – são os sentimentos puros dos homens que ela representa que a fazem reluzir assim – a Princesa ordena que nunca mais se toque nela, nem nos direitos dos homens a que pertence. Inteiramente livre, o Moleiro poderá agora desposar Hanička. E a música preparada para a Princesa não será desperdiçada, pois será tocada em suas bodas.

O texto de Jirásek faz um aceno à tolerância mútua e à reconciliação entre as classes sociais. E a tília sagrada é um símbolo evidente da resistência tcheca às agressões do exterior e à força interior que permite à nação sobreviver a todas as dificuldades. Mas em *A Lanterna*, o interesse está menos na intriga central do que na forma carinhosa como Novák pinta a vida do povo, e o bom-humor com que cria algumas personagens secundárias: os músicos de aldeia, as figuras pitorescas do lugarejo, e os dois engraçados espíritos da água, Ivan e Michal, que comentam a ação ou, às vezes, interferem nela. O primeiro detesta os seres humanos, desconfia deles, e se regozija quando algo de mal lhes acontece – até mesmo porque o Magistrado mandou aterrar o laguinho onde morava, e ele está furioso por ter sido "despejado". O segundo apaixonou-se por Hanička e persegue-a, todo meloso, durante a história inteira. Essa alternância de realidade e fantasia enseja uma oscilação de clima dramático e estilo musical que tem bom rendimento cênico. Além disso, segundo Lébl:

> O argumento permitiu ao compositor valorizar o seu gosto pelo detalhe e pelo trabalho cheio de pequenas minúcias saborosas. Reminiscências muito refinadas de suas obras anteriores aparecem nesta partitura, contribuindo de forma simbólica para animar a evocação muito delicada que ele faz de certas tradições nacionais.

Os versos rimados do libreto fazem com que as frases melódicas se conformem aos períodos rítmicos regulares do texto o que, principalmente nos diálogos falado, pode ter resultados muito formais e amaneirados. Apesar disso, obedecendo às praxes naturalistas posteriores a 1890, não há cenas de conjunto. O uso do coro também é limitado: só intervém, de fora do palco, para descrever os acontecimentos sobrenaturais. Aliás, o coro estava também virtualmente ausente de *Karlštejn*, o que é surpreendente, se se pensa nas possibilidades que o tema histórico abria à personagem coletiva – ainda mais que a ópera foi escrita, durante a I Guerra Mundial, como um veículo patriótico.

Outra característica da *Lucerna* é a presença de longos melodramas: as personagens populares, os tocadores de violino, o valete Zán, têm papel exclusivamente falado e suas intervenções consistem em melodramas (diálogo com acompanhamento musical contínuo). A alternância de canto e fala estabelece uma distinção interessante – lirismo/prosaísmo, figuras elevadas/tipos populares – entre as personagens; mas pode constituir um elemento distanciador para o ouvinte não-tcheco.

A última obra de Novák para o palco – *Dedův Odkaz* (O Legado do Avô), de 1926, que Antonín Klášterský adaptou de um poema narrativo de Adolf Heyduk – tem caráter mais acentuadamente neo-romântico, com muitas danças e a presença de elaborados interlúdios sinfônicos. Aqui, ao contrário, o coro desempenha papel muito destacado, e o tratamento vocal torna-se menos realista, admitindo amplos melismas e extensas passagens de coloratura. Nela também está muito presente o folclore morávio como fonte de inspiração. O problema mais sério é o libreto pesado e banal de Klášterský, obstáculo que nem um compositor experimentado como Novák conseguiu contornar.

O legado de que fala o título é um violino herdado por Jano, o protagonista. Esse instrumento o faz transformar-se num virtuose que, saindo da aldeia, vai brilhar na capital, tocando nas salas de concertos e nos salões aristocráticos. É evidente a intenção que o compositor e o libretista tinham de fazer a sátira do esnobismo do mundo artístico e das convenções mundanas. Mas a essa sátira falta leveza, e os efeitos cômicos desejados nem sempre chegam a se produzir. *O Legado do Avô* foi a produção mais mal-sucedida de um autor que entrava em declínio com o aumento do prestígio de Janáček, Foerster e Ostrčil. Mas Novák não se deu por vencido. Ainda produziu para o palco dois vastos balés-pantomima, *Signorina Gioventù* (1928) e *Nicotina* (1929), ambos baseados em contos de Svatopluk Čech, e voltados para a paródia de aspectos da vida contemporânea – o hábito de fumar, por exemplo, como o indica o título do segundo balé. Mas são obras típicas de um autor que se move num terreno que não é o seu, e não é bem-sucedido ao tentar ultrapassar limites que lhe são impostos pela sua própria personalidade. Novák continuou compondo até avançada idade, mas já em declarada fase de eclipse.

Personalidade tipicamente romântica, que com facilidade faz de sua obra um instrumento confessional, e tem com a natureza, com o erotismo ou com as tradições populares uma relação intimamente subjetiva, Novák tem também uma vertente crítica, metódica e racionalista, que mantém sob controle as expansões emocionais. O resultado é uma escrita clara e precisa. Ou como diz Lébl:

> O próprio manuscrito de suas partituras é testemunha de seu método de trabalho: seus autógrafos são verdadeiras obras de caligrafia e, neles, vê-se que tudo foi premeditado e elaborado nos mínimos detalhes. Às vezes, Novák não hesitava em passar toda uma página a limpo, por temer que uma correçãozinha estragasse o aspecto geral do manuscrito. E com freqüência, recomeçava obras já terminadas, em busca de uma solução melhor para certas passagens.

Apaixonado pelas melodias folclóricas morávias e eslovacas, que sempre condicionaram o perfil de seus temas, Novák enriqueceu o leque de desenhos dos seus motivos, na segunda metade da carreira, com elementos extraídos também da música popular do sul da Boêmia. Além disso, compartilhava com autores como Richard Strauss o gosto pela auto-citação e até mesmo pela referência a passagens conhecidas do repertório universal – característica nem sempre bem compreendida ou aceita pelos críticos mais radicalmente nacionalistas. Mas é sobretudo no domínio harmônico que trouxe elementos novos à música tcheca da virada do século, utilizando uma técnica de escrita polifônica de matriz regeriana, de rigor pouco comum entre seus contemporâneos. O gosto pela pesquisa harmônica manifesta-se, inclusive, nos diversos arranjos diferentes que fez para as mesmas canções folclóricas, tentando oferecer a elas soluções contrastantes.

Esse domínio do "métier" é naturalmente complementado pela atividade pedagógica: professor de composição do Conservatório de Praga durante trinta anos, Novák impunha a seus alunos uma rigorosa disciplina, e foi o formador de toda uma geração de jovens músicos tchecos e eslovacos. Era também muito procurado por estudantes estrangeiros, especialmente iugoslavos, que vinham a Praga colocar-se sob a sua orientação. Com esses alunos, o mestre mantinha o relacionamento amigável que sua personalidade, independente e orgulhosa, muitas vezes o impedia de manter com os colegas de geração. À exceção de Josef Suk, de quem foi íntimo amigo a vida inteira, foram estranhos os seus contatos com os contemporâneos: indiferentes quanto a Foerster e Ostrčil; tempestuosos em relação de Janáček, com quem nunca concordava, embora lhe reconhecesse a originalidade. Esse conjunto de características faz de Novák um dos grandes renovadores da música tcheca, do ponto de vista temático e técnico, ajudando-a a libertar-se dos modelos tradicionais de Smetana e Dvořák, que arriscavam congelar-se em fórmulas acadêmicas.

OSTRČIL

Embora tivesse recebido formação musical muito elaborada, Otakar Ostrčil (1879-1935) formou-se em Filosofia na Universidade de Praga, pois a família se opunha a que fizesse carreira como músico. Até os 40 anos, manteve o cargo de professor de alemão em um liceu. Desde os 16 anos, porém, tinha sido aluno de Fibich, de quem foi secretário. O compositor o chamava carinhosamente de "Famulus" (servo), e confiava nele a ponto de lhe pedir que o ajudasse na orquestração de sua última ópera. Só em 1914 Ostrčil aceitou tornar-se regente titular do Vinohrady, o primeiro teatro permanente a ser construído em Praga, depois do Nacional, inteiramente dedicado a espetáculos em tcheco. Em 1919, transferiu-se para o Nacional como dramaturgo e, após a morte de Kovařovic, assumiu a direção, mantendo-a até o fim da vida. Com ele, o teatro passou por outra fase importante de renovação do repertório e valorização da ópera contemporânea (ficou famosa a sua luta sem compromissos com o público burguês reacionário para impor a Praga o *Wozzeck*, de Alban Berg).

Ostrčil demonstrou desde muito jovem o interesse pela ópera, e ainda era aluno da Universidade Carlos quando iniciou *Jan Zhorelecký*, baseada num episódio da história tcheca do século XIV, de que restaram apenas alguns fragmentos. Depois dela, houve vários projetos que não foram adiante, incluindo um *Cimbelino*, de 1900, antes da realização, em 1904, de

Vlasty Skon (A Morte de Vlasta), na linha das óperas mitológicas de assunto tcheco. No capítulo sobre Fibich, já vimos que Karel Pippich lhe tinha oferecido esse libreto, mas ele preferiu passá-lo a seu "Famulus" que, no entanto, levaria muitos anos antes de musicá-lo. É natural que *A Morte de Vlasta* seja muito influenciada pela *Libuše*, de Smetana e, principalmente, pela *Šárka* de seu mestre – com a qual inclusive compartilha o assunto. Sente-se a atração de Ostrčil pelo formato tradicional de ópera pois, mesmo tentando permanecer dentro do estilo dialogado, de praxe no drama lírico de seu tempo, não resiste à tentação de incluir um trio e um quarteto no ato I e um dueto no II. Além disso, há elevado número de cenas corais, longos prelúdios e interlúdios, e o final do ato II é um concertato. Some-se a isso a simpatia pela opulência orquestral dos neo-românticos alemães, o que dá à sua primeira ópera completa colorido tipicamente straussiano – o mesmo da *Sinfonia* (1905), nascida junto com a ópera; e de peças do mesmo período para coro e orquestra: as baladas *O Orfãozinho* e *O Hóspede Estrangeiro*, a cantata *A Lenda de Santa Zita*.

Logo, porém, a formação filosófica que o dotara de um raciocínio claramente analítico o fez trilhar caminhos nitidamente diferentes do de contemporâneos seus, como Novák e Suk, permitindo-lhe romper de todo com os resquícios de romantismo e construir uma linguagem pessoal. Nesse processo, desempenhou papel muito importante a descoberta da música de Mahler, que lhe abriu perspectivas novas no sentido do uso da polifonia livre. Essa tendência surge muito claramente nas obras posteriores a *Vlasta* em que, apesar do misticismo entranhado, o estilo construtivo muito lógico situa a composição num plano que suscita do ouvinte mais admiração intelectual do que adesão emocional. O que impede as obras dessa fase de serem aridamente cerebrais é o temperamento alegre de Ostrčil e o amor que compartilhava, com seus conterrâneos morávios, pelas melodias de cantabile generoso, com recorte folclórico.

A filiação simbolista de *Kunálovy Oči* (Os Olhos de Kunala, 1908), baseada em um drama de Julius Zeyer que se passa na Índia, deixaria supor a escolha de um modelo impressionista ou que enfatizasse a proveniência exótica da ação. Mas Ostrčil evita os excessos de orientalismo no plano harmônico e melódico, e permanece fiel à empostação sinfônica portentosa – numa linha que lembra muito o Eugen d'Albert neo-romântico de *Die toten Augen* (Os Olhos Mortos) – ao tratar a história do jovem Kunala, que se rebela contra a prepotência e a crueldade da sogra. Esta, para vingar-se, contrata capangas e manda-os arrancarem-lhe os olhos. Isso faz dele um santo, dotado de visão interior. Na miraculosa apoteose final, Kunala recupera a visão ao perdoar àqueles que o martirizaram.

Nos *Olhos de Kunala*, encontramos pela primeira vez o tema do desenvolvimento espiritual através do sofrimento – ou de um rito de passagem – que há de fascinar Ostrčil em outras de suas criações para o palco. A começar por *Poupě* (O Botão de Rosa), ópera cômica em um ato, que assinala súbita guinada estilística. Estreada em 25 de janeiro de 1911, no Teatro Nacional, é a primeira ópera, depois da *Jenůfa*, a utilizar literalmente o texto de uma peça em prosa – de František Svoboda –, que reconstitui o processo do despertar de uma adolescente para o amor. O estilo harmônico ainda é o do Neo-romantismo germânico, em especial na afeição que Ostrčil tem pelas justaposições de intervalos de sétima e nona não relacionados, típicas de R. Strauss. Mas o universo é o das últimas óperas cômicas de Smetana, em que o elemento cômico é muito menos importante do que o espiritual.

O Botão parece um cruzamento das dimensões camerísticas das *Duas Viúvas* com a atmosfera sentimental do *Beijo*. Há apenas quatro personagens, pouca ação externa e o interesse dramático reside mais na interação psicológica entre as personalidades. Não há árias nem canto simultâneo: a linha vocal obedece à dinâmica do texto falado; as melodias são breves, epigramáticas, e se sucedem em grande velocidade, para frisar a agilidade da ação; e a continuidade é fornecida pelo comentário orquestral. Como o *Caso Makropulos*, mas sem sua dimensão satírica, é uma das raras óperas que levam ao palco a vida contemporânea com todos os elementos prosaicos da vida urbana. Até a década de 60, *Poupě* ainda era encenada com certa freqüência, embora eu não tenha notícia da existência de qualquer gravação.

Legenda z Erinu (A Lenda de Erin, 1921) retoma o estilo dos *Olhos de Kunala*. Trata-se de mais um drama simbolista de Zeyer, dessa vez ambientado na Irlanda, e o mesmo tratamento sinfônico portentoso lhe é dado. Mas para sua última ópera, e também a que se haveria de se tornar mais popular, concebida num momento tenso, em que crescia a ameaça fascista contra a Tchecoslováquia, Ostrčil optou por uma liguagem simples. Sob a aparência do conto folclórico, *Honzovo Království* (O Reino de Honza) é um libelo antimilitarista. Jirí Maránek extraiu seu libreto de *Skazka ob Ivánie-durákie i ievô Dvukh Brátiakh* (A História de Ivan, o Tolo, e de seus Dois Irmãos), de Liev Tolstói, convertendo a personagem russa em Honza (o Joãozinho), figura tradicional de muitos contos populares boêmios.

Estreada no Nacional em 26 de maio de 1934, *O Reino de Joãozinho* mostra como o coração de ouro de um homem simplório o faz superar as piores adversidades: a maldade de dois irmãos ambiciosos, que o enganam e privam de seus direitos à herança paterna; guerras, rebeliões e até mesmo as tentativas infrutíferas do Diabo de fazê-lo renunciar à sua índole bondosa. A visão humanitária, tipicamente tolstoiana, imanente a esse conto em forma de narrativa popular, é "traduzida em boêmio" na medida em que, para tempos conturbados que ameaçam a unidade nacional, reafirma certas características positivas de coragem e resistência da personalidade tcheca – o que explica a popularidade de que a ópera sempre desfrutou.

Essa mensagem pacifista precisa de uma forma mais direta de se comunicar. Por isso, *O reino de Joãozinho* volta a ter árias, corais em larga escala, e uma maior dependência da voz para efeitos emocionais intensos, como no caso do concertato com que se encerra o ato I.

Estamos longe, portanto, do estilo estritamente declamatório de *Poupě*. As harmonias também são mais diretas, correspondendo ao formato de canção folclórica das árias e às seções instrumentais construídas sobre ritmos de dança popular. Existem, no catálogo Supraphon, duas gravações de trechos dessa ópera, que nada perdeu da sua força de persuasão: a de Jaroslav Krombholc (1956) e a de Frantíšek Jílek (1980).

KAREL

Numa fase em que a vanguarda difundia princípios tendentes à dissolução do sistema tonal, Rudolf Karel (1880-1945), último aluno de Dvořák no Conservatório de Praga, não hesitou em optar pelo Neo-romantismo, muito ligado aos ensinamentos que recebera do mestre, e mais condizentes com a sua própria sensibilidade. Era mestre na arte de trabalhar com os temas até esgotar suas possibilidades de transformação; possuía seguro talento para a orquestração; e conhecimentos de contraponto que o fizeram ser comparado a Max Reger. Esse tipo de linguagem se afirma não só nas suas duas sinfonias, e em obras generosamente retóricas como a *Abertura Revolucionária*, a cantata *Ressurreição* e o scherzo sinfônico *O Demônio*, como também nas óperas.

Foram adversas as circunstâncias da vida de Karel. Durante a I Guerra Mundial, ele estava trabalhando na Rússia, e foi internado em um campo de prisioneiros por pertencer à população de um império inimigo, o Austro-húngaro. De volta a Praga, trabalhou no conservatório em que estudara e tornou-se um dos mais ativos animadores culturais da capital. Ao se iniciar a invasão das tropas hitleristas, apesar de estar com sessenta anos, ele aderiu à resistência: em sua casa de Nový Jáchymov, no bosque de Křivoklát, escondeu muitos opositores do regime. Em março de 1943, foi levado para a prisão de Pankrác, onde ficou du-

rante dois anos. Por ser judeu, foi removido para o campo de concentração de Theresienstadt (Terezín) – onde estavam também outros compositores, Viktor Uhlmann, Pavel Haas, Hans Krása –, e ali morreu de tifo, em 6 de março de 1945. No cárcere de Pankráč, porém, ainda conseguia compor, às escondidas, usando pedaços de papel higiênico e tocos de carvão.

A primeira ópera de Karel, *Ilseino Srdce* (O Coração de Ilsa), foi composta em 1909; mas só em 1924 ele conseguiu encená-la, e o sucesso foi muito pequeno. *Zkrocení Zlé Ženy* (A Megera Domada) estava sendo composta na época em que ele foi preso pela Gestapo, e ficou inacabada. Em Terezín, onde as condições de internamento, durante determinada fase, eram mais brandas – pois o campo funcionava como uma espécie de "vitrine", para demonstrar à inspeção da Cruz Vermelha Internacional a forma "humanitária" como a Alemanha nazista tratava seus prisioneiros –, Karel pôde trabalhar em condições razoáveis na ópera *Tři Zlaté Děda Vševeda* (Os Três Cabelos Dourados de Vovô Sabe-tudo), conto de fadas com evidente conteúdo pacifista, extraído de uma idéia de Karol Jaromír Erben. Contrabandeados para fora do campo após a sua morte, os 240 pedaços de papel com os esboços detalhados da partitura foram entregues a Zbyněk Vostrák, seu aluno de composição. Ele terminou e orquestrou a peça, estreada no Teatro Nacional em 28 de outubro de 1947.

A ópera mais famosa de Rudolf Karel é *Smrt Kmotřička* (Comadre Morte), a que o libretista Stanislav Lom deu o subtítulo de "uma alegre história de vida e morte". O tocador de rabeca está desesperado, pois não consegue encontrar um padrinho para seu décimo terceiro filho, e sabe que, sem a ajuda de alguém de posses, não terá condições de sustentá-lo. Já está decidido a deixá-lo morrer – ou a se enforcar num salgueiro, para fugir do problema – quando a Morte aparece e se oferece para apadrinhar o garoto. Ela prevê que seu afilhado há de fazer bela carreira como médico. E pede que o pai o traga, daí a treze anos, para visitá-la. Ele assim o faz na data prevista, e a comadre leva-os até o inferno. Ali, o velho músico percebe que a vela correspondente à sua vida está perto de se consumir e, aproveitando um descuido da Morte, troca-a por uma vela nova. Furiosa, a Morte o expulsa do inferno, mas exige que o menino fique em sua companhia. Manda-o estudar medicina e lhe diz que, ao visitar os doentes, procure por ela: se estiver no pé da cama, é porque o enfermo vai sobreviver; mas se estiver junto à cabeceira, é porque ele está condenado a morrer.

O tempo passa, o afilhado da Morte transforma-se em um médico bem-sucedido, dono de uma clínica muito procurada. Mas nada o interessa e ele se entendia terrivelmente, até ser chamado para cuidar de uma moça nascida no mesmo dia que ele: a filha do castelão de sua aldeia, que se recusou a ajudar a seu pai quando este lhe pediu que o apadrinhasse. O médico a princípio recusa-se a atendê-la mas, depois que o castelão se humilha diante dele, vai vê-la. E se apaixona pela moça. Mas a madrinha lhe diz que seu mal é de amor, e só a dor pode curá-lo: a princesa tem de morrer. A Morte coloca-se à cabeceira da cama, mas o astucioso violinista, seu compadre, chama os valetes do castelo, manda mudar a posição do leito, e a moça se salva. A Morte castiga o afilhado dizendo-lhe que nunca mais lhe revelará o destino dos doentes.

Mas ele nem se importa, pois está apaixonado e pede a princesa em casamento. No meio da esplêndida festa no castelo, a Morte aparece e vem buscar o rabequeiro. Embora ele não tenha a menor vontade de morrer, entende que a sua hora chegou, e vai embora de braço dado com a Morte.

Fiel à mesma tradição folclórica tcheca que não vê os demônios como seres assustadores, a ópera faz da Morte um retrato que é mais engraçado do que temível – ela é apenas o outro pólo da vida, e como tal deve ser aceita. Além disso, o grande contralto Marta Krasová fez dela uma interpretação memorável, quando a ópera estreou no Teatro Nacional de Brno, em 3 de fevereiro de 1933, sob a regência de A. Balatka. O sucesso foi tão grande que, imediatamente, Otakar Ostrčil a levou para o Teatro Nacional, em Praga. Correspondendo ao desejo de Karel de criar uma ópera popular moderna, *Smrt Kmotřička* é curiosa por oferecer uma versão contemporânea do conto de fadas: aos elementos sobrenaturais e feéricos juntam-se dados realistas: o hospital para onde a princesa é levada, os objetos comuns à vida urbana da década de 1930.

A figura mais interessante é a do Pai, mais um daqueles perfis de músico que se inserem na tradição tipicamente tcheca de *Dalibor* ou do *Jacobino*. Dotado de sólido bom-senso, ele expõe sua filosofia de vida logo no início do ato I:

> *Kdo na zemi sedí,*
> *pádu se nebojí.*
> *Kdo umí po ní jít,*
> *tomu je lehko žít.*
> *Pěkná písnička*
> *to je naše dusička*
> *každý ji musí mít rád,*
> *půjdem ji světu hrát.*

(Quem se senta no chão, não tem medo de cair. Quem consegue andar com firmeza também acha a vida fácil. Uma bonita cançãozinha que venha do coração há de agradar todo mundo, e vamos tocá-la para o mundo inteiro.)

A música de Karel encontra o equilíbrio exato entre o bom-humor irreverente e o lirismo mais sonhador, como o demonstra a seleção de trechos da ópera gravados para a Supraphon por Petr Vronský.

Tři Vlasy conserva o mesmo tom de conto de fadas. Perdendo-se na floresta durante uma caçada, o rei se abriga na cabana de um carvoeiro. Durante a noite, vê três fadas inclinadas sobre o berço do filho recém-nascido desse pobretão, profetizando que, ao crescer, ele será o genro do rei. Para impedir que isso se concretize, o rei diz ao carvoeiro que vai levar o bebê para o palácio e criá-lo como seu filho; mas entrega-o a um servo e ordena-lhe que o mate. Este, é claro, não tem coragem de executar a ordem: coloca o bebê numa cestinha, deixa-o no rio ao sabor da correnteza, e ele é encontrado por um pescador, que o adota e lhe dá o nome de Plaváček (o que está à deriva). Um dia, o rei abriga-se na cabana do pescador, dá-se conta de quem é Plaváček e envia-o ao palácio com uma mensagem para a rainha: a de que coloque imediatamente o portador numa masmorra.

Mas uma das fadas madrinhas troca a mensagem: a rainha recebe a ordem de casar o jovem portador com a princesa. Ela o faz e, apesar do descontentamento com o que aconteceu, o rei tem de admitir que a filha está apaixonada pelo marido. Ainda assim, impõe-lhe uma prova: para demonstrar que a ama realmente, tem de lhe trazer três cabelos do Vovô Sabe-tudo. Ao longo de uma série de aventuras, Plaváček consegue as maçãs da eterna juventude, o elixir da longa vida e, com a ajuda da mãe do Sol, também os fios de cabelo do velho sábio. Ao voltar para o palácio, ele é alegremente acolhido por todos, menos pelo rei. Este, invejoso dos dons que o jovem adquiriu ao longo de sua jornada, decide partir também em busca das mesmas coisas. Mas é um homem tão mesquinho que cai ao primeiro obstáculo: o dono do bote com que se cruza o rio encantado lhe passa a perna, e ele é obrigado a ficar, por toda a eternidade, como remador de sua embarcação. Como o rei desapareceu, Plaváček é coroado em seu lugar, e o reino entra em uma fase mais feliz e mais justa.

O final feliz de *Tři Vlasy* reflete a esperança teimosa de Rudolf Karel – num momento em que enfrentava as mais duras condições de encarceramento – que a humanidade soubesse reagir ao totalitarismo e entrar em uma nova era, de tolerância e solidariedade. Na opinião de Milan Kuna, autor do texto de apresentação dos trechos dessa ópera gravados para a Supraphon por Zbyněk Vostrák,

tudo indica que, ao compor a sua ópera, Karel tendia a identificar-se com a figura do velho sábio Vovô Sabe-tudo – personificação do Sol que, segundo a lenda, é uma criança ao amanhecer e, ao cair do dia, transformou-se em um ancião –, pois encarava os problemas deste mundo de uma perspectiva filosófica.

OUTROS NOMES

Weis

Aluno de Skuherský na Escola de Órgão, e freqüentador dos cursos particulares de composição ministrados por Fibich, Karel Weis (1862-1944) foi organista, professor, violinista e trompista na orquestra do Teatro Nacional. Em 1866, a direção do Národní Divadlo de Brno o convidou para assumir o cargo de regente titular da orquestra, mas ele o manteve por dois anos apenas. Retirando-se da carreira de músico profissional, dedicou-se exclusivamente a compor. É um nome menor dentro do conjunto da produção operística da virada do século. *Viola* (1892), baseada na *Twelfth Night* de Shakespeare e revisada, em 1917, com o título de *Os Gêmeos*, obteve sucesso apenas moderado. Em 1901, o Teatro Alemão de Praga assistiu à estréia de *O Judeu Polonês* (1900), do romance de Erckmann-Chatrian, sua composição mais bem cuidada, ouvida com agrado em teatros da Áustria e da Alemanha.

Foi menos feliz a tentativa de competir com Alfred Bruneau remusicando, em 1912, *O Ataque ao Moinho*, baseado numa história de Émile Zola. Depois disso, Weis achou mais prudente retornar à temática nacionalista, optando por *O Ferreiro de Lešetin* (1920), tirado de um romance muito popular de Svatopluk Čech. As operetas *Os Músicos de Aldeia* e *O Revisor*, esta última baseada na peça de Nikolái Gógol, confirmam aquilo que já se pudera observar nas obras anteriores: a habilidade para utilizar os recursos da orquestra de forma brilhante, mas sem possuir as qualidades essenciais de um estilo próprio.

Nedbal

Violinista notável, spalla do Quarteto Boêmio – de que Josef Suk foi o segundo violino – Oskar Nedbal (1874-1930) tornou-se também muito conhecido como regente, primeiro da Filarmônica Tcheca, depois da Tonkünstler de Viena e, finalmente, da Ópera da Eslováquia. Estava trabalhando no Hrvatsko Narodno Kasalište (Teatro Nacional Croata), em Zagreb, quando se suicidou, por motivos que nunca ficaram muito claros, pouco antes do início de um espetáculo.

A única ópera que Nedbal escreveu, *Šedlák Jakůb* (O Camponês Jacó), de 1922, está hoje esquecida. Em compensação, seus balés *A História de Honza, De Conto em Conto, A Princesa Dente-de-leão*, ainda são ocasionalmente remontados. Nedbal é relembrado principalmente por suas operetas, a maior parte delas escrita para Viena e, portanto, com texto em alemão: *Die keusche Barbara* (A Casta Bárbara, 1910, traduzida como *Čudná Barbora*); *Die Winzerbraut* (A Noiva do Vinhateiro, 1916); *Die schöne Saskia* (A Bela Saskia,

1917); *Eriwan* (1918); *Mamsell' Napoleon* (1920); *Donna Gloria* (1925); *Das Dorf ohne Männer* (A Aldeia sem Homens, inacabada).

A mais famosa é *Polenblut* (Sangue Polonês), de 1913, que se passa em Varsóvia durante a ocupação russa. Ela está cheia de mazurcas e *krakowiaks*, e também das obrigatórias valsas, tão do gosto do público vienense; mas sente-se que essa música de dança é filtrada através da sensibilidade típica de um músico boêmio, em tudo reminiscente de Smetana e também de Dvořák, que foi seu professor de composição no Conservatório de Praga.

Friml

A carreira de Karel Rudolf Friml (1879-1972) não se desenvolveu na Tchecoslováquia. Mas sua música é tão firmemente enraizada nas tradições melódicas e rítmicas de seu país, e tão claramente influenciada pelo estilo de Dvořák, que é simples questão de justiça incluir aqui o autor de um dos mais populares musicais americanos da década de 20. Friml iniciou a carreira como pianista, e uma de suas turnês no exterior o acabou levando aos Estados Unidos, onde se instalou em 1906. Ali, envolveu-se com a produção de musicais da forma mais inesperada.

Victor Herbert, o mais popular autor de musicais daquela fase, tinha-se desentendido com Emma Trentini, a criadora de *Naughty Marietta*, seu título até hoje mais famoso. Recusou-se, portanto, a escrever a música para *The Firefly*, o próximo espetáculo a ser estrelado por Trentini, e que já estava com estréia anunciada. Embora sem experiência no gênero, Friml foi chamado para apagar o incêndio; e saiu-se tão bem nesse trabalho, triunfalmente estreado em 1912, que passou a dedicar-se exclusivamente à música ligeira. Escreveu uma série considerável de operetas e musicais que, hoje, são raramente lembrados, mas tiveram muita popularidade em seu tempo: *High Jinks* (1913), *The Peasant Girl* (em colaboração com seu amigo e ex-colega de conservatório Oskar Nedbal), *Katinka* (1915) – que tem inclusive tema tcheco –, *You're in Love* (1915), *Kitty Darlin'* (1917), *Sometime* (1918), *Glorianna*

(1918), *Tumble Inn* (1919), *The Little Whopper* (1919), *June Love* (1921), *The Blue Kitten* (1922), *Cinders* (1923).

O grande sucesso veio em 2 de setembro de 1924, ao estrear, no Imperial Theater de Nova York, o musical *Rose-Marie*, com libreto de Otto Harbach e Oscar Hammerstein II. A história da cantora que se apresenta num hotel de Saskatchewan e, em meios às complicações criadas pela investigação de um assassinato, rejeita as propostas de um homem muito rico, porque prefere o rapaz simples pelo qual está apaixonada, até hoje é eventualmente remontada nos Estados Unidos. O selo RCA tinha a gravação Engel (Andrews, Tozzi, 1958) dessa peça e, no repertório dos cantores de musical e dos conjuntos americanos de música ligeira ainda se ouve a canção título e "The Indian Love Call".

Nunca mais Friml conseguiu compor outra partitura que agradasse tanto ao público. *The Vagabond King* (1925) e *Three Musketeers* (1928) foram razoavelmente bem acolhidas e um ou outro de seus números ainda é às vezes tocado. Mas *The Wild Rose* (1926), *The White Eagle* (1927) e *Luana* (1930) estão esquecidos. Depois do fracasso de *Music Hath Charms* (1934), Friml parou de compor: os direitos autorais de seu maior triunfo lhe permitiram viver confortavelmente em Los Angeles até os 93 anos.

Křička

Um dos aspectos mais importantes do trabalho de Jaroslav Křička (1882-1969) é ele ter composto várias óperas visando ao público infantil e os grupos amadores. A espontaneidade melódica e a facilidade de encenação de *Ogaři* (Os Moços), de 1919, a tornou muito popular; até hoje ela é montada em teatros pequenos ou em espetáculos escolares. Em 1932, fez igual sucesso *Dobře to Dopadlo, aneb Tlustý Pradědeček, Lupiči a Detektivové* (Deu Tudo Certo ou O Bisavô Robusto, os Ladrões e os Detetives). A guerra retardou até o fim de 1949 a estréia de *Česke Jesličky* (O Berço Tcheco), ópera de Natal que incorporava antigos cânticos natalinos boêmios e outros elementos folclóricos. Mas sua acolhida foi tão boa que, até 1950, teve 20 récitas consecutivas e continua sendo remontada por ocasião das festas de fim de ano. Em 1940, Křička já tinha apresentado *Král Lávra* (O Rei Lávra), conto de fadas em estilo de ópera-balé escrito em 1937. Seguiram-se *Psaníčko na Cestách* (Pequenas Anotações de Viagem), de 1941, estreada três anos depois; e *Oživlé Loutky Matěje Kopeckého* (Os Fantoches de Matěj Kopecký Adquirem Vida), de 1943.

Para adultos, Křička estreou com a comédia *Hipolyta*, adaptada do romance de Maurice Hewlett. Suntuosamente encenada por Kovařovic no Nacional em 1917, a ópera foi em seguida reapresentada pelos principais teatros do país. Mas seu grande sucesso, levado inclusive no exterior, foi *Bilý Pán, anebo Těžko se Dnes Duchůum Straší* (O Cavalheiro Branco ou Como É Dura a Vida dos Fantasmas Hoje em Dia). O próprio compositor adaptou, ajudado por J. L. Budín (pseudônimo de Jan Löwenbach), libretista também de Martinů, o conto *The Canterville Ghost* (1887). Nele, Oscar Wilde descreve os infortúnios de um venerável espectro escocês, desmoralizado por uma família de americanos. Moderna, realista e sem superstições, ela não acredita em fantasmas e não se assusta com ele, ao alugar o castelo que está encarregado de assombrar. Segundo me informou Aleš Brežina, havia planos para a encenação dessa ópera em Praga, em 2003, e dela resultaria provavelmente uma gravação.

Křička usou o divertido conto de Wilde como o veículo para "uma reflexão sobre os tempos modernos". Influenciada pelo modelo alemão da *Zeitoper* – a ópera sobre temas contemporâneos com referência deliberada a elementos prosaicos do quotidiano – *Os Cavalheiros Brancos* teve a ação transposta da Escócia para a Tchecoslováquia dos anos 20. Na partitura são usados jazz, elementos de canção popular e, com freqüência, tem-se a sensação que está sendo feita a paródia do estilo de conversação do *Caso Makrópulos*. Ao estrear em Brno, em 27 de novembro de 1929, *Bilý Pán* era um musical em dois atos, com prólogo e epílogo, com escrita muito mais simples. Para o espetáculo em Breslau (a atual Wróclaw, na Polônia), em 14 de novembro de 1931, Křička a reviu, transformando-a numa

ópera cômica em três atos, de partitura bem mais elaborada. Traduzida para o alemão por Max Brod, com o título de *Spuk im Schlosse oder Böse Zeiten für Gespenter* (A Aparição no Castelo ou Tempos Difíceis para os Fantasmas), foi nessa versão que diversos teatros alemães a retomaram.

Vale a pena mencionar ainda, para o público adulto, o "romance folclórico" *Jáchim a Juliána* (Joaquim e Juliana), de 1951; e o fato de que, na fase final de sua carreira, Křička foi um prolífico autor de operetas, gênero muito pouco cultivado pelos compositores boêmios. Algumas delas chegaram a cruzar a fronteira e a serem ouvidas em Viena. Atestam o seu bom-humor e facilidade melódica *Zahoranský Hon* (A Caçada de Zahoraný), de 1950 – revista em 1955 com o título de *Zastaveníčko, aneb Nokturno* (Serenata ou Noturno); *Kolébka* (Canção de Ninar), de 1951; *Český Paganini, aneb Slavík a Chopin* (O Paganini Tcheco ou Slavík e Chopin) e *Tichý Dům* (A Casa Tranqüila), ambas de 1952; *Polka Vítězi* (A Polca da Vitória), de 1955; e *Cirkus Humberto* (O Circo Humberto), de 1956.

Outro aspecto da obra de Křička que não pode ser negligenciado é a produção coral. Regente da sociedade *Hlahol*, de Praga, dedicou-lhe peças muito refinadas, várias delas sobre poemas de seu irmão, Petr Křička, um dos nomes mais importantes da jovem escola tcheca. O sentimento religioso profundo de Kricka se manifesta, em especial, na cantata *A Tentação no Deserto*, uma bela obra para solistas, coro e orquestra.

Jeremiáš

Entre os compositores nascidos na última década do século passado, e formados sob a influência direta da segunda geração de "clássicos tchecos", Otakar Jeremiáš (1892-1962) ocupa lugar de destaque, não só por suas qualidades como criador e regente, mas também como organizador musical. Foi ele o fundador da orquestra sinfônica da Rádio da Tchecoslováquia, que dirigiu até 1945. Encarado como o sucessor potencial de Ostrčil na direção do Teatro Nacional, só foi nomeado para esse cargo depois da guerra. A sua gestão foi curta, perturbada por conflitos internos de origem política, e encerrada em 1949 – o mesmo ano em que tinha sido eleito primeiro presidente da União dos Compositores – por um derrame que o deixou parcialmente paralisado.

Jeremiáš parte da tradição smetaniana – visível numa obra romanticamente otimista como a *Abertura Primaveril*, de 1912 –, mas incorpora traços das correntes vanguardistas, fazendo com elas uma síntese muito pessoal, sobretudo nos anos da I Guerra Mundial, em que a *Sinfonia n. 2* ou a *Fantasia para Dois Coros e Orquestra* misturam o romantismo tardio com um tom angustiado, em que se sente a influência do Expressionismo. Terminado o conflito, nos anos cheios de esperança do entre-guerras, percebe-se, na cantata *Para a Frente*, sobre poemas de Jan Neruda, ou no ciclo de canções orquestrais *O Amor*, o desejo de tornar-se acessível ao público mais amplo, e de fazer da sua obra um instrumento de protesto antimilitarista e de denúncia da injustiça da ordem social burguesa (as obras corais *Um Acidente de Rua, Tu e Eu, O Amanhecer de um Dia Novo*).

Essas preocupações humanistas fazem-se sentir em *Bratři Karamazovi* (Os Irmãos Karamázovi), escrita quase simultaneamente com a *Casa dos Mortos*, de Janáček, que também se inspira em Dostoiévski. Como ela, é uma obra dramática, de grande intensidade emocional, música severa, linha vocal declamatória despojada. A única diferença é a existência de importantes papéis femininos na ópera de Jeremiáš. Isso a situa num âmbito expressivo mais tradicional, se comparada à última ópera de Janáček, em que só há personagens masculinas. O próprio Jeremiáš preparou o libreto ajudado por Jaroslav Maria, e a estréia foi no Teatro Nacional em 8 de outubro de 1828. Zdeněk Košler fez em 1963 a gravação existente no selo Supraphon, que demonstra ser esta uma das mais significativas óperas tchecas do entre-guerras.

Jeremiáš é ainda o autor da comédia em um ato *Uylenspiegel* (1944), baseada na lenda germânica que, entre outros, inspirou o poema sinfônico de Richard Strauss. Iniciada em 1940, nos dias mais sombrios da guerra, mas estreada apenas em 13 de maio de 1949, essa história de um tipo indisciplinado, que prefere ir para o cadafalso a fazer concessões aos governantes, é uma subversiva apologia da liberdade triunfante. Nela vibra, em registro cômico, o mesmo espírito de resistência que anima a *Fantasia para Orquestra* sobre o antigo coral hussita "O senhor nos ordena que não nos abandonemos ao medo", escrita em 1938, pouco antes da ocupação nazista dos Sudetos.

O irmão mais velho de Jeremiáš, Jaroslav (1889-1919), também foi aluno de Novák e trabalhou como regente de ópera em Liubliana. Viveu apenas 29 anos e não teve tempo de assistir à estréia de duas partituras ambiciosas, a ópera *Starý Král* (O Velho Rei) e o oratório *Jan Hus* – ambos foram executados em abril e junho de 1919, após sua morte, ocorrida em 16 de janeiro.

Kvapil

A mais visível influência na formação da linguagem do compositor, pianista e professor Jaroslav Kvapil (1892-1958) é a do idioma polifônico de Max Reger, com quem ele estudou na Alemanha. Mas a linguagem nacionalista de Janáček, de quem foi aluno em Brno, onde nasceu, também deixou marcas visíveis em sua escrita. No entanto, a natureza profundamente romântica de Kvapil fez com que iniciasse a carreira com um estilo tradicionalista de grande facilidade melódica, que o coloca mais como um seguidor de Dvořák e Fibich do que das inovações de Janáček.

A essa vertente estão ligadas as suas quatro sinfonias, compostas entre 1914-1945, e em especial a última, *Vítězná* (a da Vitória), ou as variações sinfônicas *Z Težkých Dob* (Dos Tempos Difíceis), de 1939. Quanto à sua única ópera, *Pohádka Máje* (O Conto de Maio), ela se baseia num romance de Vilém Mrštík e foi estreada em Praga em 12 de maio de 1950. Para a reapresentação em Brno, cinco anos depois, sofreu revisão aprofundada. Na fase final de sua vida, visando a atualizar seu estilo, Kvapil incorporou a ele alguns recursos de linguagem de vanguarda. Estes lhe deram um aspecto eclético, de feição talvez mais contemporânea, mas que não soa tão espontânea quanto antes.

O Caso Weinberger

Na História da Ópera, este é um fenômeno que se repete com certa regularidade: o sucesso retumbante de uma ópera assegura prestígio a seu autor mas, por outro lado, condena o resto de sua produção a irremediável anonimato. *Schwanda, o Gaiteiro*, fez a celebridade de Jaromír Weinberger (1896-1967), que tinha 31 anos quando ela foi estreada. Mas lançou sombra tão espessa sobre suas demais composições que, em 8 de agosto de 1967, desiludido, ele se suicidou com uma dose excessiva de barbitúricos, em St. Petersburg, na Flórida.

Os estudos que o menino prodígio Jaromír iniciara, em Praga, com o compositor Jaroslav Křička e o pianista Karel Hoffmeister, foram continuados em Leipzig com Max Reger, a quem ele devia sólido domínio da técnica de contraponto. A carreira de compositor – retardada por compromissos como professor em Ithaca, nos EUA (1922) e regente em Bratislava, Viena, Moscou e Praga – demorou a deslanchar. Só se destacam, em seus primeiros anos, uma pantomima, *O Rapto de Evelyn* (1917), e uma *Abertura para Teatro de Marionetes* (1924). Ambas denotam a predileção por assuntos fantasiosos. Uma primeira ópera, *Kočúrkovo* (1925), nome da cidade fictícia onde é ambientada, não tinha chamado a atenção. Só quando Miloš Kareš, seu colega de trabalho na Rádio de Praga, lhe propôs o libreto de *Švanda Dudák*, Weinberger encontrou o tema capaz de mobilizar suas melhores faculdades criativas.

Schwanda, o Gaiteiro baseia-se livremente na peça *O Gaiteiro de Strakonice* (1847), de Josef Kajetán Tyl. Mas acrescenta a ela uma série de outros elementos, tchecos até a raiz dos cabelos: a imagem que os tchecos têm de si mesmos como um povo de músicos natos; a rica tradição dos tocadores de gaita de fole do sul da Boêmia; os contos, freqüentes no folclore centro-europeu, em que as qualidades mágicas de um instrumento musical salvam o seu dono; e a imagem do Demônio não como um ser maléfico, mas um pobre diabo em quem os seres humanos estão sempre passando a perna. A peça de Tyl, um clássico do teatro boêmio de inspiração popular, já inspirara óperas de Hrímalý e Bendl. A de Weinberger – estreada no Teatro Nacional em 27 de abril de 1927 – é a que mais se afasta de seu texto, conservando apenas a idéia central da descoberta, através da viagem pelo mundo em busca de fortuna, de que o verdadeiro tesouro está na felicidade em casa, ao lado da mulher amada. É também a mais famosa, e a única que conseguiu reputação internacional – ainda que em tradução alemã.

O ladrão Babinský, que se escondeu na fazenda de Švanda, convence-o a sair pelo mundo, com a sua gaita, em busca de fortuna. Švanda larga Dorotka, a sua bela mulher, e parte estrada afora, até o reino vizinho, governado por uma rainha que tem o coração de gelo. Švanda toca para ela a sua polca, todo mundo põe-se a dançar e a soberana, que nunca tinha-se sentido tão alegre, pede-o em casamento. A chegada de Dorotka põe água na fervura. Ao saber que Švanda já é casado, a rainha, furiosa, condena o casal à morte. Na hora da execução, porém, Švanda é salvo por Babinský, que rouba o machado do carrasco e devolve ao gaiteiro o seu instrumento. Quando Švanda começa a tocar, todos dançam compulsivamente, e os três podem fugir.

Mas Dorotka, morta de ciúmes, querendo assegurar-se dos sentimentos do marido, invoca o Diabo, e os dois são levados para o Inferno. O Reino de Belzebu é um lugar profundamente tedioso e, para se distrair, Švanda passa o tempo jogando cartas com o Diabo. Babinský vem visitá-los, é recebido como um hóspede de honra, e desafia o capeta para um carteado, apostando a alma de Švanda. Como está ganhando, o demônio tenta trapacear, mas é descoberto. Denunciado pelo esperto ladrão, é obrigado a deixar Švanda e Dorotka irem embora. O casal conclui que nada há de melhor do que a felicidade doméstica, e se reconcilia, para grande tristeza de Babinský que, desde o início, andava de olho na atraente Dorotka.

Para uma ópera escrita no final da década de 20, Švanda é singularmente tradicionalista – Tyrrell chega a chamá-la de "ultrapassado pastiche de Smetana". De fato, a sombra do criador da Escola Nacional ergue-se desde os primeiros compassos da extrovertida abertura, estruturada da mesma forma canônica que a da Noiva Vendida, e com o mesmo andamento ágil. São freqüentes os ritmos de polca nos obrigatórios números de dança. As melodias, deliberadamente diatônicas, enraízam-se numa tradição que remonta ao Romantismo. Mas parece-me demasiado severo proclamar que a ópera não passa de "uma confecção mercenária, que continua a fazer o jogo do nacionalismo mais emotivo, muito tempo depois de seu prazo de validade já ter expirado" (J. Tyrrell em The Viking Opera Guide).

Em primeiro lugar, embora aplique novamente as fórmulas smetanianas do folclore reiventado, Weinberger é um orquestrador excepcional, que sabe enriquecer a experiência instrumental de seus compatriotas com lições aprendidas do Neo-romantismo alemão – Richard Strauss, Schreker, Korngold – mas não assimiladas de forma servil. Provavelmente nenhuma outra ópera tcheca tem proporção tão grande de música orquestral quanto Švanda, a começar pela abertura, que dura mais de dez minutos, e termina com uma enérgica fuga – cujo tema retorna, em contraponto ao Scherzo da primeira cena do ato II, quando Babinský desafia o Diabo para o jogo de cartas. As melodias são tonais e conservadoras, sim, mas não há nelas traço de banalidade ou inspiração fácil. O melhor exemplo é o do radioso tema em si maior que, cantarolado pelas trompas na abertura, reaparece no dueto de Babinský com Dorotka no ato I, e volta no fim, em grandiosa versão para solistas, coro e grande orquestra.

Švanda é uma ópera em que a voz desempenha papel muito importante, pois são longos os números fechados interligados por um mínimo de recitativos. Mas Weinberger possui pendor natural para a música sinfônica, não perde a ocasião de espraiar-se em amplos comentários orquestrais, ou em deleitar-se com a seqüência de danças que, na segunda cena do ato II, recriam a ambientação palaciana. Primeiro a langorosa Danse Tragique, de sabor oriental, que descreve a Rainha triste e deprimida. Depois, a Polca de Švanda que, acoplada à fuga da abertura, transformou-se numa apreciada peça de concerto. Em seguida, a Polonaise, na celebração do noivado do gaiteiro com a Rainha. E finalmente a Odzemek, dança rápida em 2/4, de origem eslovaca, e um vertiginoso Furiant, quando Dorotka vem acusar o marido de infidelidade e irresponsabilidade, e ele se defende da melhor forma que pode.

É evidente que as cenas passadas no Inferno, com seu Demônio mais incompetente do que assustador, decalcam O Diabo e Kátya de Dvořák. Mas ainda que a fórmula não seja estritamente original, a maneira de aplicá-la é extremamente bem-humorada – por exemplo, quando o Diabo tenta tocar a gaita de Švanda, e produz uma versão cacofônica de sua polca. É muito feliz a forma triunfal que essa dança assume, no momento em que o Diabo admite ter sido derrotado, e decide-se a libertar o casal. E quando se imagina que Weinberger já

O gaiteiro de Strakonice: litografia de Antonín Machek, que ilustrava *Pametihodno* (Memórias) de J. Jeník z Bratřic, publicadas entre 1817-1819. Símbolo da musicalidade inata do povo tcheco, os gaiteiros da região de Strakonice, no sul da Boêmia, inspiraram a lenda de Švanda, base da ópera de Jaromír Weinberger.

extraiu desse tema tudo o que ele tinha a oferecer, a habilidade contrapontística do típico aluno de Max Reger permite-lhe transformá-lo no esplêndido Interlúdio que leva à cena final. A erudição técnica é posta em prática sem qualquer aridez acadêmica, resultando em páginas como o balé do final de II,1 – que Christopher Palmer chama de "um verdadeiro festim contrapontístico". Esse apuro técnico não está, de resto, em desacordo com a singeleza implícita numa "ópera popular". É Palmer quem o explica, no artigo de introdução ao álbum da CBS, de que falaremos mais adiante:

> A canção folclórica tcheca, com sua construção melódica e rítmica regular, tonalidade definida e forma simétrica, sofreu muito o impacto da música ocidental dos períodos barroco e clássico, com a qual os boêmios entraram em contato direto durante o século XVIII – ao contrário da música eslovaca, a leste do Rio Morava, que permaneceu ligada à cultura musical do Leste resistindo à influência ocidental.

E como prova dessa interação, Palmer assinala a naturalidade com que Weinberger integra formas clássicas a uma ópera de inspiração nitidamente folclórica. Uma delas é a longa narrativa da vida aventurosa de Babinský (I,1), que tem a estrutura de uma "balada" – a canção narrativa – no estilo das de Schubert, Brahms ou Carl Loewe. É nesse monólogo, aliás, que surge o tema com ritmo de marcha, destinado a reaparecer cada vez que Babinský intervém num momento de crise. A outra é a sofisticada forma do scherzo beethoveniano, na cena em que o ladrão passa a perna no Demo num jogo de baralho. Essa página culmina numa virtuosística combinação fugada do tema do scherzo (nos metais) com o da balada de Babinský (nas cordas), sugerindo a ardilosa vitória do ser humano contra as desastradas forças do Mal.

O crítico Max Brod, amigo de Kafka e tradutor de Janáček para o alemão, foi o primeiro a perceber a possibilidade de *Švanda Dudák* cruzar as fronteiras da Tchecoslováquia e fazer sucesso no exterior. Em 28 de abril de 1927, no dia seguinte à estréia, ligou para Hans Heinsheimer, da Universal-Edition, em Viena, convidando-o a ir a Praga, onde "tinha descoberto uma mina de ouro". O editor convenceu-se das qualidades da ópera, mas não foi fácil persuadir os diretores de teatro alemães.

Em Frankfurt, por exemplo, Clemens Krauss decretou que ela era "incompreensível fora de seu país". Só no ano seguinte Heinsheimer conseguiu que Joseph Turnau a aceitasse em Breslau (atual Wróclaw, na Polônia), onde a ópera estreou em 16 de dezembro de 1928, traduzida por Brod com o título de *Schwanda der Dudelsackpfeifer*.

A duras penas, Heinsheimer convenceu o relutante barão von Franckenstein, intendente da Ópera de Munique, a assistir ao espetáculo. E ele adorou a ópera. A batalha estava ganha. Em pouco tempo, a gaita de Schwanda ressoava – em alemão – no mundo inteiro, culminando na retumbante première de 7 de novembro de 1931, no Metropolitan de Nova Iorque, em que o wagneriano Friedrich Schorr criou a figura do gaiteiro. A fama de Weinberger estava feita – mas, infelizmente, como a de autor de uma ópera só. E cantada em alemão. É nessa língua que o disco a registrou em 1981 (CBS/Sony), gravada por Heinz Wallberg, com excelente elenco: Hermann Prey, Lucia Popp, Siegfried Jerusalem e Gwendolyn Killebrew. A esse álbum pertence o artigo de Ch. Palmer antes mencionado.

Rico e famoso, nunca mais Weinberger conseguiu repetir a proeza de *Schwanda*. Ninguém deu muita atenção, na Tchecoslováquia, a *Milovaný Hlas* (A Voz Bem-Amada), de 1931. A versão alemã, *Die geliebte Stimme*, não teve sorte melhor. Pior ainda foi a sorte de *Lidé z Poker Flatu*, extraída de um conto de Bret Harte: *Os Marginais de Poker Flat* foi um fracasso total, em 1932, ao estrear em Brno – reduto de Janáček e Martinů, e portanto de um estilo de ópera em linguagem muito mais avançada. A última tentativa foi um igual desastre. *Valdštejn*, baseada no *Wallenstein* de Schiller, chegou a ser montada na Ópera de Viena, mas saiu de cartaz após algumas récitas e nunca mais voltou ao palco. O público estava pronto a acolher de braços abertos tantas récitas do *Schwanda* quantas lhe quisessem oferecer. E nada mais. Tentando jogar em outro tabuleiro, Weinberger arriscou a sorte com a opereta:

- *Jarní Bouře* (Tempestade de Primavera), também conhecida como *Frühlingsstürme*, e *Na Růžích Ustláno* (Num Canteiro de Rosas) são de 1933;

- *Apropos, co dělá Andula?* (Por Falar Nisso, o que Anda Fazendo o Andula?) é de 1934;
- e *Císař Pan na Trešních* (O Imperador das Cerejeiras), sua última obra para o palco, é de 1936.

Mas nenhuma delas teve melhor destino. Com absoluta fidelidade, Kareš escrevia o libreto e Brod o traduzia para o alemão. Mas, depois de uma ou duas récitas, a nova partitura era engavetada. Sorte talvez injusta. Ouçam a gravação de *Schwanda*. Ou então de *Under the Spreading Chestnut Tree,* escrita em 1939. Não se trata de peças preocupadas em fazer avançar o idioma musical do século XX. Mas são tão bem escritas e agradáveis de ouvir, que não é possível nada mais existir, em todo o resto da obra de Weinberger, igualmente satisfatório.

Sob a Castanheira Frondosa são variações para piano e orquestra sobre uma canção popular americana, que sir John Barbirolli en-comendou a Weinberger, para a Filarmônica de Nova York, depois que a invasão nazista o obrigou a emigrar para os EUA. No selo Time Machine, existe uma gravação de 1940 dessa peça instrumental, regida por Constant Lambert. A falta de reconhecimento não fez Weinberger desistir de continuar compondo. Instalou-se em St. Petersburg, na Flórida e, lá, aplicou ao folclore do país de adoção o mesmo tratamento que dera ao de sua pátria. *A Lenda do Vale Adormecido, Prelúdio e Fuga sobre Dixie, A Canção do Alto-mar,* a *Sinfonia Lincoln,* a *Rapsódia do Mississipi* iam se amontoando, às vezes nem chegando a ser ouvidas, até hoje precisando ser reavaliadas. Uma paixão maníaca pela fotografia veio juntar-se à composição. Weinberger não renunciou ao uso da música popular e folclórica como instrumento pedagógico. Dedicou-se também ao ensino até ser vencido, em agosto de 1967, pela depressão.

O Século XX

O Entreguerras

O nascimento da República Tcheca, em 1918, torna ainda mais sólidas as bases para uma intensa vida musical. Durante a década de 20, são fundadas as Escolas de Professores dos Conservatórios de Praga e Brno – esta última sob a direção de Janáček – e desenvolvem-se muito as instituições organizadoras de concertos. Papel importante passa a ser desempenhado pelo rádio, que funciona como um precioso instrumento de divulgação e popularização da música. Vai tornar-se comum encomendar a compositores óperas especialmente concebidas para a transmissão radiofônica. Por outro lado, a recepção de programas vindos do exterior contribui também, sobretudo na década de 30, para que público e artistas abram-se a experiências novas, tornando-se mais permeáveis a pesquisas de linguagem que vêm do exterior.

Mas esta não é uma atitude que se deve apenas à entrada em cena de um novo meio de comunicação. Passaram os anos polêmicos de afirmação intransigente do nacionalismo, e a nata dos compositores tchecos – Janáček, Foerster, Suk, Novák, Ostrčil –, todos eles renomados professores, mesmo continuando preocupados em defender as mais legítimas tradições tchecas, estão também abertos a todas as influências externas. Da França, depois do Impressionismo, vêm as inovações de Stravínski e, em seguida, do Grupo dos Seis (em especial as de Arthur Honegger, Darius Milhaud e Francis Poulenc). Despertam curiosidade as manifestações anti-românticas alemãs: de um lado a *Neue Sachlichkeit* (Nova Objetividade) de Hindemith, Krenek e Weill; do outro, o atonalismo da Segunda Escola de Viena. Polêmicas acirradas são desencadeadas pela estréia de *Erwartung*, de Schoenberg, no Deutsches Theater, em 6 de junho de 1924; e pela apresentação do *Wozzeck*, de Alban Berg, no ano seguinte.

Outra importante influência contemporânea é a de Bela Bartók, cuja composição, fundamente enraizada na pesquisa do folclore húngaro e romeno, há de marcar músicos do mundo inteiro. Não se pode tampouco esquecer uma poderosa fonte de inspiração de origem popular: o jazz americano, que os músicos alemães estão incorporando vigorosamente às suas composições. Ele vai trazer à música tcheca intensa revitalização melódica e rítmica. Mas a nova geração não se abre apenas para o Ocidente.

Sente-se também fascinada pelos tortuosos acontecimentos na URSS. Ali, caminhos novos, que pareciam estar sendo descortinados pela Revolução, não demoram a ser barrados pela crescente repressão stalinista:

- os tchecos estão atentos à música de Miaskóvski, Kabalévski, Shostakóvitch, Prokófiev, Khatchaturián;
- mas também ao curioso amálgama de folclore russo e musical americano que há nas operetas de Isaak Ossípovitch Dunáievski:

Jeníkhi (Os Noivos, 1927) ou *Zolotáia Dolína* (O Vale Dourado, 1937);

- assumem grande importância as encenações em Praga da polêmica *Liédi Makbiét Mtsiénskovo Uiezdá* (A Lady Macbeth do Distrito de Mtsensk), de Dmitri Shostakóvitch, causadora do escândalo que desencadeou a repressão cultural;

- fazem muito sucesso *Tíkhii Don* (O Don Silencioso), de Ivan Djerzínski, que o stalinismo apresentava como o modelo para o Realismo Socialista, e o balé *Romeu e Julieta*, de Serguêi Prokófiev.

- e finalmente, a um povo que sempre teve no canto coral uma das pedras-de-toque da produção musical, agradam muito as composições de Gueórgui Svíridov, comunista convicto que faz das composições para coro um instrumento de formação musical das massas.

Na Tchecoslováquia, como em todo o resto da Europa, os anos que se seguem ao fim da I Guerra Mundial assistem à proliferação vertiginosa das correntes e dos estilos: Expressionismo, Neo-classicismo, Dadaísmo e Surreaslismo, experimentalismos radicais que levam à dissolução da própria forma – abstracionismo nas artes plásticas, supressão do verso tradicional na poesia, atonalismo na música. De um lado, o desejo de superar os dramas da atribulada fase do primeiro conflito mundial gera um hedonismo que se manifesta na arte do Grupo dos Seis ou da Nova Objetividade, sofisticada e deliberadamente leve. Ou na dos Neo-Clássicos, que rejeitam as estruturas complexas e emocionalmente tensas do Neo-romantismo. Na vertente oposta, o pressentimento de se estar vivendo uma fase instável, a consciência de que crises repetidas preparam o mundo para novo e prolongado período de conflagração, também geram uma arte carregada de sentimentos sombrios.

Esses sentimentos podem ser depressivos, negativistas. Mas podem também oferecer um pólo extremamente positivo naqueles criadores que, percebendo a injustiça do sistema capitalista, denunciam essa realidade e buscam uma saída em sistemas alternativos de governo e, conseqüentemente, de produção artística. Em princípio, os defensores de uma cultura musical que tem em seu programa a luta contra a ordem político-social existente concebem a necessidade de renovação do duplo ângulo da forma e da expressão. Muitos deles esbarrarão, mais tarde, nos obstáculos representados pela censura, as diretrizes limitativas, a perseguição política, seja durante a invasão da Tchecoslováquia pelas forças nazistas, seja após a imposição do regime comunista ao país.

Entre os músicos nascidos nos primeiros anos do século – de Iša Krejčí (* 1904) a Vít Nejedlý (* 1912) –, destaca-se Bohuslav Martinů. Ele é um pouco mais velho – já tinha dez anos quando o século XX começou – mas, do ponto de vista da formação e do estado de espírito, pertence a esse grupo. Martinů foi um dos três grandes operistas que a Tchecoslováquia legou à história do gênero – os outros dois são, naturalmente, Janáček e Smetana. A ele seguem-se, ilustrando o período do entreguerras, Pavel Haas, Emil Burian e os dois compositores acima mencionados. Um caso muito particular, nesse contexto, é o de Alois Hába, o formulador das teorias sobre a música microtonal.

MARTINŮ

Um dos maiores operistas do século XX, pela quantidade de títulos e a qualidade da obra, é Bohuslav Jan Martinů (1890-1959). E no entanto a produção dramática desse músico – que John Tyrrell não hesita em considerar "o maior representante da ópera tcheca depois de Janáček" –, ainda é menos conhecida fora de seu país do que merecia. Para isso concorrem as barreiras naturais representadas pela língua; e o fato de Martinů pertencer a uma cultura musical para nós ainda remota: contam-se nos dedos de uma só mão os nomes dos compositores tchecos familiares para o público ocidental, mesmo o mais interessado em música clássica. Contribui também o descaso que, por diversas razões, cerca a produção operística mais recente. Em todo caso, pode-se considerar extremamente auspicioso o fato de, entre 1997-1998, a TV a cabo brasileira ter exibido duas de suas óperas – *Les Trois Souhaits* e *Ariane* –, pelo visto com apreciável resposta do público, pois ambas foram reprisadas.

Boa parte da carreira de Martinů desenvolveu-se fora de seu país: na França, onde estudou com Albert Roussel; nos EUA, onde viveu durante a II Guerra Mundial; na Itália e Suíça, onde passou os últimos anos de vida. Este não é, porém, um compositor que se deva classificar como pertencente à História da Ópera de outros países, mesmo alguns de seus libretos tendo sido escritos em francês ou inglês. É profundamente tcheca a natureza de sua música, enraizada nas harmonias do altiplano morávio, impregnada de um espírito nacional com o qual ele nunca perdeu o vínculo, apesar de todas as influências que perpassaram uma obra gigantesca – um catálogo de mais de 400 títulos – e, por isso mesmo, necessariamente desigual. Por trás do que Martinů recebe do Impressionismo, do jazz e do Grupo dos Seis, de Stravínski e do Neoclassicismo, e até mesmo do fascínio por formas de música mais antigas como a polifonia da Escola de Notre-Dame ou o madrigal inglês, há sempre um substrato nacional em suas harmonias predominantemente diatônicas, há em seus ritmos sincopados um sotaque tcheco que ele nunca perdeu. E isso lhe permite fazer uma síntese muito característica e pessoal de todos os ingredientes que se congregaram para formar seu idioma musical.

Os estudos musicais de Martinů foram atribulados e irregulares. Demorou a poder fazê-los de forma sistemática, pois era muito pobre: seu pai era o sineiro da igreja de São Tiago, na aldeiazinha morávia de Polička. E quando o conseguiu, ficou apenas três anos no Conservatório, do qual foi expulso, em 1910, por "negligência incorrigível". Mas seu talento era inegável pois, após breve período de estudos particulares com Josef Suk, que ele pagava tocando violino na Filarmônica Tcheca, obteve do governo uma bolsa de estudos para aperfeiçoar-se em Paris. Ali haveria de ficar os dezessete anos seguintes, embebendose da influência de Ravel, Roussel e Stravinski, convivendo com a moçada inovadora do Grupo dos Seis, e casando-se, em março de 1931, com a francesa Charlotte Quennehen, que conhecera quatro anos antes no Cirque Médrano, de Pigalle. Foi em Paris também que compôs a sua primeira ópera.

Paris foi para Martinů, como para muitos artistas de sua geração, uma experiência fundamental. Não só pelos músicos com que podia ter contato: Debussy, Ravel, Satie, Roussel, Dukas, e os jovens como ele, que formavam o Grupo dos Seis ou a Escola de Paris. Mas também por tudo o que a capital do mundo, no início do século, poderia oferecer de emoções novas: modernos meios de comunicação e de transporte, o furor das danças e ritmos novos que vinham de todas as partes, os esportes, o culto da velocidade e do gigantismo, o furor iconoclasta de experimentar, que fazia surgir dadaístas, cubistas, surrealistas, construtivistas em cada esquina. Paris era o lugar onde o culto do corpo fazia uma imagem nova da mulher explodir nas divagações eróticas e oníricas dos poetas e artistas plásticos. Era a encruzilhada onde a Exposition des Arts Décoratifs assumia o papel antes desempenhado pelo Art Nouveau – que marcara tanto os artistas tchecos –, e Les Ballets Russes davam um exemplo de fusão das artes que, aos olhos de Martinů, oferecia soluções múltiplas ao problema de como renovar um gênero extenuado como a ópera.

Desde 1910, o teatro musical o fascinava. A primeira idéia que lhe ocorrera, ambiciosa demais para os recursos de que dispunha na época, fora musicar *De Profundis*, a peça do decadentista polonês Stanislav Przybyszewsky (dos esboços que chegou a fazer, sobraram quatro páginas de fragmentos). Enquanto ainda estava em Praga, Bohuslav recusara os direitos de *Um Velho Conto*, de Julius Zeyer, extraído de antigos contos italianos e explorando recursos de *Commedia dell'arte*, que lhe foram oferecidos pela Academia de Ciências e Artes. Interessava-se mais pela peça *A Lanterna*, de Alois Jirásek; mas desistira ao saber que Vitězslav Novák já estava trabalhando nela. Outros temas considerados foram o *Dibuk* de Schloime An-ski; o *São Venceslau* de Stanislaš Lom; as *Noites em Dikanka* de Gógol; e a comédia *Le Bal des Voleurs* de Jean Anouilh.

Martinů já tinha seguido para Paris quando conheceu, numa de suas voltas para casa, J. L. Budín – na verdade o advogado judeu Dr. Jan Löwenbach. Budín era ativo animador da Umělecka Beseda, e colaborador da *Hudební Revue* (Revista Musical), na qual publicou ensaios que ajudaram a promover a música de Smetana, Dvořák, Suk, Fibich e Ostrčil. Bohus e Budín simpatizaram imediatamente um com o outro, pois tinham um senso de humor iconoclasta muito parecido. Budín ofereceu ao compositor uma espécie de tríptico, formado por comédias em um ato, e intitulado *Onde Está o Assassino?* Mas a idéia não agradou a Bohus. Ele preferiu *Voják a Tanečnice* (O Soldado e a Dançarina), baseada na comédia latina *Pseudolus* (191 d.C.), de Tito Macio Plauto. A personagem-título da peça, Psêudolo, é o escravo de Simon e Malina, ricos cidadãos atenienses. Ele usa de múltiplos estratagemas para passar a perna em Bambula, o dono de uma casa de danças, pois quer libertar a jovem dançarina e flautista Fenícia. Bambula a destina a Polimacaoroplágides ("aquele que faz muitas feridas com a sua espada"), um guerreiro espartano. E está à espera de Harpax, o ajudante de ordens do guerreiro, que lhe trará o restante do dinheiro do contrato nupcial. Psêudolo quer ajudar Calidoro, o filho de seus patrões, que está apaixonado por Fenícia, e deseja tomá-la por esposa. Psêudolo é ajudado, nessas tramóias, por sua namorada, a criada Aloisie. Nessa figura de criado espertalhão, hoje com 2010 anos de idade, reconhecemos o modelo para tantas personagens do mesmo gênero que vamos encontrar nas comédias de Shakespeare, Molière, Beaumarchais, Marivaux, Gozzi e Goldoni. Psêudolo e Aloisie são tataravôs de Fígaro e Susanna.

Seguindo a estética do tratamento burlesco de temas clássicos, proposta pelos criadores do Osvobozené Divadlo (Teatro Liberado), de Praga, Budín e Martinů deram à peça a forma de uma quase opereta, com uso de jazz e outros ritmos e moldes melódicos provenientes do music-hall e do cabaré. Nessa opção deve-se ver, decerto, um reflexo do enorme sucesso que *Jonny spielt auf*, de Křenek, estava fazendo na época: essa ópera, pioneira no uso das formas de jazz, fora cantada no original em Praga (junho de 1927), e traduzida para o tcheco, em Brno (dezembro do mesmo ano). O libreto de Budín permitiria a Martinů, imodestamente, demonstrar que era possível "fazer melhor que esses modernistas franceses cujos fox-trots, muito comuns, não são melhores do que os que a gente ouve por aí, nos bares, e às vezes são até piores".

Martinů começou a trabalhar na peça de Budín em julho de 1926. Mas dificuldades com o libretista, que não concordava com modificações que ele desejava introduzir em seu texto, retardaram a redação. A estréia foi em Brno em 5 de maio de 1928. Temos uma descrição desse primeiro trabalho em *Bohuslav Martinů: His Life and Works* (1961), livro fundamental escrito pelo diplomata Miloš Šafránek, adido cultural da Embaixada tcheca em Paris e amigo pessoal do compositor:

> *O Soldado e a Dançarina* [...] mistura passado e presente, palco, auditório e bastidores, numa mixórdia amalucada, cheia de alusões contemporâneas e locais. O ato I termina com a interferência de um crítico que está na platéia e com uma briga entre o ponto, um dos cantores e o diretor, desesperados com a má qualidade da encenação. O servo Psêudolo usa disfarces para conseguir que a dançarina, Fenícia, se case com seu patrão, Calidoro, e não com o guerreiro espartano Polimacaoroplágides. Todo o resto é brincadeira, movimento, improvisação e anacronismo deliberado.
>
> O libreto do *Soldado e a Dançarina* está cheio de idéias e traços engenhosos dos mais variados tipos, e nisso reside a dificuldade maior para o compositor. É teatro de revista, opereta e balé ao mesmo tempo; a lua, as estrelas, nuvens vermelhas, o sol, as lâmpadas, as estátuas, tudo dança e canta e, no intermezzo (como na *Revue de Cuisine*, composta na mesma época), facas, garfos, colheres e pratos também dançam. Plauto e Molière aparecem no palco[1]; há um salão de dança moderna com uma jazz-band negra. Obviamente o libretista dava muita importância aos efeitos externos e, entre ele e o compositor, havia diferenças de gosto e de senso de medida. Budín conseguiu escrever um primeiro ato eficiente, boa base para uma ópera bufa, como Martinů tinha em mente. Mas os outros dois são mais frouxos e demonstram um enfraquecimento do dinamismo dramático. A abertura, de ritmo muito ágil, corresponde à concepção de Martinů de um estilo clássico modernizado. O mesmo se pode dizer do frescor melódico do ato I onde, de um modo geral, é bem-sucedida a fusão orgânica de formas arcaizantes com a expressão moderna, as mesmas características que distinguem o *Con-*

certo n. 1 para Piano e Orquestra. O ato II possui vários números de efeito: dois *blackbottoms* que o coro canta em megafones, uma pastoral e uma canção de ninar negra, da qual, por muitos anos, o compositor manteve uma lembrança muito viva; a orquestra parece gerar um calor tropical, efeito que ele foi incapaz de explicar. Há vários intermezzos divertidos, de caráter bufo, como o que opõe Bambula ao cozinheiro; ou a cena em que figuram Psêudolo e Harpax[2]. Mas o aplauso maior e mais espontâneo, que trouxe compositor e libretista diante da cortina, foi o que se seguiu ao ato I. O resto da ópera, apesar dos números individuais, deixa de atrair a atenção da platéia da mesma forma.

Desde meus primeiros contatos com Aleš Březina, diretor do Instituto Martinů de Praga, ele comentou não concordar com esse julgamento de Šafránek. Na verdade, era difícil fazer um julgamento de primeira mão pois, após a estréia em Brno, *O Soldado e a Dançarina* ficou por muitos anos esquecida. Foi retomada uma vez em Olomouc (1966) e outra em Ostrava (1990). Mas só em 2000 foi feita, para distribuição institucional, o registro da remontagem de 15 de dezembro de 2000, na Ópera Estatal, em Praga. A encenação foi de Nicola Raab e David Pountney; a regência, de Vojtěch Spurný. Graças a Březina, tive acesso a esse disco e pude constatar não haver muito sentido nas restrições de Šafránek. Pode-se até dizer que *O Soldado e a Bailarina* ainda não exibe a flexibilidade de técnica dramática e a precisão de toque que virão em obras posteriores. Uma precisão que Martinů já tinha atingido – Šafránek é o primeiro a reconhecê-lo – no domínio do balé: *Ištar*, baseado numa velha lenda babilônia, é de 1918-1922 e denota muito maior segurança. Mas, vista hoje, a ópera tem música muito satisfatória e praticamente não há perda de energia ou tensão do ato I para os demais.

No ato I é deliciosa a série de danças da cena 5 e o finale é animadíssimo. O charleston com que se inicia o ato II dá-lhe de imediato a propulsão que leva a um belo momento, o desabafo de Fenícia, na cena 7, em conversa com uma colega, a dançarina negra. É muito engraçada, no ato III, a seqüência das cenas 5-6, com a confrontação cômica entre Bambula,

---

1. Há nisso uma curiosa referência pessoal: os dois comediógrafos vêem reclamar da freqüência com que suas idéias foram plagiadas, ao longo da História do Teatro; ora, o Dr. Löwenbach era um advogado especializado em direitos autorais.

2. O ajudante de ordens Harpax, muito avarento, tem seu nome inspirado no de Harpagon, a personagem de Molière.

Desenhos de figurinos de B. Babánk para a primeira montagem do *Soldado e a Dançarina,* de Martinů, no Teatro Nacional de Brno, em 1928.

Cenas da montagem de R. Zahranický do *Soldado e a Dançarina*, de Martinů, no Teatro Oldřich Stibor da cidade de Olomouc, em 1966.

Harpax e Simon, e a intervenção de Plauto e Molière, ligada por um tango à ótima ária em que Psêudolo comenta ironicamente a tolice dos que os cercam. E é de contagiosa alegria o finale do ato III, em que Calidoro pode, finalmente, apresentar aos pais a mulher que ama, e arrancar deles a permissão para que se casem.

O Soldado teve o mérito de associar o nome de Martinů, nos círculos intelectuais de Praga, ao de músicos "malditos" como Erwin Schuhlhof – de quem falamos no volume *A Ópera Alemã* – ou Jaroslav Ježek, que não tinham preconceitos quanto ao jazz ou à música de café-concerto e os incorporavam em suas composições.

Tanto *O Soldado e a Dançarina* quanto as duas óperas seguintes desmentem a afirmação que Martinů faria mais tarde: "Nunca fui um músico de vanguarda." É verdade que ele nunca rompeu com o sistema tonal e não se sentiu atraído pelo dodecafonismo mas, sobretudo na fervilhante década de 1920, sempre esteve aberto a todo tipo de experiência. Foi o que chamou a atenção de seu próximo colaborador, o poeta surrealista Georges Ribemont-Dessaignes, a quem Bohuslav foi apresentado pelo pintor e cenógrafo tcheco Josef Šima. Editor da revista *Bifur* – com a qual colaboraram James Joyce, o poeta russo Borís Pilniák, e os compositores Darius Milhaud e Edgar Varèse –, Ribemont-Dessaignes era o autor de três peças que Šima encenara no Osvobozené Divadlo: *Le Serin Muet* (O Canário Mudo), *Le Bourreau du Pérou* (O Carrasco do Peru) e *Sanatorium*.

Atendendo a uma encomenda do Festival de Música Contemporânea de Baden-Baden que, em 1928, era especialmente consagrado à música para rádio, poeta e músico puseram-se a colaborar em uma comédia em um ato intitulada *Les Larmes du Couteau* (As Lágrimas da Faca). Discutia-se, na época, se peças de concerto deviam ser reorquestradas para a execução no rádio. Ou se um repertório específico deveria ser composto para esse novo meio de comunicação. Em Berlim, o compositor Max Butting fundara um centro de estudos dedicado à análise dos problemas criados pela música concebida para o rádio e o cine-

ma, que haveria de se converter também num foco pioneiro de pesquisas sobre música eletroacústica. Martinů apaixonou-se pela questão, pois sabia que a colocação dos microfones, no rádio, pode modificar o valor dos planos sonoros, amplificando um murmúrio de forma a que ele encubra uma orquestra inteira. Assistiu com atenção aos debates de Baden-Baden. Ouviu as obras apresentadas pelo francês Darius Milhaud, pelos alemães Paul Hindemith, Franz Schreker, Hanns Eisler, Kurt Weill, e por seus compatriotas Karel Balling e Jíndřich Máslo. E apresentou a sinopse de *Les Larmes du Couteau* – que o júri do festival recusou por considerar chocante o seu humor negro. Diante disso, transformou rapidamente a música já pronta numa *Suíte de jazz* em quatro movimentos – Prelúdio, Blues, Boston e Final –, que fez muito sucesso.

Um enforcado chamado Saturno é a personagem principal da peça. Está dependurado no centro do palco e, a seu lado, um acordeonista cego toca sem se dar conta de sua presença. Eléonore e sua mãe passam, discutindo a música. Enquanto a senhora se arrepia com a visão do morto, a menina fica encantada:

> *Mais c'est un pendu et j'ai toujours revê d'épouser un pendu. Et celui-ci est plus doux à mes yeux que les plumes de la lune. [...] Il est beau comme un phare et fort comme minuit!*

(Mas é um enforcado e sempre sonhei em me casar com um enforcado. E este aqui é mais doce aos meus olhos do que as plumas da lua... É bonito como um farol, e forte como a meia-noite!)

Satã entra em cena de cartola e buquê de flores na mão, e tenta fazer a corte a Eléonore. Mas ela só tem olhos para o enforcado. Embora ele permaneça "insensível como uma lava de gelo", ela lhe declara seu amor:

> *Oh, mon pendu, je parle pour toi, mon tourbillon immobile. La terre tourne autour de nous, tout fleurit dans le crystal des rêves. Venise, Sahara, Honolulu. Comment veux-tu que je m'appelle? Je suis ta voix, ta balance, ta... Les larmes de la volupté arrosent mes racines, je suis creuse, oh mon amant, j'ai la bouche salée et sucrée, j'ai deux rouges gorges en guise de seins...*

(Ó meu enforcado, falo por ti, meu turbilhão imóvel. A terra gira à nossa volta, tudo floresce no cristal dos sonhos. Veneza, Saara, Honolulu. Como queres que eu me chame? Sou tua voz, tua balança, tua... As lágrimas de volúpia regam minhas raízes, estou vazia, ó meu amante, minha boca está salgada e doce, há duas rubras gargantas no lugar de meus seios...)

O jeito é Satã interessar-se pela mãe, já que a filha não quer nada com ele. Durante algum tempo, as duas mulheres se excitam com a aparição de um ciclista negro, que gira pelo palco "sem conseguir sair de uma vida que gira em círculos". Finalmente, como não consegue qualquer reação de seu amante enforcado, Eléonore se suicida. Nesse momento, o enforcado cai da corda, revela sua identidade – é o próprio Satã – e canta com ela um dueto de amor. Depois some, repentinamente, mandando beijos para a mãe de Eléonore. E a protagonista fica sozinha no palco se lamentando: "Ah! Je suis une pauvre femme incomprise."

Tudo isso não dura mais do que vinte minutos, e o texto, imprevisível, burlesco, está cheio de frases poeticamente extravagantes, em geral ditas por Satã:

Madame! Prenez ces fleurs. Elles sont pleines de sentiments laiteux et parfumés. Je les ai cueillies moi-même sur des tombes, les tombes de l'amour. J'ai cueilli ces lilas sur la tombe d'Aspasie et ces lis sur celle d'Héloise, ces bleuets sur celle de Catherine de Médicis et ce mouron sur celle d'Ophélie. Faut-il vous énumérer les autres? Ah, les femmes! Madame! On ne sait pas ce que c'est que l'amour!

(Senhora! Tome estas flores. Elas estão cheias de sentimentos leitosos e perfumados. Eu próprio as colhi em túmulos, os túmulos do amor. Colhi estas violetas no túmulo de Aspásia, estes lírios no de Heloísa, estes jasmins no de Catarina de Médicis, esta camélia no de Ofélia. Preciso enumerar as outras? Ah, as mulheres! Minha senhora! Nunca sabemos o que é o amor!)

A música, de um tom que lembra o Weill da *Ópera dos Três Vinténs*, muito marcada pelo Expressionismo que estava em plena moda, é escrita para um conjunto de catorze músicos e tem texturas muito transparentes, para que as palavras sejam perfeitamente inteligíveis. Nela estão as mesmas características das peças escritas por Martinů nessa fase: uso denso de sonoridades, combinações insólitas de instrumentos na orquestração, uso freqüente de dissonâncias, padrões rítmicos complexos, contraste entre o tratamento livre da tonalidade e a simplicidade diatônica de algumas das melodias de corte popular e, é claro, influência forte do jazz. *Les Larmes du Couteau* é um exemplo típico da estética dadaísta, com seu deliberado ilogicismo, sua recusa do sentimentalismo e das explicações de cunho psicológico. Mas já estão presentes nessa ópera elementos que voltarão constantemente no teatro de Martinů: o gosto pelas personalidades divididas, a dicotomia brechtiana entre o que é "dito" e o que é "encenado", a recusa deliberada do psicologismo, a tendência a jogar com as alternâncias de canto e fala, a presença do acordeon entre os instrumentos, a variedade de gêneros musicais de que o compositor lança mão, em função das situações dramáticas que tem de ilustrar.

Se a comissão organizadora de Baden-Baden não quis encenar essa "ópera grotesca com um pouquinho de espanto", a Universal Verlag, de Viena, tampouco quis publicá-la. *Les Larmes du Couteau* só foi executada quarenta anos mais tarde, no Teatro Nacional de Brno, em 1969. Foi cantada na versão tcheca – *Slzy Nože* – traduzida por Eva Bezděková. Quanto ao texto de Ribemont-Dessaignes, ele tinha sido montado em 26 de dezembro de 1926, no Théâtre Mercelis de Bruxelas, pelo grupo Assaut, com direção de Raymond Rouleau. Em junho de 1998, Jiří Bělohlávek regeu a trilha sonora de uma versão da ópera feita para a televisão, subvencionada pelo Instituto Bohuslav Martinů de Praga. No ano seguinte, esse filme foi premiado no Festival Praga Dourada. A gravação existe, portanto, em vídeo e num CD lançado pela Supraphon (acoplado a *The Voice of the Forest/Hlas Lesa*). Produções importantes da ópera foram a da Neukollner Oper (Berlim, 1999) e a da Henry Street Opera (Nova York, 2002).

A rejeição de *Les Larmes du Couteau* não prejudicou as relações do poeta e do compositor. Era grande a estima de Ribemont-Dessaignes pelo músico tcheco, a respeito do qual escreveu:

Martinů estava sempre cheio de idéias a respeito do libreto, e devo admitir que, ao contrário de outros músicos, que tendem a ser muito rígidos no que se refere à ação dramática e à liberdade de espírito, ele sempre me sugeriu as idéias mais inspiradoras. Se havia alguém que me estimulasse a querer colaborar com um músico, era ele. O poder da música é tão grande, que devemos sempre fazer uma pausa e pensar bem, antes de erguer um só dedo e arriscarmos envolvermo-nos com ela. Pessoalmente, considero Martinů um dos maiores músicos de nosso tempo.

Ele é um artista que faz maravilhas com os mundos novos, obrigando-os a entrar pelos seus olhos até irem abrigar-se em suas mentes.

Ribemont-Dessaignes refere-se a um novo libreto, desta vez de grande envergadura, que já estava pronto desde o outono de 1928. Seus autores deram a *Les Trois Souhaits ou Les Vicissitudes de la Vie* o nome de "opéra-film". Seu objetivo era retratar, através de uma de suas mais típicas expressões – o mundo fabuloso do cinema –, toda a animação dos "Roaring Twenties", a era do Charleston, do jazz, dos grandes transatlânticos, dos novos meios de comunicação, o rádio, o telégrafo, o telefone, que tornavam o mundo menor e permitiam a todo mundo ficar sabendo, em poucas horas, de proezas como a de Charles Lindbergh que, em 1927, fizera o primeiro vôo de Nova York a Paris com seu avião, *The Spirit of Saint Louis*.

Era a época em que, na Alemanha, a *Neue Sachlichkeit* (Nova Objetividade) reagia – com as armas do humor, da irreverência e de um distanciamento neoclássico, que unia as formas eruditas às provenientes do cabaré – ao pessimismo expressionista e às experiências iconoclastas do atonalismo. Kurt Weill com *Royal Palace* e principalmente Ernst Krenek com *Jonny spielt auf* – um dos maiores sucesso de público daquela época – renovavam a ópera, infundindo-lhe um espírito novo e trazendo para o palco lírico todos os temas, cenários e objetos que caracterizavam a vida contemporânea. A *Zeitoper* – ópera de nosso tempo – vai inundar a cena lírica com trens, transatlânticos, telefones, gramofones, câmeras de filmar. Sua influência será tão grande que até Janáček praticou esse gênero no *Caso Makrópulos*. Martinů, naturalmente, sempre fascinado por tudo quanto é experiência nova, vai fazer da caleidoscópica *Les Trois Souhaits* uma *Zeitoper* típica, com estrutura de revista musical, cheia de elementos jazzísticos e alusões a tendências e modismos, predileção pela representação burlesca dos acontecimentos e, principalmente, o uso em larga escala de recursos provenientes do cinema.

Interessante é observar que esta é uma experiência feita numa época em que Martinů ainda não tem familiaridade alguma com a música para cinema. Sua primeira trilha sonora só será escrita em 1933, para *Marijka Nevěrnice* (Maria, a Infiel), de Vladislav Vančura, baseado num romance de Ivan Olbracht. Por outro lado, o cinema não é, como em *Jonny spielt auf*, um mero acessório narrativo: em *Os Três Desejos* ele é o epicentro, a razão de ser da ação. Assistimos à produção de um filme numa plataforma de estúdio e à gradual identificação dos atores com suas *personae* cinematográficas. Poeta e libretista não só exploram as possibilidades dramáticas do novo meio de expressão, como mostram de que forma ele pode transformar a nossa percepção da realidade.

Os Três Desejos ou As Vicissitudes da Vida era uma ópera tão ambiciosa que não pôde ser representada na época. A concepção ia além da técnica disponível. Martinů nunca a viu no palco. Só foi possível estreá-la no Teatro Nacional de Praga, em 16 de junho de 1971, com o título de *Trojí Přaní*. A Ópera de Lyon encenou-a em 1973, no original francês, com direção de Louis Erlo. E em 1990, para comemorar o centenário do compositor, remontou essa produção. Desta última versão, regida por Kent Nagano, existe o filme, exibido no Brasil pela TV a cabo em 1997 – a cópia deve portanto existir em mãos de colecionadores. Há também, no selo Supraphon, a gravação em tcheco de Josef Pančík, feita em 1990. Muito importante para a maior difusão da ópera foi a montagem de sua versão alemã no Teatro Municipal de Augsburg, em março de 2002, com direção de Thomas Mittmann e regência de Peter Leonard.

O ato I passa-se no estúdio onde está sendo rodado o filme intitulado *Os Três Desejos*. Em meio às ordens do diretor e ao entra-e-sai do pessoal técnico, vamos conhecendo os atores e suas personagens: Arthur de Sainte-Barbe (monsieur Juste), Serge Eliacin (Adolphe), Nina Valencia (Indolente), Liliane Nevermore (a fada Nula). Deixando Indolente, sua mulher, mais velha do que ele, Jules vai caçar e captura a fada Nula. Esta lhe promete realizar três desejos seus. Ao saber disso, Indolente responde, mais do que depressa, que quer ser rica. Os contra-regras transformam o cenário num palácio luxuoso, onde Juste e Indolente estão vivendo como nababos. Durante uma festa, comemora-se o noivado de Adolphe com a bela Éblouie Barbichette, e Nula presenteia-os com um castelo dourado na Ilha Dourada.

No ato II, os dois casais estão indo para essa ilha, onde tudo é de ouro – inclusive os golfinhos que eles vêm durante a travessia. Mas o navio naufraga durante uma tempestade. Quando os náufragos chegam à ilha, a bela negra Dinah tenta seduzir Adolphe. Juste formula o segundo desejo: quer que Indolente recupere a juventude. Ela se rejuvenesce, sim, mas apaixona-se por Adolphe também. Juste formula então o terceiro desejo: quer ser amado. E o é, não por Indolente, que continua nos braços de Adolphe, mas por Éblouie, que se transformou numa mendiga histérica. Louca de ciúmes, ela mata Juste, que dá o último suspiro dizendo: "Como a vida é difícil." Fim do filme. Os atores se cumprimentam: "Estávamos todos ótimos." Os contra-regras desmontam o cenário e cada qual vai para seu camarim.

Serge Eliacin e Nina Valencia tencionam dar prosseguimento, na vida real, ao caso que Adolphe e Indolente tinham no filme. No ato III, enquanto assistem à projeção do filme pronto, no meio da multidão de admiradores, ambos combinam fugir juntos. Durante um longo interlúdio orquestral, é exibido numa tela o filme da fuga dos dois amantes, que termina em Nova York, num cabaré também chamado "Os Três Desejos". Os autores da ópera queriam que esse filme fosse uma paródia surrealista das películas hollywoodianas passadas durante viagens de transatlântico ou em trens de luxo. O cabaré, freqüentado por toda a fauna gerada pelo mundo do espetáculo, também é tratado em termos caricaturais. Lilian Nevermore, a fada do filme, agora faz o papel da dançarina de *strip-tease*. No fim, quando todos vão embora, sobram apenas Serge e Nina, caindo de bêbados, e Sainte-Barbe, numa solidão terrível: ele estava o tempo todo esperando por alguém que não veio. A vida é realmente muito difícil.

Les Trois Souhaits é muito revelador da evolução de Martinů como operista afinado com as tendências de seu tempo, em especial as que se referem ao mundo do espetáculo. Ele assimila facilmente as técnicas novas e confirma o gosto pela magia, o sonho, o inverossímil. Sente-se, nessa ópera, o quanto é natural a sua colaboração com um poeta de humor corrosivo como Ribemont-Dessaignes. Ambos dominam, com grande desenvoltura, as nuances de comportamento de suas personagens, as mudanças de registro dos gêneros e meios de expressão. As modificações no libreto sugeridas por Martinů foram particularmente importantes no ato II. O compositor adaptou o fluxo da ação às suas necessidades musicais, colocou o coro fora da cena ou dentro do barco, para permitir maior liberdade de movimentos no palco, e fez cortes no texto cada vez que os considerou benéficos ao ritmo dramático.

As personagens são mais estereótipos caricaturais do que personagens complexas e realistas. Indolente é o tipo acabado da dona de casa entediada, supersticiosa e sonhadora. Juste é o cara seguro de si, certo de que ninguém pode passá-lo para trás, pois ele sabe das coisas; mas, no final, revela-se o grande perdedor. A mediocridade dessas figuras de filme mudo revela como é rasa a crença que têm no progresso, e na aquisição de bens materiais como uma forma de dar pleno sentido às suas vidas (esse é, aliás, o verdadeiro significado da fantasia de viver numa ilha encantada). Nesse sentido, a fada – que Indolente descreve como "mais bela do que um gramofone, uma motocicleta ou um rádio" – é o típico símbolo dadaísta dos sonhos de consumo e dos desejos materialistas das personagens. É claro que, tentando explorar ao máximo essa entidade mágica para realizar seus sonhos de felicidade, Juste e Indolente estão fadados ao fracasso.

Do ponto de vista musical, *Les Trois Souhaits* mostra-nos Martinů totalmente livre para passar do pequeno conjunto de jazz para a grande orquestra, à qual acrescenta saxofone, banjo, flexatone, acordeon e percussão muito variada. Livre também para costurar, dentro de sua partitura, fox-trot, shimmy, tango, uma fanfarra neoclássica na cena do barco, ou uma típica fuga barroca precedendo a ária de Juste. Particularmente interessante é a ária em estilo de *variété* que marca a primeira aparição da fada. Há nela referências visíveis a um clichê da ópera romântica: o encontro entre um mortal e uma figura feminina sobrenatural, na linha da *Rusalka*, de Dvořák. E há também uma citação irônica do *Pelléas et Mélisande*, quando Ribemont-Dessaignes faz a fada dizer a Juste "Ne me touchez pas", a mesma frase que a personagem de Maeterlinck diz a Golaud, que a encontra perdida na floresta.

A agilidade com que Martinů passa do erudito para o popular é a mesma com que o libreto salta da rósea brincadeira para o mais negro humor. É o mesmo dinamismo de que é dotada a estrutura global do espetáculo, desenrolando-se ora no palco ora na tela de cinema. *Os Três Desejos* têm igual mobilidade de escrita, oferecendo-nos uma variedade de recursos melódicos que vão do folclore morávio à canção popular americana. São freqüentes os procedimentos polirrítmicos e politonais, num tom debochado que remete ao Grupo dos Seis, ao teatro politizado berlinense da década de 20, e até mesmo a certas pesquisas de vanguarda do início da Segunda Escola de Viena. O canto também oscila do *parlando* a um estilo muito elaborado de escrita com origens instrumentais, cujos vocalises apresentam dificuldades consideráveis aos intérpretes.

Embora *Les Trois Souhaits* só tenha podido ser montada muito anos após a composição, um de seus trechos tornou-se logo conhecido como peça independente de concerto: o entreato do epílogo, em duas seções (lento/ allegro), intitulado *Le Départ*.

A colaboração seguinte com Ribemont-Dessaignes nunca passou do estado de fragmento. Há, a respeito de seu título, um problema, para o qual tive a atenção despertada por Aleš Březina: o título original, dado pelo compositor, era *Le Jour de Bonté*. Com outra caligrafia e outro tipo de tinta, encontra-se, na página de rosto do manuscrito, a correção para *Une Semaine de Bonté* – e é com essa forma que a ópera inacabada ficou conhecida. Mas designaremos aqui com seu título original, *O Dia de Bondade*, essa ópera inacabada baseada numa idéia do romancista soviético Iliá Érenburg: é a história satírica de dois jovens camponeses que vão passear em Paris. O tema do libreto é o choque entre a visão idealizada que eles tinham da capital, de que tanto ouviram falar, e a dura realidade da vida na cidade.

Šafránek é de opinião que Martinů não terminou *O Dia de Bondade* por um "processo consciente de rejeição do cosmopolitismo anterior, e de busca de uma expressão enraizada nas tradições de seu país". Březina não concorda com esse ponto de vista, considerando-o "uma teoria apenas de Šafránek que, provavelmente, nunca chegou a ver a partitura". Na realidade, diz o diretor do Instituto Martinů, "a peça é maravilhosa, impregnada de sonoridades e ritmos tchecos". Seja como for, *O Dia de Bondade* não foi terminada e seu autor nunca se preocupou tampouco em fazer encenar o "ballet-jazz" *Échec au Roi*, composto na mesma época, com roteiro de André Coeuroy. Traduzido por Vladimir Fux, o fragmento razoavelmente extenso deixado por Martinů foi estreado em 28 de março de 2003, no Teatro Milan Kaňák, de České Budějovice, dirigido por Philippe Godefroid e regido por Josef Průdek.

O grande projeto das *Hry o Marii* (Peças sobre Maria) – pelas quais o governo de seu país lhe deu o Prêmio do Estado em outubro de 1935 – ocupou Martinů entre 1933-1934. As duas séries de *Canções Infantis Tchecas* (1930-1931), e a *Lenda de Santa Dorotea* (1931), depois reelaborada no balé *Špaliček* (1932), podem ser vistas como trabalhos preparatórios para esse espetáculo. O desejo de retornar a um idioma teatral mais especificamente tcheco o faz optar pelo tipo de espetáculo de raízes eminentemente populares, que está entre as origens remotas da própria ópera: a peça litúrgica medieval, tal como era encenada no adro das catedrais (em Praga, diante da basílica romana de São Jorge, na colina de Hradčany).

Ajudado por Šafránek, Martinů escolheu como ponto de partida um *mystère* em estilo arcaico, do belga Henri Ghéon, adaptado de *Une Jolie Pièce sur la Petite Mariken de Nimègue*, drama litúrgico flamengo do século XV. A princípio, *Mariken* – segunda parte das *Hry o Marii* – foi composta sobre o original francês, para orquestra reduzida. Mais tarde, Martinů descobriu a tradução tcheca do texto de Ghéon, feita por Vilém Závada, e a adaptou à sua partitura, reescrevendo-a para grande orquestra. No volume 13 n. 8 da revista *Národní Divadlo* (Teatro Popular), ele explicou:

O que procurava, nessa obra, não era um drama que atravessasse o palco como um turbilhão, e sim uma peça

Desenhos dos figurinos dos músicos para a estréia dos *Jogos de Maria*, de Martinů, em Brno.

Zora Šemberová, a criadora do papel de Mariken, nos *Jogos de Maria*, em Brno.

Cenários de Angelika Sengov para a montagem de *Mariken z Nimègue*, dos *Jogos de Maria*, na Ópera de Wiesbaden, em 1966.

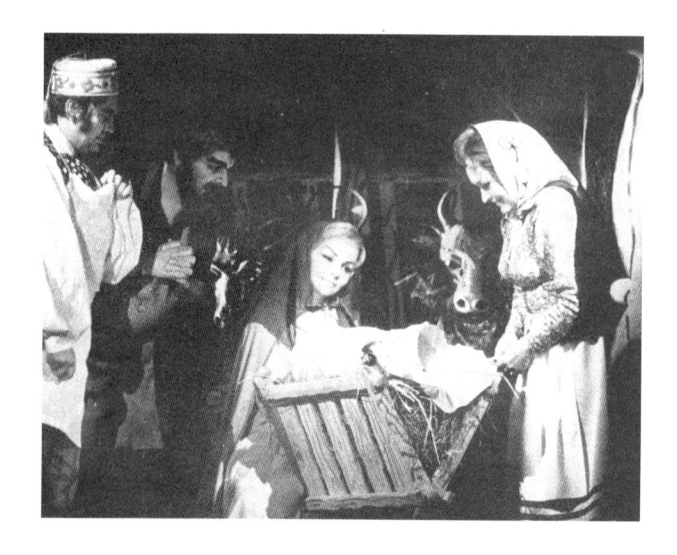

que, embora dramática, fosse mais disciplinada; eu diria, quase estática [...], pois o meu objetivo não é retratar paixões desencadeadas e nem construir situações altamente dramáticas, e sim permitir que essas situações sejma canalizadas para as formas musicais

Em abril de 1933, Martinů preparava-se para começar a composição de *Mariken* quando se encontrou com Vítězslav Nezval. Esse poeta surrealista fora a Paris, em companhia de Jindrich Honzl, diretor do Teatro Liberado, para conhecer seus colegas franceses de movimento. O novo rumo que o compositor tentava imprimir a seu teatro só poderia interessar a Nezval que, naquele momento, preocupava-se em superar "o pedantismo, o academicismo, o tédio e o blefe" da primeira fase do Surrealismo, dando-lhe consistência maior, que respondesse à crise mundial alimentada pela ascensão do Nazismo. Aderindo ao projeto dos *Hry o Marii*, foi Nezval quem traduziu para o tcheco a peça litúrgica francesa *Sponsus*. Escrita no século XII em provençal e latim, *O Esposo* baseia-se na parábola, contada por São Mateus, das virgens previdentes e das virgens descuidadas, que acendem ou não a lâmpada para iluminar o caminho do noivo – imagem, portanto, da alma que se prepara ou não para receber o Cristo. Nezval manteve integralmente o texto antigo, apenas acrescentando citações do Evangelho de São Mateus ao coro final.

Panny Moudré a Panny Pošetilé (As Virgens Sábias e as Virgens Tolas) tornou-se o primeiro painel da série. Um contralto interpreta o papel do anjo Gabriel, narrador da história. A voz do Cristo é ouvida, mas ele não aparece em cena: é simbolizado por uma luz. Coros e danças desempenham papel importante, e o conjunto instrumental, de que estão ausentes os violinos, tem cordas graves, duas clarinetas, quatro trompas, trombone, trompete, percussão e piano – um instrumento que Martinů usa freqüentemente na orquestra.

Mariken z Nimègue, contando "o primeiro milagre da Virgem", tem forma bem mais variada: um narrador – a história é comentada pelo diretor do teatro –, dançarinos que dobram as personagens principais, e uma seqüência de teatro dentro do teatro. A camponesa Mariken foi visitar Nimègue (a flamenga Nij-

megen, ao sul de Arnheim) e ficou encantada com tudo o que viu. Na volta, perde-se no bosque e pede a ajuda de Deus e do Diabo. É este ultimo quem aparece primeiro, e a seduz. Encantada com suas promessas de riqueza, amor e poder, Mariken o segue e, ao cabo de uma série de episódios em que funciona como o instrumento de destruição do demônio, chega um dia à sua aldeia. Na praça principal, assiste ao espetáculo de um grupo de atores ambulantes. Na peça que apresentam, a Virgem derrota o Diabo. Vendo-a, Mariken se arrepende e pede perdão pelos seus pecados. Furioso, Satã a atira de uma grande altura. No outro mundo, porém, Nossa Senhora intercede por ela, lembrando a seu filho que foi Ele mesmo quem disse: "Se o maior dos pecadores, após ter cometido os piores pecados, arrepender-se com toda sinceridade, Deus o acolherá em seus braços." E Jesus perdoa a pecadora.

Uma grande quantidade de acontecimentos está habilmente concentrada nessa curta ópera composta de canto, coros e danças. Há uma abertura longa e elaborada. A música é cintilante, viva, com alusões discretas ao estilo medieval, mas sem pretender fazer uma reconstituição rigorosa ou mesmo um pastiche. Não há tampouco citações de folclore, embora o clima popular esteja sempre presente, em especial na longa dança em que os demônios reúnem-se em torno de Mariken para tentá-la. Em carta de 29.8.1934 a Zora Šemberová, atriz-dançarina que criou essa personagem em Brno, Martinů descreve o caráter alucinatório que essa dança deveria ter. E demonstra com clareza como desejava que Mariken fosse encenada:

Do começo ao fim, deve haver algo de insólito nessa dança. Ela representa a luta do Demônio pela alma de Mariken até a vitória final, e deve ser encenada como se fosse um tipo de hipnose ou de encantamento. Acho necessário que se trabalhe cuidadosamente cada gesto e movimento. Pessoalmente, imagino que a primeira metade da dança, pelo menos, deve ser executada sem que se saia do lugar, com gestos curtos e bem definidos. Você verá que a música, muito rápida, mantém uma espécie de rigidez, às vezes, interrompida espasmodicamente. Portanto, evite tanto quanto possível ficar correndo pelo palco (exceto nos momentos mais dramáticos) e o tipo usual de dança que tenta descrever ou representar a ação. A história está clara para todo mundo, basta expressá-la numa espécie de transe dos gestos e dos movimentos. Não conte com as expressões faciais, porque você estará usando uma máscara branca; mas pense no contraste que se pode obter entre movimento, gesto e imobilidade facial.

São particularmente dinâmicas as duas cenas de conjunto. A que se passa no cabaré *O Bosque de Ouro*, aonde o Diabo leva Mariken, vestida de modo provocante, para que excite os homens e os faça lutar por ela até a morte. E a da feira, em que reconhecemos aquela vitalidade telúrica com que os compositores tchecos sempre souberam colocar no palco festas populares. É muito bem-sucedida a aparição do Rei do Carnaval, na qual uma pequena *banda sul palco*, formada por viola, clarineta, trompete, trombone e tambor, reproduz o som dos conjuntos folclóricos boêmios.

Para a terceira parte dos *Hry o Marii*, o próprio Martinů adaptou, de antigos textos morávios que encontrara na coletânea de Erben, e numa coleção de canções publicada por František Sušil, o libreto de Narození Páně (A Natividade), curto prólogo ao "segundo milagre". O estilo ingênuo dessa terceira parte decalca-se numa obra encantadora do século XVIII boêmio: a *Missa Solemnis Pastoralis* de Jan Jakub Ryba, peça de inspiração popular que adapta melodias de sabor folclórico ao texto litúrgico traduzido para o tcheco (além do Lp do selo Supraphon, que existiu no catalogo brasileiro, há no selo Naxos uma gravação moderna muito boa dessa missa).

Sestra Paskalina (Irmã Pasqualina) ocupa posição simétrica à de *Mariken* do ponto de vista do tema – é também a história de uma jovem tentada pelo Diabo e salva pela Virgem – e da estrutura: sua variedade de situações contrasta com a simplicidade linear das partes I e III. O próprio Martinů escreveu o libreto, baseando-o numa peça de Julius Zeyer, inspirada em contos folclóricos recolhidos pelo etnógrafo František Bartoš. Pasqualina abandonou o convento pelo amor de um cavaleiro que lhe causa uma decepção atrás da outra. Arrependida, quer voltar ao claustro. Mas o Diabo, que pôs o sedutor em seu caminho, o mata e faz com que ela seja acusada do crime. A Virgem, porém, sopra as chamas da fogueira em que ela foi condenada a morrer, e quebra as suas cadeias. Ao apresentar-se no convento, Pasqualina é recebida como se nada tivesse acontecido. Só aí percebe que, durante a sua ausência, a própria Virgem tomara o seu lugar, para que as outras freiras não desconfiassem de nada. Pasqualina morre de emoção, em êxtase.

São ainda mais claras as declarações de Martinů a respeito do que pretendera fazer neste "segundo milagre". Num artigo publicado no vol. XIV n. 5-6 (jan.-fev. de 1935) da revista *Tempo*, de Praga, ele escreveu:

Deixei intencionalmente boa parte do drama à imaginação do espectador. Eliminei a descrição do rapto, do amor de Pasqualina pelo cavaleiro, de seu auto-sacrifício, da perseguição do demônio que termina com a morte do cavaleiro, pela qual Pasqualina é acusada. Apesar de todas as oportunidades que essas cenas oferecem para a música descritiva, o efeito seria operístico no pior sentido da palavra. Evitei-o completamente. A figura do cavaleiro não passa de uma marionete. O que significa que o papel do tenor foi roubado de uma bela ária. No lugar dela, há um intermezzo, e o coro vem em seguida fazendo um comentário sob a forma de uma balada morávia que se parece remotamente com a história da peça – uma espécie de versão popular dela. A continuação da história é então explicada diretamente num texto falado, e o pano se ergue num momento em que todos, à exceção de Pasqualina, já sabem que o cavaleiro morreu e ela está sendo acusada. Pasqualina entra no palco carrregando flores, sem suspeitar de nada. Na cabeça do espectador, a história corre à frente do que está acontecendo no palco. Toda a ação subseqüente, isto é, o encontro do corpo, a acusação, o julgamento, o cortejo até o cadafalso, não é descrita pela música: em vez disso, o quarteto solista entoa a canção folclórica *A senhora matou um pavão*.

Ao se referir à cena da execução, Martinů dá uma idéia muito nítida de seus objetivos em termos de prática operística:

É a cena adequada para liberar toda a gama das emoções: um *flashback* do passado da personagem, arrependimento, medo do castigo e da morte, etc. Em outras palavras, oportunidades psicológicas e musicais indubitáveis, prescritas, no entanto, pelo movimento dos sentimentos no texto. Eu poderia ter empregado as reações do coro, da multidão, cheia de instinto de vingança, de barbárie, de terror, usar todas as circunstâncias que nos cercam quando assistimos à morte de um ser humano. Eu poderia ter empregado figuras paradisíacas, na parte superior do palco, para acompanhar os acontecimentos e intervir com advertências ou consolação. Em geral, um amplo contraponto de três elementos diferentes. Em vez disso, uso o texto latino, impessoal até certo ponto, dando ao espectador a possibilidade de saborear ao máximo a poesia e as imagens que esta suscita nele individualmente. É um *requiem aeterni* – uma canção para os mortos, *in porta inferni*. A poesia desses textos tem algo de trágico e irrevogável. Apresentada pelo coro, a tensão dramática não apenas não é reduzida; na verdade, ela é intensificada pela disparidade de elementos e de situações. Aqui, é confiado à música um papel que não está relacionado nem com a ação nem com as personagens, mas introduz na cena a poesia da irrevogabilidade, do julgamento sem apelação, um tipo de comentário impessoal ligado à cena. Não só a forma musical não está de forma alguma dependente da ação como ela permite o desenvolvimento lógico livre e a dinâmica puramente tonal. Desse modo, não descreve a cena, nem é determinada pela ação cênica; ao contrário, domina-a e ergue-se acima dela.

Comentando esse artigo, Šafránek diz que, se o compositor quisesse, poderia ter utilizado o coro para dançar um verdadeiro "sabbat das bruxas" em torno da fogueira. Mas, por princípio, durante toda a obra, ele evita escrupulosamente fazê-lo participar da ação que se desenvolve no palco. Fiel aos princípios enunciados nesse texto, Martinů reduz os recitativos ao mínimo possível, de modo que a ópera se apresenta como "uma série de canções folclóricas empilhadas" (Šafránek). O estilo do canto também se adapta a esses padrões austeros, despido de todos os maneirismos da vocalização operística pois, desejando que o texto seja claramente entendido, o compositor opta por um recitativo melódico na linha janáčekiana. Escolhendo os versos "pelo som que eles têm", Martinů não os mergulha no comentário orquestral, pois quer "dar ao cantor a possibilidade de concentrar-se na enunciação clara e cuidadosa das palavras, sem ter de se desgastar competindo com a orquestra".

Ao cenógrafo František Muzika, ele deu instruções muito claras de como desejava a encenação:

> Nas *Virgens*, é preciso transmitir a sensação do espaço vertical, como se fosse possível desgrudar-se da terra e flutuar. Para *Mariken*, imagino um cenário primitivo, bem rústico, de lona desajeitadamente pintada, tal qual o das trupes ambulantes. Para a *Natividade*, ao contrário, gostaria de cores bonitas e claras, três cores predominando talvez, azul claro, rosa e provavelmente branco, com superfícies amplas de cada uma delas. Quanto a Paskalina, evite misticismo demais – a história é um sonho. A primeira cena é uma alucinação, e depende da iluminação sugeri-lo. O convento tem de ser o mais simples possível, quase nada no palco, só uma célula cinza claro, com um altar, e sem qualquer tipo de abóbada. Já a segunda cena é mais difícil. Há o tribunal, a praça da execução, a cúpula da igreja no fundo e o Paraíso acima. Para isso, não tenho solução pronta. Talvez fosse bom a princípio manter o palco no escuro, iluminando apenas a casinha de Pasqualina e, depois, ir virando o holofote para os diversos pontos em

que a ação se desenrola. Provavelmente será mais fácil resolver a questão dos figurinos. Para as virgens, túnicas simples e brancas. Para Maria, um costume esplêndido, é claro. Não poupe nada, tudo tem de ser do melhor, talvez um manto prateado ou uma coroa dourada; em suma, que seja deslumbrante. Resumindo, tudo tem de ser extremamente colorido, especialmente em *Mariken* e na *Natividade*.

Nas características das *Peças de Maria* – música simples e transparente, ingenuidade e primitivismo deliberado, arcaísmo de expressão mas sem qualquer traço de academicismo –, identificamos a mesma vontade de renovação da forma operística, com busca de inspiração no teatro popular medieval, que está sendo feita em outros pontos da Europa (na *Maria Egiziaca* de Ottorino Respighi, por exemplo). Da "Ave Maria" de tom quase onírico, cantada pelas freiras, com que se inicia *Sestra Paskalina*, ao sereno "Dona nobis pacem" com que esse "milagre" se encerra, o arco que ela descreve é de tensão e repouso. Mas, na angústia de que está impregnada, sente-se nitidamente o clima da época em que foi composta, pois nuvens ameaçadoras já se acumulavam sobre a Tchecoslováquia onde, em breve, a "libertação" dos Sudetos poria em marcha a engrenagem devastadora da II Guerra Mundial. As *Peças sobre Maria* foram estreadas no Teatro Nacional de Brno, em 23 de fevereiro de 1935. É de 1983 a gravação de Jíří Bělohlávek para a Supraphon, disponível em CD.

As possibilidades abertas à ópera pelo "teatro invisível" da transmissão radiofônica – tão vivamente debatidas em Baden-Baden – foram postas em prática por Martinů em sua segunda colaboração com V. Nezval. Ele próprio dizia, ironicamente, dever a facilidade de escrever para o rádio à experiência de seus dias de estudante em que, sem dinheiro para pagar boas entradas, só podia freqüentar o Teatro Nacional na chamada "galeria dos cegos", uma parte do teatro de onde não dá para enxergar o palco, e só se pode ouvir o espetáculo. Pensando nisso, escreveu:

> A eliminação do palco, exigindo do ouvinte que visualize a cena em sua imaginação, representa algo de muito gratificante para o rádio que, assim, poderá fazer pleno uso da intensidade do drama produzido, e da concentração combinada com uma certo tipo de envolvimento da parte do ouvinte.

Hlas Lesa (A Voz da Floresta) é uma farsa inconseqüente, com forma de balada popular. O tom não-realista da narrativa é dado, desde o início, por um Recitante, que convida:

> *Vstupte do lesa příšernejšího než kostlivec...*
> *nebot' každý člověk zbloudil v lese,*
> *šílená jak papír v obětí meluzíny*
> *zmítá se skvrna dívčího zoufalství,*
> *na ně padla noc.*

(Venham e entrem na floresta, mais assustadora do que um esqueleto... todo mundo já se perdeu na floresta; desarvorada como uma folha de papel soprada pelo vento, agita-se uma mocinha desesperada enquanto a noite cai).

As personagens não possuem nomes próprios: apenas designações genéricas que as tornam arquetípicas. Nevěsta (a Noiva) entra no bosque para se encontrar com Mysliveček (o Lenhador), seu namorado. Mas se perde e é capturada por um bando de ladrões que a disputam no baralho. Loupežník (o Bandido), que ganha a moça no jogo, pretende vendê-la a Šenkýřka (a Taverneira), velha sádica que possui um albergue na orla do bosque. Mas desiste, pois sabe o que ela há de sofrer nas mãos dessa megera, "que nunca conseguiu suportar uma moça bonita". Acaba deixando que a garota fique no bando, disfarçada de bandido. Sob esse disfarce, ela um dia participa do sorteio para decidir quem vai matar um rapaz também seqüestrado pelo bando. Foi-lhe dada a escolha de morrer ou ser vendido à dona da taverna mas, conhecendo a crueldade da velha, ele preferiu a morte a ser entregue em suas mãos. É fácil imaginar o final feliz. Reconhecendo o namorado, a moça o liberta. E a floresta, antes ameaçadora, abre os braços e protege o casal de amantes quando eles fogem juntos.

Nezval, ao contrário do compositor, não parecia ter uma idéia muito nítida das limitações impostas pelo novo meio de comunicação, pois seu libreto possui elementos que se prestariam à confusão, se Martinů não os soubesse contornar com o uso hábil do narrador e de um comentário musical expressivo. Esta partitura é muito diferente das precedentes: sucinta em termos harmônicos, tem um estilo de construção melódica que a aproxima deliberadamente das canções folclóricas, cujo formato decalca constantemente – e isso cria forte parentesco entre ela e o balé *Špalícek*, de 1932. Há, em toda a peça, um voluntário distanciamento, que acentua o tom de um conto de fadas com acentos oníricos. *A Voz da Floresta* agradou tanto aos ouvintes, ao ser transmitida pela Rádio Tcheca em 6 de outubro de 1935 – e até hoje é bastante reprisada em todo o país –, que Martinů preparou uma nova versão da partitura, para que pudesse também ser levada no teatro. Nessa forma alternativa, ele acrescentou à orquestra de câmara original – sete cordas, nove sopros, três percussões e piano – um número muito maior de instrumentos de cordas. Em junho de 1999, Jirí Bělohlávek fez a gravação de estúdio da versão radiofônica original, que circula acoplada a *Les Larmes du Couteau*. A apresentação dessa ópera em Nova York, em 2002, em programa duplo com *As Lágrimas da Faca*, foi muito bem recebida pela crítica.

Diante do sucesso da *Voz da Floresta*, a emissora lhe encomendou imediatamente uma nova partitura para maio do ano seguinte. Mesmo para um compositor prolífico como Martinů, era um prazo pequeno demais. Não dava tempo de mobilizar um libretista. Ele próprio, revirando a biblioteca da casa dos pais em Polička, encontrou o que procurava: um volume das peças de Václav Kliment Klicpera, discípulo de J. Kajetán Tyl que, no final do século anterior, tinha sido muito popular. Diz Šafránek:

> Ele próprio me contou que, a princípio, sentiu-se atraído pela ortografia fora de moda daquela antiga edição de peças de Klicpera. Mas depois, deu-se conta de que a comédia podia ganhar muito com a adaptação radiofônica [...], pois lhe dava a possibilidade de explorar, acusticamente, a distância entre as personagens, situadas em pontos extremos da ponte.

Martinů não fez praticamente mudança alguma no texto de *Věselohra na Mostě* (Comédia na Ponte): limitou-se a abreviar alguns diálogos repetitivos e a acrescentar uma marcha militar para o encerramento. Essa segunda ópera para o rádio agradou mais ainda ao ser ouvida em 18 de março de 1937. O estilo direto, a ironia brusca, a escrita orquestral simples e acessível a tornaram uma favorita dos grupos de estudantes e amadores. František

Montagem de Rafael Sedlaček da *Voz da Floresta*, de Martinů, no Teatro Nacional de Brno, em 1964.

Imagens de uma transmissão da *Comédia na Ponte*, de Martinů, em 1959, na Českolovenská Televizija v Praze.

A *Comédia na Ponte* numa montagem do Teatro Nacional de Brno, em 1975.

Cenário de Jaromír Svoboda para uma montagem da *Comédia na Ponte* no Teatro Nacional de Praga, em 1975.

Jílek gravou em 1973, para a Supraphon, essa ópera em um ato que até hoje goza do favor do público tcheco – e teria amplo sucesso se encenada fora de seu país de origem. Ela hoje está disponível em CD.

Comédia na Ponte é uma farsa antimilitarista muito oportuna para a época em que foi escrita. Ambientada na época das guerras napoleônicas, de que a Boêmia e a Morávia foram cenário – Austerlitz, afinal de contas, é Slavsko, perto de Brno –, ela conta a história de uma ponte guardada de lado a lado por sentinelas inimigas. Quando não há combate, os aldeões passam normalmente de um lado para o outro. Mas, de uma hora para outra, a ponte, feita para unir, pode se transformar numa armadilha, que impede os camponeses de voltar para casa.

A jovem Popělka fica presa de um dos lados com o agricultor, marido de Eva. Como não há jeito de cruzar a ponte, Bedroň decide ficar por ali mesmo e se ajeitar com Popělka, que ele acha bem bonitinha. O noivo dela, o pescador Sykoš, não gosta nada dessa história e, como está retido do lado oposto, resolve ir à forra com Eva, que também está muito descontente. O Professor talvez pudesse esclarecer a confusão. Mas esse filósofo, que vive no mundo da lua, só se preocupa em resolver um enigma que lhe foi proposto pelo oficial Ladinský:

Jelen se pase v oboře!
Obora je kolem zdí obehnaná, tak vysokou,
tak vysokou, že ji ani holub nepřelítne.
Kudy ten jelen uteče?

(Um cervo está pastando em um parque todo cercado por um muro tão alto, tão alto que nem um pombo conseguiria atravessá-lo. Por onde o cervo escapa?)

Enquanto o Professor, alheado do que se passa à sua volta, procura a resposta para esse problema, a batalha recomeça e, depois de muita briga, os dois casais conseguem finalmente se reunir. As tropas amigas ganham e, finalmente, fica-se sabendo de coisas que, se tivessem sido ditas desde o início, poderiam ter evitado toda a confusão. Popělka estava procurando pelo irmão, porque lhe disseram que ele estava ferido; mas o rapaz passa muito bem. Bedroň estava em missão secreta, e é a ele que se deve o bom resultado da batalha.

Mas o Professor não terá sossego se não obtiver a resposta ao enigma. Ele pergunta ao Sentinela Amigo: "Por onde o cervo escapa?" Eva, Sykoš e Bedroň arriscam respostas: "Por uma porta... por um buraco... por uma vala...", mas nada disso existe no parque. Juntos, eles perguntam várias vezes: "Kudy tedy uteče?" (Por onde ele escapa?). E obtêm finalmente a resposta: "Kudy uteče? Nikudy" (Por onde ele escapa? Por lugar nenhum). Todos caem na gargalhada. Uma parada militar celebra a vitória. Mas a resposta ao enigma deixa no ar a certeza de que, como o cervo, o homem tampouco conseguirá escapar dos comportamentos absurdos que levam à guerra.

A orquestra da *Comédia na Ponte*, contendo cordas, flauta, oboé, clarineta, fagote, duas trompas, trompete, trombone, percussão e piano, oferece acompanhamento muito irônico. Mini-fanfarras cercam ágeis diálogos declamados de maneira abrupta, e à percussão incumbe reproduzir os ruídos da batalha. As cenas líricas estão nitidamente vinculadas à tradição smetaniana de raiz folclórica. As cômicas são reforçadas pela paródia do recitativo seco ou acompanhado da ópera barroca. A falta de pretensão é a melhor qualidade dessa partitura burlesca, pois ela torna sua comicidade extremamente espontânea. Em 28 de maio de 1951, a Mannes School of Music de Nova York, onde na época Martinů estava ensinando Composição, montou *Comedy on the Bridge*. O público americano reagiu com o mesmo entusiasmo a seu bom humor e precisa caracterização de personagens, e o New York Critic Circle concedeu-lhe o título de "melhor estréia de ópera" daquele ano. Em 2001, o selo Chant du Monde lançou um disco de grande interesse histórico: a gravação ao vivo de uma apresentação em Paris, em outubro de 1963, cantada em francês, com Nadine Sautereau, Jeanne Berbié, Jean Giraudeau, e regida por Manuel Rosenthal (acoplada a *Alexandre bis*).

Enquanto trabalhava na música incidental para uma montagem do *Oedipe*, de André Gide, que seu amigo Jindrich Honzl dirigiria no Teatro Liberado, Martinů começou a conceber novo espetáculo, de essência muito popular, semelhante em espírito às suas duas óperas radiofônicas. *Divadlo za Branou* (Teatro de Subúrbio), estreada no Teatro Nacional de Brno em 20 de setembro de 1936, desenvolve idéias sobre a relação música/jogo cênico que vêm desde os tempos das *Peças sobre Maria*. Percebe-se que o músico está tentando criar situações dramáticas e até mesmo lúdicas, no sentido mais amplo do termo, em que o caráter convencional da ilusão teatral é levado ao extremo, como um exercício de estilo e como um divertimento.

Que ninguém se preocupe em procurar unidade nos três atos de *Teatro de Subúrbio*. O próprio Martinů disse, num artigo publicado no volume XII n. 3 da *Divadelní List* (Gazeta Teatral), em 16.9.1935, que a história de *Divadlo za Branou* não tem a menor importância, e o seu objetivo é reconstituir o estilo dos teatrinhos de feira, nos quais a tradição da poesia popular tcheca fundia-se à da *Commedia dell'Arte*. Como na época das *Peças de Maria*, é muito grande a importância que atribui à forma de encenar esta ópera. No prefácio à partitura, dá instruções detalhadas sobre a forma de representar, frisando que o desempenho dos atores é mais importante do que o sentido das palavras:

> A improvisação deve estar presente, mas cada gesto tem de ser muito bem ensaiado e cuidadosamente calculado, para que não se atravessem os limites do bom gosto ou não se descambe para o burlesco. O diretor e os atores têm a total liberdade de trazer à peça toda a sua experiência histriônica. No entanto, a interpretação não deve permanecer no nível naturalista comum em peças semelhantes, mas derivar da dança. Que a representação seja bem artificial, exagerada nos gestos e nos movimentos, sem no entanto chegar ao extremo da caricatura. A base é a concepção do movimento coreográfico. As expressões faciais devem, portanto, ser limitadas e esse elemento expressivo ser estendido ao movimento do corpo todo, e a elementos de dança que confinem com a acrobacia. Esqueçam as poses usuais ditadas pela convenção, pelos hábitos pessoais, pela técnica naturalista de representação.

O ato I é uma pantomima tirada do repertório de Jean-Gaspard Debureau, comediante franco-tcheco – nascido em Kolín, na Boêmia, de mãe tcheca e pai originário de Amiens – que fazia enorme sucesso na época. Nessa historinha, em que comparece o habitual triângulo da *Commedia dell'Arte*, Martinů parece se divertir em combinar a mitologia do submundo parisiense com a dos contos folclóricos mais violentos recolhidos por Erben, Bartoš

ou Sušil. Colombina está apaixonada por Arlequim. Pierrot, com ciúmes dela, o embosca e mata cruelmente. Mas a magia do teatro funciona: Arlequim reaparece, passando muito bem obrigado, e seduz novamente Colombina.

Utilizando Katyuška, a taverneira, e o Guarda-noturno, duas figuras bem típicas da literatura popular tcheca, Martinů improvisa uma "ópera-bufa", nos dois últimos atos, com diálogos e situações retirados do *Médecin Volant* de Molière – tudo pelo puro prazer de fazer teatro da forma mais instintiva possível. *Teatro de Subúrbio* funde, com grande espontaneidade, as formas do balé – o ato I – e as da ópera bufa: os dois restantes, tratados como a "ópera de números" do século XVIII, com árias, duetos ou cenas de conjunto muito vivos, interligados por recitativos. A orquestra de câmara – com o piano que Martinů nunca deixa de incluir – desenvolve melodias habilmente temperadas por dissonâncias, que conferem alto grau de elaboração a uma música na aparência descomprometida. Em *Martinů: un Musicien à l'Éveil des Sources*, Guy Erisman comenta:

> É como se, no itinerário que vai das *Peças de Maria* a *Teatro de Subúrbio*, Martinů tivesse passado a preferir o Stravínski da *História do Soldado* ao da *Sagração da Primavera* ou ao de *Les Noces*.

Essa é uma observação interessante, pois o trajeto a que Erisman se refere parece demonstrar-nos que Martinů está extraindo para si mesmo, da opção por um teatro enraizado nas formas mais populares e descontraídas de espetáculo cênico, uma experiência quase pedagógica, que precisará manifestar-se numa obra de maior porte. E nessa obra, ele já estava trabalhando desde a primavera de 1936.

Burla, fantasia, humor, impertinência, onirismo tinham caracterizado as suas primeiras colaborações com Ribemont-Dessaignes. Viera em seguida a vontade de falar, de forma direta, uma linguagem moderna e acessível, em que o teatro não tivesse de ceder o passo à música. Em ambos os casos – tanto em *Três Desejos* quanto em *Irmã Pasqualina* – era forte a afinidade com os argumentos situados na fronteira tênue entre a realidade e o sonho. Essas duas vertentes vão sintetizar-se na primeira grande ópera de Martinu, a sua favorita, que ele chamava "não uma dissertação filosófica, mas uma fantasia extraordinariamente bela e poética, sob a forma de um sonho".

A peça *Juliette ou La Clé des Songes*, do surrealista Georges Neveux, tinha estreado no Théâtre de l'Avenue em 1930, e fora um escândalo. A própria Renée Falconetti – atriz respeitadíssima, protagonista de *La Passion de Jeanne d'Arc*, o filme famoso de Carl Dreyer – foi vaiada no papel-título. A intelectualidade jovem, porém, apaixonou-se pela peça. E tanto Neveux quanto Falconetti foram cercados de manifestações de apoio e moções de desagravo. Šafránek conta que, tendo gostado muito da peça ao vê-la, Martinů ficou realmente fascinado pelo texto ao lê-lo, em 1932, num número de *Les Cahiers de Bravo*, que encontrara por acaso, num *bouquiniste*, enquanto passeava pelos cais do Sena. Começou a musicá-la antes mesmo de escrever a Neveux pedindo-lhe a autorização para adaptá-la. O dramaturgo não gostou da idéia, pois estava inclinado a conceder os direitos a Kurt Weill, de muito maior renome como compositor de ópera. Mas concordou em receber Martinů – de quem Darius Milhaud lhe tinha falado muito bem – e ficou impressionado quando este lhe tocou de cor o ato I, que já estava pronto. A G. Erisman, Neveux contou, mais tarde:

> O encontro foi curto, mas a simpatia imediata. Ele gostava dos poetas surrealistas. De minha parte, eu era sensível à sua música, que se desenvolve sempre em vários planos: alegria com fundo melancólico, ironia com fundo de ternura. [...] Eu estava reencontrando a minha peça e, ao mesmo tempo, tinha a impressão de ouvi-la pela primeira vez, com a emoção e a profundidade que só a música pode exprimir ao transcender as palavras.

Tendo concedido a autorização, o dramaturgo concordou não só com os cortes, imprescindíveis para viabilizar a conversão em ópera de um texto teatral muito longo, mas também com a mudança no final. Foi de Martinů a idéia de fazer com que a ação retorne ao ponto de partida, como se a história devesse recomeçar e se repetir indefinidamente. O próprio Bohus preparou, em tcheco, a partir da peça, um libreto em três atos, com 29 cenas. *Julietta aneb Snář* (Julieta ou Um Sonho) estreou no Teatro Nacional de Praga em 16 de março de 1938. Martinu dizia que o espetáculo foi "a realização de um sonho: o da perfeita coordenação entre o regente (Václav Talich), o diretor (J. Honzl) e o cenógrafo (F. Muzika)". Na forma original, a ópera foi gravada por Jaroslav Kromholc (1964) para a Supraphon e existe em CD. Além desse registro, existe também, no Koch Schwann, a da apresentação de julho de 2002 no Festival de Bregrenz, dirigida por Katja Czellnik e regida por Dietfried Bernett. Em vídeo, existem:

a versão de Bregrenz;
um documentário da ORF, a televisão austríaca, intitulado *Julietta, Traum und Wirklichkeit* (Julieta, Sonho e Realidade);
e a filmagem feita em 1969 para a televisão tcheca, encenada por Ivan e Václav Kašlik e regida por Josef Kuchinka.

No verão de 1939, durante as férias passadas em Vieux Moulins, Martinů tentou adaptar o texto original de Neveux à partitura. Mas não foi muito longe, devido à dificuldade de distribuir as tônicas, no recitativo melódico, entre duas línguas de natureza tão diferente quanto o francês e o tcheco. *Trois Scènes de Juliette*, o fragmento que chegou a terminar, foi transmitido pela rádio, na França, em 1939. Bohus não desistiu da idéia pois, em julho de 1959, às vésperas de morrer, trabalhava nela novamente. Só em 1962, Bronislaw Horowicz retraduziu a peça do tcheco para o francês, de modo a que ópera pudesse ser apresentada na Radiodiffusion Française (26.11.1962), sob a regência de Charles Bruck. Essa versão também foi gravada e existe num álbum da Chant du Monde. Uma outra tradução francesa é a de Martin André, regente da produção dirigida por David Pountney em Maastricht. Atendendo ao desejo de Martinů de que o texto fosse perfeitamente compreendido pela platéia, Březina e Bernett fizeram a tradução alemã para a apresentação de Bregrenz.

Michel Lepic, caixeiro viajante de uma livraria de Paris, volta a uma cidadezinha portuária na esperança de encontrar Juliette. A canção dessa moça – "Moje láska v dálce se ztratila za širé moře" (Meu amor partiu pelo

Página de rosto do manuscrito de *Julieta: um Sonho*, com a dedicatória ao maestro Václav Talich.

Desenho do cenário de Ruodi Barth para a *Julieta*, de Martinů, encenada por Walter Pohl, em 1958, na Ópera de Wiesbaden; regência de Ludwig Kaufmann.

Cenas da versão filmada de *Julieta*, realização de 1969, dirigida por Jirí Cinybulkový, co-produção das televisões tcheca e alemã.

mar afora)[3] – o persegue desde que ele a viu, numa visita anterior àquela localidade. Michel encontra-se com um menino árabe, a quem pergunta onde fica o Hôtel du Navigateur. Mas constata que a cidade é muito estranha. Foi de trem que chegou até ela mas, quando quiser ir embora, lhe dirão que ali não há estação de estrada de ferro. Os habitantes desse lugar possuem uma estranha característica: não têm memória, vivem num presente constante e, quando um estranho aparece, tentam obter dele notícias do passado. Ficam fascinados ao saber que Michel possui memória. Como a Constituição local estabelece que, para ser o Capitão da cidade, é necessário ter lembranças da infância, e as recordações mais antigas dos moradores datam de dez minutos atrás, é-lhe conferido esse título e lhe é entregue um revólver, símbolo de poder. Michel acaba encontrando Juliette. Desejosa de saber tudo sobre o passado dele – que também é o seu –, a moça marca encontro com ele no bosque vizinho, perto de uma fonte.

Uma série de incidentes surrealistas – o encontro com o Père La Jeunesse, dono de um cabaré, e com um quiromante que lê a sorte de Michel – precede o encontro com Juliette. Em meio a declarações de amor, Michel tenta inutilmente reconstituir a memória da moça até que, cansada, ela foge para dentro da floresta. Como não aceita a idéia de perdê-la, Michel atira nela com o revólver que os habitantes da cidade lhe deram. Ouve-se um grito. Ele é levado para ser julgado e, a conselho do quiromante, distrai o júri com o relato de suas lembranças de juventude. Levam-no de volta à clareira, na floresta, para reconstituir o crime e procurar o corpo de Juliette, mas só encontram um chale. Desiludido e parecendo ter também perdido a memória, Michel está embarcando num navio para ir embora quando ouve, nos bastidores, a voz de Juliette entoando a sua canção.

A ação transfere-se então para o Escritório Central dos Sonhos, onde o funcionário explica a Michel que, na verdade, ele está na cama dormindo – ou seja, o que assistimos é a um sonho dentro do sonho. Desfilam pelo escritório pessoas que vêm encomendar sonhos, como se ali fosse uma agência de turismo onírico: um caçador que deseja ser Buffalo Bill, um mendigo cego, um presidiário. O funcionário explica a Michel que, ao conseguir seu sonho, ele tem de ir embora antes de acordar, para não enlouquecer ou morrer. Por trás da porta misteriosa que separa a vida do sonho – que pode transformar-se em morte –, Michel ouve de novo a voz de Juliette. Embora o empregado lhe diga que já está na hora de fechar, Michel insiste até que a porta lhe seja aberta. Por trás dela, não há ninguém, só o vazio. Mas Michel não consegue aceitar que nunca mais reverá Juliette. Continua a chamar por ela e, aos poucos, vai voltando para o cenário do ato I, onde repete o encontro com o menino árabe, a quem pergunta onde fica o Hôtel du Navigateur.

A peça de Neveux não tem pretensões filosóficas: é um sonho assumido e assim deve ser compreendida. Pode, isso sim, servir de ponto de partida para a reflexão sobre o funcionamento dos mecanismos da memória, receptáculo das lembranças do passado. O mais importante é que oferece a Martinů elementos pitorescos e poéticos, personagens insólitas que surgem sem que se saiba de onde vieram, capazes de pôr em marcha a sua imaginação. Uma única personagem, Juliette, é explicavel e, assim mesmo, permanece envolta no sonho; inacessível, portanto, ao plano prosaico da realidade em que Michel se situa. Ela é o Eterno Feminino, o Amor em seu aspecto mais absoluto, a poesia em sua forma eroticamente mais refinada – em suma, tudo a que o pobre Michel Lepic nunca poderá aspirar. Coitado, ele não tem culpa de ser o que é, um ser humano real, comum, banal, com os pés plantados na realidade.

Todas as outras figuras que cruzam o palco são lampejos de vida, relances de sonho, pedrinhas disparatadas de um mosaico em que o racional e o irracional se dão as mãos. A escolha do lugar onde a ação se passa, uma cidade portuária – "janela aberta para o mistério e o sonho" (Erismann) –, já estabelece de saída a idéia do desejo de aventura. A incomunicabilidade em que vivem habitantes dotados de amnésia coletiva pode gerar incidentes engraçados. Mas é também causa de angústia exis-

---

3. Na tradução francesa, "Mes amours, elles sont parties cette nuit sous la grande voile".

tencial, pois eles não têm memória, mas sentem a necessidade de experimentá-la – tanto assim que logo cercam o estranho e o cobrem de perguntas sobre o passado, principalmente sobre a infância, que eles efetivamente não têm, pois nada retiveram dela na memória. Não lembrar é não ter vivido. Enquanto não esquecem de novo, eles querem ter a ilusão fugaz de viver, por procuração, as lembranças do outro.

O grande problema de Michel, quando se defronta com Juliette no bosque, é que ele tem memória, sim, mas não tem imaginação. Por isso, não é capaz de acompanhar os jogos mentais com que a moça tenta remediar sua ausência de lembrança. Por outro lado, o único bem que o visitante tem a oferecer a seus acusadores, quando a cidade o julga pela morte de Juliette – bem tão precioso que o torna intocável –, são as recordações de que todos necessitam e só ele possui. Essa história sem começo nem fim poderia ter um epílogo poético, no momento em que Michel toma o barco que está parado no porto, decidido a deixar a cidade. Mas a peça nos reserva um último ato que vai dar uma espécie de sentido ao que vimos, na medida justamente em que nos incita a não buscar verossimilhança onde ela não existe.

O funcionário tenta alertar Michel de que, se não for embora, corre o risco de ficar como esses "homens cinzentos", o caçador, o mendigo, o presidiário, todos eles vagando eternamente. Mas a voz de Juliette, que Michel continua a ouvir por trás da porta, não o deixa renunciar ao sonho. E é por isso que ele volta ao ponto de partida, onde a ambigüidade permanece: estará acabando de sair do pesadelo e, agora, homem concreto, dotado de memória concreta, chega de verdade ao porto, em busca de uma Juliette real como ele? Ou, por amor a Juliette – que, na verdade, não é uma pessoa de carne e osso, mas a idéia do amor –, aceitará o papel de uma espécie de divindade doméstica da cidade dos desmemoriados, aos quais fornecerá lembranças do passado? Martinů escreveu, em 1947:

Toda uma rede de situações inéditas e de conclusões ilógicas é atravessada pelo fio da mente humana, da memória, da qual depende a história de nossas ações e de nossas vidas. [...] O que torna as situações absurdas é elas serem colocadas numa espécie de presente contínuo em que passado e futuro são conceitos desconhecidos. [...]

Num mundo assim, fora do tempo, a faculdade que Michel tem de reter as lembranças é mais um obstáculo do que qualquer outra coisa, pois os seus processos lógicos e normais de pensamento chocam-se, o tempo todo, com acontecimentos imprevistos e curiosamente absurdos. Ele é bombardeado com deduções inesperadas que é incapaz de compreender e que tornam difícil, para ele, reconciliar-se com o seu estado normal. [...] A peça é, portanto, uma luta desesperada, em busca de algo de estável a que a gente se possa segurar, o concreto, a memória, a consciência a todo momento abalada, transposta para uma situação trágica em que Michel se esforça para conservar a estabilidade e não perder a razão. Se se entregar, ficará para sempre nesse mundo sem memória e sem tempo. Além disso, a situação de Michel é complicada pelo fato de que até mesmo a sua memória "normal" está cheia de noções fictícias, de concepções abstratas, nem sempre claramente demarcadas da realidade, a intrincada combinação de desejos, aspirações e frustrações que todos trazemos dentro de nós.

Não se tem a impressão de que, ao falar de sua personagem, o compositor – separado de sua pátria, e obrigado pelas circunstâncias a viver longe de casa – está falando de si mesmo? Mais importante do que qualquer tentativa de compreender a intriga dessa ópera, a meio caminho entre a ficção e a realidade, é dar-se conta de como Martinů conseguiu traduzir musicalmente a sua atmosfera de luz e sombra. De fato, só a música – "linguagem do imaginário, código da alma", no dizer de Erisman – consegue tornar concretas as situações inteiramente fictícias com que a trama se constrói. É ela quem conduz a história, assumindo coloridos orquestrais extremamente sutis cada vez que é necessário exprimir o que há de pitoresco, terno, poético ou absurdo no que está sendo mostrado. Para isso, Martinů recorre à orquestra grande. Ele não a usava desde a *Rhapsodie*, encomendada em 1928, por Serge Kussevitski, para a Sinfônica de Boston; só a retomara isoladamente nas *Inventions en Trois Parties*, de 1934, escritas para o Festival de Música Moderna de Veneza. E quando reutiliza todos os recursos de uma grande formação sinfônica, sentimos que seu virtuosismo de orquestrador, sua capacidade de obter transparências, mesmo quando um grande número de instrumentos tocam juntos, foi revitalizado pelo longo período que passou trabalhando com as formas camerísticas. Diz Aleš Březina[4]:

4. Numa entrevista concedida ao *Bregrenzer Festspiele Zeitung* (n. 38, 2001), por ocasião da estréia de Juliette nessa cidade.

Não só a linguagem e a música, mas a orquestração de Juliette é muito especial. O som orquestral dessa ópera é único na obra de Martinů, e ele o desenvolveu especialmente para esta ópera, com madeiras muito angulosas e cordas muito suaves. É um son analítico, transparente como vidro, que ele nunca mais voltou a usar, a não ser na citação de um tema de *Juliette* que faz na *Sexta Sinfonia*.

A ação de *Juliette* tem um pé na realidade e outro no sonho. Sua linha vocal também oscila entre o meio-falado e o meio-cantado (Martinů usava o termo francês *mélopée* para descrevê-lo). Não se trata nem de recitativo nem de arioso, mas de uma fala que pode evoluir de repente para o canto puro e simples, muito lírico; e de um canto que pode se dissolver de uma hora para outra, retornando ao teatro de prosa. Para isso, Martinů fez questão de trabalhar diretamente com o texto de Neveux, que traduziu para o tcheco apenas fazendo-lhe os cortes indispensáveis (ao retraduzi-lo, Horowicz buscou aproximá-lo o mais possível do original). E escolheu um estilo de recitativo que preserva a naturalidade da frase falada, ora muito próximo da declamação com graus conjuntos de Debussy, no *Pelléas*, ora utilizando modelos que lembram o Ravel de *L'Enfant et les Sortilèges*. Está claro que o canto formal e assumido é reservado para a expressão poética dos sentimentos; e a fala pura e simples, para os momentos prosaicos. Mas os trechos de escrita mais fascinantes são aqueles em que os dois registros se misturam, pela sensação de instabilidade que criam. Há momentos em que, no meio de uma longa frase falada, há um segmento recitado, ou realmente cantado; e vice-versa.

A canção de Juliette apresenta a voz em estado puro, ligeiramente apoiada por um piano. O único elemento concreto de memória é, portanto, expresso por uma melodia muito simples; um efeito que se reproduz na cena em que, no bosque, um casal de velhos aparece em busca das lembranças de seu amor de outros tempos (II, 3). O pianista Rudolf Firkušný, amigo de Martinů, encantou-se de tal forma com essa passagem que lhe pediu a autorização para fazer dela um arranjo – de que fez inclusive a gravação. A respeito de *Juliette*, escreve Erisman:

Martinů faz sempre com que, por um suave contraste, seja da orquestra que surjam as seqüências mais intensamente poéticas, após cenas vocalmente indecisas. Nesta partitura em que há muitas coisas finamente cinzeladas, em oposição a um universo burlesco e prosaico [...], é a música que nos permite fazer a viagem iniciática para o mundo do visível jamais visto. Verdadeira "chave dos sonhos", ela mostra a cada um de nós o caminho para fazer esse itinerário.

Com esses momentos líricos, porém, convive o bom-humor do compositor, capaz de criar momentos extremamente eficientes. Um deles, ao mesmo tempo terno e divertido, surge no ato I, quando o Comissário pergunta a Michel qual é a sua mais remota lembrança de infância, e ele fala de "um brinquedinho amarelo que ficava girando em torno da lâmpada e fazendo quac-quac". "Era um pato", concluem os desmemoriados, e todo o coro repete, num ritmo endiabradamente sincopado: "girando em torno da lâmpada e fazendo quac-quac."

Em seu livro sobre Martinů, Guy Erismans afirma que os organizadores da Exposição Universal, a realizar-se em Paris em 1937, lhe sugeriram a composição de uma obra lírica ligeira, talvez em um ato, no estilo das que já tinha produzido anteriormente. Mas Aleš Březina diz não ter encontrado prova documental de que essa versão seja correta. Na sua opinião, foi o próprio Martinů quem, inspirando-se talvez no exemplo da *Raposinha Esperta* de Janáček, pensou, a princípio, numa história que tivesse um gato como personagem central. Foi Šafránek quem o pôs em contato com André Wurmser, colaborador de *L'Humanité*, a quem Bohus comunicou a idéia de fazer de um gato o herói de uma ópera. Gato o jornalista não tinha a lhe oferecer. Mas o que ele acharia de um libreto em que uma das personagens fosse um retrato a óleo? Uma tal idéia só podia agradar ao autor da *Comédia na Ponte*. Martinů gostou em especial da figura de Philomène, a empregadinha-narradora, que cita Racine e Verlaine, e parodia o estilo do *opéra-comique*. Labiche e Molière parecem ter escrito a quatro mãos essa farsa surrealista de tom brincalhão em que, num registro mais leve, reencontramos o mesmo equilíbrio instável entre realidade e fantasia que havia na *Juliette*.

Alexandre-bis ou La Tragédie de l'Homme qui Fit Couper sa Barbe não ficou pronta a tempo para ser apresentada durante a Exposição. Logo depois começou a II Guerra e ela só foi estreada postumamente, na Kleines Haus do Nationaltheater de Mannheim, em 18 de março de 1964 (três anos antes, quando Šafránek publicou seu estudo sobre o compositor, ela ainda estava inédita). Menos de três meses depois, o Teatro Nacional de Brno a encenou (5/6), em versão tcheca intitulada *Dvakrát Alexandr*, traduzida por Eva Bezděková. O público presente em Paris, durante a Exposição, teria certamente se divertido muito com o bom-humor despreocupado dessa comédia, em que o talento de Martinů para o pastiche se manifesta com toda a desenvoltura. No selo Supraphon, existe a gravação de Frantíšek Jílek, feita em 1986. Em 2001, o selo Chant du Monde lançou o disco a que já nos referimos ao falar de *Comédia na Ponte*: nele, há uma gravação ao vivo em Paris, de novembro de 1969, cantada em francês, com Aimée Doniat e Marcel Vigneron, regida por Jean Doussard.

Para pôr à prova a fidelidade de Armande, a sua mulher, Alexandre raspa a barba e faz-se passar por um primo distante que está voltando da América. Enquanto ele sai dizendo que foi à estação buscar o primo, surge Oscar, que Armande ficou conhecendo durante as férias em Trouville e, desde aquela época, faz-lhe a corte. A moça, fiel a seus princípios e ciosa de sua reputação, resiste à tentações, da mesma forma que o faz, a princípio, quando surge Alexandre-bis (o marido sem a barba). Porém, ao descobrir o estratagema, decide entrar no jogo e trair o marido com ele mesmo. Mas cai em sua própria armadilha ao tornar-se a presa de dúvidas e sonhos extremamente sensuais.

Toda a intriga é assistida, do alto da parede, pelo retrato a óleo de Alexandre que, feito na época do noivado, conservou intactos os sentimentos que tinha por Armande na fase mais calorosa da paixão, e fica indignado com o desgaste trazido pelo tempo, que leva seu modelo a ter dúvidas quanto ao amor da esposa por ele. Não agüentando mais, o retrato decide interferir, alertando Armande contra seu duplo, o que torna a situação ainda mais complicada. De repente, a luz se faz: por que escolher entre os dois Alexandres, se tem Oscar à mão? E é por esse afoito pretendente que Armande opta. Debruçando-se desenvoltamen-te sobre a moldura de sua tela, o retrato canta a moral da história:

> *L'homme qui change de visage*
> *et qui veut être aimé deux fois*
> *a tort de négliger l'adage*
> *qui nous dit: "Jamais deux sans trois!"*
> *Il ne faut pas tenter la femme la plus sage.*
> *L'oiseau qui chante dans sa cage,*
> *laisse la porte ouverte, il rejoint le bagage.*
> *Amants, soyez prudents. Maris, soyez subtils!*

(O homem que muda de rosto e quer ser amado duas vezes faz mal em se esquecer do provérbio que diz: "Não há duas sem três!" Não se deve tentar nem mesmo a mulher mais comportada. Se a gente deixa a porta aberta, o pássaro que está cantando dentro da gaiola logo dá um jeito de fugir. Amantes, sejam prudentes. Maridos, sejam sutis!)

Estamos em pleno domínio da convenção teatral clássica, reminiscente das comédias de Marivaux, onde eram comuns essas trocas de identidade para testar a fidelidade do amado. As brincadeiras dos *Três Desejos* são levadas ainda mais longe nesta comédia que exige a total suspensão da verossimilhança. Desde que se aceite a regra do jogo, porém, é perfeitamente possível divertirmo-nos tanto quanto Martinů, que degusta visivelmente cada expressão espirituosa do texto de Wurmser, bordando-as com uma partitura cheia de alusões e referências cruzadas: o tom de opereta dos tempos de Offenbach dá as mãos ao fox, à polca tcheca, ao *one-step*, à valsinha francesa, à canção de cabaré. A partitura é escrita para a orquestra reduzida das comédias anteriores e, nela, o piano desempenha papel muito especial, imitando o cravo que, na ópera bufa, acompanhava o recitativo seco.

O ato único tem uma clássica divisão ternária. Uma seção rápida, com recitativos ágeis, em estilo *parlando*, do início até o momento em que Armande se dá conta de que Alexandre-bis é o marido sem barba. Uma seção lenta, lírica, de clima noturno, introduzida por uma narrativa feita pelo retrato e a empregadinha Philomène:

O RETRATO   *Depuis Ève jusqu'a ce jour,*
        chaque cinquième de seconde
        fait naître un éternel amour!

PHILOMÈNE   *Depuis Adam jusqu'à ce soir,*
        chaque cinquième de seconde
        fait périr un mortel amour!

Cenário de F. Muzik para a estréia de *Julieta* no Teatro Nacional de Praga, em 1938.

Cenas da montagem de F. Krasla, de *Alexandre-bis*, de Martinů, no Teatro Municipal de Ostrava, em 1976.

O RETRATO

Comme à chaque printemps refleurissent les arbres
que l'on aurait cru dessechés,
les coeurs qu'on aurait cru de marbre
retrouvent le goût du péché,
retrouvent le goût de la vie!

(Desde Eva até hoje, cada um quinto de segundo faz nascer um amor eterno.//Desde Adão até esta noite, cada um quinto de segundo vê perecer um amor mortal.//Como em cada primavera voltam a florescer árvores que a gente achava que estavam secas, coração que a gente achava que eram de mármore redescobrem o gosto pelo pecado, redescobrem o gosto pela vida!)

É nessa seção, em que Martinů volta a trabalhar, como gosta, com o domínio do sonho e suas fronteiras tênues com a realidade, que a "conscience ennemie" de Armande a faz ser perseguida por pesadelos e remorsos. Os dois Alexandres, com e sem barba, aparecem diante dela. Um relembra os votos de fidelidade que ela lhe fez um dia; o outro argumenta que "o amor desconhece leis"; e ambos invocam em sua defesa a Deusa do Casamento – Philomène de auréola na cabeça, o espanador na mão esquerda, como um cetro, o bastão de encerar na direita, "como se fosse a bengala de Luís XIV". E a Deusa invoca, contra a mulher infiel, os demônios do remorso. Nessa "Danse des Démons", Martinů se diverte com a auto-paródia, fazendo, nesse pequeno balé, a versão "canaille" de uma das cenas de *Mariken*: "por todas as portas, de debaixo de todos os móveis, saem diabinhos: dançarinas clássicas com o *tutu,* mas usando barbas postiças louras, pretas, ruivas. Em torno de Armande, como se ela fosse 'Angélique dans son rocher' [o quadro de Ingres], elas improvisam uma ronda pretensamente infernal".

Inicia-se aqui a terceira seção, de novo alegre, em buliçoso estilo de conversação, no decorrer da qual Armande chega à conclusão de que mais vale um pássaro na mão do que dois exemplares diferentes da mesma ave voejando à sua volta. O fato de, em maio de 2000, ter-se escolhido *Alexandre-bis* – em programa duplo com *Les Larmes du Couteau –* para apresentação no Opéra du Rhin, de Estrasburgo, é um sinal da atenção cada vez maior dada à obra teatral de Martinů.

Quinze anos separam *Alexandre-bis* da ópera seguinte. Nesse meio tempo, a vida de Martinů passara por reviravoltas violentas. Em 1941, a situação criada pela guerra o forçara a exilar-se nos EUA: em 31 de março ele chegou a Hoboken, em Nova Jersey. Sua reputação o precedera e ele foi bem recebido. Encomendas surgiram e suas obras foram executadas por grandes regentes como Serge Kussevitski e Georg Szell. Mas ele se sentia desenraizado, cortado de suas raízes européias e cada mais afastado de casa. O desgaste de seus vinte anos de casamento com Charlotte era agravado pela ligação com Roe Barstow, uma bela judia divorciada de 40 anos. Terminada a guerra, apesar de seus projetos de ensinar no Conservatório de Praga, Martinů aceitou, em janeiro de 1946, o convite de Kussevitski para assumir a cadeira de composição nos cursos de verão do Centro de Música de Berkshire – o que significou fixar-se ainda mais em terras americanas.

No auge de uma crise que se reflete de forma muito clara na violência de sua *Quinta Sinfonia,* ocorreu o acidente. Na noite de 17 de julho, ao sair de casa de madrugada, no escuro – provavelmente para um de seus encontros noturnos com Roe –, Bohus caiu de um terraço sem balaustrada, de dois metros de altura. Sofreu traumatismo craniano, quebrou várias costelas e teve seqüelas duráveis: ficou surdo de um ouvido e com o equilíbrio comprometido durante muito tempo. A isso seguiu-se a tentativa malograda de deixar Charlotte e voltar para a Europa com Roe. Descobrindo o projeto, a esposa do compositor se antecipou e surpreendeu-os em Cherbourg onde, após uma explicação tempestuosa com o marido, convenceu-o a voltar para casa. Ms. Barstow continuou sendo uma ligação clandestina ou oficiosa, pois Mme Martinů recusou-se formalmente a conceder o divórcio.

Entristecido e com a saúde abalada, mas sem ter perdido o gosto pelas experiências novas, Martinů aceitou, no fim de 1951, um novo desafio. Ele, que tinha sido um dos primeiros a compor especialmente para o rádio, adorou receber a encomenda de uma ópera para a televisão. O convite, feito pela direção artística da NBC, foi motivado pela reação entusiasmada da crítica do *New York Times* à apresentação, em 28 de maio de 1951, no New

York Music Circle, da *Comédia na Ponte* (já nos referimos ao fato de ela ter sido escolhida, em 1952, como "a melhor ópera do ano"). Consciente das limitações da transmissão e da amplificação eletromagnética, naqueles anos pioneiros do novo meio de comunicação, Martinů optou pela forma em um ato, com sete personagens, coro pequeno e uma orquestra de 37 instrumentos, semelhante à da *Ariadne auf Naxos* de Richard Strauss: treze sopros, 21 cordas, piano e percussão. Isso lhe permitiu trabalhar com a boa definição e a clareza dos timbres. Escolheu como tema um conto de Tolstói e escreveu ele mesmo, em inglês, o libreto de *What Men Live By* (Para Quê Vivem os Homens), que foi ao ar em 11 de fevereiro de 1952.

Estamos de volta ao universo dramatúrgico das *Peças de Maria*, a julgar pelas palavras com que Martinů apresenta a partitura:

Esta ópera deve ser encenada como se fosse um *miracle* medieval. A ação deve ser sugerida mais do que representada. O Narrador e o Coro ficam no palco e participam da ação; as personagens podem até fazer parte do coro, quando não estão ocupadas na própria peça. Não se deve tomar literalmente as palavras do Narrador, como uma descrição do que está acontecendo no palco no momento em que ele fala. Seus comentários são genéricos. O cenário tampouco deve procurar representar realisticamente o quarto ou a rua[5]. O palco é dividido por uma parede que separa o quarto da rua, situada num nível superior, mas apenas o bastante para dar a ilusão de que o quarto se encontra num porão. Não há necessidade de porta: basta o sapateiro contornar a parede, para sair na rua.

Pela janelinha de sua oficina num porão, Martin Avdêitch, um sapateiro pobre, observa os sapatos dos passantes. É um homem tímido, solitário, e seu único amigo é um velho filósofo que o aconselha a ler a Bíblia, pois nela encontrará a resposta para a sua desesperança. Lendo a história do fariseu que convida o Cristo a vir à sua casa, ele conclui: "Eu bebo meu chá e a única coisa com que me preocupo é ter o que comer e com que me agasalhar." Tem uma visão e ouve uma voz que lhe diz: "Amanhã, olha para a rua e verás que virei ter visitar." Por mais que ele observe os transeuntes, ninguém aparece. Enquanto espera, o sapateiro convida um velho soldado a comer em sua casa; socorre uma mendiga que tem um filho pequeno, dando-lhe um velho casaco; salva um menino de rua, que está sendo perseguido pela polícia porque roubou uma maçã na barraquinha de uma velha vendedora; e trata a criança com carinho. À noite, relê a Bíblia e, numa nova visão, enxerga pela janela o rosto daqueles a quem demostrou sua compaixão. Encontra na Bíblia as palavras: "Eu tinha fome e me deste de comer; tinha sede e me deste de beber; estava perdido e me salvaste." O coro canta as palavras de Cristo: "O que deste ao mais humilde de meus irmãos, é a mim que tu o deste." Falando ao telespectador, o sapateiro conclui: "Sei que minha visão era real. Meu Salvador veio realmente me visitar. Pois neste dia eu o convido e o acolho dentro de meu coração."

A religiosidade natural do autor das *Hry o Marii* o faz escolher um conto – pertencente à fase mística e humanitária da obra de Tolstói – que já anuncia aspectos muito nítidos de *The Greek Passion*, a sua última ópera. *What Men Live By* é uma obra neo-barroca, de caráter popular como a *Comédia na Ponte*, mas de tom pastoral, deliberadamente clara e simples, com uma escrita coral de raízes nitidamente folclóricas – em especial a passagem em quatro partes, mas não-polifônica, logo no início, em que o coro descreve a arte de fabricar botas e sapatos. Haendel parece ter sido o modelo dos recitativos e dos intermezzos; e a descrição do amanhecer decalca-se na "Calma Depois da Tempestade", da *Sinfonia Pastoral*, de Beethoven.

Composição menor dentro do conjunto da obra dramática de Martinů, *Para Quê Vivem os Homens* conserva seu interesse pelo frescor de inspiração que denota. "É como se Martinů tivesse voltado à infância", escreve Šafránek, "à cidadezinha isolada onde nasceu, em que todos eram pobres, mas ajudavam uns aos outros, e eram felizes." A peça seduz também pelo modo como tenta resolver o problema da criação de ópera para um meio de comunicação novo. Por coincidência, há pontos de contato, na feitura e no clima dramático, com *Amahl and the Night Visitors*, do italiano Gian Carlo Menotti – radicado nos EUA desde 1928 –, estreada pela NBC pouco antes (24.12.1951).

---

5. Neste ponto, há um esboço, feito pelo próprio Martinů, mostrando como ele imaginava o cenário.

O mesmo canal nova-iorquino mandou ao ar, em 7 de fevereiro de 1953, a ópera seguinte. *Marriage* tem libreto do próprio Martinů, em inglês, adaptado da "história perfeitamente inverossímil em três atos", de Nikolái Gógol, que já inspirara a Mússorgski uma obra inacabada (ver *A Ópera na Rússia*, desta coleção). A fase é mais tranqüila e isso se percebe no bom-humor de uma partitura bastante descontraída.

Em maio de 1952, Charlotte e ele tinham ido para a Bretanha, onde o contato com os pescadores e o espetáculo do mar – pelo qual Bohus, como todo bom tcheco, nascido num país sem mar, tinha verdadeira fascinação – lhe fizeram muito bem. Depois, sem a mulher, fez turismo pela Itália, reviu Roe em Milão e, na praia de Óstia, conheceu uma outra mulher, "une aventure de vacances", com quem viajou pela Áustria. Tinha voltado a compor vertiginosamente como antes: *Marriage* foi escrita lado a lado com o *Concerto Duplo* e a *Sexta Sinfonia* – nas três há a mesma luminosidade e alegria de viver.

Gógol era, para Martinů, uma antiga ambição. Tempos antes, chegara a preparar um libreto baseado nos *Serões de Dikanka*, ilustrando-o com pequenos desenhos ingênuos, em que tentava visualizar os cenários e as personagens. Erisman chama a atenção para a coincidência entre as circunstâncias pessoais de Bohus, vivendo a crise de um casamento desgastado, e o modo cáustico como o russo trata as hesitações do funcionário público Podkolióssin em se amarrar. Ele acha que chegou numa idade em que tem de se casar; mas hesita em aceitar a noiva que lhe é oferecida pela casamenteira Fiókla Ivánovna – o que explica o tipo de humor presente na partitura. Diz Erisman:

A necessidade de satisfazer o grande público da telinha não criou problemas [a Martinů]. Pelo contrário, ele variou os estilos musicais, parodiou, divertiu-se, encontrou as linguagens vocais apropriadas, um recitativo próximo do diálogo cantado, reservando a Agathe [Agafía Tíkhonovna, a candidata a noiva] a única ária da ópera, "How my heart is beating". A orquestra é leve e há duas possibilidades de conclusão, o que não está previsto em Gógol, mas deve ter agradado ao produtor do programa de televisão.

Martinů retorna, com o *Casamento*, ao clima poético dos anos de 1930. À simplicidade da história respondem o uso da orquestra de câmara, as estruturas predominantemente tonais, da forma clássica da "ópera de números" com cenas de conjunto de leveza mozartiana. É particularmente bem-sucedido o trio entre Podkolióssin, o funcionário público Ivan, e Jevákin, oficial aposentado da Marinha, também candidatos à mão de Agafía. Podkolióssin encontra-se com eles na casa da moça e, já em dúvida, deixa-se influenciar por Ivan, que fica examinando os móveis para se certificar se o pai da moça é realmente próspero, e por Jevákin, que considera insuficiente a sua educação, pois ela não sabe falar francês. Tanto os três pretendentes quanto Agafía são absolutamente indecisos. Querem casar-se, mas morrem de medo de que o casamento altere os padrões tranqüilos de vida que levam como solteirões.

Isso fica muito claro no encontro de Podkolióssin e Agafía, o mais curioso casal de namorados do teatro de Martinů. Embora a princípio a conversa seja absolutamente tola, sobre assuntos sem importância, quando o pretendente se retira, a moça está bem impressionada: "What a fine man! You can't help falling in love with him. He's so modest, so intelligent. Oh! What an excellent man." (Que bom homem! Não dá para não se apaixonar por ele. Tão modesto, tão inteligente. Que homem excelente.) Mas, logo em seguida, em sua grande ária, expressa seus temores:

And so at last there's going to be a change in my fortune, oh! They will lead me to the church, then they will leave me alone with the man... Oh, the very thought gives me the creeps! Good bye to the life of a girl! So many years I've lived in peace and quiet. Now... I must get married! Oh, poor me! Only twenty-seven years of maiden life and not much girlish fun during those years!

(E então, finalmente, vai haver uma mudança em meu destino, oh! Vão me levar para a igreja e, depois, me deixarão sozinha com o homem... Oh, só de pensar nisso fico toda arrepiada! Adeus à vida de garota! Durante tantos anos vivi em paz e tranqüilidade. Agora... tenho de me casar! Oh, pobre de mim! Apenas 27 anos de solteira e, durante esse tempo, não muitas distrações adolescentes!)

Mas Podkolióssin volta, cheios de rodeios, dizendo que está prestes a lhe dizer algo muito estranho, e provavelmente nunca teria desembuchado se seu amigo Kotchkarióv, que está por perto, não dissesse a Agafía que ele

Cenas da montagem do *Casamento*, de Martinů, na Ópera de Hamburgo, em 1953.

Versão do *Casamento* dirigida em 1960 por Vlast Gronský, para a Televisão de Praga.

Cena da montagem do *Casamento*, feita por Rafael Sedlaček, no Teatro Nacional de Brno em 1960.

quer pedir sua mão em casamento. Forçados pelo amigo, eles concordam em casar-se imediatamente, e Agafía vai colocar o vestido de noiva. É a vez de o rapaz encher-se de temores e hesitações:

What did I do? I existed, went to the office, ate, slept. I was the most trivial and ordinary man! Only now do I see how stupid I was! [...] I'll be a married man! Suddenly I'll know bliss such as exists only in fairytales. [...] However, say what you will, it's rather frightening when you think it over. After all you tie yourself up for as long as you live, and no regrets can undo it, it's all done and over.

(O que foi que eu fiz? Existi, fui trabalhar, comi, dormi. Eu era o mais comum e trivial dos homens! Só agora me dou conta de como era estúpido! Serei um homem casado. De repente, conhecerei a felicidade tal como ela existe apenas em contos de fada. [...] E, no entanto, diga você o que quiser, é um tanto assustador quando se pensa bem. afinal de contas, você vai se amarrar pelo resto da vida e, se se arrepender, não pode desfazê-lo, está feito e pronto.)

O pavor é tanto que, não podendo sair pela porta, Podkolióssin foge pela janela, deixando ao pobre Kotchkarióv, com cara de tacho, a inglória tarefa de explicar a Agafía que seu noivo fugiu. Há dois finais alternativos, como diz Erisman em seu texto. No segundo, voltamos ao início da ópera. Podkolióssin está sentado em seu sofá e conversa, como na cena 1, com Stepán, seu criado, que lhe dá notícias sobre o casaco que ele mandou consertar no alfaiate.

No texto de apresentação do álbum da Supraphon, Aleš Březina mostra como a paródia é o traço dominante nessa partitura, sem paralelo na obra do compositor. As citações são freqüentes: a melodia dos *Barqueiros do Volga* no monólogo de Podkolióssin, "What a brave people the Russians are!"; a *Marcha Nupcial* de Mendelssohn na cena do jantar oferecido à candidata a noiva. A partitura está cheia de filigranas cômicas, como a percussão que acompanha o movimento dos dedos de Podkolióssin, muito nervoso, tamborilando em cima da mesa. E Martinů é mestre na arte do contraste. Sabe extrair efeitos engraçados da melodia lírica e de contornos bonitos para acompanhar situações ridículas. Por exemplo, as reflexões de Jevákin sobre as razões que teriam levado Agafía a rejeitá-lo: "No! No! I am not revolting, one could say that", ele conclui. Ou o motivo de açucarado sentimentalismo bordado em torno das palavras banais de Jevákin: "What does my little rose think, my sweet little rose?" Mas não são efeitos muito insistentes, pois Martinů vê com simpatia as figuras caricaturais de Gógol e sabe que o próprio Jevákin não tem consciência de sua mediocridade.

Musicalmente, uma das grandes cenas da ópera é a 10 no ato II, quando Podkolióssin e Agafía finalmente ficam sozinhos. Já nos referimos ao fato de a conversa ser um desastre. Sem saber o que lhe dizer, o rapaz só fala de bobagens, e a música está cheia de silêncios embaraçados, interrompendo uma série de intervenções fragmentadas dos instrumentos, que não têm muito a ver uma com a outra. Como é comum na obra de Martinů, *Marriage* constitui uma brilhante mistura de estilos e procedimentos variados. Cometendo a ousadia de trabalhar com um texto que já tinha despertado o interesse de um gênio do porte de Mússorgski, o tcheco consegue dar à peça de Gógol tratamento muito diferente, e com a sua marca pessoal inconfundível.

A menção que há, nas memórias de Charlotte Martinů, à satisfação com que ela recebeu os cumprimentos elogiosos das colegas, no salão de cabeleireiro onde trabalhava, dá a medida do sucesso da transmissão de *Marriage*, pela televisão americana, em fevereiro de 1953. Pouco depois da estréia na televisão, *Casamento* foi apresentada no palco, em Hamburgo. Traduzida para o tcheco por Eva Bezděková, com o título de *Ženitba*, foi encenada no Teatro Nacional de Brno em 13 de agosto de 1958. O regente desse espetáculo, Václav Nosek, fez com o mesmo elenco da criação – Vladimír Bauer, Jindra Pokorná, Josef Štefl – uma gravação de estúdio na Rádio Brno, relançada em CD, em 1999, pela Supraphon. Além da excelente interpretação, trata-se de um álbum de interesse histórico.

Apesar do sucesso que sua música fazia nos EUA, Bohus tinha decidido, logo após a estréia do *Casamento*, voltar definitivamente para a Europa, cuja paisagem e ambiente cultural lhe faziam tanta falta. Tinha planos de escrever uma nova ópera e, para isso, recebera uma bolsa de US$ 3 mil da John Simon Guggenheim Memorial Foundation; mas faltava-lhe um libreto. No dia em que chegou a Paris, comprou um livro contendo duas peças de seu amigo Georges Neveux. Gostou muito de uma delas, *Plainte contre Inconnu* (Queixa Contra Desconhecido), e decidiu musicá-la, embora percebesse, de saída, a dificuldade em transpor para o palco lírico a ação dessa comédia de humor negro que Neveux, nascido na Ucrânia, ambientara na Rússia em 1910.

Por motivos diferentes, cinco pessoas são candidatas ao suicídio. Elas procuram um juiz – homem de muito sucesso – para fazer uma queixa contra Deus ou, na sua ausência, contra pessoa desconhecida. Um dos queixosos acaba de ganhar na loteria e ficar rico, mas não consegue esquecer os vinte anos em que passou fome. Um casal de namorados diz não conseguir mais conviver, depois de ter ficado dois anos separado pela guerra. Um homem terrivelmente solitário sente-se tão vazio que só tem desprezo por si próprio. A única que não sabe dizer por que quer morrer é Pasha, a garota de rua. O juiz lhes oferece a sua casa para o suicídio coletivo mas, quando eles iniciam os preparativos, Pasha sente, dentro do ventre, os movimentos do bebê que está esperando. Ao descobrir que ela está grávida, os outros decidem dedicar-se à criança que vai nascer. Ao voltar, o juiz descobre que ficou sozinho. Preocupado em garantir a si mesmo conforto material, e em preservar-se do sofrimento, ele nunca permitiu a entrada em sua vida de nada que pudesse ameaçar o equilíbrio de seu bem-estar. Agora, dá-se conta de que não possui absolutamente nada. É ele quem, no final, usa o revólver destinado aos ex-suicidas.

O que atraiu Martinů, em *Plainte contre Inconnu*, foi a condenação de uma vida em que as emoções e as relações humanas não tenham papel primordial. Nisso já percebemos o motivo que o levará, um ano depois, a interessar-se pelos romances do grego Nikos Kazantzakis. Bohus sabia que a peça de Neveux era "demasiado filosófica e estática". Não desistiu fácil, porém. Consultado, o dramaturgo, que confiava em seu instinto teatral, concordou com qualquer modificação que ele desejasse fazer. Martinů dividiu em três o ato único original; optou pela unidade de tempo, fazendo a peça começar de manhã cedo e terminar ao

anoitecer; e previu cenas adicionais, para dar maior movimento à ação. Mas nunca chegou a terminar *Queixa contra Desconhecido*. Mais tarde, confessou a Miloš Šafránek não ter conseguido encontrar o tom adequado para tratar a estranha história imaginada por Neveux. Em poder desse amigo e biógrafo estava um caderno, enviado a ele pelo compositor na primavera de 1959,

em que havia o roteiro completo da ópera, incluindo a exata duração de cada ato e cena, instruções para o encenador tão detalhadas que não omitiam sequer os efeitos de luz ou observações para os atores sobre a maneira de gesticular. Esse caderno revela, página a página, a metamorfose de uma peça de teatro numa nova forma cênica – o misterioso processo de nascimento de uma ópera. [...] As palavras inscritas no início do caderno parecem definir a concepção geral da obra: "Este é um drama lírico e humano. A música é escrita para liberar a base lírica e a poesia. Ao fazer isso, situa-se *au dessus du tragique et du comique*; não descreve, não é uma paródia..."

Aqui a frase se interrompe mas, na página seguinte, lemos:

[De forma simples e natural. *Ne pas insister.* Nem a música nem a peça insistem. Indicar apenas *l'horreur de l'insistence.*

Este último poderia ser o lema da vida e da obra de Bohuslav Martinů. (As frases em francês estão assim no texto, originalmente escrito em inglês.)

Martinů não conseguiu musicar *Plainte*. Não conseguiu tampouco levar adiante o projeto seguinte: uma ópera baseada no romance *Os Demônios* de Dostoiévski. "Tentei encontrar alguém em Nice que pudesse escrever para mim um libreto em tcheco, baseado nesse livro", contou numa carta a Šafránek. "Mas não é fácil arranjar quem se desincumba dessa tarefa. Seria necessário um libretista realmente talentoso e, como eu não o tinha, precisei desistir." Na verdade, observa Erisman, esse argumento nada tinha a ver com sua sensibilidade. Teria sido necessário um Janáček para levar ao palco lírico um romance de natureza tão dessemelhante à da ópera.

Mas a Guggenheim começava a pressioná-lo para que compusesse a nova ópera. Instalando-se numa casa confortável e isolada do Chemin de Bracolar, no distrito de Cimiez, em Nice, que pertencia ao pintor Josef Šima,

Martinů pôs-se seriamente em busca de um texto que pudesse musicar, de preferência diretamente, sem precisar convertê-lo num libreto. E escolheu *La Locandiera*, de Carlo Goldoni. Em 1937, ele já tinha pensado numa ópera baseada nessa comédia do mestre veneziano, que sempre o fascinara. *Mirandolina* será, portanto, um retorno às experiências com o mundo da *Commedia dell'Arte* que ele já tinha feito em *Teatro de Subúrbio*. Para condensar a peça, contou com a ajuda de um velho amigo: o poeta Antonio Aniante, funcionário do Consulado italiano em Nice, seu vizinho quando morava na rue de Vanves, em Paris. Mas eram grandes as dificuldades de compor música para um texto em italiano. Em carta de 1º de novembro de 1954, ele dizia a Šafránek:

> É claro que a língua estrangeira está retardando o meu trabalho. Em tcheco, posso alterar a frase para adaptar-se à música. Neste caso, tenho de respeitar o texto. Por isso, não tenho muita certeza de conseguir o que me proponho a fazer, porque a estou escrevendo em estilo tcheco, e não italiano.

Foi preciso que um outro italiano, o compositor Eleuterio Lovreglio, residente em Nice, o ajudasse com os problemas de prosódia. E aos obstáculos lingüísticos vinha somar-se a sabotagem do "pior piano que já tive na minha vida inteira, o único que coube dentro de meu apartamento, um pobre infeliz afinado uma terça abaixo do normal e com som tão desolador que me deu vontade de chorar, a primeira vez que toquei nele" (carta de 14 de maio de 1959 a Šafránek). Apesar disso, *Mirandolina* foi muito aplaudida ao estrear, em italiano, no Teatro Smetana de Praga, em 17 de maio de 1959. Mas em carta a Šíma (15/9), Martinů confessou:

> Eu teria preferido compor uma outra obra, que correspondesse melhor às minhas necessidades interiores, algo passado na Eslováquia, onde as pessoas dançam batendo com o pé no chão.

Nada há de muito profundo na história da bela taverneira Mirandolina, que brinca com os corações de seus pretendentes aristocratas – o conde de Albafiorita, o cavaleiro de Ripafratta e o marquês de Forlimpopoli – mas, no final, casa-se com seu ajudante, pois ele lhe

será mais útil na gestão dos negócios. Mas o texto de Goldoni está cheio de observações finíssimas sobre a natureza humana e a vida social de seu tempo; as melodias são encantadoras, e o ritmo dramático, muito vivo – ou seja, *Mirandolina* possui aqueles ingredientes básicos de que uma boa comédia precisa. Isso ficou provado com a calorosa acolhida que ela recebeu do público, ao ser montada, em 2002, no Festival de Wexford, por Paul Curren e Kevin Knight, sob a regência de Riccardo Frizza. Como as produções desse festival são normalmente lançadas em disco, pode-se esperar que uma gravação venha documentar mais esse trabalho de Martinů.

De um ponto de vista estritamente cronológico, aqui é o ponto onde deveríamos situar o estudo de *A Greek Passion*. Mas como é complexo e em duas etapas o seu processo de gestação, prefiro tratar antes da obra escrita entre a primeira e a segunda versões dessa ópera em que culmina o teatro de Martinů.

O abandono de *Plainte contre Inconnu* o deixara com a sensação de que estava em dívida com Neveux. A oportunidade para acertar as contas e fazer nova incursão no onírico universo dramatúrgico de seu amigo surgiu em 1958, quando leu *Le Voyage de Thésée* – uma peça que não conhecia, pois não pudera assistir à estréia, no Théâtre des Mathurins, em 23 de outubro de 1943, tendo Maria Casarès no papel título. A partitura luminosa de *Ariane* será o fruto de uma das fases mais atribuladas na vida do compositor.

Nunca inteiramente recuperado das seqüelas do acidente de 1946; deprimido pela notícia de que seu irmão František estava com câncer em estado terminal; ele próprio já experimentando os primeiros sintomas do tumor no estômago de que morreria, Martinů começou também a sofrer de tendinite na mão direita, o que praticamente o impedia de escrever. Depois que Maja Sacher – a esposa de Paul Sacher, regente de uma famosa orquestra de câmara suíça – o convenceu a consultar um médico, ele escreveu ao compositor Marcel Mihailovici (a carta é quase ilegível, de tão trêmula que é a letra):

> Vou começar a escrever música com a mão esquerda. Quem sabe, assim, consigo me transformar em um compositor dodecafônico?

Cenas da montagem de *Mirandolina*, da autoria de Rafael Sedlaček, no Teatro Nacional de Brno, em 1968.

Ariadne, encenada por Jaromír Svoboda no Teatro Nacional de Praga, em 1975.

Por outro lado, deprimia-o a situação política desoladora de seu país onde, após o breve período de esperança que se seguira à morte, em 1953, do stalinista Klement Gottwald, houvera um novo endurecimento. A repressão sangrenta ao levante húngaro de 1956 foi um choque terrível para ele. Além disso, incomodavam-no as suspeitas do governo americano – em pleno maccarthismo – de que, sendo ele um compositor muito popular em sua pátria, pudessem ser de simpatizante as relações que mantinha com o regime comunista de Praga. Em 1958, porém, quando quis visitar seu país, a permissão lhe foi negada, pois o governo tcheco desconfiava de seus contatos com o Ocidente. Como é possível *Ariane* ter brotado de solo tão hostil? A resposta está numa carta que, nessa época, Bohuslav escreveu à sua aluna de composição Vítězslava Kaprálová:

> Os compositores do passado também viveram momentos difíceis e, no entanto, deixaram-nos uma bela imagem do mundo e de sua vida. É o que me leva a retomar a pena e a começar a rabiscar de novo essas notinhas minúsculas.

Em Liestal, na Suíça, onde passou seus últimos anos, Bohuslav tomou a longa peça de Neveux, em quatro atos, e transformou o II e parte do III num libreto de 45 minutos. O choque entre o dever e um amor impossível é o tema da ópera, que Martinů terminou em apenas um mês, de 13 de maio a 15 de junho de 1958. Mas nunca chegou a vê-la no palco: *Ariane* foi estreada postumamente, no Festival de Gelsenkirchen, em 2 de março de 1961 – e logo em seguida apresentada também no Teatro Nacional de Brno.

É uma pena não se ter concretizado o sonho de Martinů que, segundo o relato de sua mulher, escreveu o papel de Ariadne pensando na possibilidade de ele ser criado por Maria Callas. Diz Charlotte que, durante a composição de *Ariane*, Bohus ouvia diariamente as gravações feitas pela Callas – em especial a da "Cena da Loucura", de *Lucia di Lammermoor* –, para familiarizar-se com o tipo de vocalismo dos papéis de coloratura. *Ariane* é uma das duas óperas de Martinů que o público brasileiro já viu: o filme exibido pela TV a cabo em 1997, misturando atores e cantores, utiliza como trilha sonora a gravação de Václav Neumann, feita em 1986 (Supraphon) e relançada em CD.

Os sete heróis chefiados por Teseu, que desembarcam de um veleiro em Cnossos, vieram combater o Minotauro. Em terra, Teseu tenta abater uma figueira para usá-la como lenha, mas é impedido por uma jovem desconhecida. Ele lhe diz que está esperando o Minotauro e a moça lhe conta que está fazendo o mesmo: embora nunca o tenha visto, ela o ama e, como sabe que ele vai combater essa noite, tem a esperança de conhecê-lo. Sabendo quem são os dois adversários, ela tenta inutilmente impedir a luta. Um arauto anuncia o casamento próximo da filha do rei com um estrangeiro e a moça desconhecida diz a Teseu: "Eu me chamo Ariadne. E o estrangeiro é você. Como é que você se chama?"

Bouroun, um dos companheiros de Teseu, recrimina-o por seu comportamento: "Olhem só Teseu, o homem que tinha vindo vencer o Minotauro e, agora, é vencido por uma mulher!" Decide combater o monstro no lugar de seu chefe, mas é morto por ele. Quando finalmente o Minotauro aparece, Teseu constata que ele tem as suas feições. "Com quem você queria que eu me parecesse?", pergunta o adversário. "Com um touro, como os pastores me descrevem? Com uma águia, uma serpente?... Pode-se matar uma serpente, uma águia, um touro, mas quem ousaria erguer o braço e ferir a si mesmo de morte?" O amor, porém, arma o braço do herói. O "Teseu feliz que tem na cabeça a voz de Ariadne" mata o Minotauro. "Eu sabia que ele se parecia com você", diz-lhe a princesa ao ver o monstro cair. Terminada a sua missão, Teseu tem de ir embora. Num último monólogo, Ariadne despede-se dele, dizendo que ela também partirá "em busca de um rochedo solitário por onde não passe nem sequer um barco". Suas últimas palavras: "Não quero mais ver uma vela no horizonte. Nunca mais, nunca mais. Não será a tua. Nunca mais. Se eu tiver de morrer, morrerei feliz, pois aquele a quem amei foi o rei Teseu".

No programa de uma apresentação de *Ariane* no Opéra du Rhin, de Estrasburgo, Aleš Březina demonstra como a escolha do tema mitológico é "o último tributo do compositor ao Surrealismo, que o influenciara fortemente nas décadas de 1920-1930". A começar pela idéia do labirinto, como a alegoria do universo impenetrável do artista, exterior ao mundo "normal", que é muito comum na imagística surrealista (de resto, era *Le Minotaure* o título da revista editada por André Breton). Březina chama a atenção para as semelhanças entre *Ariane* e *Juliette*:

Da mesma forma que o Michel de *Juliette* é a única personagem real da ópera, e as outras não passam de reflexos de seus próprios desejos, Teseu também é a única personagem real e verossímil em *Ariane*. Todas as outras são seres "sem qualidades" e sem passado. Como em *Juliette*, podem mudar de identidade – o tabemeiro do prólogo de *Ariane* é também o tambor da cidade –, pois representam simples pedras de toque, como nas lendas antigas, em que o herói faz uma viagem de autoconhecimento. É por isso que Ariadne não precisa de nenhum sinal que a distinga, e Bouroun, o amigo de Teseu, tampouco tem traços característicos. Aos olhos de Martinů e de Neveux, a presença de Ariadne serve a um único objetivo: lembrar a Teseu a sua tarefa primordial, matar o Minotauro.

O tema de *Ariane* é, portanto intemporal e o clima, onírico. Para expressá-los, Martinů opta por um estilo neobarroco, dando à sua ópera uma forma inspirada na dos *dramme per musica* do início do século XVII. Diversas vias trilhadas pelo compositor, ao longo de uma carreira rica em alternativas estilísticas, parecem convergir para esta partitura. Mas são as características seicentistas que lhe conferem perfil próprio. Uma sinfonia de estilo monteverdiano precede cada uma das três cenas. O diálogo lembra muito o recitativo monódico das primeiras produções da Escola Florentina. Mas sempre que a temperatura dramática o exige, o canto evolui para um lirismo muito pessoal. "A ária final", comenta Erisman, "oferece uma síntese da sobriedade monteverdiana com fórmulas sensuais próximas de um Richard Strauss" (o da *Ariadne auf Naxos* em particular, que trata da mesma personagem). O expressivo vocalise que aparece nessa e em outras passagens, de um tipo desusado no teatro de Martinů, parece dar razão ao que dizia Charlotte sobre o projeto de seu marido de oferecer a Maria Callas o papel-título dessa ópera.

As sinfonias que pontuam a peça são de estilo muito variado. A primeira é muito curta, com apenas 29 compassos. A segunda, mais longa e elaborado, com forma ternária em *da capo*, e um trio de caráter muito lírico. A terceira, um *larghetto* em tom de marcha fúnebre. A simetria, da qual Martinů parecia ter-se distanciado em suas peças anteriores, retorna nesta pequena ópera de estrutura ternária: três quadros – a chegada, o combate, a partida –; três sinfonias e, no final, o *tour de force* de uma longa ária ternária para a personagem título, com quase dez minutos de duração – "mas sem que com isso se percam a intensidade e a força da expressão", adverte Březina. No epílogo dessa página – com a qual Martinů homenageia o Monteverdi do "Lamento d'Arianna" – ouve-se, no piano e na celesta, uma inesperada citação do tema da *Sinfonia n. 1*. Na apresentação do álbum de V. Neumann, escreve Jaroslav Mihule:

O encanto e o frescor desta peça toda feita de alusões provém do fato de que – tanto no poeta quanto no compositor – a matéria-prima é de extraordinária simplicidade e não rompe o vínculo entre o símbolo e aquilo a que ele remete. Essas qualidades são devidas também ao caráter autêntico das personagens da ópera cujos dramas podemos – apesar da base mitológica da obra literária – ligar ao homem moderno em sua vida cotidiana. Seja em *Juliette*, seja na *Ariane*, a abordagem surrealista de Georges Neveux não impediu sua imaginação muito livre de ver e de manter o elo com a realidade do mundo. Abertamente aparentado ao primeiro modelo do gênero, a *Arianna* de Monteverdi, o lamento final de Ariadne é a expressão perturbadora da dor de uma mulher abandonada. Mas se relermos as frases que a peça oferecia ao compositor como ponto de partida, e as compararmos ao efeito do finale da ópera, não podemos deixar de experimentar um grande sentimento de admiração. Neveux deve ter-se sentido lisonjeado ao ver sua obra ser complementada de forma tão perfeita pela música.

Ariane, com suas proporções reduzidas, foi uma pausa para respirar que Martinů se permitiu, no meio de um projeto muito mais ambicioso. Ele próprio o reconheceu numa carta que escreveu aos parentes de Polička, em 3 de junho de 1958: "Estou escrevendo uma operazinha em um ato para descansar de um trabalho maior, *The Greek Passion*, que está me custando um grande esforço." Para ele, que só sabia descansar carregando pedra, essa não foi, de resto, a única "distração": a *Sonata para Cravo* e o *Duo n. 2 para Violino e Violoncelo* também vieram interromper uma composição iniciada em fevereiro de 1956.

Mas não apenas como "parada para respirar" *Ariane* é importante. Antes de abordar *A Paixão Grega*, Martinů sempre seguira a atitude, mais ou menos comum em sua época, de rejeitar a ópera tradicional, substituindo ao canto propriamente dito uma vocalidade muito enraizada na prosódia, e recorrendo à fala pura e simples, cada vez que isso lhe parecia necessário. As formas utilizadas eram muito variadas, porque os temas escolhidos lhe permitiam derivar para estilos ou fórmulas periféricos: o jazz, o cinema, a *Commedia dell'Arte*, o teatrinho de fantoches ou de feira, os modelos antigos ou populares como o drama litúrgico medieval. Cruzava a ópera com gêneros paralelos, a cantata, o oratório, e lançava mão de técnicas novas provenientes do rádio ou da televisão. Desde as suas primeiras experiências no domínio do balé, Martinů propunha-se a realizar o velho sonho da obra de arte total, num teatro que era a síntese da palavra e da música, do gesto, da dança, da pantomima. Em *Ariane*, de repente, vêmo-lo voltar-se deliberadamente para determinadas formas tradicionais de expressão "operística". Essa volta à tradição, de resto, já se tinha iniciado com a que seria a sua última e maior obra para o palco lírico.

Em 1956, ao solicitar à Fundação Guggenheim a ajuda para uma nova obra, Martinů lhe enviara uma carta em que dizia:

> Estou planejando escrever uma ópera intitulada *The Greek Passion*, baseada em um romance de Nikos Kazantzakis. Precisarei de uns dois anos de trabalho antes de ter o prazer de ver a última página dessa partitura. [...] Em 1953-1954, terminei a comédia *Mirandolina* e, agora, sinto-me pronto a dar um novo passo, muito mais difícil, e escrever uma tragédia musical. Encontrei o texto que vinha procurando há anos. É uma tragédia contemporânea ambientada em uma aldeiazinha grega. Tive o prazer e a honra de ficar conhecendo o sr. Kazantzakis no sul da França e trabalhamos um ano inteiro na adaptação desse romance tremendo, cheio de ação. Houve muitas modificações mas, agora, o libreto está em sua forma definitiva. No nosso tempo, o artista luta contra a confusão de valores e busca a ordem, um sistema dentro do qual os valores humanos e estéticos sejam preservados e confirmados. É isso que encontro no romance do sr. Kazantzakis e, por isso, o escolhi como o texto para uma ópera trágica.

Na verdade, era em *Zorba, o Grego* que Martinů tinha pensado quando entrou em contato pela primeira vez, em 1954, com Nikos Kazantzakis, que morava em Antibes. Mas o romancista sugeriu que, em vez de *Zorba*, ele adaptasse *O Cristo Recrucificado*, de 1948. E em 16 de outubro mandou-lhe a tradução inglesa de Jonathan Griffin, dizendo: "Pode fi-

car com o livro, ele é seu. Assim poderá escrever nele como quiser." Tendo lido o romance – de que Jules Dassin extrairia em 1957 o belíssimo filme intitulado *Celui qui Doit Mourir* (Aquele que Deve Morrer) –, Martinů deu-se conta de haver nele o material perfeito para uma ópera em grande escala. Usou o próprio texto de Griffin, extraindo dele, portanto, um libreto em inglês. Em *The Genesis of the Greek Passion*, Aleš Březina assim descreve o trabalho de adaptação que ele fez:

> O principal problema era condensar uma novela muito extensa num libreto de duas horas, e isso exigiu a redução do número de personagens, a omissão considerável de informações sobre as suas biografias individuais (em lugar da descrição detalhada da "história da aldeia", Martinů os caracteriza mediante o uso de situações "típicas") e, em especial, a omissão de um dos temas principais, onipresente no livro: a dominação turca de Creta. Martinů, portanto, reduziu o extenso eixo temporal, fazendo com que ele partisse de um início neutro – a seleção dos atores que vão participar do drama da Paixão –, passando pela gradual identificação dos escolhidos com as suas personagens bíblicas, até chegar ao sangrento clímax. A maior atenção é dada à transformação das personagens principais de pessoas comuns em indivíduos que, por um lado, tornam-se capazes de sentir piedade pelo próximo e, por outro, chegam a cometer um crime.

Embora de modo geral fosse muito crítico, Kazantzakis reagiu bem a esse texto. Em 29 de novembro, escreveu a Martinů:

> Li o seu libreto com muita atenção. Acho-o claro e equilibrado. Não preciso modificar nada. O senhor sabe, melhor do que ninguém, do que precisa para a sua música; e na ópera, é a música que vem primeiro.

A correspondência com o escritor demonstra que este seguiu muito de perto a elaboração do libreto:

> Peço-lhe que dê muita importância aos coros. Deve ser uma obra de massa, em que o coro desempenha papel de primeiro plano. Gosto da sua idéia de inspirar-se em Bach. Naturalmente os diálogos devem ser muito breves. Trabalhe com todo entusiasmo e espero que me apresente logo o seu primeiro plano.

Uma carta de 9 de fevereiro de 1955 mostra, porém, que Martinů, de hábito tão rápido para compor, estava esbarrando em dificuldades:

> Preocupo-me tanto quanto o senhor com o ato IV. Estou tentando encontrar uma solução para ele. Espero que,

em nosso próximo encontro, possamos dar-lhe a forma definitiva.

E Kazantzakis em 8 de março:

Obrigado pelo corte: é interessante. Desculpe-me por ter interferido em seu trabalho. O plano que lhe enviei era apenas uma sugestão e não tinha nenhuma outra pretensão. A decisão deve ser unicamente sua como senhor absoluto: o gênio musical o guiará. Espero com impaciência o seu novo plano. O senhor quer vir tomar um chá comigo sábado à tarde? [...] Quando ouvirei os primeiros acordes da *Greek Passion*? Mas é preciso ser paciente: impacientemente paciente.

Em 20 de abril de 1955, Kazantzakis mostra a Martinů como devem ser pronunciados os nomes gregos e pede que ele ouça uma entrevista sobre *O Cristo Recrucificado* que será transmitida pelo rádio, dia 6 de maio, às 20 h. No dia 9, volta à carga: "Três sílabas em Nikó-lio e Ma-nó-lio, duas em Lê-nio." Quanto ao figurino: "Concordo com o senhor, não deve ser uma ópera folclórica. As roupas devem ser simples, sem nenhuma nacionalidade especial. No máximo, vestimentas mediterrâneas." E em 2 de junho:

Acho que o senhor tem razão, a melhor maneira de encontrar uma solução para os problemas é começar a criar. Criando a sua música, o senhor encontrará o que não encontra só pensando nela.

Bohus não está inativo nessa fase. Enquanto quebra a cabeça na partitura que deverá ser o coroamento de sua carreira de operista, jorram de sua pena a cantata *Hora Třĺ Světel* (A Montanha das Três Luzes), a *Sonata para Piano*, o grande oratório *Gilgamesh* – baseado na lenda assíria do Dilúvio –, os belíssimos *Afrescos de Piero della Francesca*, o *Concerto para Oboé*, as cantatas *Otvíráni Studánek* (O Despertar das Fontes), *Legenda z Dýmu Bramborové Nati* (A Lenda do Fogo sobre os Campos de Batatas) e *Romance s Pampelišek* (Romança das Flores do Campo), sobre poemas de Miloslav Bureš, e mais sonatas, concertos, peças para piano – a lista é interminável. Nesse meio tempo, Kazantzakis tinha morrido em Freiburg, em 1957 e, como dissemos, o próprio Martinů começara a sofrer de câncer no estômago. Só em 15 de julho de 1957 – quando o seu calvário pessoal estava para começar – ele deu por terminada a *Paixão Grega*.

O entendimento com o escritor sempre foi bom. Mas o que explica as dificuldades, as interrupções, as mudanças, e as dúvidas que o assaltaram durante cinco anos, é o fato de o romance de Kazantzakis ter muito pouco a ver com seu teatro musical. O universo dramatúrgico de Martinů parece ilustrar o princípio enunciado por Ferruccio Busoni em *Entwurf einer Neuen Ästhetik der Tonkunst* (Projeto para uma Nova Estética Musical), no início do século:

A ópera deveria apropriar-se do domínio do sobrenatural e do extraordinário por ser o único que, pelos fenômenos e sentimentos que o caracterizam, realmente lhe pertence, criando assim um mundo de aparências que reflita a vida ou num espelho mágico, ou num espelho de riso, e esforçando-se deliberadamente em apresentar aquilo que não conseguimos encontrar na vida real.

Juliette e *Alexandre-bis*, *Ariane* e *Comédia na Ponte* correspondem a essa concepção, em que se misturam sonho e conto de fadas, mitologia e ficção descabelada. *O Cristo Recrucificado* parte da amarga realidade da opressão e do conflito social para criar, com franqueza brutal, personagens extremamente verdadeiros, de energia exuberante, que interagem ou se chocam de maneira complexa[6]. Um dramaturgo com tendências veristas – uma vez mais, é em Leoš Janácek que o romance faz pensar – haveria de se sentir inteiramente à vontade tratando dessa história. Mas como o sensível e poético Martinů poderia achar a porta de entrada para o áspero mundo de "Kazan" – como o chamava carinhosamente? Ele a encontrou, sim, mas a duras penas.

A ação se passa no início do século em Lykovrissi, aldeia da Anatólia que vive em paz com o invasor turco. No sábado de Aleluia, após a missa, o pope Grigóris escolhe as pes-

6. Cito aqui uma interessante observação de Aleš Březina no decurso de nossa troca de idéias sobre o teatro de Martinů: "Essa é a questão: será que *A Paixão Grega* é realmente realista? A meu ver, a metamorfose interna das personagens, na ópera, é muito artificial, conduzindo à idéia da "superficialidade da arte" (neste caso, do teatro) no confronto com a "vida real". Você tem razão num ponto: *A Paixão Grega* pode realmente ser encenada de forma realista. Mas é também possível montá-la de outra forma, acentuando a vertente dos sonhos e das passagens não-lógicas, como a do ritual de construção de uma nova cidade.

A *Paixão Grega* de Martinů: apresentação do elenco do Teatro Nacional de Praga no Festival de Maio de Wiesbaden, em 1988.

Acima e ao lado: Cenas da encenação de Jaromír Svoboda no Teatro Nacional de Praga, em 1975.

soas que, no ano seguinte, participarão do Mistério da Paixão. Essa encenação é feita a cada sete anos e, desta vez, será possibilitada pelas boas relações do Conselho dos Anciões com o aga, o governador turco. Grigóris escolhe Kostandis, o dono do café, para fazer o papel de São Tiago. Seus amigos, o mercador Yannakos e o rico fazendeiro Michelis, serão São Pedro e São João. Toda a aldeia concorda que Katerina, a jovem viúva que, por necessidade, se prostituiu, deverá fazer o papel de Maria Madalena. Quem não fica nada contente é o açougueiro Panait, amante eventual de Katerina, a quem Grigóris designa para fazer Judas Iscariotes. Quanto ao Cristo, o escolhido para representá-lo é o pastor Manólios. Ele não se considera digno dessa honraria e sabe que terá de proteger sua dignidade para merecê-la.

A cena é interrompida pela chegada de um grupo de refugiados liderados pelo pope Fótis. Este conta que a sua aldeia, por ter resistido à ocupação, foi arrasada pelos turcos. E pede ajuda para seus fiéis, cansados e famintos. Temendo que a presença desses rebeldes desequilibre as boas relações de Lykovrissi com os turcos, Grigóris aproveita que Despinio, uma mulher idosa, desfalece de fome e exaustão e, dizendo a seu povo que os refugiados estão com o cólera, os faz expulsar de sua aldeia. Só Katerina e Manólios, compadecidos, sugerem aos fugitivos que se instalem na vizinha montanha da Sarakina. Pouco a pouco, os atores que vão participar do drama da Paixão vão sendo convencidos a ajudar o pope Fótis e seu povo. A princípio, Yannakos deixa-se persuadir pelo agiota Ladas a extorquir dos refugiados os objetos de valor que trouxeram consigo, em troca de ajuda. Depois, arrependido, oferece-lhes o dinheiro que Ladas lhe tinha confiado para essa transação.

Nesse meio tempo, Katerina apaixonou-se por Manólios. Encontra-se com ele à beira de um regato, e pede-lhe que não a visite mais em sonhos. Imbuído da seriedade do papel que lhe incumbe, e sem querer também desrespeitar Lenio, a filha ilegítima do rico Patriarcheas, que lhe foi designada como noiva, o pastor diz a Katerina que o relacionamento entre eles deve ser apenas espiritual. A viúva aceita a idéia de ter por ele um amor que espelhe o da

Madalena pelo Cristo. Mas os esforços de Manólios para convencer os aldeões a ajudar a gente da Sarakina desagradam cada vez mais o pope Grigóris. Além disso, ele é envenenado por Ladas, que não gostou de perder seu dinheiro, e por Panait, furioso pois a viúva não lhe concede mais seus favores.

Numa cena falada muito violenta, os três agridem Manólios, acusam-no de perturbar a paz e a ordem, de ser o profeta do diabo, de abrir caminho à revolução. "Eu o farei engolir o pó", promete Grigóris. A confrontação final ocorre durante o casamento de Lenio: tendo percebido que Manólios não a ama, ela decidiu unir-se ao jovem pastor Nikólios. Grigóris exorta a população contra Manólios e o excomunga. Num monólogo exaltado, este explica as transformações por que passou e apela a seus conterrâneos:

Our brothers from Sarakina are coming to fight. [...] Their children are starving. They lie dead on the hillside. Can you watch children dying of hunger before your eyes without rising up and demanding an account even from God?

(Nossos irmãos da Sarakina estão vindo para lutar. [...] Os filhos deles estão passando fome. Jazem mortos na encosta da colina. Vocês conseguem ver crianças morrendo de fome diante dos seus olhos sem se erguer e exigir até mesmo de Deus que preste contas?)

Grigóris ordena que ele seja espancado e Panait o apunhala. Quando Manólios morre, Martinů coloca na boca de Katerina a frase que, no romance, é dita por uma velha moradora da aldeia:

The name of the young man was written on the snow. The sun has risen, the snow has melted, and his name was borne away upon the waters.

(O nome do jovem foi escrito na neve. O sol se ergueu, a neve derreteu, e o nome dele foi levado pela água.)

A ópera termina com um cântico de réquiem liderado por Fótis, que diz a seus deserdados:

My sons and daughters, strengthen your hearts. Be not afraid, be of good courage! Forward! The march begins again.

(Meus filhos e filhas, fortaleçam seus corações. Não tenham medo, sejam corajosos! Para a frente! A marcha recomeça.)

Longe de ser heróis por predisposição natural, os seres humanos comuns que vivem em Lykovrissi vão aos poucos superando suas limitações porque se identificam com os papéis que lhes foram confiados no mistério da Paixão. Manólios, Katerina, Panait, Yannakos são, de certa maneira, reféns de suas personagens – um tema que já tínhamos encontrado antes no teatro de Martinů. Da mesma forma, o compositor ficou fascinado com a idéia de que a ação do romance é a preparação para a peça que deve ser representada no ano seguinte; e com o fato de que a chegada inesperada dos refugiados transforma gradualmente a peça futura em realidade, da mesma forma que, em *Les Trois Souhaits*, a história fictícia – a paixão das personagens no filme – transforma-se em acontecimento real: o envolvimento emocional dos atores que as representam.

A sensibilidade de Martinů está presente na forma como filtra, no romance, os elementos que vão tornando cada vez mais tênues os limites entre a realidade e a imaginação, entre a vida dos habitantes da aldeia e a das personagens que eles deverão interpretar. E na importância que dá aos sonhos de cada um e à forma como estes influem em seu destino. Essa vertente poética e onírica, embora usada com moderação, permite-lhe atenuar os aspectos mais ásperos da história contada por Kazantzakis, transpondo-os para um plano lírico e espiritualizado que, sem romper com o realismo do *O Cristo Recrucificado*, aproxima-o da natureza de seu teatro. Ao autor da tetralogia sobre os milagres da Virgem Maria, fascinava a idéia da nova descida de Cristo à terra, na pele de um humilde pastor, para estender a mão aos deserdados e aos humilhados. Amplia-se assim um motivo que já surgira em *What Men Live By* e que reaparecera também na cantata *A Montanha das Três Luzes*. A imagem do Cristo que bate em vão à porta dos ricos, pedindo a ajuda para os sem-teto, ultrapassa para Martinů os limites do cristianismo: é a expressão pura e simples da ética da compaixão pelas necessidades humanas, da solidariedade, da busca de relações justas entre os homens. Em janeiro de 1957, Martinů escreveu:

É bom para cada um de nós voltar sempre às antigas verdades, ainda que elas não nos pareçam mais modernas ou atuais ou, até mesmo, que talvez já não sejam mais verdadeiras. Temos de voltar a elas, porque representam a fé em algo de bom e verdadeiro.

É o mesmo tom do homem que, em 1949, afirmara: "O segredo que levei comigo de minha pátria para o estrangeiro foi a fé inquebrantável no ser humano." Essa fé e o desejo de fazer-se compreender da forma mais imediata é que explicam certamente os procedimentos de composição simples, econômicos – à primeira vista seria possível até dizer modestos – que ele escolhe para *A Paixão Grega*. A linha melódica muito clara e calorosamente diatônica apóia-se sempre em harmonias básicas, mas de uma maneira hábil e sobretudo muito funcional.

É muito preciso o uso dos coros em antífona, coloridos por extenso uso dos modos litúrgicos greco-ortodoxos, nas cenas de multidão dos atos I e IV. É deliberadamente trivial a melodia no acordeon, que enquadra carinhosamente a cena da conversa de Manólios com Katerina no ato III: "It's you, you've come... I've come to beg you never think of me anymore." (É você, você veio... Vim para te pedir que nunca mais pense em mim.) Mas nos trechos em que a tensão aumenta, ou quando é necessário criar a atmosfera dúbia do sonho, Martinů confere texturas mais elaboradas à orquestra, jogando com oposições de timbres. Isso acontece quando Katerina, no ato II, conta que sonhou com Manólios cortando a lua em pedacinhos. Ou quando o pastor revê durante o sono, no ato III, os acontecimentos recentes.

O cantabile da linha vocal é moderado, mas de contornos precisos, tantos nas cenas mais dramáticas quanto nas que têm caráter cerimonial e, portanto, mais estático. Em alguns momentos prosaicos – que na ópera tradicional estariam reservados à declamação cadenciada ou ao recitativo – Martinů prefere usar a fala. De grande riqueza melódica é o papel de Katerina, dotado de um lirismo que logo revela as reservas de ternura que se acumulam por trás da personalidade endurecida da mulher, forçada pelas circunstâncias a transformar-se na prostituta da aldeia. O tratamento do coro, impregnado ora de música litúrgica ora de canção folclórica, estabelece claramente a distinção entre as duas personagens coletivas: de um lado a população de Lykovrissi, dividida, atravessada por interesses contraditórios; do outro, os deserdados, um coro homogêneo, maciço, capitaneado por seu guia espiritual, o pope Fótis. Essas duas personagens coletivas, de empostação bíblica, acentuam o caráter de mistério litúrgico da obra.

Embora diversos teatros, durante o processo de composição, tivessem manifestado interesse em encená-la, Martinů não chegaria a assistir à estréia da *Paixão Grega*. Alfred Schlee, da editora Universal, entrou em contato com Herbert von Karajan – que poderia tê-la montado no Scala, na Ópera de Viena ou no Festival de Salzburgo; com o tcheco Rafael Kubelík, na época diretor artístico do Covent Garden; e com a direção da Opernhaus de Zurique. Aleš Březina reconstitui as circunstâncias quase surrealistas que cercaram a recusa da partitura pelo teatro londrino. O compositor sir Arthur Bliss, membro do Conselho Diretor do Covent Garden, sugeriu que se formasse uma comissão de três membros, encarregada de avaliar as qualidades da partitura de Martinů. Essa comissão chegou a conclusões bizarras.

Anthony Lewis lamentou "a falta de passagens líricas no libreto", disse que as personagens "careciam de delineação musical mais nítida" e expressou o temor de que "o público inglês não entenda os detalhes da hierarquia eclesiástica na província grega" – o que é de importância mais do que secundária, no frigir dos ovos. Endric Cundell considerou "o libreto tedioso", a música "de um caráter improvisatório" e "nem um pouco memorável". Quanto a John Denison, para quem o libreto era fraco, mas os coros interessantes, "talvez a ópera agradasse a um público mais amplo, mas não a uma audiência exclusivista e exigente como a do Covent Garden". Em 16 de julho de 1957, a direção deu britanicamente uma no cravo e outra na ferradura: o teatro não estrearia *A Paixão Grega*; mas não se oporia a encená-la posteriormente.

Atendendo, entretanto, a pressões dos que viam na forma muito extensa da ópera a razão principal para ela ter sido recusada – o próprio Kubelík concordara com algumas das ressalvas feitas pela comissão –, Martinů decidiu fazer uma série de revisões na *Paixão Grega*.

Březina assim descreve as diferenças entre os dois estágios da partitura:

A segunda versão, a de Zurique, foi inteiramente recomposta, na maior parte dos casos usando texto idêntico à da primeira. Em alguns trechos, a música contém uma certa afinidade com a primeira versão, como se esta fosse uma "matriz". Mas há também, na segunda versão, algumas raras passagens reutilizadas sem qualquer modificação. Há uma diferença básica entre as duas, especialmente no que diz respeito à sua estrutura musical, dramaturgia, lógica interna de desenvolvimento e apresentação das personagens principais. A música da primeira versão é bem mais dramática e o uso dos motivos característicos mais coerentes. As personagens principais são tridimensionais e a ópera caracteriza-se por mudanças abruptas de estilo, que se seguem em rápida sucessão, e também pela escolha de meios expressivos claramente diferenciados e selecionados em função das necessidades da ação. A palheta muito ampla vai da palavra falada ao arioso; do solo de gaita ao esplendor neo-impressionista da orquestra completa; de um tonalismo muito simples ao atonalismo mais complexo. Enquanto na versão de Zurique o que predomina é o arioso e o foco da ação é o comportamento positivo e heróico de Manólios, na versão de Londres o arioso desempenha um papel mais periférico e o nó da história, inserido numa moldura muito mais larga, é o processo de transformação de um simples pastor, Manólios, no advogado muito seguro de si dos refugiados que se viram privados de tudo.

Para tornar o texto perfeitamente compreensível, Martinů trabalha com formas muito diferenciadas de recitativo melódico, que asseguram dinamismo e variedade de efeitos. Ora ele trabalha com o recitativo moldado nos ritmos naturais da fala, que se torna uma característica fundamental da ópera tcheca a partir de Janáček. Ora utiliza um estilo de declamação salmodiada que é de origem litúrgica – e relaciona-se com o contexto eclesiástico de boa parte da ação. Naturalmente, essa modalidade de recitativo é mais freqüente nas cenas de confrontação entre os dois popes. E em trechos como a cena 3 do ato I, Martinů alterna os dois estilos de recitativo, o modo litúrgico e o secular, para caracterizar a tentativa dos aldeões, que acabam de ser nomeados para interpretar os apóstolos, de entender as responsabilidades dessa tarefa. Em seus esforços para interpretar trechos da Bíblia, ora eles a lêem salmodiando, ora recaem no estilo "cotidiano" de falar, ora voltam ao modo eclesiástico, o que confere ao debate aspecto extremamente animado.

Em meio a esse fluxo constante de recitativo, destacam-se as passagens de arioso, colocadas em lugares estratégicos, e os interlúdios, economicamente utilizados. Dentro de uma ópera de ritmo tão enérgico, com ação que se desenvolve tão rapidamente, os momentos contemplativos ganham destaque ainda maior. Se compararmos as duas versões, constataremos que a forma preparada para Zurique transformou *A Paixão Grega* numa ópera muito mais convencional; bonita, sem dúvida alguma, mas com alguns de seus elementos dramáticos reduzidos e, portanto, com o contraste atenuado entre os momentos de ação e os de reflexão.

Fiel ao desejo de Kazantzakis de que esta fosse "uma ópera de multidão", o papel mais importante é o do coro. Até mesmo os papéis principais são de comprimento relativo. Na versão de Londres, Manólios é mais complexo, porque seu conflito interior é traçado com mais detalhes. Trata-se do homem comum que emerge naturalmente, e quase a despeito de suas próprias possibilidades, da relação íntima que se estabelece entre a história da Paixão e a dos refugiados. Na versão de Zurique, ele aparece como um herói romântico desde sempre destinado a desempenhar um papel de defensor dos oprimidos. Na versão revista, a ópera termina logo depois da morte de Manólios. No original, seu assassinato é seguido pela parábola do canário, contada pelo Narrador: o sonho do pope Fótis com um pássaro amarelo, que ele teria perseguido a vida inteira – o ideal de viver em um mundo mais justo e humano – sem jamais conseguir capturá-lo. Mas Fótis, tendo a seus pés o cadáver de Manólios, assegura a seu povo deserdado: "Whatever it may be, I shall pursue it till my death" (Aconteça o que acontecer, eu o perseguirei até a minha morte).

A versão de Londres termina com imagens contrastantes que lhe dão muito mais força. Os aldeões de Lykovrissi comemoram o Natal, cantando "Aleluia! Glória!", como se nada tivesse acontecido. Na Sarakina, os refugiados réunem-se em volta do cadáver de Manólios, e cantam "Kyrie eleison". À hipocrisia da religião ritualizada, opõe um apelo a Deus em que a comemoração do nascimento de Cristo trança-se, em unidade indissolúvel, com o martírio do pastor escolhido para representar Seu sacrifício na cruz. "Senhor, tende piedade de nós": a história da paixão não chega a um final formal – ela fica em aberto e é a do contínuo calvário de toda a humanidade.

Martinů terminou a revisão da *Paixão Grega* em janeiro de 1959. Mas quando morreu, em 28 de agosto, ainda estavam em andamento as negociações para a estréia em Zurique, que só se concretizou em 12 de junho de 1961, sob a regência de Paul Sacher. A Tchecoslováquia viu a ópera em 3 de março do ano seguinte, no Teatro Nacional de Brno, traduzida como *Řecké Pašije*. É da segunda versão o excelente registro feito em 1981, por sir Charles Mackerras, para o selo Supraphon, com elenco inglês e o libreto original.

Na década de 1990, Mackerras e o Dr. Alfred Wopman, diretor do Festival de Bregrenz, propuseram a Aleš Březina fazer a reconstrução da ópera em sua forma original. Foi difícil reconstituir o manuscrito pois, durante o processo de revisão, Martinů o desmembrara, presenteando vários amigos com suas páginas. Foi preciso mobilizar várias instituições para localizar cada um desses fragmentos do manuscrito e reagrupá-los. Mackerras fez uma revisão completa do libreto, eliminando incoerências ou impropriedades gramaticais, resultantes do conhecimento imperfeito que o compositor tinha do inglês. E Březina procedeu à remontagem do quebra-cabeças, restabelecendo a obra tal como seu autor a concebera inicialmente. Existe, no selo Koch Schwann, a gravação ao vivo da primeira audição da *Paixão Grega* em sua forma original, em julho de 1999, no Festival de Bregrenz, sob a regência de Ulf Schirmer.

HAAS

É à coleção *Entartete Musik* (Música Degenerada), do selo Decca, dedicada a obras banidas pela censura nazista, que devemos a redescoberta de Pavel Haas (1899-1944). A princípio surgiu, nessa série, um disco em que o Quarteto Hawthorne realizava obras desse aluno de Vilém Petrželka e de Janáček; e também de Hans Krása (que, por pertencer à comunidade germânica de Praga, é estudado no volume desta coleção dedicado à *Ópera Alemã*). Em seguida, a Decca lançou o registro de *Šarlatán*, sua única ópera, ao vivo no Teatro Nacional de Praga, em junho de 1997, sob a regência de Israel Yinon.

Irmão do ator Hugo Haas, que emigrou para os EUA e fez carreira no cinema americano, o judeu Pavel Haas descobriu a vocação para a música ao receber aulas de piano na Reálka, a escola técnica que freqüentou em Brno, onde nascera. Embora exigisse que continuasse trabalhando na sapataria da família, o pai concordou em que ele continuasse os estudos musicais. E em setembro de 1920, Haas ingressou na classe de composição de Janáček. Foi sob a orientação desse mestre que fez a primeira tentativa dramática, que ficou inacabada, baseada na comédia *Triétyi* (O Terceiro), do russo Viktor Krylóv. À música incidental para *R.U.R.*, de Karel Čapek, montada no Teatro Regional de Brno, seguiu-se o convite para compor três movimentos, utilizados pelo Teatro Revolucionário de Praga para acompanhar a encenação do *Woyzeck*, de Georg Büchner.

Mas estabelecer-se como músico profissional não foi fácil e, embora compusesse bastante, Haas teve de continuar ganhando a vida como sócio do pai na sapataria.

Após a invasão alemã da Tchecoslováquia, viu-se obrigado a pedir oficialmente o divórcio da Dra. Soňa Jakobsonová, com quem tinha-se casado em outubro de 1935. Fez isso para protegê-la e a Olga, a filha de ambos, pois os casamentos interraciais estavam proibidos; mas continuou a viver em companhia das duas. Tentou sair do país, mas a situação difícil criada pela II Guerra o impediu. Em 2 de dezembro de 1941, foi o primeiro compositor a ser deportado para o campo de Theresienstadt (Terezín). Ao regime nazista, interessava apresentar esse gueto concentracionário ao mundo exterior como uma espécie de "campo modelo". Por isso, os intelectuais ali confinados tinham liberdade relativa e podiam continuar criando. Haas ainda compôs dentro do campo, da mesma forma que Gideon Klein, Karel Reiner, Hans Krása ou Viktor Ullmann (este último também estudado no volume *A Ópera Alemã*). Como eles, porém, foi levado para Auschwitz, em 16 de outubro de 1944, e mandado para a câmara de gaz.

Loupežník (O Ladrão), de Karel Čapek, e *O Dibuk*, de Schloime An-ski, foram textos estudados por Haas como possível inspiração para uma ópera. Mas, em 1933, ele leu a reedição de uma novela de Josef Winckler baseada em uma personagem real: o Dr. Johann Andreas

Eisenbart, que viveu na virada dos séculos XVII-XVIII – e da qual Hermann Zilcher já extraíra uma ópera em 1922. Como a colaboração entre judeus e não-judeus estava proibida, não lhe foi possível pedir a ajuda de Winckler, e ele mesmo teve de preparar seu libreto. O resultado é muito eficiente mas, segundo Pavel Eckstein, autor do ensaio que acompanha o álbum da Decca, os quatro manuscritos preservados no Museu da Morávia atestam a dificuldade que Haas teve em selecionar os episódios do romance e comprimilos às proporções de uma peça de teatro.

Optou pela clássica estrutura em três atos, divididos em duas cenas cada um – embora a parte central do ato I, tecnicamente constituído de três cenas, pareça desmentir essa simetria. Mas a cena 2 é, na verdade, uma espécie de intermezzo – "Jdou soumrakem a svítáním" (Viajamos de manhãzinha e no crepúsculo) – em que o coro masculino evoca a perambulação, de uma cidade para a outra, da troupe chefiada pelo charlatão. Esse "Cântico do Viajante" toma como ponto de partida a canção folclórica alemã "Ich bin der Doktor Eisenbart", inspirada pela figura real que Winckler evoca em seu livro. Enquadrado por dois interlúdios orquestrais, é ecoada, antes do final da ópera, pela cena em que a personagem título e seus auxiliares contam a três estudantes pobres as curas milagrosas que operaram.

A bela Amaranta vem procurar o charlatão, Dr. Puštrpálk, na banquinha que ele montou na feira de sua cidadezinha, pedindo-lhe que lhe dê seu remédio mágico para curá-la de neurastenia. Ele a faz sentar-se numa cesta cheia de urtigas o que, evidentemente, a faz sair do estado letárgico. O doutor fica muito interessado na moça e convida-a a viajar com sua trupe – o que desagrada muito ao monge Jochimus, encarregado pelo marido de Amaranta de vigiar a a sua esposa. O interlúdio descreve a viagem do grupo, integrado por Puštrpálk e Rozina, sua ciumenta mulher, Amaranta e os auxiliares Bakalář (Solteirão), Kyška (Leite Azedo), Pavučina (Teia de Aranha), Zavináč (Arenque Marinado), além do Comedor de Fogo, o Malabarista da Corda Bamba, o Encantador de Serpentes, o Vendedor de Theriak e duas Empregadas.

A companhia tem de se retirar às carreiras de uma das cidades em que pára, por causa da confusão criada por Rozina quando surpreende o marido fazendo a corte a Amaranta. Eles acampam diante de um velho moinho e, durante a noite, Puštrpálk tenta novamente seduzir a moça, mas é rejeitado. Ao voltar para o carroção, ouve dois de seus companheiros planejando roubá-lo e, num acesso de generosidade, decide dividir todos os seus bens com a companhia. Felizes com isso, eles organizam uma festa para comemorar, se embebedam e fazem tanta arruaça que o velho moleiro atira neles uma lâmpada pesada, acerta Zavináč na cabeça e mata-o. Apesar dos pedidos de calma de Puštrpálk, seus auxiliares tocam fogo no moinho, e ele foge em companhia de Amaranta e de Bakalář.

Na cidade a que chega, onde estão celebrando o carnaval, Puštrpálk faz sociedade com o Dr. Šereda, outro charlatão. O rei, que está na cidade incógnito, toma o "Spiritus universale" de Puštrpálk, e convence-se de que ele o curou da impotência. No meio do regozijo e das aclamações que recebe, o charlatão se entristece ao perceber que Jochimus os encontrou e convenceu Amaranta a ir embora com ele. Vai procurá-los, encontra o monge seriamente doente e, para reconciliar-se com ele, oferece-se para operá-lo de graça. Jochimus morre e, acusado pelo crime, Puštrpálk tem de fugir para não ser preso.

Tempos depois, os membros da companhia encontram-se numa taberna, e estão relembrando a ascensão e queda de seu patrão, quando Puštrpálk aparece e oferece-se para pagar a hospedagem de três estudantes pobres, se estes adivinharem seu nome. Eles acabam por reconhecê-lo e o médico é aclamado por seus ex-ajudantes. Excita-se com a lembrança de suas proezas mas, no auge do entusiasmo, surge diante dele o fantasma de Jochimus. Puštrpálk puxa a espada, investe furiosamente contra o fantasma, depois sofre um colapso e morre.

O texto dessa tragicomédia, que passa rapidamente do tom mais sério ao registro grotesco, mistura prosa e verso. Não há árias, apenas um recitativo melódico muito fluente. A orquestra tem papel de destaque na construção melódica, evidenciando-se a importância do elemento folclórico. Iniciada em maio de 1934, ela só ficou pronta em junho de 1937. Nesse meio tempo, com a música dos dois primeiros atos, Haas escrevera uma *Suíte Orquestral* que foi tocada na Rádio de Brno, em 14 de junho de 1937, como forma de despertar o interesse do público para a estréia. Esta só ocorreu em 2 de abril de 1938, na Reduta de Brno; mas foi um espetáculo grandioso, regido pelo italiano Quido Arnoldi, dirigido por Rudolf Walter e com cenários e figurinos de František Muzika. O barítono Václáv Bednář, mais tarde uma das estrelas do Národní Divadlo de Praga, criou o papel título.

Sucesso de curta duração pois, após seis recitas apenas, a situação política tcheca inviabilizou novas apresentações. E *Šarlatán* precisou de sessenta anos para voltar à superfície, felizmente com seu material milagrosa-

mente preservado, o que possibilitou a gravação da Decca. Em seu ensaio, Eckstein cita um trecho da resenha escrita por Bohumír Štedron numa revista teatral de Brno, que vale a pena reproduzir:

Em vez de melodias de fôlego longo, Haas prefere motivos rítmicos curtos, que tende a repetir sem modificá-los na essência; de um modo geral, como Janáček, recorre a essa repetição de motivos como o meio de construir estruturas mais amplas [...]. Seu estilo melódico incorpora tanto as velhas escalas eclesiásticas quanto as melodias com a escala de tons inteiros. A influência do canto folclórico é às vezes muito marcada e Haas preserva fielmente o espírito das baladas populares. [...] As melodias vocais emergem naturalmente da declamação do texto. [...] O estilo harmônico de Haas, nesta ópera, é extremamente ousado: ele salta de uma tonalidade para a outra sem se preocupar com modulações. As dissonâncias muito ásperas assim criadas são intencionais e visam a enfatizar certos detalhes do texto. [...] A orquestração é usada para criar a atmosfera das cenas, ora cômicas, ora bizarras e misteriosas.

BURIAN

Era uma família de músicos. O tio, Karel Burian, possuía poderosa voz de tenor heróico e impressionante presença cênica. Ao vê-lo criando Herodes, na *Salomé* de Richard Strauss, o compositor inglês Arnold Bax descreveu a "personagem horripilante, corroída pela luxúria, decompondo-se quase diante de nossos olhos" que ele conseguia fazer surgir no palco. Outro tio, Emil, de quem o compositor herdou o nome, também era barítono: entre 1906-1926, cantou regularmente no Narodní Divadlo e em vários teatros alemães.

Emil František Burian (1904-1959) foi uma das personalidades mais ativas na vida intelectual tcheca do entre-guerras. Estudou composição com Foerster e Ostrčil no Conservatório de Praga. Este último, em particular, estimulou-o muito, dando-lhe a chance de apresentar suas primeiras criações no Teatro Nacional. Mas foi ao teatro falado que, durante algum tempo, Burian decidiu dedicar-se como ator e dramaturgo. Aderindo ao grupo *Devětsil*, criado por Karel Teige e Vítězslav Nezval, tornou-se um dos expoentes do "Poetismo". Equivalente tcheco do Dadaísmo, era esse o movimento com que a jovem intelectualidade pretendia reagir aos horrores da I Guerra e à crise dela resultante, propondo como alternativa uma visão otimista da vida e da arte. Dizia o manifesto do *Devětsil*, redigido por Nezval:

Precisamos ver o mundo de forma a que ele se transforme em poesia. É necessário organizar artificialmente a realidade para que ela possa responder à necessidade de poesia com que o nosso século sofre. Para isso, é preciso libertar, no teatro, a poesia soterrada sob os cenários vetustos, libertando-a do jugo do dramatismo, dos temas e das ideologias, deixando que se desencadeie o jogo sem preconceitos das metáforas e dos paralelos poéticos.

Essas teorias foram postas em prática no *Osvobozené Divadlo* (Teatro Liberado), criado pelo *Devětsil* em 1926. Ali foram feitas diversas experimentações, tanto com a espontaneidade e a sensibilidade liberada sugeridas pelo "poetismo" quanto, no extremo oposto, com o estilo lógico e funcional do Construtivismo, que visava a "encontrar uma nova beleza no racionalismo e na pureza de expressão da forma e dos meios de expressão". Burian foi um dos primeiros compositores tchecos a se interessar por Stravínski, a linguagem desenvolta do Grupo dos Seis parisiense, a música de cabaré berlinense, e as conquistas melódicas e rítmicas do jazz – presentes na *Suíte Americana*. Num ensaio intitulado a *Polidinâmica de 1925*, insistiu na idéia de que o teatro devia romper com a sua moldura tradicional, abrindo-se "às sugestões das ruas das grandes metrópoles", às realidades novas representadas pelas boates, o teatro de variedades, o circo, o cinema, os esportes. "A capacidade polidinâmica da música das ruas é o sinal mais característico da arte moderna", dizia.

Mas, ao mesmo tempo, suas reflexões sobre a relação ativa entre o palco e o público – ou seja, entre o teatro e a sociedade, na opinião dele muito forte no passado, mas alterada pelas perturbações sociais e políticas trazidas pela guerra – levaram-no a colaborar com conjuntos amadores operários, compondo para eles peças corais baseadas em poemas revolucionários de Wolker, Nezval, Hora e Seifer. Conseqüentemente, foi também um dos mais ativos divulgadores da música soviética na Tchecoslováquia durante a década de 30. E desenvolveu, dentro dessa área de atividade politizada, um tipo original de melodrama: coros falados com acompanhamento musical, em que obtém interessantes efeitos jogando com timbres, coloridos e a dinâmica da declamação. Formulou também teorias arrojadas sobre a técnica da declamação teatral, que concebia como uma série de "constelações fônicas". Diz Bořivoj Srba em *Les Pièces Phoniques de E. F. Burian*:

O ponto de partida de seu esforço para sonorizar e valorizar a música da declamação era a consciência de que "a palavra, além de fazer sentido dentro da frase, é também um elemento capaz de criar uma forma", como ele próprio descreveu num ensaio sobre sua encenação da peça *O filho de Šalda*, de Vitězslav Nezval. "Além da função semântica, ela tem também seu ritmo, dinâmica e justificativa material." Baseando-se nisso, pedia aos atores que declamassem de forma a "valorizar todas as qualidades musicais da língua". Queria que dissessem o texto de uma maneira quase cantada, como se se tratasse de canto guiado por linhas melódicas precisas. Quanto ao ritmo, sugeria que o ator abandonasse a convenção banal de apoiar-se nas tônicas, que "dão a impressão do ruído monótono de uma roca girando", preferindo, em vez disso, jogar com a alternância das sílabas longas e breves.

Essa é uma característica muito típica da língua tcheca na qual, como já foi dito antes, o efeito da tônica, que sempre incide sobre a primeira sílaba, pode ser alterado pela duração das sílabas longas. É natural que tais idéias, levando a conseqüências extremas a preocupação com a dedução da "música da fala" que havia em Janáček, condicionem de forma peculiar o estilo de recitativo ou de cantabile que Burian escreverá em suas óperas. De resto, pouco antes de morrer, ele estava trabalhando na transformação dessa peça de Nezval em uma ópera; mas deixou-a em redução para piano e ela permanece inédita. Essas idéias de

Burian, porém, foram postas em prática, e de forma revolucionária, no domínio da recitação poética solista ou em coro, com a criação, em 1927, do grupo a que o compositor deu o nome de *Voice Band*. Esse conjunto fez sensação ao apresentar-se no VI Festival Internacional de Música Moderna (Siena, setembro de 1928), e ao fazer uma turnê por Veneza, Turim e Milão em janeiro do ano seguinte. O público europeu entusiasmou-se com a forma como ele aplicava os princípios expressos por Burian nos ensaios *Recitação Coral e Música Cênica* e *A Palavra Artificial*. Diz B. Srba:

[Burian] desejava atingir um tal grau de estilização que fosse possível tirar proveito do potencial melódico, rítmico e dinâmico da palavra humana, não apenas para descobrir as possibilidades onomatopéicas e rítmicas dos textos declamados, mas para criar, numa certa medida, acima desses textos, acima de suas qualidades fônicas específicas, formas autônomas de intonação e de ritmo, que levassem ao nascimento de composições musico-dramáticas originais. Por esse motivo, acredito que se possa empregar a expressão "ópera falada" para caracterizar a concepção de "obra fônica" que Burian tinha da peça de teatro.

Burian foi também jornalista, fez filmes e escreveu para eles trilhas sonoras. Em 1933, fundou o D34 (de *divadlo*, teatro, e 1934), pioneiro do chamado "teatro de diretor", cujas arrojadas propostas vanguardistas o colocam como um dos encenadores mais importantes do século. O regime fascista fechou o D34 em 1941 e mandou seu diretor para um campo de concentração. Depois da guerra, Burian voltou a Praga, reabriu o seu grupo com o nome de D46, e aderiu entusiasticamente ao regime socialista. Concorreu a um cargo no Parlamento e compôs obras de propagação dos ideais socialistas: as cantatas *A União dos Operários e dos Camponeses* (1952), *A Paz sobre o Aço* (1955) e *Maio* (1956), nas quais desenvolveu muito das pesquisas da década de 20. Em Burian, porém, o Realismo Socialista não é uma concessão a diretrizes impostas por um governo de matriz stalinista. É uma opção pessoal e um dos muitos aspectos da obra multiforme de um intelectual aberto a todo tipo de sugestão e experimentalismo, e sinceramente voltado para uma arte que eleve o nível cultural do povo.

As duas primeiras óperas de Burian, *Alladina e Palomid*, baseada no drama simbolista de Maeterlinck, e *Před Slunce Východem* (Antes que Surja a Alvorada), ambas de 1923, mostram-no combinando o pós-romantismo de Foerster e Jeremiaš com a atração pelo Impressionismo. *Mistr Ipokras, Mastičkár* (Mestre Ipocrás, o Curandeiro), comédia escrita em 1926, logo após a fundação do Teatro Liberado, já está marcada pelo espírito iconoclasta do Dadaísmo e o Surrealismo. Porém, em sua ópera mais importante, *Maryša*, que denuncia a injustiça social através de uma história ambientada, no final do século XIX, numa aldeia da Morávia, já está claro o pendor para o realismo posto a serviço da discussão das convicções ideológicas mais autênticas.

Maryša está apaixonada por Franček, filho de Horačka, humilde trabalhadora na fazenda de Lízal, seu pai. Carecendo de recursos, o rapaz não tem como escapar do recrutamento militar, e é obrigado a afastar-se da aldeia e da namorada. Durante sua ausência, Lízal força a filha a casar-se com Vávra, o rico moleiro. A vida frustrante que ela leva ao lado desse homem mais velho e cheio de filhos, pelo qual não sente a menor atração, torna-se insuportável quando Franček volta do exército. Incapaz de suportar a tensão emocional e os sofrimentos físicos que lhe são infligidos pelo marido ciumento, Maryša envenena Vávra.

O próprio Janáček pensara em adaptar a peça dos irmãos Alois e Vilém Mrštík, para a qual Novák escrevera, em 1898, uma abertura estreada apenas em 1919, e que é um verdadeiro poema sinfônico (pela sua mistura de lirismo e tensão, pela violência de seu desenlace, essa abertura prenuncia o clima da *Jenůfa*). Juntamente com Gabriela Preissová, os Mrštík pertenciam ao movimento realista responsável pela renovação do teatro morávio. Por esse motivo, há proximidade natural entre a Maryša de Burian, a *Eva* de Foerster, e a *Jenůfa*, em particular – e o universo janáčekiano de um modo geral. Na forma dramática como os elementos folclóricos são utilizados; no estilo de tratamento vocal dado ao texto da peça, utilizado diretamente, com apenas alguns cortes; e na maneira de construir algumas das personagens, sente-se a marca do teatro de Janáček. É muito parecido, por exemplo, o perfil da intolerante sogra de Maryša com o da velha Kabaníkha, de *Kátya Kabanová*. Estreada em 10 de maio de 1939 no Teatro Nacional de Brno, *Maryša* integrou-se rapidamente ao repertório dos teatros tchecos. Em 1961, Jaroslav Krombholc fez a gravação de alguns de seus trechos para a Supraphon.

As demais óperas de Burian – *Bubu z Montparnassu* (Bubu de Montparnasse), de 1927, *Opera z Poutí* (A Ópera na Feira) e *Račte Odpustit* (Perdoe, Por Favor), ambas de 1956 – têm tom modernista, satírico e, conseqüentemente, música de estilo muito mais leve, denotando a influência da opereta ou da *Zeitoper* alemã da década de 20. No Prefácio a *Bubu de Montparnasse*, o musico diz que o ponto mais importante, em sua ópera, não é o destino das personagens – a tortuosa história de amor e ódio entre o cafetão Bubu e a prostituta Berthe, que ele explora – e, sim, "o meio acústico em que os protagonistas evoluem". A forma como Burian põe em prática essa idéia – em especial pelo modo como incorpora jazz ao idioma operístico – aproxima seu *Bubu* do *Jonny spielt auf*, de Ernst Krenek, pelo qual ele tinha grande admiração. Na mesma época que levou à cena *O Soldado e a Dançarina*, de Martinů, a Ópera Estatal de Praga fez também a remontagem de *Bubu*, da qual resultou uma gravação para distribuição institucional – à qual, infelizmente, não consegui o acesso.

Dois Epígonos: Krejčí e Nejedlý

Krejčí

Assim Stepánek e Karásek definem a obra de Iša František Krejčí (1904-1968), aluno de B. Jirák e V. Novák: "É a conjunção de alegre espírito telúrico com um lirismo quase sobrenatural, de tom ora filosoficamente meditativo, ora de alegre turbulência". Regente em Bratislava e na Rádio de Praga, ele dirigiu entre 1945-1958 a Ópera de Olomouc, onde fez importante trabalho divulgando obras contemporâneas. Em seguida, até sua morte, trabalhou no Teatro Nacional em Praga. Simples e extrovertido na *Primeira Sinfonia*, cheio de conflitos na *Segunda*, Krejčí sabe ser muito espirituoso numa peça como a *Cassation-Divertimento* (1925) para flauta, clarineta, trompa e fagote, e intenso nas *Vinte Variações para Orquestra* (1936), que refletem as tensões da época em que foram escritas.

Durante a fase mais radical do Comunismo, a política cultural obrigava os compositores a escrever "música otimista, acessível à grande maioria do público". O interdito que pesava sobre o "formalismo" nunca realmente incomodaram Krejčí. Ele tinha consciência das pressões e reagia a elas; mas a sua personalidade tinha um lado alegre que se expressava naturalmente em peças diatônicas e luminosas como a *Serenata para Orquestra*, de 1950, de que Karel Ancerl fez, em 1957, uma gravação exuberante com a Filarmônica Tcheca.

Essas duas vertentes da personalidade de Krejčí refletem-se em suas duas obras para o palco. De um lado está a severidade neoclássica da ópera-oratório *Antigona*, de linhas muito rigorosas, reminiscentes da estatuária antiga, e que lhe custou difícil processo de elaboração. Escrita em 1934 e inteiramente revista entre 1959-1963, *Antígona* só foi estreada postumamente, em 1968. Do outro lado, o humor transbordante de *Pozdiviženi v Efesu* (Tumulto em Efeso), uma das mais bem-sucedidas óperas cômicas tchecas do século XX. Josef Bachtík extraiu o libreto da *Comédia de Erros* de Shakespeare, oferecendo a Krejčí a intriga ideal para ser vestida com música transparente e cintilante. A ópera tem ritmo muito vivo e cenas de conjunto extremamente bem construídas, que lhe garantiram o sucesso desde a estréia em 8 de setembro de 1946, no Teatro Nacional de Praga. Existe, no selo Supraphon, um disco de trechos dessa ópera, regidos por V. Brock (s/d).

Nejedlý

Aluno de Jeremiáš e Ostrčil, Vít Nejedlý (1912-1945) sofreu também a natural influência de seu pai, o compositor e musicólogo Zdeněk Nejedlý, uma das figuras mais importantes dentro do nascente movimento de crítica musical marxista. Os dois Nejedlý desempenharam papel ativo na União Operária dos Atores Amadores, para a qual contribuíram com canções e peças corais de teor revolucionário. Depois da invasão alemã da Tchecoslováquia, Vít exilou-se na URSS, onde participou do movimento de resistência, alistando-se na unidade militar tcheca formada dentro do Exército soviético, para a qual fundou um grupo coral que até hoje leva seu nome. Morreu precocemente, vítima de um processo infeccioso, durante a luta no Desfiladeiro de Dukla, na frente de combate dos Cárpatos.

Nejedlý é o autor de uma única ópera, *Os Tecelões* (1938), baseada na peça em que Gerhardt Hauptmann narra a rebelião dos operários silésios contra seus opressores em 1844.

É um drama fortemente influenciado pelo Expressionismo, em que há não figuras individuais que se destaquem, mas uma personagem coletiva cujo fracasso está ligado à falta de unidade e objetivos claros de sua revolta contra a opressão. Trata-se de obra de intenções abertamente doutrinárias, mas animada por uma convicção que a torna persuasiva. É uma pena que Nejedlý tenha tido a carreira interrompida tão cedo, pois há sinais de seus evidentes pendores dramáticos, não só nessa ópera, mas também em suas composições sinfônicas – a *Sinfonia n. 2 "Miséria e Morte"*, inspirada pela sangrenta greve dos mineiros em 1934; a *n. 3 "Espanha"*, dedicada aos republicanos que lutavam contra os franquistas em 1938 – ou em suas peças de câmara: a *Balada da Criança que Não Nasceu*, de 1930.

HÁBA

À semelhança de outros compositores tchecos, Alois Hába (1893-1973) iniciou a carreira como mestre-escola, em sua cidade natal de Vizovice. A partir de 1914, foi aluno de Novák no Conservatório de Praga e, em 1917, foi aperfeiçoar-se na Musikhochschule de Viena, depois teve aulas, em Berlim, com Schreker. Teve contatos muito amistosos com Schönberg, em Viena, e com Busoni, em Berlim. Ao mesmo tempo, dedicava grande atenção ao estudo da música folclórica morávia.

Interessava-se muito pelas teorias da Segunda Escola de Viena a respeito da música atonal mas, paralelamente, desenvolvia a teoria da música microtonal, a partir da observação dos micro-intervalos, comuns no canto popular de seu país. Nesse campo, tinha sido precedido pelo inglês John Foulds (1880-1939) que, estudando a música indiana, constatara nela a presença de intervalos inferiores aos semitons. Em Foulds, a técnica é aplicada na moldura de uma linguagem que permanece basicamente romântica, como é o caso de seu grande *A World Requiem*, de 1923, para as vítimas da I Guerra Mundial. Só em obras mais do fim da vida, como o *Quartetto Intimo*, de 1931, Foulds produziu música harmonicamente mais arrojada.

Em Berlim, Hába conheceu o teórico Jörg Mauer, autor de ensaios sobre a presença de micro-intervalos na música primitiva. E conviveu com Willi von Moelendorf e Richard Heinrich Stein, que fizeram algumas tentativas incipientes de composição microtonal, esbarrando, porém, na dificuldade de não disporem de instrumentos preparados para tocar intervalos inferiores ao semi-tom. Em sua obra e ensaios, Hába promoveu tenazmente as técnicas de composição microtonal e, para poder colocá-las em prática, encomendou à firma A. Förster um piano em quartos de tom (1925) e um harmônio em sextos de tom (1926). Outras empresas fizeram, a seu pedido, uma clarineta (1924) e um trompete (1931) em quartos de tom. Hába não era o único a conduzir esse tipo de pesquisa. Em 1924, também o mexicano Julián Carrillo (1875-1965) tinha começado a estudar essa técnica, que chamava *sonido 13*, como expansão dos doze sons da escala cromática. Seu *Concertino para Sexteto Microtonal e Orquestra* é de 1927 e, em 1958, ele exibiu, na Exposição Internacional de Bruxelas, peças em 16º de tom, executadas por instrumentos especialmente fabricados para esse fim.

Outro cultor do microtonalismo é o russo Ivan Vishnegrádski (1893-1979). Exilando-se em Paris após a Revolução, ele trabalhou com modos artificiais aumentados ou diminuídos em um quarto de tom. Mas, em seu caso, o efeito é obtido com a combinação de dois a seis pianos afinados em tonalidades diferentes. Sua música é estática, harmonicamente insólita e, como seu mestre Skriábin, também Vishnegrádski sugeria que sua música fosse acompanhada de projeções de slides coloridos.

O *Quarteto n. 2 op. 7*, de 1920, foi a primeira obra de Alois Hába em quartos de tom; o *Quarteto n. 5 op. 15*, de 1923, a primeira experiência que fez com os sextos de tom; e em 1967, no *Quarteto n. 15 op. 98*, ele ampliou a tentativa para os quintos de tom. A primeira peça executada fora da Tchecoslováquia, que atraiu a atenção internacional para o nome de Hába, foi o *Quarteto n. 3 op. 12*, de 1922, tocado no Festival de Salzburgo do ano seguinte pelo Quarteto Amar-Hindemith. A recepção foi dividida pois, além de ser atemático – as notas não se organizam de forma a estabelecer padrões melódicos que se repitam – a audição da música microtonal apresenta, para o ouvinte, algumas dificuldades iniciais. Habituados por muito tempo à música semitonal, estamos certamente predisposto a escutar os intervalos menores como se os instrumentos estivessem desafinados.

Das peças instrumentais, era normal que Hába passasse à música vocal. O marco inaugural é a *Suíte para Coros Femininos sobre as Interjeições Contidas nas Canções Populares da Valáquia op. 13* (1922). Começando, em suas peças para coro, e nas fantasias instrumentais, com páginas de escrita homofônica, foi ampliando gradualmente a gama de possibilidades, até dominar as texturas polifônicas. Essa preocupação, porém, não tem uma preocupação apenas formalista, como frisa Jiří Vysloužil:

> A produção de Hába na década de 1920 – foi nessa época que ele se dedicou mais à música microtonal – é marcada pelo esforço sistemático em dominar a técnica dos quartos de tom. Nesse traço de sua criação musical pode-se ver a manifestação das tendências da época que mediam a novidade da música e das idéias musicais a partir, principalmente, de seus modos de organização. De valor efêmero foram os compositores que não souberam transcender essa concepção unilateral da criação musical. Personalidades verdadeiramente artísticas, ao contrário, foram aquelas que, no limiar da década de 1930, souberam enriquecer essa concepção colocando-a a serviço da preocupação com sérios problemas humanos. Nesse momento, como se a música não bastasse para exprimir tudo o que os músicos tinham no coração, a palavra do poeta vinha em sua ajuda. No meio do trabalho aplicado às fantasias em quarto de tom, nasce o livreto da primeira ópera, escrito pelo próprio Hába e, depois de terminá-la, o compositor escreve canções a partir de obras de poetas contemporâneos tchecos, e adapta um novo libreto do romance *Nóvaia Zemliá* (A Nova Terra), do romancista soviético Gladkóv. A escolha desses textos mostra que Hába reflete

de maneira original sobre o destino da sociedade moderna, e busca uma saída para as crises sociais e espirituais de um mundo doente. Vê o caminho na transformação da sociedade industrial e na regeneração dos costumes humanos. Da mesma forma que Rudolf Steiner, o criador da antroposofia, Hába acredita que a fé no amor, na justiça e na fraternidade há de salvar os homens.

Em 1923, Alois Hába instituiu, no Conservatório de Praga, uma cadeira de música microtonal, que ocupou até 1953. Teve entre seus alunos o regente Karel Ancerl e compositores como Václav Dobiáš, Jaroslav Ježek, Štěpan Lucký e Karel Reiner. Do exterior, vieram estudar com ele o búlgaro Konstantín Íliev, o iugoslavo Slavko Osterc e o turco Necil Kǎzim Akseş. Seu catálogo é muito amplo, incluindo a cantata *Za mír* (Pela Paz), de 1950; a *Fantasia Sinfônica* para piano e orquestra (1921); o poema sinfônico *Cesta Života* (A Estrada da Vida), de 1934; concertos para violino e viola; e copiosa música de câmara tanto microtonal quanto usando a escala temperada de forma dodecafônica ou serial. No terreno dramático, ele compôs as óperas *A Mãe* – de que falaremos mais adiante;

- *Nova Země* (A Nova Terra), de 1936, baseada no romance de Gladkóv sobre a luta de uma aldeia russa para implantar a socialização e construir um novo homem; aqui é usada a escala temperada;
- e a microtonal *Při Kralovství Tvé* (Venha a Nós o Teu Reino) abordando os esforços da classe operária para se libertar de formas ancestrais de opressão que têm, em sua base, as teorias religiosas. Essas obras refletem as diretrizes impostas à produção artística pela política cultural do "realismo socialista". *Venha a Nós o Teu Reino* nunca chegou a ser encenada. A abertura da *Nova Terra* foi executada num concerto, em Praga, em 1º de novembro de 1936.

De caráter verista, numa linha que o insere na linhagem da *Jenůfa*, de *Eva* ou da *Maryša* de Burian, o libreto original de *Matka* descreve a dura realidade do campo morávio, bem conhecida de Hába, pois ele vinha dessa região. É a história do triunfo do amor sobre a aspereza, e da renovação espiritual que leva de vencida os instintos primitivos, a violência e a morte. O fazendeiro valáquio Křen, cuja primeira mulher morreu esgotada pelo trabalho muito pesado que ele lhe impunha, casa-se de novo. Maruša, a sua segunda mulher, não aceita a posição humilhante de saco de pancada, nem se contenta em obedecer e satisfazer as necessidades físicas do marido. Animada de uma concepção espiritualizada do amor conjugal e materno, ela enfrenta Křen, vence a sua natureza arrogante, e lhe mostra que há, na vida, mais do que trabalhar como um mouro e saciar, de vez em quando, os seus desejos. Essa feminista *avant la lettre* não só assume a maternidade dos filhos do primeiro casamento, como cria os filhos que dá a Křen "segundo a imagem de sua alma" – *již má z vůle boží* (que lhe foi dada pela vontade divina) – e torna-se a co-autora de uma vida em constante transformação.

A familiaridade que teve, desde a infância, com a música folclórica morávia, permite a Hába adaptar seus acentos às inflexões das séries modais bicromáticas. Reforçada pelas sonoridades rudes do dialeto morávio, a música de Hába dá autenticidade toda especial a cenas como a do enterro da primeira mulher, durante o qual a Cunhada critica Křen:

Věděls, že čeká dečko,
ale do poslední chvile's ju hónil do práce.
Ty si ras!
Tvrdé člověčisko.
Tací byli všeci Křeni! [...]
Býls nesrsta.
Šak as mi Anča často stězovala,
žes neměl nikdy dost'.
Nadřel ses na poli, ale ona chudák také,
aj cely pořadek v domě mosela obstarat;
a přecas ji žadnú noc nedál pokoja.
Děcko šlo rok za rokem jedno po druhem.
Kdo to má vydržat'!
Ženská je enom ženská.
Aj zdraví má svůj konec.
Tys ju zahubil!

(Veja o que você fez! Você sabia que ela estava grávida mas a fez trabalhar até o último momento. Você é uma figura! Um sujeito duro. Mas todos os Křen são assim mesmo. [...] Você era impiedoso. Anča se queixava freqüentemente de que você nunca estava contente. Você trabalhava no campo, mas ela também, coitadinha, e tinha de manter a casa em ordem; e você nunca a deixava em paz uma só noite. As crianças iam nascendo, ano após ano, uma depois da outra. Quem agüenta uma coisa dessas?! Uma mulher é apenas uma mulher. A saúde tem limites. Você a destruiu!)

Partindo das experiências de Janáček, Hába escreve diálogos vivos e muito próximos da maneira popular de falar. Uma das mais interessantes é a da cena 5, em que, dois anos depois de casada, Maruša enfrenta o marido pela primeira vez: ele só a quer para seu prazer e nem pensa em lhe dar um filho. Ela não é passiva como Anča: foi consultar o médico e se certificou de que não há nada de errado com ela. Křen fica tão desconcertado com uma franqueza a que não estava habituado, que só sabe dizer:

No, mími as.
Ani t'a nepoznávám,
jak sas najednúc zmenila.

E dando a entender que encaixou o golpe, bate em retirada:

A už as nestaraj, Marušo.
Mosíme jít už spát, je už k půlnoci.
Zhasni světlo!

(Fique calma. Mal te reconheço, você mudou de repente. Mas não se preocupe, Maruša. Está na hora de dormir, já é quase meia-noite. Apague a luz!)

A cena, de grande naturalidade no fluxo do diálogo, é um divisor de águas. Daí em diante, vai mudar da água para o vinho a vida do casal.

Apesar do colorido folclórico muito forte, a partitura não cita melodias autênticas; elas são "à maneira de", mas originais e tratadas de modo totalmente independente. Têm, contudo, aquela efusividade espontânea, que Janáček consegue captar em cenas como a da chegada de Štěva, todo alegre, na *Jenůfa*, anunciando que ficou livre do serviço militar. É o caso, na cena 4 – a das bodas de Křen e Maruša – do longo concertato "Jucháj! Hej, družbo, zaspívaj téj svadbě ešče něco na rozlúčenú!" (Viva! Ei, padrinho, cante uma canção de despedida para os convidados.) Às vezes também, Hába logra momentos de uma delicadeza smetaniana. Um deles é a canção de ninar que Maruša canta para seu filho Toneček, na cena 6, precedido por um interessante interlúdio: "Hali hali halučký, můj Tonečku malučký, kukuš!" (Nana neném, meu Toneček carinha de bebê, cuco!).

Muito bonita é a cena final (cena 10), a conversa do casal envelhecido depois que a família está toda criada: "Vidiš starý, všeci nas opustili" (Está vendo, meu velho, todos eles nos abandonaram). As filhas se casaram, alguns filhos, fugindo da miséria, foram para a América, sobrou apenas o décimo filho, aquele que Francek não queria mais ter, e hoje é o bastão de sua velhice. São de grande serenidade e sabedoria as palavras finais de Maruša:

> Když sem jim dávala mateřské póžehnání,
> pošuškala sem jim ešče v kuchyni,
> aby as v tom cizím světě ničeho nebáli,
> aby si na mne spomněli, když Jim bude zle.
> Aby nikdy nezapomněli,
> Že sem jich z lásky přivedla na svět,
> Že sem jich chtěla mět.
> A nebójím sa,
> že sa ve světě stratíja.
> Vija, že nejsú na tom světě
> enom z mého těla,
> ale aj z méj boži duše,
> kéra si jich žádala.

E enquanto a ajuda na mais corriqueira, e íntima, das tarefas – fazer a cama para os dois irem dormir – Křen coloca a mão bem de leve no ombro da mulher que aprendeu a amar e respeitar, e lhe diz:

> Dobře se stalo, Marušo, dobre se stalo.

> (Quando lhes dei a minha bênção maternal, sussurrei para eles, na cozinha, que não tivessem medo do mundo estrangeiro, e pensassem em mim quando as coisas estivessem ruins. Que se lembrassem sempre de que foi com amor que eu os trouxe ao mundo, que eu quis tê-los. Não tenho medo de que eles se percam pelo mundo afora. Eles sabem que não foi só o meu corpo que os pôs no mundo, foi também a minha alma, que os quis assim.//Está tudo bem, Maruša, está tudo bem.)

Esse belo final confirma o que disse: o mais importante em *Matka* não é o fato de ela ser composta de acordo com uma rarefeita técnica harmônica de audição – volto a repeti-lo – nem sempre fácil de assimilar ao primeiro contato. O essencial é a sua profunda humanidade. Existe dessa única ópera, no selo Supraphon, a gravação de Jiří Jirouš, feita em 1964, com a Orquestra do Teatro Smetana e Oldřich Spisar e Vlasta Urbanová nos papéis principais (o piano em quartos de tom é tocado por Jiří Pokorný).

Escritor prolífico, Hába publicou, para justificar as suas teorias:

- *Neue Harmonielehre des diatonischen, chromatischen, Viertel-, Drittewl-, Sechstel- und Zwölfteltonsystems* (Novos Princípios Harmônicos dos Sistemas Diatônico, Cromático e de Quartos, Sextos e Décimo-segundos de Tom), Leipzig, 1927;
- *Harmonicke Základy Čtvrttónové Soustavy* (Os Fundamentos Harmônicos do Sistema de Quartos de Tom), Praga, 1922;
- *Von der Psychologie der musikalischen Gestaltung: Gesetzmässigkeit der Tonbewegung und Grundlagen eines neuen Musikstils* (Sobre a Psicologia da Composição Musical: Regras da Estrutura Tonal e os Fundamentos de um Novo Estilo Musical), Viena, 1925;
- e também o autobiográfico *Mein Weg zur Viertel- und Sechstetonmusik* (Meu Caminho pela Música em Quartos e Sextos de Tom), Düsseldorf, 1971.

São muito importantes, além disso, os numerosos artigos publicados em revistas tchecas – *Tempo, Klic, Rytmus, Hudební Rozledy* – e alemãs: *Auftakt, Ansbruch, Melos*.

O Pós-Guerra

Terminada a II Guerra Mundial, o presidente Eduard Beneš e o primeiro-ministro Jan Masaryk – que tinham sido forçados a renunciar em 1938, logo após a invasão alemã dos Sudetos – reassumiram seus cargos e convocaram eleições gerais. A vitória dos comunistas nas urnas, em 1946, levou-os a formar um governo de Frente Nacional, tendo como primeiro-ministro Klement Gottwald, o líder do PC. O resultado foi a ingerência crescente da URSS nos assuntos internos tchecos, perseguição e processos contra membros dos partidos democráticos. Em fevereiro de 1948, pressionado por greves que escapavam de seu controle, Beneš demitiu Gottwald, nomeou em seu lugar o sindicalista Antonín Zápotocký, de linha radical e, logo em seguida, viu-se também obrigado a renunciar. Iniciou-se um período de linha dura stalinista (1951-1953), que culminou nos Processos de Praga (1952), através dos quais fez-se o expurgo anti-revisionista dentro do PC.

Após a morte de Stálin (5.3.1953), o radicalismo de Zápotocký perdeu seu principal ponto de apoio. As reformas iniciadas com o XX Congresso do PC (fevereiro de 1956), durante o qual Nikita Khrushtchóv denunciou os crimes do stalinismo, deu início, na URSS, ao processo conhecido como *Óttiepel* (o degelo), que se refletiu também nos países satélites. Na Tchecoslováquia, Antonín Novotný, designado secretário-geral em 1957, afastou os stalinistas ortodoxos, anistiou os presos políticos e reabilitou os líderes anti-soviéticos condenados por traição. Promulgou nova Constituição (1960) e propôs um planejamento econômico liberal (1965), que foi recusado pelos radicais do Partido. A linha relativamente moderada de Novotný não impediu que a insatisfação com o centralismo econômico e as restrições à liberdade de expressão gerassem uma onda de protestos estudantis que, em janeiro de 1968, o apearam do poder. Em seu lugar, assumiria Alexander Dubček, em cujas mãos a Tchecoslováquia viveria uma efêmera experiência de liberalização – o chamado "socialismo com uma face humana" –, logo sufocada pelos tanques do Pacto de Varsóvia.

Nessa primeira fase do regime socialista, orquestras, teatros, sociedades artísticas e estabelecimentos de lazer foram estatizados. A partir de 1948, teve início um amplo projeto de desenvolvimento cultural que criou condições qualitativas novas mas, ao mesmo tempo, reduziu o âmbito do experimentalismo e submeteu o trabalho dos artistas a controle rigoroso, em tudo conforme aos princípios do Realismo Socialista, formulados na URSS, em 1936, pelo comissário da Cultura Andréi Jdánov. Os artistas podiam trabalhar de forma mais estável e segura, desde que se conformassem às limitações impostas pelo Estado, tanto do ponto de vista da temática quanto da pesquisa formal – os extremos desta última sendo francamente desencorajados nas fases mais rígidas de ortodoxia stalinista.

O número de orquestras aumentou. Em Praga, além da Filarmônica Tcheca – a maior formação do país, que teve à sua frente grandes maestros como Václav Talich, Zdeněk Chalabala ou Václav Neumann –, há hoje a Sinfônica Municipal, a Sinfônica da Radiodifusão Nacional e quatro boas orquestras de câmara. No resto do país, adquiriram status importante as filarmônicas de Brno, Olomouc, Ostrava e Plzeň, a Sinfônica de Teplice e as orquestras municipais de Karlovy Vary e Mariánské Lázně. Dessas orquestras, além disso, surgiram conjuntos de câmara da mais alta qualidade. Basta citar o Quarteto Smetana, o Noneto Tcheco e o Trio Suk, pertencentes à Filarmônica Tcheca; o Quarteto Vlach, da Orquestra da Radiofusão Nacional; o Quarteto da Cidade de Praga, ligado à Sinfônica Municipal; e o excelente Quarteto Janáček, com membros da Filarmônica de Brno.

Aumentou igualmente o número de conjuntos estáveis de ópera e balé. A Ópera 5 de Maio, fundada na capital, passou logo a atuar em produções conjuntas com o elenco do Národní Divadlo e dos teatros Smetana e Tyl. Além de ampliar as atividades dos grupos já existentes em Brno, Ostrava, Olomouc e Plzeň, a nova política cultural permitiu o surgimento de companhias semelhantes em Ústí nad Labem, Liberec, Opava e České Budějovice. Novos conservatórios foram fundados em Praga, Brno, Ostrava e Plzeň. O gosto tradicional dos tchecos pelo canto coral foi amplamente estimulado pelo Estado, na medida em que essa atividade presta-se muito naturalmente à veiculação de obras com finalidades propagandísticas. Mas não se pode negar que grupos como o Coral Vít Nejedlý ou o Conjunto Nacional de Cantos e Danças desempenhou papel fundamental na preservação e divulgação – inclusive no exterior – das tradições folclóricas boêmias, morávias e eslovacas. Todas essas associações participam ativamente de um evento como o festival internacional Primavera de Praga, que funciona desde 1946, ou de diversos outros festivais regionais.

Criada em 1949, com base no modelo soviético, a União dos Compositores Tchecoeslovacos foi – pelo menos até a Revolução de Veludo (1989), que pôs fim ao regime comunista, e a conseqüente divisão do país em Eslováquia e República Tcheca (1992) – uma faca de dois gumes. Por um lado, instituiu o Fundo Musical para assegurar a proteção material de seus associados e estimular a criação de obras novas. Por outra, estabeleceu parâmetros para o que era "aceitável" – parâmetros que variaram, naturalmente, ao sabor das flutuações do regime – e fez com que se tornasse muito difícil a sobrevivência do artista independente, não-vinculado à União e não-amparado por ela. Nas fases mais liberais, obras progressistas de Stravínski, Bartók, Britten, Honegger puderam ser ouvidas. Nos períodos repressivos, sua execução voltava a ser coibida. Importante fonte de impulso criador, para os músicos nascidos entre as décadas de 20/30, foram, naturalmente, Prokófiev, Shostakóvitch, Katchaturián e outros compositores soviéticos. Mas é bem mais restrita – embora não esteja de todo ausente – a influência de Segunda Escola de Viena ou de tendências mais recentes como a música concreta, eletrônica ou aleatória.

O tom do livro de Štepánek e Karásek, publicado em 1964 – antes portanto do interlúdio liberal trazido por Dubček, e em plena vigência da gestão Novotný – dá uma idéia clara das expectativas oficiais:

Após 1945, assistiu-se ao nascimentos de numerosas composições patrióticas e antifascistas, obra de músicos que, por razões políticas ou racistas, tinham sido perseguidos ou internados em campos de concentração. Encontra-se aqui a explosão de sentimentos sufocados durante a ocupação, a alegria com o reencontro da liberdade, a homenagem aos sacrifícios dos soldados soviéticos e ao heroísmo dos combatentes da Resistência. [...]

As transformações sociais revolucionárias encontraram naturalmente seu reflexo na criação dos compositores, não apenas no aspecto ideológico – muitos artistas progressistas já buscavam a forma de expressar os sentimentos do povo – mas também na própria estética da criação e na atitude a tomar diante da representação musical da realidade. Como já tinha ocorrido várias vezes na história da música tcheca, passa novamente a primeiro plano o problema da função social da criação, de sua inteligibilidade e eficácia, e o problema da tradição debatido, por um lado, em torno da obra de Smetana e seus seguidores e, do outro, dos esforços criadores dos protagonistas do Realismo Socialista no período do entre-guerras.

Fica aí implícita, embora não claramente expressa, a opção pela "inteligibilidade e eficácia", ou seja, por uma música que assuma formas mais conservadoras e transmita um conteúdo relativamente previsível do ponto de vista ideológico.

Numerosas gerações contribuem para a formação da música contemporânea. Novák, morto em 1949, e Foerster, que viveu até 1951, ainda compõem durante algum tempo após 1945. Entre seus alunos (e os de Janáček), há Ladislav Vycpálek, Jaroslav Křička, Boleslav Vomáčcka, Vilém Petřzelka, Jaroslav Kvapil e Osvald Chlubna – alguns deles não mencionados aqui por não terem sido compositores de ópera. Foram eles os formadores de uma geração de entre-guerras em que há inovadores como Alois Hába, Bohuslav Martinů e Pavel Borkovec, tradicionalistas como Isa Krejcí, Emil Hlobil e Jaroslav Řídký, ou os precursores do Realismo Socialista, Josef Stanislav e Emil František Burian. A eles virá juntar-se o grupo dos compositores amadurecidos durante a Ocupação, cujo perfil terá sido moldado pelos sofrimentos dessa época; e os da geração que se inicia nos anos que se seguiram ao fim das hostilidades.

HORKÝ

Nascido no vilarejo de Štěměchy u Třebíče, Karel Horký (1909-1988) estudou em Brno onde, a princípio, ganhou a vida como fagotista, tocando na orquestra do Teatro Nacional a partir de 1937. Entre 1941-1944, foi aluno de composição de Křička no Conservatório de Praga. Depois da II Guerra, ensinou no Conservatório de Brno, de que foi o diretor entre 1964-1971. Tendo iniciado a carreira cênica como autor de balés, só em 1953 fez encenar pela primeira vez uma ópera, até hoje seu título de maior sucesso (uma experiência anterior, *Hrob*/O Túmulo, tinha ficado inacabada).

O *Palestrina*, de Pfitzner, é visivelmente o modelo para a ópera-oratório *Jan Hus*, com texto de Vladimír Kantor, estreada na Ópera de Brno em 27 de maio de 1950. Anos depois, Horký fez extensa revisão na partitura, reapresentando-a no mesmo teatro, em 5 de dezembro de 1957. A vida do grande líder religioso tcheco, cujo martírio significou uma reviravolta crucial na vida do país, é tratada numa série de grandes afrescos relativamente estáticos. Não há episódios amorosos, e o elenco é exclusivamente masculino, o que acentua o colorido escuro de uma música de tom solenemente cerimonial, cujo neoclassicismo mergulha suas raízes na influência hindemithiana. As cenas mais imponentes são a da pregação de Hus na Capela de Belém, em Praga, e a do momento em que ele é atraiçoado, em Constança, pelo imperador Sigismundo e o papa Clemente V. Menos felizes, devido ao caráter de ópera-oratório, são as passagens que evocam o levante dos camponeses chefiados por Jan Žižka. Mas a profundidade com que esse episódio está enraizado na alma tcheca contribuiu muito para o sucesso que *Jan Hus* obtém até hoje.

A política, a história e o destino da humanidade são preocupações constantes nas obras de Horký para o palco. *Hejtman Šarovec* (O Capitão Šarovec), de 1953, evoca um levante ocorrido na Morávia, durante o século XVII, contra a dominação estrangeira. *Jed z Elsinoru* (O Veneno de Elsinor), estreada em 1969, é uma amarga sátira política que, de forma indireta, reflete os frustrantes acontecimentos da Primavera de Praga, no ano anterior. Horký imagina o que teria acontecido entre o assassinato do rei da Dinamarca e o retorno de Hamlet ao castelo. Ao descobrir que foi Cláudio o assassino, o ministro Polônio resolve se calar, pretextando o interesse do Estado – mas, no fundo, o faz porque sabe que pode extrair benefícios pessoais desse silêncio. O texto joga com o conhecimento que o espectador tem da peça de Shakespeare, e com a idéia implícita de que dia virá em que justiça será feita, e a corrupção, a opressão e a desonestidade serão punidas.

Em *Svítání* (A Alvorada), de 1975, a história nacional é de novo a fonte de inspiração de Horký: ele mostra o início do despertar da consciência nacionalista na Morávia, na década de 1870. E em *Atlântida* (1983), os últimos dias do continente perdido são uma metáfora dos riscos que a humanidade corre, caso permita que os poderes destrutivos da ciência fiquem descontrolados.

HANUŠ

Compositor essencialmente dramático, Jan Hanuš (1915) é um humanista profundamente preocupado com o destinos de seu povo, que soube interpretar de forma muito viva. Isso explica a popularidade de *Plameny* (As Chamas), escrita em 1944, mas só estreada em 8 de dezembro de 1956, no Teatro Kajetan Tyl de Plzeň (existem, no selo Supraphon, trechos dessa ópera regidos por Bohumír Liška). O drama do padre que, durante a ocupação nazista da Tchecoslováquia, enfrenta o conflito entre a sua consciência e o dever patriótico, tem libreto de Jaroslav Pokorný baseado numa idéia original do próprio Hanuš, e trabalha com situações familiares à geração que conheceu o trauma da ocupação e da guerra. A música dá prosseguimento ao estilo de Jeremiáš, que foi seu professor de composição, e tem uma personalidade melódica bastante vigorosa.

O bom humor e o ritmo ágil, em estilo de conversação, de *Sluha Dvou Pánu* (O Servidor de Dois Amos), fez com que essa comédia percorresse todos os teatros tchecos e fosse ouvida também na Áustria, Alemanha e Iugoslávia. Pokorný extraiu-a do *Arlecchino Servitore di Due Padroni*, de Goldoni, e ela estreou em Plzeň em 18 de abril de 1959. O tom despreocupado e efervescente é o mesmo de *Pohádka Jedné Noci* (O Conto de Uma Só Noite), de 1968, escrita por Pokorný no estilo das narrativas das *Mil e Uma Noites*. Igualmente exuberante é a comédia burlesca *Spor*

o Bohyni (Disputa sobre uma Deusa), encomendada pela televisão em 1984, com libreto do próprio Hanuš e do compositor J. F. Fischer, baseado em Aristófanes. Ambas foram muito bem aceitas pelo público.

De caráter diferente, mais satírico, é *Pochodeň Prometheová* (A Tocha de Prometeu), que Pokorný adaptou muito livremente da tragédia de Ésquilo. A estréia foi no Teatro Nacional de Praga em 30 de abril de 1965. O Prometeu dessa versão moderna é um cientista atômico, que desafia não os deuses, mas os governantes de um Estado contemporâneo. Esta é uma ópera multimídia, que lança mão de dançarinos, pantomima, filmes, música eletrônica e outros recursos contemporâneos. A dança desempenha, de resto, papel importante na produção de Hanuš: além de utilizá-la com freqüência em suas óperas, ele é também o autor de bem-sucedidos balés: *Sůl nad Zlato* (O Sal é Mais Precioso do que o Ouro), de 1953; *Otelo* (1956), que alcançou mais de 120 récitas no Národní Divadlo; e *Labyrint: Tanecní Meditace na Motivy Dantovy "Božské Komedie"* (Labirinto: Meditações Dançadas sobre Temas da Divina Comédia de Dante), estreado em 1982.

A religiosidade é um elemento marcante na personalidade artística de Hanuš. Sua primeira sinfonia (1943), proibida pelos nazistas devido a seu fervor patriótico, desagradou também aos comunistas por causa de sua espiritualidade profunda. O último movimento, com participação do coro, se perdeu. Mas foi reconstituído de memória pelo autor, para a reestréia, que só pôde ocorrer depois da revolução de 1989 – quando Hanuš foi posto à frente da reformada União dos Compositores Tchecos. Outra interessante composição de tema litúrgico é a *Missa Glagolítica* de 1986, com o mesmo texto utilizado por Janáček, dando-lhe, porém, tratamento mais próximo ao do idioma de Dvořák e Fibich.

Esses dois compositores, aliás, são vivamente cultuados por Hanuš, que fez importante trabalho de edição de suas obras. Ele dirigiu também o Český Hudební Fond (Fundação da Música Tcheca) e a editora Panton; cooperou na edição crítica da obra de Janáček; e acabou de orquestrar *Os Tecelões*, que Nejedlý não chegara a terminar. Num texto de autor não creditado, publicado pelo Centro de Informação sobre a Música Tcheca, assim é descrita a sua obra:

> Como compositor, Hanuš segue a tradição de Smetana e Dvořák, na pegadas de Jeremiaš, seu professor, com o qual compartilha a preocupação com a relevância da obra, o amplo senso arquitetônico, o gosto pelo som orquestral encorpado e a imaginação músico-dramática. Hanuš está sempre pesquisando novos caminhos e, com

isso, a linha de evolução de sua escrita é muito mutável, sempre em busca de novas concepções. No entanto, não há altos e baixos violentos: seu idioma inclui constantes elementos melódicos, rítmicos e de técnica de orquestração, que perpassam todas as fases de seu desenvolvimento. Aos objetivos filosóficos da primeira fase, impregnada de um tom patético – o da ópera *As Chamas* – segue o lirismo de veia nacionalista da *Sinfonia n. 2* (1951) e, ao longo da década de 50, a tendência a uma visão mais dramática do mundo e a inovações expressivas – a *Sinfonia n. 3 "Pravda světa"* (A Verdade do Mundo), de 1957 –, que vão desaguar na combinação dos elementos tradicionais com os recursos eletrônicos em *A Tocha de Prometeu* e nas *Sinfonias n. 4 e 5*.

As décadas de 70 e 80 são de síntese dos progressos obtidos com os elementos herdados do passado: a *Sinfonia n. 6*, (1978), a imponente *Sinfonia n. 7* (1990) para solistas e coro, sobre textos litúrgicos em latim, e as peças orquestrais mais recentes: *Três Ensaios Sinfônicos* (1976), *Variações e Colagem para orquestra* (1983), a *Passacalha Concertante* para violoncelo, celesta e orquestra de cordas (1985), as *Variações à Maneira de Aristófanes* para piano e pequena orquestra (1987) ou o *Concerto para Violino* op. 112 (1987).

O objetivo de Jan Hanuš sempre foi enfatizar os grandes valores espirituais da cultura tcheca, motivo pelo qual cruzam-se em sua obra mensagens da Antiguidade, do Renascimento, das culturas populares, além dos estímulos trazidos pelos tempos modernos. [...] Ao lado disso, há aquelas obras que independem das sugestões externas e em que o autor explora a imagística musical pura, entregando-se ao prazer das sonoridades e a uma inspiração pessoal e totalmente independente.

PAUER

A mais consistente carreira de operista no pós-guerra é a de Jiří Pauer (*1919), dono de instinto teatral muito seguro e talento para a melodia clara e expansiva, de corte rítmico enérgico. Filho de um mineiro, Pauer começou a trabalhar como professor primário em Libušín, a sua aldeia natal, perto de Kladno. De início, seus estudos de música, com Jan Šin, foram particulares. Só em 1943, aos 24 anos, pôde matricular-se no Conservatório de Praga, onde foi aluno de Alois Hába e de Pavel Borkovec. A admiração pelo criador do microtonalismo manifesta-se no movimento sinfônico *Iniciais*, de 1974, construído sobre as notas A (lá) e H (si#), que relembram o nome de seu professor.

No último ano de estudo no Conservatório, Pauer compôs, como obra de graduação, *Žvanivý Slimejš* (A Lesma Tagarela), sua primeira ópera, que haveria de tornar-se imensamente popular. Míla Mellanová adaptou o conto infantil de Joe Hloucha sobre uma Lesma, pomposo diplomata na corte do Rei do Mar, incumbida por seu soberano de conseguir um fígado de macaco, único remédio capaz de curar o mal de que sofre a bela Princesa. A Lesma consegue convencer o Macaco a ir com ele até o palácio. Mas é traída por seu falatório compulsivo e acaba lhe revelando o destino que o espera quando lá chegarem, fazendo-o fugir com quantas pernas tem. Por trás do conto de fadas aparente, há uma sátira política mordaz à manipulação do homem comum pelo

poder, vestida por Pauer com música cintilante. Só em 5 de abril de 1958 ele conseguiu que essa operazinha com menos de uma hora de duração estreasse na Academia de Música de Praga. O sucesso foi imediato e diversos teatros tchecos interessaram-se por ela.

Como *A Lesma Tagarela* é muito curta para preencher um espetáculo, Pauer pediu novo libreto a Mellanová e esta lhe preparou *Červená Karkulka* (Chapeuzinho Vermelho), irônica visão do conto tradicional, estreada isoladamente na Academia em 1960. As duas foram apresentadas pela primeira vez, como programa duplo, em 1966, no Teatro Nacional. Desde então, tornaram-se favoritas do público, sendo constantemente remontadas em todo o país. As gravações existentes no selo Supraphon – regidas por Bohumir Liška e V. Chaloupka – demonstram que, com sua música extremamente atraente e histórias capazes de interessar públicos de todas as idades, ambas teriam condições de atravessar as fronteiras da República Tcheca e fazer sucesso no exterior.

Tanto as demais óperas de Pauer, quanto o seu bem-sucedido balé *Ferda Mravenec* (Ferdie, a Formiga), têm esse tom leve e bem-humorado, presente também na copiosa música de câmara – destacando-se o *Divertimento para Noneto* –, ou nos concertos para fagote, oboé e trompa. Desde a estréia no Teatro Nacional, em 1977, Ferda, cujo débito à Raposinha janáčekiana é muito bem assimilado, tornou-se um dos balés tchecos mais apreciados, devido à sua partitura muito alegre e variada, cheia de coloridos contrastes rítmicos, e daquelas melodias tipicamente boêmias que convidam espontaneamente à dança.

De caráter diferente pelo tema, as proporções e o estilo musical é *Zuzana Vojířová*. A ópera mais importante de Jiří Pauer foi composta para comemorar o 75º aniversário do Teatro Nacional, e ali estreou em 30 de dezembro de 1958. Nessa temporada, foi apresentada cinqüenta vezes seguidas; depois, os principais teatros do país a encenaram, fazendo dela a principal ópera moderna de repertório. No ano da composição de *Zuzana Vojířová*, Pauer tinha assumido o cargo de Diretor Artístico da Filarmônica Tcheca, que exerceria até 1980. Desse momento até 1989, seria o diretor artístico do Národní Divadlo, em ambas as funções revelando competência invulgar como administrador, apesar de um estilo autoritário que haveria de lhe custar severas críticas.

O próprio Pauer adaptou seu libreto da peça de Jan Bor, estreada durante a Ocupação. Nesse drama histórico sobre um dos últimos membros dos Voks de Rožmberk – a grande família aristocrática boêmia a que Smetana também se refere em *O Muro do Diabo* – o público lera uma mensagem cifrada de esperança e regeneração nacional. O prestígio do texto de Bor, ligado ao renome que *A Lesma Tagarela* acabara de dar ao compositor, asseguraram a *Zuzana Vojířová* um sucesso duradouro. A gravação de František Vajnar, feita em 1981 para a Supraphon, mostra que *Zuzana Vojířová* insere-se na melhor tradição da ópera tcheca de tema histórico, que deita suas raízes em *Dalibor* e *Libuše*.

A personagem-título – um dos grandes papéis na carreira de Beňačková-Čapová, que o canta no álbum Vajnar – é a amante de Petr Vok, que não teve filhos de seu casamento legítimo. Depois que ele morre, em 1611, Zuzana passa muitos anos tentando reencontrar o filho. Quando o consegue, já idosa, doente e muito pobre, não lhe revela quem é, para não comprometer sua possibilidade de herdar o nome e a posição do pai. Basta-lhe a alegria de saber que assegurou a linhagem dos Rožmberk e, com ela, a continuidade de um dos ramos mais nobres da aristocracia boêmia –

mensagem de crença na perenidade da nação tcheca que, para um povo que sempre viu no teatro e na música um simbolo de sua identidade nacional, faz com que o drama de Bor e a ópera de Pauer assumam um significado todo especial.

"Grotesqueries operísticas" foi o nome dado às cinco vinhetas de que se compõem *Manželské Kontrapunkty* (Contrapontos Maritais), com libreto extraído pelo próprio Pauer de contos da humorista Stefanie Grodžienská sobre aspectos prosaicos do relacionamento familiar. A obra foi criada em duas etapas. Entre 1961-1962, Pauer compôs as três primeiras, estreadas em 17 de março de 1962 na Ópera de Ostrava. Diante da entusiástica acolhida do público, acrescentou mais duas em 1965. A obra completa estreou em 1966, na Ópera de Liberec. Um ano antes, Bohumil Gregor fizera a gravação das cenas 1 e 3 para o selo Supraphon.

O clássico e insolúvel problema da escolha, no restaurante, de um prato que agrade a toda a família. Uma sessão de fotografia perturbada pelo mau comportamento de um menino indisciplinado. O que acontece durante uma visita de cerimônia, que nem os convidados estão interessados em fazer, nem os anfitriões em receber. Os preparativos para férias em família nas quais tudo dá errado. E, finalmente, os problemas de um escritor com prazo curto para entregar um trabalho, que é a todo momento interrompido pela mãe e a mulher. Esta é uma comédia extremamente original, na linha do *Alexander-bis*, de Martinů, ou das *Zeitopern* que, nas primeiras décadas do século, procuravam retratar criticamente os aspectos mais prosaicos da vida contemporânea. Excluídos os aspectos de linguagem musical, estas são pequenas óperas que têm muito a ver com o *Von Heute auf Morgen* (De Hoje para Amanhã), de Schoenberg, por exemplo. Intrigas muito simples, vistas com todo cinismo, são ideais para solicitar do compositor música efervescente, capaz de sugerir, por si só, a comicidade das situações.

O mesmo acontece com *Zdravý Nemocný* (O Hipocondríaco), que o próprio Pauer adaptou do *Malade Imaginaire* (1673), de Molière, condensando o texto original, e utilizando um engenhoso sistema de repetição de membros de frases cada vez que era necessário expandir as estruturas musicais. Nos trechos onde era preciso inserir cenas de conjunto, Pauer escreveu breves textos novos, imitando o estilo do comediógrafo francês. O melhor nessa comédia, estreada no Teatro Tyl de Praga em 22 de maio de 1970, é a habilidade com que o músico contrasta, na caracterização das personagens, elementos cômicos e líricos, dentro da melhor tradição bufa do século XIX. Isso é particularmente verdade na forma como cria a personalidade de Argan, personagem-título da última peça de Molière. A complexidade de seu caráter, em que a hipocondria é agravada pela avareza, requer um excelente cantor-ator, capaz de trabalhar com as múltiplas nuances psicológicas sugeridas pela partitura – e esse é o caso de Karel Berman, na gravação de Bohumír Liška, feita em 1973 para o selo Panton.

Desde o monólogo inicial de Argan, firma-se a característica principal de escrita do *Doente Imaginário*, uma declamação com pulsação rítmica regular e bem marcada, lançando mão dos mais diversos tipos de variação de uma célula rítmica básica. Esse procedimento, estabelecido a partir do protagonista, estende-se às demais personagens, assumindo, para cada uma delas, uma feição diferente, em função das suas personalidades específicas: mais delicada para o casalzinho jovem e apaixonado, Angelika e Kleant; mais grotesca para as figuras cômicas, Diafoirus ou Purgon. Argan tem um *leitmotiv* que ele assobia ou cantarola, sem palavras, ao longo da ópera, o que o converte numa espécie de tema-assinatura, que se associa a seu temperamento irritadiço, avesso a ruídos, sempre pronto a infernizar a vida dos empregados.

Com o hipocondríaco contrasta vivamente a figura da filha, Angelika, retratada com lirismo e vivacidade, comovente na cena do ato I em que revela à sua mãe o amor que sente por Kleant, e se inquieta com a possibilidade de não ser correspondida. Muito típica do poder de caracterização de Pauer é a ária em que a menina se lamenta ao acreditar que o pai morreu, uma das páginas de maior sucesso nesta ópera. Quanto a Tomáš Diafoirus, o candidato oficial à sua mão, esta é uma verdadeira gema da criação cômica, digno descendente do desajeitado gaguinho da *Noiva Vendida*. Muito equilibrada é a oscilação entre cenas dialogadas ou árias e duetos extraídas do texto original, e os concertatos a partir dos acréscimos redigidos pelo compositor – em particular o finale do ato II em que, às texturas transparentes da orquestra, de proporções clássicas, Pauer opõe o burburinho crescente dos atores no palco que, de um canto cada vez mais agitado, acabam passando ao grito puro e simples. No folheto de apresentação do registro Liška de *Zdravý Nemocný*, o musicólogo Vilém Pospíšil comenta:

> Pauer não compõe para ilustrar um princípio acadêmico, mas para produzir obras com vitalidade própria e o mais amplo impacto possível sobre o público. Tem perfeita consciência de que os dois elementos fundamentais da ópera, a música e o palco, precisam estar equilibrados para que se obtenha a síntese desejada. Com o senso dramático que tem e o instinto para construir o texto eficiente, não é de se espantar que seus espetáculos tenham sido tão bem recebidos, e que ele tenha se tornado um dos mais importantes operistas tchecos.

Igualmente cômica é *Strašidelný Dům* (A Casa Mal-Assombrada), comédia musical para crianças, com libreto de D. Fischerová, que estreou em 1986. No conjunto das obras cênicas de Pauer, poderíamos ainda incluir *Labutí Písen* (O Canto do Cisne), que o próprio compositor adaptou, em 1973, de um conto de Anton Tchékhov. Esse monodrama para barítono e orquestra, que contém cativante reflexão sobre a imortalidade da arte, foi previsto para execução em forma de concerto. Mas já aconteceu várias vezes de ser apresentado no palco. Num ensaio sobre o compositor, publicado pelo Centro de Informação sobre Música Tcheca, escreve V. Pospíšil:

> A polaridade do trabalho do artista criativo e do animador cultural é típica de Pauer. Como compositor, ele não cria dentro de um laboratório, afastado do mundo exterior, mas tem consciência de que, para ter um significado, a música precisa ser o resultado do diálogo constante entre o músico e o ouvinte, deve atingir constantemente aqueles a quem se destina, deve ser viva e sonora. As atitudes artísticas de Pauer resultam de suas convicções civis: por essa razão, o seu pensamento e seu programa musicais são tão concretos e claros.

No Ocidente, porém, nem sempre a atuação desse comunista convicto foi vista com simpatia. Pelas palavras acima citadas, Norman Lebrecht chama Pospíšil de "a fellow-apparatchik"; e faz de Pauer, em *The Companion to 20ʰ Century Music*, um perfil nada lisonjeiro, embora lhe conceda qualidades como artista:

Diretor do Teatro Nacional de Praga até a revolução de 1989, o comunista ortodoxo Pauer foi acusado de abuso de poder para promover as suas próprias óperas [...]. Entre vários papéis-chave dentro do Estado totalitário, foi durante 22 anos o repressivo diretor da Orquestra Filarmônica Tcheca. [...] Mas considerada objetivamente, a sua música é melhor do que a sua reputação.

JIRÁSEK

Aluno de Alois Hába e de Miroslav Krejcí no Conservatório de Praga, Ivo Jirásek (*1920) fez carreira como maestro: foi assistente de Rafael Kubelík na Filarmônica Tcheca (1945-1946) e regente da Ópera de Opava (1953-1956). Exerceu também cargos administrativos na capital. Desde cedo, a música vocal o fascinou. Dentre os modernos ciclos tchecos de canções poéticas, alguns dos mais refinados pertencem a ele: *Zodiak* (poemas de Vítezslav Nezval, 1942), *Ukřižované Srdce* (Coração Crucificado – Jiří Wolker, 1948) e *Ty, Domovina Moja* (Tu, Minha Pátria – Andrej Plávka, 1960).

A ópera, praticada em termos bastante ecléticos, ocupa papel importante dentro da produção de Jrásek. A mais conhecida é *Medveď* (O Urso), de 1965, baseada na mesma comédia de Tchékhov que inspirou também o inglês William Walton. Particularmente bem-sucedida foi a montagem do Teatro de Câmara de Viena, que revelou o nome do compositor fora das fronteiras nacionais. Percebe-se que o modelo é o smetaniano das *Duas Viúvas*, mas revificado com a seiva de uma escrita bem individualizada. Igualmente felizes são as comédias *Klič* (A Chave), de 1970, e *Zázrak* (O Milagre), de 1981, esta última de ambientação medieval: ambas são histórias de adultério tratadas com mão muito leve, num clima típico de vaudeville.

Mais sérias e politizadas são as duas primeiras óperas. *Pan Johannes* (O Sr. Johannes), de 1952, baseia-se num conto patriótico de Alois Jirásek e está muito próxima, em clima e estilo, da *Lanterna* de Novák. *Svítání nad Vodami* (Amanhecer sobre a Água), de 1963, é a história de um padre conservador que se opõe à construção de uma represa que traria prosperidade à região: tema típico na Tchecoslováquia pré-Dubček, em que o Realismo Socialista ainda estava em vigor, e a Igreja é com freqüência mostrada como uma força retrógrada, inimiga do progresso. Para esta última ópera, o ponto de partida musical é Janáček, mas atualizado com harmonias sobriamente modernas.

A Idade Média exerce grande atração sobre Jirásek. Além de ser o pano de fundo para *O Milagre*, é nela que se ambientam *Mistr Jeroným* (Mestre Jerônimo, 1980), perfil de um dos seguidores do reformador religioso Jan Hus, encomendada pelo Národní Divadlo de Praga na época de seu centenário de fundação. É igualmente de ambientação medieval *I Byl Večer a Bylo Jitro* (E Era Noite e Era a Alvorada), também chamada de *Danse Macabre* (1972). Esta última é talvez a mais bem acabada das obras de Jirásek. O libreto, do próprio compositor, baseia-se no filme *Det Sjunde Inseglet*, de Ingmar Bergman.

O Sétimo Selo, uma das obras-primas do cineasta sueco, parte de *Trämalning* (Pintura em Madeira), peça em um ato que Ingmar Bergman escreveu em 1954, para seus alunos da escola de teatro de Malmö. O libreto de *E Era a Noite*, escrito pelo próprio Jirásek, baseia-se tanto na peça quanto no roteiro do filme. Além disso, as marcantes imagens do fotógrafo Sven Nykvist, que trabalha regularmente com Bergman, foram fonte muito forte de inspiração para o músico. A partitura, angulosa, de caráter sombrio, com habilidosos pastiches de música medieval e de caráter popular, conta a história da Antonius Block, o cavaleiro que, ao voltar das Cruzadas, encontra a Morte na praia a esperá-lo. Ele lhe pede um prazo para colocar a sua vida em ordem, antes de morrer. E a Morte lhe concede o tempo que durar uma partida de xadrez entre ambos – que ela ganhará inevitavelmente, pois a Morte ganha sempre no final.

Enquanto, sentado numa pedra à beira-mar, o Cavaleiro joga com a Morte, seu corpo se separa e, acompanhado por seu escudeiro Jöns, volta para casa. A natureza espiritualizada de Antonius contrasta com o materialismo e a visão desiludida de seu companheiro, como se eles fossem uma versão metafísica da dupla formada por Quixote e Sancho Pança. No caminho de volta para o castelo onde nasceu, Block e Jöns vão encontrando diversas personagens, que simbolizam as etapas de seu tra-jeto pela vida. Estas o acompanham até o castelo, onde o espera fielmente a sua mulher, Carin – e à porta do qual vem bater a Morte que, finalmente, o derrotou no xadrez e veio buscá-lo. Seus companheiros o acompanham na dança macabra com que a ópera se encerra, e que lhe serve também de título alternativo. Sobrevivem apenas as personagens que Block não deixou entrar em seu castelo, ao termo da viagem: um casalzinho jovem e seu bebê recém-nascido, símbolo da vida que se renova, e das promessas do futuro.

À técnica pós-romântica reminiscente de Jeremiáš e Ostrčil, misturam-se influências visíveis do Grupo dos Seis francês, de Stravínski, de Alban Berg, e até mesmo bem dosados recursos aleatórios. Esse ecletismo de Jirásek, que sempre se recusou a seguir um caminho único, não significa, porém, que tenha um estilo dispersivo ou descaracterizado pois, como o demonstra Ladislav Šip em *Česka Opera a Jeho Tvůrci* (A Ópera Tcheca e seus Criadores), ele consegue assimilar e sintetizar os aportes externos, conferindo-lhes um tom nitidamente pessoal. Esse é também o perfil de outra obra para o palco: o balé *Faust*, de 1985.

FISCHER

Embora a princípio hesitasse entre a pintura e a arquitetura ou o estudo das línguas estrangeiras, que sempre o fascinou, Jan F. Fischer (*1921) optou pela carreira musical durante a ocupação alemã da Tchecoslováquia, quando as universidades foram fechadas. Estudou com Jaroslav Řídký no Conservatório de Praga. Mas não abandonou a literatura: escreveu peças de teatro e traduziu textos de Cervantes, Lope de Vega, Alarcón e García Lorca. Esse gosto inato pelo drama explica o papel proeminente que a ópera e o balé ocupam dentro de sua produção.

O treinamento musical de Fischer foi feito através das numerosas trilhas sonoras para filmes e música incidental para peças de teatro que escreveu. Trabalhou muito também com conjuntos amadores ou semi-profissionais de canto e dança, o que o fez apaixonar-se pelo jazz e pelos ritmos latinos – tango, mambo, rumba – que, com freqüência, temperam os seus balés: *Euphrosina* (1956), *Teatro de Marionetes* (1978); ou suas óperas de tema cômico. A primeira experiência operística de Fischer foi com *Ženichové* (Os noivos), usando o texto da peça de ambientação campestre do romântico K. S. Macháček – e obtendo resultados mais substanciosos do que os de Kovařovic e sua malfadada comédia.

A ópera mais famosa de Fischer – de que Jan Hus Tichý fez, em 1965, a gravação de trechos para o selo Panton – é *Romeo, Julie a Tma* (Romeu e Julieta nas Trevas). Ele próprio escreveu o libreto, condensando-o do romance de Jan Otčenášek, um dos mais dolorosos testemunhos, na ficção tcheca contemporânea, sobre o período da ocupação alemã e a tragédia da discriminação. A conhecida tragédia dos amantes de Verona é transposta para a Tchecoslováquia sob a dominação. Fischer sabe extrair acentos particularmente patéticos da história de um rapaz tcheco que se apaixona por uma garota judia, perseguida pelos invasores, que vem buscar refúgio em sua casa. A linguagem necessariamente severa que esse tema requer difere sensivelmente do restante da obra tanto instrumental quanto cênica do compositor. Estreada em 14 de setembro de 1962 no Teatro Nacional de Brno, *Romeu e Julieta nas Trevas* impressionou muito bem um público ainda particularmente sensível a essa temática, e fez carreira na maioria dos teatros do país, na Iugoslávia, Alemanha e Itália.

O restante da obra operística de Fischer é de veia mais leve e experimental. *Dekameron* (1977) consiste de seis mini-óperas extraídas de contos de Boccacio, e tratadas com a malícia e a sensualidade que se deve esperar de tal fonte de inspiração. *Oh, Mr. Fogg* (1971), baseada em *A Volta ao Mundo em 80 Dias*, de Jules Verne, faz onze solistas se revezarem virtuosisticamente na interpretação de 71 personagens acompanhadas por um pequeno coro, seis dançarinos e uma orquestra de câmara de 19 músicos, numa ação que passa vertiginosamente de um cenário para outro. Com esse efetivo reduzido, Fischer consegue fazer uma deliciosa paródia de um *grand-opéra* em miniatura. *Most pro Kláru* (Uma Ponte para Clara), composta em 1988 para a televisão estatal, também é cômica e de proporções camerísticas. Em compensação, o tema sério de *Kopernikus* (1983), composta para comemorar o centená-rio do Národní Divadlo de Praga, faz com que o tom seja compenetrado e as proporções mais ambiciosas. *Obřady* (Cerimônias), escrita em 1990 e, portanto, numa fase posterior à queda do regime comunista e de maior liberalismo no plano estético, tem características e usa técnicas mais modernas.

BERG

A morte precoce de Josef Berg (1927-1971) privou a Tchecoslováquia de um talento que parecia naturalmente inclinado para a ópera. Seus estudos foram feitos na Brno natal com Vilém Petrželka, aluno de Janáček. Após alguns anos como produtor de programas musicais na Rádio Brno e crítico de música, Berg abandonou essas atividades para dedicar-se exclusivamente à composição. Era um dos ativistas do Time Criativo A, um grupo de jovens compositores que lutava pela inserção de técnicas de vanguarda – oficialmente desencorajadas – no idioma da composição nacional. Paralelamente, porém, esses inovadores queriam praticar uma arte acessível a todo tipo de público, e isso faz com que muitos elementos do musical de estilo americano, ou derivados da ópera politizada à maneira de Kurt Weill, contribuam para a formação do estilo de Berg.

À exceção de sua última ópera, que tem proporções mais ambiciosas, todas as suas produções para o palco são mini-óperas para orquestra reduzida, algumas não durando mais do que quinze minutos. Existe muito do espírito experimentalista de Burian nesse compositor. *Odysseúv Návrat* (O Retorno de Odisseu), escrita em 1962 e revista em 1967, usa apenas oito instrumentistas. *Eufrides před Branami Tymén* (Eufrides Diante dos Portões de Tymen, 1967) é composta para cinco músicos e uma fita pré-gravada. *Evropská Turistika* (Turismo Europeu), de 1963, também revista em 1967, é a mais visivelmente tributária de Weill, e assume debochados tons de opereta para contar a história de soldados nazistas que se disfarçam de turistas em visita à França, para examinar o terreno e preparar a invasão (Berg era um dramaturgo hábil e escrevia seus próprios libretos, ágeis e cheios de espírito).

A gama de seus assuntos era muito vasta: desde a mitologia grega, no *Retorno de Odisseu* – ou a mitologia parodiada, e transposta para a atualidade, como em *Eufrides* – até a adaptação de uma história tradicional do teatro de marionetes tcheco: *Snídaně na Hradě Šlankenvalde* (Café da Manhã no Castelo de Šlankenvald), de 1967. Ao morrer, de câncer, com apenas 44 anos, Berg tinha praticamente terminado a partitura de seu projeto mais ambicioso, *Johannes Doktor Faust*, para sete solistas, grande coro e orquestra completa; e estava trabalhando na preparação de uma versão alternativa, para orquestra de câmara, que pudesse ser encenada em teatros pequenos. Editada por amigos seus, a ópera foi estreada no Národni Divadlo em 1982.

HURNÍK

A reputação de Ilja Hurník (*1922) estabeleceu-se primeiro como pianista. O selo Supraphon conserva algumas de suas notáveis interpretações das peças de Janáček e Debussy, os dois autores em quem se especializou; e das brilhantes execuções do repertório a quatro mãos, que realizou com Pavel Stepán e com sua mulher, Jana Hurníková.

Desde muito jovem, porém, Hurník começara a compor peças para piano – a primeira delas foi publicada quando tinha apenas onze anos –, música de câmara e canções. No Conservatório, aperfeiçoou-se em piano com Ilona Štěpánová-Kurzová, estudou composição com Novák, e tornou-se conhecido também como escritor: publicou contos, ensaios e é o seu próprio libretista. A forma ágil e bem humorada como escreve, e o profundo conhecimento que exibe dos temas que trata, tornaram muito populares os livros de divulgação musical que escreveu. Além disso, alguns de seus contos foram adaptados como peças de teatro, ou serviram de base para roteiros de filme. A variedade de interesses de Hurník fez dele, no dizer de Václav Pospíšil, "um típico homem da Renascença".

Durante as décadas de 40/50, Hurník tornou-se conhecido como o autor do poema sinfônico *Muromec* (1945), com solo de soprano; do balé *Ondráš* (1951), sobre a vida de um Robin Hood tcheco dos século XVIII; e da cantata *Maryka* (1955), utilizando textos folclóricos de sua Silésia natal. Nesta última, sente-se a preocupação do especialista em Janáček em reproduzir precisamente a linguagem popular, fazendo, em termos rítmicos e melódicos, a minuciosa tradução de suas mínimas inflexões. Nessas peças, como na *Sonata da Camera*, nos *Ezercizii* para instrumentos de sopro, ou nos *Moments Musicaux* para piano, Hurník demonstra a preferência pelas formas neoclássicas. Não se trata, porém, no caso dele, de uma concessão à política oficial, e sim da convicção de que esse tipo de linguagem lhe permite realizar suas idéias musicais de forma clara, inteligível e, sobretudo, muito acessível a qualquer tipo de público.

Hurník chegou tarde à ópera – já tinha 44 anos quando compôs a primeira – e escolheu uma fonte de inspiração pouco usual, mas que Janáček teria aprovado plenamente: o roteiro de uma comédia britânica de humor negro. *Dáma a Lupiči* (A Senhora e os Ladrões), baseia-se em *O Quinteto da Morte* (The Ladykillers), um dos grandes sucessos de Alec Guinness, rodada por William Rose em 1955. Nesse filme, típico dos estúdios da Ealing na década de 1950, Guinness é o chefe de uma gangue de assaltantes. Apresentando-se como um quinteto de cordas que precisa de um lugar sossegado para ensaiar, os cinco meliantes hospedam-se na pensão de uma inocente velhinha, usando a casa como quartel-general para planejar o roubo de um banco vizinho.

Certo dia, depois do roubo, a simpática hospedeira – que se sente muito lisonjeada por abrigar artistas tão ilustres em sua casa, e não sabe o que fazer para agradá-los – vê acidentalmente que a caixa do contrabaixo está, na realidade, recheada com as notas roubadas. Daí em diante, os ladrões convencem-se de que precisam eliminá-la, pois ela se tornou uma testemunha perigosa. Mas são tão desastrados que, cada vez que tentam matá-la, um deles é a vítima da armadilha montada contra a velhinha. No final, depois que os cinco se trucidam, devido à sua incompetência como "assassinos de senhoras", a dona da pensão herda, sem querer, o polpudo fruto do roubo.

Na ópera de Hurník, o quinteto do original transforma-se num quarteto. No filme, os ladrões tocavam todo o tempo um disco com o minueto de Boccherini, para dar à sua hospedeira a impressão de que estavam ensaiando, para um recital que não chega nunca. Na ópera, o minueto transforma-se na citação de um dos quartetos de Haydn, com a qual o compositor faz as mais diversas brincadeiras. A ópera zomba o mais que pode dos pomposos e fleumáticos modos britânicos – observados de um ponto de vista centro-europeu –, e faz a paródia de várias convenções operísticas. Há uma "ária de vingança" em estilo barroco; uma nostálgica "ária de saudades", com derramada melodia romântica; um coro para os policiais que é um pastiche das operetas de Gilbert e Sullivan; e assim por diante. O próprio disfarce dos ladrões justifica que Hurník dê à orquestra tratamento camerístico muito eficaz. É uma pena não existir nenhuma documentação discográfica de comédia tão bem-sucedida, com a qual o público tcheco vem se divertindo muito, desde a bem-sucedida estréia na Ópera de Plzen, em 17 de dezembro de 1966.

A sátira é o forte de Hurník, e ele a exerce com muita desenvoltura em *Diogenes* (1975), que teve como origem um de seus próprios contos, retrato de uma personagem contemporânea muito semelhante ao filósofo cínico da Antigüidade. Agrada-lhe também trabalhar com a estrutura de tríptico. *Mudrci a Bloudi* (Sábios e Tolos), de 1971, apresenta variações da mesma história passadas na Antigüidade, na Idade Média e nos tempos atuais, para mostrar a persistência, ao longo do tempo, da arrogância de quem é tolo mas quer fazer passar-se por sabichão. E *Rybáři v Síti* (Pescadores em sua Própria Rede), de 1983, baseada em contos humorísticos do próprio compositor, é formada por três operazinhas independentes, que podem ser apresentadas juntas ou separadas – e, por esse motivo, são muito apreciadas pelos grupos de teatro escolares ou amadores. Em contraste, *Oldřich a Boženka*, de 1985, é uma ópera longa, inspirada na história legendária boêmia. A respeito desse compositor, escreve V. Pospišil:

Os múltiplos talentos de Ilja Hurník são demonstrados por um estilo musical que exibe absoluto domínio do artesanato, vasto acúmulo de experiência e uma visão sábia e sardônica do mundo, que ele encara de um ponto de vista filosófico muito amplo, consciente de tudo o que há nele de irônico. Hurník é um intelectual que aborda tudo de maneira muito espontânea, o que faz com que a sua música seja leve, fácil de entender e flua com graça muito natural. Mais ainda do que o reconhecimento oficial de que foi alvo, o maior prêmio a ele concedido é a permanente acolhida de que desfruta tanto junto ao público quanto a seus colegas profissionais.

MÁCHA

Estudos em Ostrava, onde nasceu, e no Conservatório de Praga, onde foi aluno de Ríkdý, abriram caminho a Otmar Mácha (*1922) para que obtivesse na rádio estatal um emprego de produtor, que o ocupou entre 1947 e 1962. Para essa emissora compôs também peças como o oratório *Odkaz Jana Komĕnského* (O Legado de Jan Komenský), de 1955; os *Intermezzos Sinfônicos* (1958) e o poema sinfônico *Noč a Nadĕje* (A Noite e a Esperança), de 1959. Foi nessa fase que Mácha escreveu, para o D34 de Burian, *Polapená Nevĕra* (Infidelidade Desmascarada), uma farsa imitando as antigas comédias de feira, que se baseia em um conhecido texto anônimo tcheco de 1608. O fato de a ópera trabalhar com apenas quatro personagens, orquestra pequena, e fazer um pastiche muito habilidoso de vários estilos antigos conferiu-lhe popularidade. Desde a estréia em 21 de novembro de 1958, vem sendo freqüentemente apresentada em teatros tchecos e alemães.

Em 1962, Mácha demitiu-se da rádio para dedicar-se exclusivamente à composição. O primeiro resultado dessa decisão foi *Jezero Ukereve* (O Lago Ukereve), que ele próprio adaptou de um romance de Vladislav Vančura, best-seller na Tchecoslováquia da época. O livro fala dos esforços de dois cientistas, o biólogo alemão Robert Koch – descobridor do bacilo da tuberculose – e o médico inglês Robert Forde, para descobrir a cura da "doença do sono", provocada pela mosca tsé-tsé. A

personagem principal é Forde e a ópera mostra, de um lado, seus esforços para conseguir das autoridades coloniais recursos suficientes para levar adiante suas pesquisas; de outro, as reações preconceituosas dos colonos brancos, quando ele se apaixona por uma negra e decide casar-se com ela. A ambientação entre imponente e exótica de um *grand-opéra*, que começa com uma sessão do Reichstag, em Berlim, em 1907, e termina na região dos Grandes Lagos africanos, permite encenação grandiosa e uma curiosa exploração musical, com muitos elementos rítmicos exóticos, de origem africana, que garantiram ao drama boa recepção na estréia, em 27 de maio de 1966, no Teatro Nacional de Praga.

Depois dela, veio *Rŭže pro Johanku* (Rosas para Johanka), composta em 1974, e submetida a extensa revisão dois anos depois. A comédia musical *Kolebka pro Hříšné Panny* (Um Berço para as Virgens Pecadoras), de 1976, é de tom ligeiro muito atraente. *Svatba na Oko*, de 1977 – que pode ser livremente traduzida como "Casamento para Inglês Ver" – também é uma comédia leve, quase uma opereta. *Rosas* e o *Berço* tiveram estréia tardia: só foram levadas ao palco em 1982, o mesmo ano em que Mácha compôs, por encomenda da televisão de Praga, *Promĕny Prométheovy* (As Metamorfoses de Prometeu).

No início da década de 1960, quando a liberalização relativa permitiu aos compositores tchecos um grau maior de experimentação, um músico que influenciou muito Mácha foi Jan Rychlík, o autor do *Ciclo Africano*, para oito instrumentos de sopro, que é um claro precursor do minimalismo de Reich e Glass. Em 1967, quando Rychlík morreu prematuramente, com pouco mais de quarenta anos, Mácha escreveu *Variações* altamente anticonvencionais, baseadas no tema de uma peça para flauta de seu amigo, que foram tocadas em seu funeral. A elas combina-se, no clímax, um motivo ostinato tirado do *Ciclo Africano*. A gravação que Karel Ancerl fez, em 1967, dessa peça inconformista, foi um marco, no campo musical, da breve liberalização da "Primavera de Praga", durante o governo de Alexander Dubček.

FIŠER

A fama internacional de Luboš Fišer (*1935), aluno de Emil Hlobil no Conservatório de Praga, foi feita pelas *Quinze Gravuras Tiradas do "Apocalipse" de Albrecht Dürer*, compostas em 1965, e agraciadas com o Grande Prêmio da Unesco dois anos depois. Fišer obteve igual sucesso internacional com os *Caprichos* para coro e orquestra, inspirados nas gravuras de Goya. Durante muito tempo, ganhou a vida exclusivamente como compositor, produzindo cerca de 300 partituras para filmes, programas de televisão e peças de teatro. Dentre estas, a mais famosa é a do filme *Bludiště Noci* (O Labirinto da Noite), de Petr Weigl, que ganhou o Prêmio Itália em 1989. Nesse mesmo ano, Fišer tornou-se o diretor da Panton, editora de livros e discos que, depois da desestatização, ganhou grande relevo, podendo concorrer em pé de igualdade com a Supraphon.

Como trabalho de graduação no Conservatório, Luboš Fišer escreveu, em 1961, a ópera de câmara *Lancelot* – com libreto de Eva Bezděková – que, por sua versatilidade e clareza de expressão, conseguiu firmar-se no repertório. A temática dessa obra, que vai buscar inspiração no ciclo das aventuras arturianas, vincula-se à paixão de Fišer pelos grandes monumentos da cultura, como vimos no caso das obras evocando Dürer e Goya. É o mesmo interesse que fará nascer a cantata *Nářek nad Skázou Města Ur* (1970), sobre antigos poemas sumérios, transformada em 1978 num balé cantado.

Só em 1985 Fišer voltou à ópera com *Věčný Faust* (Fausto Eterno), com libreto de Eva Bezděková e Jaroslav Jíreš. Filmado por Jaromil Jíreš, filho de um dos libretistas, esse drama, que propõe a atualização do tema famoso do pacto entre o homem e o Demônio, ganhou, no ano seguinte, o primeiro prêmio do "Fernsehpreis der Stadt Salzburg" – o prêmio concedido pela municipalidade de Salzburgo a óperas diretamente escritas para a televisão. Depois dela, em 1987, veio *Jedno Jaro v Paříže aneb Krvavá Henrietta* (Uma Primavera em Paris ou Henriqueta a Sangrenta); mas este é, na realidade, um musical de estilo americano, para ser feito por atores que sejam também capazes de cantar.

Essa é também a fórmula de *Dobrý Voják Švejk* (O Bom Soldado Shveik), de 1962, baseado no famoso romance antimilitarista, que Jaroslav Hašek deixou inacabado ao morrer, em 1923, devastado pelo alcoolismo. Na verdade, o estilo do musical funciona muito bem para a adaptação da história do simplório Shveik, que já foi interpretado como o homem comum que usa de astúcia e subterfúgios para lutar contra a opressão oficial, o patriota tcheco que usa a ironia como forma de resistir à dominação austríaca, ou simplesmente um anarquista anti-social. E há mesmo um pouco de cada coisa nessa personagem cuja popularidade deve-se justamente à ambivalência de seu caráter. A música de Fišer para essa obra é necessariamente muito viva, inserida nas mais típicas tradições de seu país.

ZÁMEČNÍK

Violinista da orquestra da Ópera de Brno e, depois, da Filarmônica Tcheca, entre 1963-1981, Evžen Zámečník (*1939) tornou-se, em 1982, o regente e diretor artístico do conhecido conjunto de sopros Brno Brass Band (B-B-B), para o qual compôs peças como a *Serenata de Hukváldy* (1974), o *Prelúdio Morávio* (1979), as *Variações de Ostrava* (1981) ou as *Variações Sobre um Tema de Jindřich Praveček* (1981). Zámečník é o autor de obras instrumentais em que amalgama, de maneira muito acessível, formas neoclássicas e técnicas vanguardistas de composição. Seu estilo caracteriza-se pela espontaneidade melódica e – embora escreva peças para sopros muito apreciadas pelos conjuntos dessa natureza no mundo inteiro – por um gosto inato pela sensual utilização da orquestra de cordas em peças como a *Música Concertante* (1973), a *Música Giocosa* (1973), o *Divertimento Semplice* (1979) ou a *Serenata Piccola* (1983), em que retoma e atualiza formas herdadas do Barroco.

Mas os vínculos com a música de seu tempo manifestam-se também na série dos "tombeaux" que Zámečník dedicou a grandes artistas contemporâneos – *In Memoriam Igor Stravínski* (1971), a *Elegia para Viola e Piano na Morte de André Breton* (1966), as *Variações para Violoncelo Solo: Música para Pablo Casals* (1975) ou o *Duo para Violino e Violoncelo in Memoriam Dmitri Shostakóvitch* (1975) – em que afirma, no dizer de Alena Němcová, "a sua crença na função social da arte, como um meio privilegiado de promover a compreensão entre os homens".

Como operista, Zámečník é um dos raros a dedicar-se especialmente ao teatro infantil, que praticou com muita felicidade em *Fraška o Kadi* (A Comédia da Banheira), sua obra de formatura na Academia de Artes Janáček, de Brno (1967), onde foi aluno de composição de Jan Kapr. Baseada numa farsa medieval francesa anônima, com libreto que ele próprio preparou, essa ópera de estréia, de música cintilante e situações em que se reflete o senso de humor de seu autor – conhecido em seu país pela exuberância com que se apresenta à frente da B-B-B –, fez enorme sucesso no Festival Internacional de Brno, em 1970. Nessa ocasião, foi transmitida pela televisão para todo país e gravada pelo selo Panton (existindo, portanto, em disco e vídeo).

Extremamente interessante é a proposta didática de *Ferda Mravenec* (Ferdie a Formiga), que ele próprio adaptou do conto infantil de Ondřej Sekora, que toda criança tcheca conhece – inspirador também do balé de Pauer. Para familiarizar as crianças com o universo da lírica, Zámečník escreve uma "ópera dentro da ópera", que se passa nos bastidores do teatro durante a preparação do espetáculo. Com isso, pode introduzir o vocabulário, as técnicas e estilos do drama lírico, mediante habilidosos pastiches. *Ferda*, que se inscreve no mesmo clima fantasioso e delicadamente poético da *Raposinha Esperta* janáčekiana, foi apresentada oitenta vezes seguidas após sua estréia, em 1º de junho de 1977, no Teatro Janáček de Brno. E valeu-lhe o prêmio da Liga dos Compositores e Concertistas Tchecos em 1979.

As personagens de *Ferda* caíram de tal forma no gosto da criançada que Zámečník as fez reaparecer em *Brouk Pytlík* (O Besouro Pytlík), composta em 1982 por encomenda do Národní Divadlo de Praga, onde ela subiu à cena pela primeira vez. O libreto de Rudolf Zák baseia-se no livro em que Sekora narra a continuação da história da formiga e seus amigos insetos.

BIBLIOGRAFIA

BARBIER, Pierre (1994). *Dalibor der Geigenkavalier.* No folheto da gravação Jaroslav Krombholc, selo Praga PR250.050/51.

BERKOVEČ, Jiří (1980). *Dvořák's Kate and the Devil.* No folheto da gravação Jiří Pinkas, selo Supraphon 1116 3181-2.

BRAUD, Milena (1986). *Le Paysage Littéraire Tchèque au Temps de Janáček.* Cf. Duault, *L' Avant-Scène Opéra* n. 84 (fevereiro de 1986), dedicada à *Raposinha Esperta.*

BRÉGY, Jean-François (1987). *Nourrie de Son Propre Sang.* Cf. Duault, *Avant-Scène Opéra* n. 107.

BŘEZINA, Aleš (s/d). *"Je respire une dernière fois": propos sur* Ariane *de Martinů.* Texto para o programa da apresentação da ópera em Estrasburgo, no Opéra du Rhin. Fornecido pelo autor.

_____. (1998). *The Greek Passion*: prefácio à edição crítica da ópera de Martinů, reconstruindo a sua primeira versão. Fornecido pelo autor.

_____. (1999). *Some Notes on the Two Versions of The Greek Passion.* No folheto da gravação Ulf Schirmer, selo Koch Schwann 3-6590-2.

_____. (1999). *Les Larmes du Couteau/The Voice of the Forest.* No folheto de apresentação da gravação Jiří Bělohlávek dessas duas óperas de Martinů, selo Supraphon SU 3386-2 631.

_____. (1999). *The Marriage/Ženitba.* No folheto de apresentação da gravação Václav Nosek dessa ópera de Martinů, selo Supraphon SU 3379-2 611.

_____. (2001). *The Bregrenz Festival proved an extraordinary courage.* Entrevista no *Bregenzer Festspiele Zeitung*, n. 38, a respeito da montagem da Juliette de Martinů.

BROD, Max (1925). *Kátya Kabanová.* Trecho de *Leoš Janáček: Leben und Werken*, reproduzido em Duault (1988), *Avant-Scène Opéra* n. 114.

BURGHAUSER, Jarmil (1966). *Antonín Dvořák.* Praga, Editio Supraphon (trad. francesa de Mojmír Vanek).

BUTAUX, Ariéle (1988). *De la Pièce au Livret.* Cf. Duault, *Avant-Scène Opéra* n. 114, sobre *Kátya Kabanová.*

BUTTERWORTH, NEIL (1980). *Dvořák.* Londres, Omnibus Press.

CADIEU, Martine (1986). *De Tešnohlídek à Janáček – Quand la Renarde s'Éveille.* Cf. Duault, *Avant-Scène Opéra* n. 84 (fevereiro de 1986), dedicada à *Raposinha Esperta.*

_____. (1988). *Le Brno de Janáček: "Ce que Ses Yeux Ont Vu, Son Coeur Entendu...".* Cf. Duault, *Avant-Scène Opéra* n. 114, sobre *Kátya Kabánová.*

CERISOLA, Giancarlo (1999). *Karel Kovařovic: Psohlavci (Teste di Cane).* Revista *L'Opera*, ano XIII, n. 127, março, Milão, Théatron SRL.

ČERNOHORSKÁ, Milena (1966). *Janáček: Šarka.* Praga, Editio Supraphon.

DEBROCQ, Michel e LECLERCQ, Fernand (1987). *Commentaire Musical et Littéraire de Jenůfa.* Cf. Duault, A*vant-Scène Opéra* n. 107.

DUAULT, Alain (org.) (1986). *Janáček: La Petite Renarde Rusée.* Paris, Avant-Scène, n. 84 da coleção *Avant Scène Opéra.*

_____. (1987). *Janáček: Jenůfa.* Paris, L'Avant-Scène, n. 102 da coleção *Avant-Scène Opéra.*

_____. (1988). *Janáček: De la Maison des Morts.* Paris, L'Avant-Scène, n. 107 da coleção *Avant-Scène Opéra.*

———. (1988). *Janáček: Katia Kabanova*. Paris, L'Avant-Scène, n. 114 da coleção *Avant-Scène Opéra*.

ECKSTEIN, Pavel (1967). *The Czechoslovak Contemporary Opera*. Praga, Panton.

———. (1995). *The last stage on an individual path*. No folheto da gravação Gerd Albrecht da *Armida* de Dvořák, selo Supraphon.

———. (1997). *Šarlatán: an opera about a charlatan*. No folheto da gravação Israel Yinon da ópera de Pavel Haas, selo Decca 460 042-2.

ERISMAN, Guy (1980). *Janáček ou La Passion de la Vérité*. Paris, Édition du Seuil.

———. (1986). *La Petite Renarde Rusée dans la Perspective Janáček*. Cf. Duault, *L'Avant-Scène Opéra* n. 84 (fevereiro de 1986), dedicado à *Raposinha Esperta*.

———. (1987). *Le Temps de Jenůfa*. Cf. Duault, *Avant-Scène Opéra* n. 102.

———. (1988). *Le Syndrome du Péché et la Philosophie du Paratonnerre*. Cf. Dualt, *L'Avant-Scène Opéra* n. 114, sobre *Kátya Kabanová*.

———. (1988). *L'Opéra sans Femme ou la Pédagogie de l'Amour*. Cf. Duault, *L'Avant-Scène Opéra* n. 107, dedicada a *Da Casa dos Mortos*.

———. (1990). *Martinů: un Musicien à l'Éveil des Sources*. Arles, Actes Sud: Hubert Nyssen Editeur.

———. (1990). *Juliette ou La clé des songes de Bohuslav Martinů*. No folheto da gravação Charles Bruck, selo Chant du Monde LDC 278 995/6.

EWANS, Michael (1977). *Janáček's Tragic Operas*. Londres, Faber & Faber.

GAMMEL, Marcus (2001). *Les Trois Souhaits: the Ultimate Zeitoper. Bohuslav Martinů Newsletter* (janeiro-março de 2001), publicada pela International Bohuslav Martinů Society.

HAREWOOD, conde de (org.) (1991). *Kobbé: o Livro Completo da Ópera*. Rio de Janeiro, Jorge Zahar Editor (trad. Clóvis Marques).

HEINSHEIMER, Hans (1981). *How Schwanda Was Born*. No folheto da gravação Heinz Wallberg, selo CBS M2K 79344.

HERRMANOVÁ, Eva (1984). *Josef Bohuslav Foerster*. No folheto da gravação Frantísek Vajnar de *Eva*, selo Supraphon 1116 3311-13.

HIEKEL, Jörn Peter (2002). *When the Fairies Learned to Walk*, sobre a montagem de *Les Trois Souhaits* em Augsburg. Praga, *Bohuslav Martinů Newsletter*, maio-agosto.

HUDEC, Vladimír (1980). *Zdeněk Fibich: Šárka*. No folheto da gravação Jan Stych, selo Supraphon 1416 2781/3 QG.

KARÁSEK, Bohumil (1967). *Bedřich Smetana*. Praga, Editio Supraphon (trad. francesa de Mojmír Vanek).

KUNDERA, Milan (1978). *Situation de Janáček*. Cf. Duault, *L'Avant-Scène Opéra* n. 107, dedicado a *Da Casa dos Mortos*.

———. (1994). "O Mal-amado da Família", ensaio sobre Janáček em *Os Testamentos Traídos*. Rio de Janeiro, Nova Fronteira.

LARGE, Brian (1970). *Smetana*. Londres, Duckworth.

LEBL, Vladimír (1969). *Vítězslav Novák*. Praga, Editio Supraphon (trad. francesa de Mojmír Vanek).

LEBRECHT, Norman (1996). *The Companion to 20th Century Music*. Nova York, Da Capo Press.

LISCHKE, André (1988). *Commentaire Musical et Littéraire de Kátya Kabanová*. Cf. Duault, *Avant-Scène Opéra* n. 114.

MACEK, Petr (org.) (1993) *The Brno 1990 Colloquium: Bohuslav Martinů, His Pupils, Friends and Contemporaries* (textos em inglês, francês, alemão e tcheco). Brno, Ústav Hudební Vědy Filozofické Fakulty Masarykova Univerzita.

MIHULE, Jaroslav (1973). Comedy on the Bridge *by Bohuslav Martinů*. No folheto da gravação František Jílek, selo Supraphon 11 2140-2 611.

———. (1984). *The Miracle of Our Lady by Bohuslav Martinů*. No folheto da gravação Jiří Bělohlávek, selo Supraphon 1116 3401-03.

———. (1986). *Dvakrát Alexandr * Alexandre bis*. No folheto da gravação František Jílek, selo Supraphon 11 2140-2 611.

———. (1987). *Martinů: Ariadna/Ariane*. No folheto da gravação Václav Neumann, selo Supraphon 10 4395-2.

———. (s/d). *Ariane et le Réalisme Magique*. No programa de uma encenação do Opéra du Rhin (cf. Brezina, Aleš).

MÜLLER, Daniel (1930). *Janáček*. Paris, Éditions d'Aujourd'hui (cópia fac-similada, feita em 1975, da edição original Rieger).

NEKVASIL, Jiří (2001). *Bohuslav Martinů's First Opera on the Stage of the State Opera Prague. Bohuslav Martinů Newsletter* (janeiro-março de 2001), publicada pela International Bohuslav Martinů Society.

———. (2002). *Voják a Tanečnice*. Notas na gravação privada dessa obra, feita pela Státni Opera Praha.

NĚMCOVÁ, Alena (1987). *Evžen Zámečník*. Praga, Hudební Informační Středisko (Centro de Informação sobre a Música Tcheca).

———. (1988). *Leoš Janáček*. Praga, Hudební Informacní Středisko.

_____. (1889). *Leoš Janáček: Chaque Son est un Déferlement de Passion*. Praga, Fonds Musical Tchèque (trad. francesa de Hanna Tomková).

_____. (2000). *A Dramatist Emerges in the Clutches of Romanticism: Šárka Reinstated*. No folheto da gravação sir Charles Mackerras, selo Supraphon SU3485-2 631.

NEWMARCH, ROSA (1969). *The Music of Czechoslovakia*. Nova York, J. & J. Harper Editions.

OCADLIK, Mirko (1960). *Smetana's The Devil's Wall*. No folheto da gravação Zdenek Chalabala, selo Supraphon 112201.

PALMER, Christopher (1981). *Weinberger and Schwanda*. No folheto da gravação Heinz Wallberg, selo CBS M2K 79344.

PAZDRO, Michel (org.) (1999). *Janáček: L'Affaire Makropoulos*. Paris, L'Avant-Scène, n. 188 da coleção *Avant-Scène Opéra*.

PEŠEK, Antonín (2000). *Zdeněk Fibich – The Third Classic of Czech Music*. No folheto da gravação Sylvain Cambreling de *Šárka*, selo Orfeo C541002.

PIERRAKOS, Hélène (1988). *Au-delà du Verisme*. Cf. Duault, *L'Avant-Scène Opéra* n. 114, sobre *Kátya Kabanová*.

PINCHARD, Bruno (s/d). *Ariane, Témoin de la Tradition Orphique*. No programa da encenação da ópera de Martinů no Opéra du Rhin (cf. Březina, Aleš).

POPĚLKA, Iša (1982). *Martinů: The Greek Passion*. No folheto da gravação Charles Mackerras, selo Supraphon 10 3611-2.

POSPÍŠIL, Milan (1990). *Dvořák's Grand Opera*. No folheto da gravação Gerd Albrecht de *Dimitrij*, selo Supraphon 11 1259-2.

POSPÍŠIL, Vilém (1973). *Jiří Pauer: Zdravý Nemocný*. No folheto da gravação Bohumír Liška, selo Panton 11 0382.

_____. (1983). *Jiří Pauer*. Praga, Hudební Informacní Stredisko.

_____. (1983). *Luboš Fišer*. Praga, Hudební Informacní Stredisko.

_____. (1988). *Ilja Hurník*. Praga, Hudební Informacní Stredisko.

QUÉTIN, Laurine (1987). *Janáček et la Sédimentation de Jenůfa*. Cf. Duault, *Avant-Scène Opéra* n. 107.

REITTEREROVÁ, VLASTA (2001). *The Soldier and the Dancer: Bohuslav Martinů between Antiquity and the Revue. Bohuslav Martinů Newsletter* (janeiro-março de 2001), publicada pela International Bohuslav Martinů Society.

ROBERTSON, Alec (1977). *Dvořák* (da série *The Master Musicians*). Londres, J. M. Dent & Sons Ltd.

RYBKA, F. James (1993). *Bohuslav Rybka and Frank Rybka, 1946-1959*, cf. Macek, Petr.

SADIE, Stanley (org.) (1996). *The New Grove Book of Operas*. Nova Iorque, St. Martin's Press.

ŠAFRÁNEK, Milos (1992). *Bohuslav Martinů: His Life and Works*. Londres, Allan Wingate/Westbook House.

ŠIP, Ladislav (1983). *Česka Opera a Jeho Tvůrci – Czech Opera and its Creators* (edição bilíngüe). Praga, Supraphon.

SRBA, Borivoj (1993). *Les Pièces Phoniques d'Emil František Burian: ses Conceptions Concernant le Théâtre dans la Deuxième Moitié des Années Vingt*, cf. MACEK, Petr.

STEPÁNEK, Vladimír e KARÁSEK, Bohumil (1964). *Pequeña Historia de la Música Checa y Eslovaca*. Praga, Orbis.

THORLBY, Anthony (1969). *The Penguin Companion to Literature* volume 2: *European*. Londres, Penguin Books.

TYRRELL, John (1988). *Czech Opera* (da série "National Traditions of Opera"). Cambridge University Press.

_____. (1992). *Janáček's Operas: a Documentary Account*. Princeton University Press.

_____. (1998). *My Life with Janáček: the Memoirs of Zdenka Janáčková*. Londres, Faber and Faber.

VEBER, Petr (2002). *Juliette Finally in Paris*. No número de setembro-dezembro da *Bohuslav Martinů Newsletter*.

VYSLOUŽIL, Jiří (1981). *The Mother, by Alois Hába*. No folheto da gravação Jiří Jirouš, selo Supraphon 10 8258-2 612.

ZELGER-VOGT, Marianne (2002). *The Reality of Dreams: Bohuslav Martinů's Juliette in the Bregrenz Festival Hall*. No número de setembro-dezembro da *Bohuslav Martinů Newsletter*.

ZEMANOVÁ, Mirka (2002). *Janáček: a Composer's Life*. Boston, Northeastern University Press.

Sem nome do autor: folhetos em tcheco, inglês, francês e russo, contendo a biografia e breve análise da obra de *Jan F. Fischer* (1984), *Otmar Mácha* (1990), *Ivo Jirásek* (1990), *Jan Hanuš* (1990). Praga, Hudební Informační Středisko.

Título:	A Ópera Tcheca
Autor:	Lauro Machado Coelho
Ilustração da Capa:	Silhueta de Mařenka e Jeník em *A Noiva Vendida*
Formato:	18,0 x 25,5 cm
Tipologia:	Times 10/12
Papel:	Cartão Supremo 250g/m2 (capa)
	Master Set 90/m2 (miolo)
Número de Páginas:	312
Editoração Eletrônica e Laser Filme:	Lauda Composição e Artes Gráficas
Fotolito de Capa e Ilustrações:	Liner Fotolito e Gráfica
Impressão:	Lis Gráfica